Lehr- und Handbücher zu Tourismus, Verkehr und Freizeit

Herausgegeben von
Univ.-Prof. Dr. Walter Freyer

Mietfahrzeuge im Tourismus

Grundlagen, Geschäftsprozesse und Marktanalyse

von

Prof. Dr. Sven Groß

und

Nico Stengel

Oldenbourg Verlag München

Bibliografische Information der Deutschen Nationalbibliothek

Die Deutsche Nationalbibliothek verzeichnet diese Publikation in der Deutschen Nationalbibliografie; detaillierte bibliografische Daten sind im Internet über <http://dnb.d-nb.de> abrufbar.

© 2010 Oldenbourg Wissenschaftsverlag GmbH
Rosenheimer Straße 145, D-81671 München
Telefon: (089) 45051-0
oldenbourg.de

Lektorat: Wirtschafts- und Sozialwissenschaften, wiso@oldenbourg.de
Herstellung: Anna Grosser
Coverentwurf: Kochan & Partner, München
Gedruckt auf säure- und chlorfreiem Papier
Gesamtherstellung: Druckhaus „Thomas Müntzer" GmbH, Bad Langensalza

ISBN 978-3-486-59774-5

Inhaltsverzeichnis

Vorwort

Jeder hat wohl schon einmal ein Mietfahrzeug genutzt oder ist damit in Berührung gekommen, privat und geschäftlich. Sei es mit Mietfahrzeugen im Urlaub für einen Tagesausflug oder auf einer Rundreise, für den Möbeltransport beim Wohnungswechsel, als Verkehrsmittel bei Geschäftsreisen, als Anschlussverkehrsmittel mit einem Flug oder einer Bahnfahrt oder als Ersatzwagen im Fall eines Schadens oder Werkstattaufenthaltes des eigenen Fahrzeugs. Die Nutzungsmöglichkeiten von Mietfahrzeugen sind so vielfältig wie die Arten der Fahrzeuge der Mietfahrzeugunternehmen, seien es nun Mietwagen oder Motorräder, Fahrräder oder das Caravaning.

Mietfahrzeuge sind wichtige touristische Verkehrsmittel, wenngleich sie bislang in der wissenschaftlichen Literatur doch unterschätzt wurden. Gerade mit Blick auf die gegenwärtigen Veränderungen in Bezug auf die Mobilität der Menschen, resultierend aus neuartigen ökonomischen und ökologischen Abwägungen und einer sich wandelnden sozialen Wahrnehmung der Mobilität stellen die verschiedenen Mietfahrzeuge ein wichtiges Element dar. Dabei können sie Mobilität ergänzen und fortsetzen oder andere Mobilitätsangebote ersetzen, indem sie eine individuelle Mobilität bieten, die frei ist in ihrer zeitlichen Nutzungsdauer und des Nutzungszeitpunkts, und gleichzeitig nicht an das Eigentum am Verkehrsmittel oder einen Fahrplan gebunden ist.

Seit fast zehn Jahren beschäftigen wir uns nun mit dem Thema der ‚Mietfahrzeuge im Tourismus‘ in Ausbildung und Forschung, u.a. an der TU Dresden und der Hochschule Harz. Umfassende Publikationen, die bspw. die wichtigsten Begriffe erläutern und einen Überblick über die Branche geben, indem sie die Angebots- und Nachfrageseite betrachten sowie die wichtigsten Geschäftsprozesse darstellen, können – bis auf die Ausnahme des ca. 70-seitigen ‚Branchenbild‘ aus dem Jahre 1993 von Markus Burgdorf – jedoch nicht als Grundlage für die Ausbildung herangezogen werden. Eine umfangreiche Recherche, v.a. innerhalb der letzten anderthalb Jahre in Vorbereitung für dieses Lehrbuch, hat jedoch ergeben, dass es tatsächlich mehr Veröffentlichungen gibt, als lange gedacht. Viele dieser Quellen wurden jedoch bisher nur vereinzelt ausgewertet bzw. nicht für ein größeres Fachpublikum zugänglich gemacht, sodass ein umfassendes Lehrbuch für die hochspannende Branche der Mietfahrzeuge bisher fehlt.

Mit dem vorliegenden Buch haben wir zwei Ziele verfolgt. So war es uns ein wichtiges Anliegen, die genannten Inhalte zum einen für Studierende, Auszubildende und Quereinsteiger der Tourismus- und Mietwagenbranche darzulegen, zum anderen aber auch Experten und Mitarbeitern der Branche ein umfassendes Werk bereit zu stellen. Zudem wollten wir mit dem vorliegenden Werk einen ‚State-of-the-Art‘ beim Stand der Forschung schaffen, der weitergehende Recherchen, Forschungsarbeiten und Veröffentlichungen einfacher möglich macht.

Bei der Erstellung eines Buches ist jeder Autor auf die Hilfe anderer Personen angewiesen. Auch wir haben während des Erstellungsprozesses vielfältige Hilfe von den unterschiedlichsten Seiten erfahren dürfen. Es ist unmöglich alle Unterstützer einzelnen aufzuzählen, da wir an einer Vielzahl an Unternehmen, Verbänden, Forschungseinrichtungen und Hochschulen ebenso herangetreten sind wie an Ministerien, Behörden und Industrie- und Handelskammern. Sie haben uns vielfältige (Detail-)Informationen gegeben bzw. haben uns mit Tipps und Anregungen unterstützt. Ihnen allen sei unser herzlicher Dank ausgesprochen!

Einen ganz besonderer Dank gilt Herrn Michael Brabec vom Bundesverband der Autovermieter Deutschlands e.V. (BAV) und Herrn Jürgen Lobach von der CC UniRent System GmbH, die immer wieder für Fragen ein offenes Ohr hatten und auch für gezielte Nachfragen und Diskussionen zur Verfügung standen. Herr Lobach hat uns darüber hinaus mit einem Sponsoring unterstützt.

Darüber hinaus möchten wir einen besonderen Dank an die Studierenden und Absolventen der Hochschule Harz aussprechen, die im Rahmen von Haus-, Bachelor- und Diplomarbeiten Informationen und Quellen zum Thema gesammelt haben und in Rahmen von Seminaren und Vorlesungen wichtige Anregungen gegeben haben, die mit in die Erstellung dieser Publikation eingeflossen sind. Insbesondere Herr Alexander Axthelm sei hier herausgehoben, der das Manuskript gegengelesen hat und uns wichtige Denkanstöße gegeben hat.

Frau Anne Menzel hat mit ihrer redaktionellen Arbeit eine zügige Fertigstellung dieser Publikation überhaupt ermöglicht, wofür wir ihr unseren höchsten Respekt aussprechen!

Wir danken ferner Herrn Dr. Jürgen Schechler vom Oldenbourg Verlag für die verlegerische Betreuung. Herrn Prof. Dr. Walter Freyer danken wir für die inhaltlichen Anregungen bei der Erstellung dieses Buches und die Möglichkeit unser Buch in seiner Reihe „Lehr- und Handbücher zu Tourismus, Verkehr und Freizeit" zu veröffentlichen.

Abschließend ist es uns ein besonderes Anliegen unseren Familien zu danken. Ihre Unterstützung bei den Recherchen und den Arbeiten an diesem Buch sind nicht nachlesbar, haben das Gelingen aber erst ermöglicht.

Wernigerode, im Frühjahr 2010

Sven Groß, Nico Stengel

1 Einleitung

Der Tourismus ist in den vergangenen Jahrzehnten in vielen Regionen der Welt zu einem tragenden Wirtschaftssektor geworden. Die Gründe dafür liegen neben dem steigenden Interesse an fremden Kulturen und der Zunahme der Freizeit v. a. in der wachsenden Mobilität der Menschen, die das Reisen überhaupt ermöglicht. Auch Mietfahrzeuge tragen dabei nicht unerheblich zur verbesserten Mobilität und damit zu einem erhöhten Tourismusaufkommen bei. Besonders die vielfältigen Einsatzmöglichkeiten des Mietfahrzeugs[1] für touristische Zwecke, wie sie in Tabelle 1 dargestellt sind, unterstützen bis heute diese Entwicklung. Tourismus umfasst dabei in Anlehnung an die Welttourismusorganisation die Aktivitäten von Personen, die an Orte außerhalb ihrer gewohnten Umgebung reisen und sich dort zu Freizeit-, Geschäfts- oder bestimmten anderen Zwecken nicht länger als ein Jahr ohne Unterbrechung aufhalten und mindestens eine Übernachtung in dem besuchten Ort verbringen (vgl. WTO 1993, S. 2).

Tabelle 1: Mögliche Nutzungsformen von Mietfahrzeugen durch Touristen

Quellgebiet	Zielgebiet
Fahrten von Reisenden in den Aufenthaltsort, z. B. von Urlaubern und Geschäftsreisenden (Einwegmiete)	Fahrten von Reisenden zurück in den Heimatort, z. B. von Urlaubern und Geschäftsreisenden
Fahrten von Reisenden zu einer Verkehrsstation, um von dort weiter ins Zielgebiet zu reisen (z. B. zum Flughafen, Hafen oder (Bus-)Bahnhof)	Fahrten in den letztendlichen Aufenthaltsort, wenn noch andere/s Verkehrsmittel für die Anreise genutzt wurde/n (z. B. Miete eines Autos am Flughafen für die Fahrt in den Aufenthaltsort)
Fahrten von Reisenden für die gesamte Reise (Quell-, Ziel- und zurück ins Quellgebiet)	Fahrten von Reisenden am Aufenthaltsort (z. B. Besuch von Land und Leuten, ‚Funfahrt', Beförderung von A nach B, Ausflug mit dem Fahrrad oder Kraftrad)
Fahrten von Reisenden, die Mietfahrzeuge im Zielgebiet ausgeliehen haben und erst nach einer gewissen Zeit das Mietfahrzeug im Quellgebiet abgeben (Einwegmiete)	Fahrten von Reisenden, die mit dem Mietfahrzeug ins Zielgebiet gekommen sind und erst nach gewisser Zeit das Mietfahrzeug im Zielgebiet abgeben (Einwegmiete)

Quelle: eigene Darstellung.

Mietfahrzeuge können im Tourismus nicht nur innerhalb der Quell- und Zielgebiete touristisch genutzt werden, sondern finden auch für die Hin- und Rückreise sowie für den Transfer

---

[1] Der Begriff des Mietfahrzeugs umfasst im Folgenden insbesondere Mietwagen, Reisemobile und Wohnwagen sowie Kraft- und Fahrräder.

zu Verkehrsstationen Verwendung. Schon allein aus dieser Nutzungsvielfalt lässt sich darauf schließen, welche Bedeutung dem Segment der Mietwahrzeuge innerhalb der gesamten touristischen Wertschöpfungskette zukommt. Zudem ist auch das Mietfahrzeuggeschäft durch charakteristische Merkmale und Problemstellungen wie z.B. die Einheitlichkeit und Austauschbarkeit des Kernprodukts sowie niedrige Markteintrittsbarrieren und die Schwierigkeit der Darstellung von immateriellen Leistungen geprägt, welche besonderer Beachtung bedürfen und eine marktorientierte Problemlösung verlangen.

Ziel dieses Lehrbuches ist es, insbesondere den Mietwagenmarkt im Detail zu betrachten und wissenschaftlich zu untersuchen. Es handelt sich um ein Grundlagenwerk, welches sowohl wesentliche Definitionen und Abgrenzungen als auch Betrachtungen des Marktes und der Marktteilnehmer und Beschreibungen wichtiger Managementaufgaben enthält. Zudem ist dieses Buch als Lehrbuch zu verstehen, mit dem Auszubildende in den unterschiedlichen touristischen Berufsfeldern (z.B. Reiseverkehrskaufmann, Kaufmann für Tourismus und Freizeit, Luftverkehrskaufmann) und Studierende (v.a. des Tourismus- und Dienstleistungsmanagements, des Verkehrswesens und der Freizeit-/Tourismusgeographie) theoretische Kenntnisse, unterlegt mit vielfältigen Beispielen aus der Praxis, erwerben und prüfen können. Darüber hinaus wendet sich das Buch an alle Praktiker, die etwas mehr über die Hintergründe ihres täglichen Geschäfts wissen möchten.

Schwerpunkt des vorliegenden Lehrbuchs ist eine Betrachtung des Mietwagengeschäfts in Deutschland und Europa allgemein sowie die touristische Nutzung von Mietwagen im Speziellen. Darüber hinaus werden aber auch noch weitere Mietfahrzeuge, also Wohnwagen und Reisemobile, Kraft- und Fahrräder, und ihre touristische Nutzung betrachtet.

Dazu wird zunächst in Kapitel 2 die Struktur des touristischen Straßenverkehrs erläutert und der Begriff des Mietwagenverkehrs definiert und eingegrenzt. Grundlegende Voraussetzung dafür ist die Abgrenzung des Mietwagenverkehrs nach dem Personenbeförderungsgesetz vom Mietwagenverkehr für Selbstfahrer. Im Anschluss daran erfolgt eine weitere Abgrenzung des Mietwagengeschäfts von anderen Formen der Automietung wie Car-Sharing, Car-Pooling und Fahrzeugleasing, um den Begriff des Mietwagenverkehrs genau zu beschreiben. Nachdem geklärt ist, wie der Begriff des Mietwagengeschäfts zu verstehen ist, wird ein kurzer geschichtlicher Abriss zum Mietwagensektor inklusive Gunstfaktoren und Hemmnissen der Entwicklung gegeben.

Im Kapitel 3 folgt ein Überblick über die wichtigsten gesetzlichen Grundlagen und Verbände im Mietwagengeschäft. Hierbei wird eine Auswahl an Rechtsvorschriften dargestellt, die für die Betriebsgenehmigung und den Betrieb von Mietwagenunternehmen von Bedeutung sind. Neben diesen rechtlichen Vorgaben ist der Betrieb von Autovermietungen zudem durch Verbände bestimmt, die z.B. Lobbyarbeit und Forschungstätigkeit für die Branche übernehmen. Aus diesem Grund wird auch auf die wichtigsten Verbände und deren Aufgaben eingegangen.

Aufbauend auf diese Grundlagen werden in Kapitel 4 zunächst die Geschäftsfelder von Autovermietungen beleuchtet, um darzustellen, in welchen Bereichen Mietwagenunternehmen derzeit aktiv tätig sind. Dabei wird sowohl auf Kerngeschäftsfelder wie das Geschäft mit Privatpersonen und das Firmengeschäft eingegangen als auch auf ergänzende Geschäftsbereiche wie das Flottenmanagement oder den Handel mit Gebrauchtwagen, die es Autovermietungen ermöglichen, Unternehmensrisiken zu diversifizieren und zusätzliche Umsätze zu generieren. Des Weiteren werden verschiedene, derzeit betriebene Geschäftsmodelle von Autovermietern vorgestellt und charakterisiert.

Im Anschluss daran wird im Kapitel 5 der gesamte Mietwagenmarkt mit seinen charakteristischen Merkmalen beschrieben. Dazu wird zum einen auf die Angebotsseite eingegangen, wobei die wichtigsten Autovermieter in Europa und in Deutschland vergleichend dargestellt werden. Zum anderen werden die Nachfrager auf dem Mietwagenmarkt hinsichtlich demographischer und ökonomischer Kenngrößen sowie im Hinblick auf ihre Bedürfnisse, Anforderungen und Vorlieben charakterisiert. Hinzu kommt die Betrachtung der Anmietbedingungen, um zu zeigen, unter welchen Voraussetzungen Angebot und Nachfrage auf dem Markt für Mietwagen zusammenkommen.

Daran anschließend wird in Kapitel 6 eine detaillierte Branchenstrukturanalyse durchgeführt, die potentielle Gefahren oder Chancen für Mietwagenunternehmen aufdeckt. Dazu werden die Wettbewerbssituation, potentielle Konkurrenten und Ersatzprodukte sowie Lieferanten und Abnehmer und deren Verhandlungsmacht gegenüber Autovermietern ausgewertet.

In den folgenden Abschnitten (Kapitel 7 und 8) werden wichtige Managementbereiche von Mietwagenunternehmen näher erläutert. Besondere Beachtung finden dabei die Beschaffung, Logistik und Verwertung von Fahrzeugen sowie das Marketing. Da die zu vermietenden Fahrzeuge zur Kernleistung des Autovermieters gehören, liegt ein besonderes Interesse der Unternehmen darin, möglichst neue und intakte Fahrzeuge dort anzubieten, wo es der Kunde erwartet. Folglich liegt ein Hauptaugenmerk der Autovermieter im Bereich Beschaffung und Logistik der Mietfahrzeuge. In einem Exkurs wird zudem die Beschaffung, Vermarktung und Verwertung von Mietwagen bei Mietwagenbrokern beschrieben. Darüber hinaus ist das Marketing, wie im Dienstleistungssektor üblich, von hohem Stellenwert für die Darstellung der immateriellen Leistungen nach außen. Daher wird in den entsprechenden Kapiteln v. a. auf die Besonderheiten eingegangen, die sich aufgrund der Charakteristik der Mietwagenunternehmen ergeben. Dazu zählt neben der Darstellung der Preisfindung und Vertriebsstrukturen insbesondere die Gestaltung und Vermarktung von Zusatzleistungen, die eine Abgrenzung im Wettbewerb ermöglichen.

Kapitel 9 widmet sich weiteren Mietfahrzeugen in der touristischen Nutzung. Hier werden das Caravaning, die Vermietung von Fahrrädern und der Kraftradtourismus beleuchtet. Dabei werden wie schon bei den Mietwagenunternehmen zuerst begriffliche Abgrenzungen und ein historischer Abriss dargestellt, ehe rechtliche Rahmenbedingungen und Verbände sowie Anbieter- und Nachfragerstrukturen untersucht werden.

Zum Abschluss wird in Kapitel 10 eine Auswahl von Trends dargestellt, die die zukünftige Entwicklung des Mietwagengeschäfts beeinflussen können. Dazu zählen sowohl neue Kooperationspartner und Märkte als auch eine stärkere Ausrichtung auf nachhaltige Angebote.

2 Definitionen, Abgrenzungen und Entwicklung der Mietwagenunternehmen

2.1 Forschungsstand

Eine Recherche nach wissenschaftlichen Beiträgen in Fachzeitschriften, Sammelbänden und sonstigen wissenschaftlich nutzbaren Quellen zeigt deutlich, dass die Auseinandersetzung sowohl mit dem Thema ‚Mietwagen' allgemein als auch im Zusammenhang mit dem Tourismus in Deutschland, aber auch weltweit im Vergleich zu anderen touristischen bzw. verkehrlichen Themen gering ausgeprägt ist. Eine ausführliche – aber sicherlich nicht abschließende – Recherche hat die in folgender Tabelle angeführten Informationsquellen ergeben und gezeigt, dass es doch einige Quellen gibt, auch wenn diese z.T. schwer zugänglich sind.

Tabelle 2: Informationsquellen zum Thema ‚Mietwagen' und verwandte Themen

Art der Veröffentlichung	Autoren/Herausgeber	
Monographien	• Burgdorf 1993, Fuchs/Pramer 2007, Kazanjian 2007, Minelli 2008, Zinn 2007	
Beiträge in Lehrbüchern	• Berg 2006, Freyer 2009b, Goeldner/Brent Richie 2006, Gorham/Rice 2007, Kotler/Bowen/Makens 2006, Mundt 2006, Schulz 2009, Vogel 2006	
Beiträge in Sammelbänden/Lexika	• Groß/Sonderegger/Grotrian 2007a, Groß/Sonderegger/Grotrian 2007b, Hummel 2008a, Hummel 2008b, Neumann 2010	
Beiträge in Fachzeitschriften	• Al-Balbissi 2001, Brabec 2009a, Braun 2009, Dielemann/Rosskopf/Trausch 2009, Lempp 2009, Lines/Kuby/Schultz/Clancy/Xie 2008, Lüthe 2009, Metz 2009, Neidhardt/Kremer 2008, Otting 2009, Palmer-Tous/Riera-Font/Rosselló-Nadal 2007, Wenning 2009	
Verbände/Verlage	• BAV – Bundesverband der Autovermieter Deutschlands e.V. (Vielzahl an Daten, aktuellen Informationen und Studien auf der Internetseite)	• Gruner + Jahr 2009 (und vorherige Jahre) • Peitsmeier 2006 und 2008 (F.A.Z.) • Focus 2008
Zeitschriften	• DER AUTOVERMIETER, hrsg. vom Bundesverband der Autovermieter Deutschlands e.V. (BAV) • Kraftstoff – Business-Magazin für die Autovermietung, hrsg. von der CCUniRent System GmbH • Zeitschrift vom Verband mittelständischer Autovermieter Deutschland e.V. (VMAD) • Beiträge in der touristischen Fachpresse, wie fvw, Touristik report, Touristik aktuell, usw. • Beiträge in der juristischen Fachpresse, z.B. ACE-Verkehrsjurist, Der Verkehrsanwalt (VerkA), Neue Zeitschrift für Verkehrsrecht (NZV), Schadenspraxis (SP), Zeitschrift für Schadensrecht (zfs), Zeitschrift für Versicherungsrecht, Haftungs- und Schadensrecht (VersR)	

Tabelle 2: Informationsquellen zum Thema ‚Mietwagen' und verwandte Themen (Fortsetzung)

Art der Veröffentlichung	Autoren/Herausgeber	
Zeitschriften mit Bezug zur Autovermietung	• Flottenmanagement – Das Fachmagazin für innovatives Fuhrpark- und Mobilitätsmanagement (www.flottenmanagement-verlag.de) • Firmenauto – Geschäftswagen, Flottenmanagement, Finanzen (www.firmenauto.de) • Autoflotte: Firmenwagen, Service, Management (www.autoflotte.de) • bfp fuhrpark + management (www.fuhrpark.de)	
Studien privatwirt-schaftlicher Anbieter[2]	• Bizminer 2008a, 2008b, 2008c, 2008d, 2008e • Datamonitor 2001a, 2001b, 2002, 2003, 2004a, 2004b, 2004c, 2004d, 2005, 2006, 2007a, 2007b, 2007c, 2007d, 2007e, 2007f, 2007g, 2007h, 2008a, 2008b, 2008c, 2008d, 2009a, 2009b, 2009c, 2009d • Denali Intelligence 2009 • Finaccord Ltd. 2007a, Finaccord Ltd. 2007b • First Research Inc. 2009 • Global Industry Analysts 2008a, 2008b, 2008c • Global Markets Direct 2009 • Ibisworld 2008a, 2008b, 2009	• Icon Group International Inc. 2004, 2006, 2008a, 2008b, 2008c, 2008d, 2009a, 2009b, 2009c, 2009d, 2009e, 2009f, 2009g, 2009h, 2009i • Key Note Publications Ltd. 1998 • Koncept Analytics 2008 • Mintel International Group Ltd. 2008 • MSI Marketing Research for Industry Ltd. 2001 • Plimsoll Publishing Ltd. 2008a, 2008b • Snapdata International Group 2003a, 2003b, 2005, 2006, 2007, 2008a, 2008b, 2008c
Sonstige Studien/ Informations-quellen	• Bundesverband der Autovermieter Deutschlands e.V. (BAV): Urteilsdatenbank mit mehr 1.000 Urteilen, die für Mitglieder kostenlos nutzbar ist • BME 2009 • Dresdner Bank 2005 • Europcar: versch. Studien, z.B. zu den Themen ‚Observatoy of livestyles trends in travel and trans-ports – Focus on Germany' (2008), ‚Autos und Mietautos in Deutschland' (2008), ‚Mobilitätsbedürf-nisse der Europäer im Wandel' (2008), ‚Sexy Cars – Diese Autos machen attraktiv' (2008), ‚Geplante Reisen zur Weihnachtszeit' (2007) (z.T. unter http://www.europcar.de/EBE/module/render/studien) • Deutscher Sparkassen- und Giroverband e.V. 2008; Kurzfassung bei Stelzer 2008 • Fraunhofer-Institut für Arbeitswirtschaft und Organisation 2008 • Schneider 2008 • VDR laufender Jahrgang • VR Leasing AG/Deloitte & Touche GmbH/Dataforce GmbH/F.A.Z. 2008	
Quellen zum Thema Taxi-/ Mietwagenver-kehr nach PBefG	• Bidinger 2007, Fielitz/Grätz 2008, Grätz 2005, Grätz/Meißner 2008, Kollar/Pieper 2008, Meiß-ner/Mattern 2008, VDV 1993	
Zeitschriften zum Taxiverkehr	• Taxi – das Magazin des Taxi- und Mietwagenunternehmens mit Verkehrs-Rundschau und BZP-Report (Verlag Heinrich Vogel Fachzeitschriften GmbH, München) • Hallo TAXI (Fachverlag – Hallo TAXI, R. Cassalette, Bremen) • taxi heute (Huss-Verlag GmbH, München)	
Quellen zum Thema Car-Sharing	• bcs 2009a, Richter 2007, Sakhdari 2006	

Quelle: eigene Zusammenstellung.

---

[2] Die hier angeführten Studien sind auf der Internetseite www.mindbranch.com angeführt und kosten zwischen 200 und 3.995 US-Dollar. Aufgrund der Vielzahl an Studien und relativ hohen Kosten konnten diese Studien für das vorliegende Buch nicht ausgewertet werden, stehen aber für vertiefende Analysen zum weltweiten Mietwa-genmarkt zur Verfügung.

2.2 Struktur des touristischen Straßenverkehrs

Der Straßenverkehr kann aus touristischer Sicht in drei Bereiche eingeteilt werden. Hierbei handelt es sich um den privaten (Individual-)Verkehr, den gewerblichen Straßenverkehr und den öffentlichen Straßenverkehr (vgl. Abbildung 1). Eine überschneidungsfreie Zuordnung der einzelnen Verkehrsmittel bzw. -unternehmen ist nicht immer möglich. So gibt es bspw. Überschneidungen zwischen öffentlicher und gewerblicher Zugehörigkeit beim Taxigewerbe oder den Halte- und Raststätten.

Zu den Mietfahrzeugen zählen nicht nur Pkw, sondern auch Lkw, Caravans (Wohnwagen und Reisemobile), Krafträder (Motorräder, Motorroller, Mofas), Trikes, Quads und Fahrräder. Aus touristischer Sicht sind die Autovermieter von herausragender Bedeutung, die im Folgenden auch den Schwerpunkt der Betrachtung darstellen. Es sollen aber auch das Caravaning und die Vermietung von Fahrrädern und Krafträdern vorgestellt werden.

Abbildung 1: Systematisierung des touristischen Straßenverkehrs

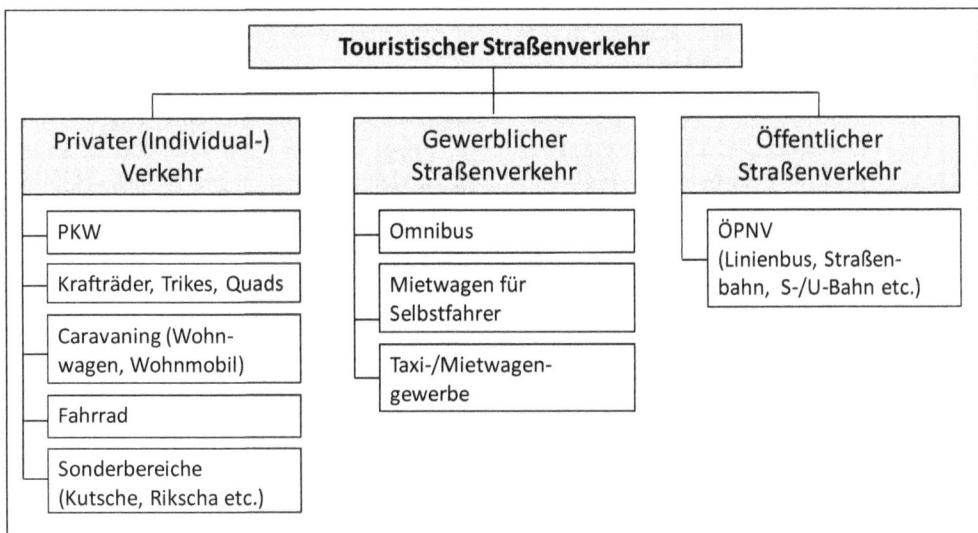

Quelle: eigene Darstellung, in Anlehnung an Freyer 2009b, S. 165.

2.3 Definitionen

Es ist nicht einfach, Definitionen des Mietwagenverkehrs bzw. von Mietwagenunternehmen in der deutschsprachigen Literatur zu finden. Einige Autoren gehen zwar auf das Thema Autovermietung bzw. Mietwagenverkehr und die Bedeutung im Tourismus ein (vgl. z. B. Berg 2006, S. 269 ff.; Freyer 2009b, S. 171 ff.; Mundt 2006, S. 314 ff.; Schulz 2009, S. 287 ff.), definieren die Begrifflichkeiten jedoch nicht. In anderen Veröffentlichungen wird zwar auf den Mietwagenverkehr eingegangen, aber die Definition nach dem § 49 Absatz 4 des Personenbeförderungsgesetzes (PBefG) zugrunde gelegt (vgl. z. B. Fuchs/Mundt/ Zollondz 2008, S. 464; Grätz 2005, S. 27 ff.; Kollar/Pieper 2008; Meißner/Mattern 2006, S. 1 ff.). Hiernach wird unter Mietwagenverkehr folgendes verstanden:

„**Verkehr mit Mietwagen** ist die Beförderung von Personen mit Personenkraftwagen, die nur im Ganzen zur Beförderung gemietet werden und mit denen der Unternehmer Fahrten ausführt, deren Zweck, Ziel und Ablauf der Mieter bestimmt und die nicht Verkehr mit Taxen nach § 47 sind. Mit Mietwagen dürfen nur Beförderungsaufträge ausgeführt werden, die am Betriebssitz oder in der Wohnung des Unternehmers eingegangen sind. Nach Ausführung des Beförderungsauftrags hat der Mietwagen unverzüglich zum Betriebssitz zurückzukehren, es sei denn, er hat vor der Fahrt von seinem Betriebssitz oder der Wohnung oder während der Fahrt fernmündlich einen neuen Beförderungsauftrag erhalten. Den Eingang des Beförderungsauftrages am Betriebssitz oder in der Wohnung hat der Mietwagenunternehmer buchmäßig zu erfassen und die Aufzeichnung ein Jahr aufzubewahren. Annahme, Vermittlung und Ausführung von Beförderungsaufträgen, das Bereithalten des Mietwagens sowie Werbung für Mietwagenverkehr dürfen weder allein noch in ihrer Verbindung geeignet sein, zur Verwechslung mit dem Taxenverkehr zu führen. Den Taxen vorbehaltene Zeichen und Merkmale dürfen für Mietwagen nicht verwendet werden. Die §§ 21 und 22 sind nicht anzuwenden." (§ 49 Absatz 4 PBefG)

In Deutschland betreiben mehr als 35.000 Unternehmen Taxi- und oder Mietwagenverkehr, die dem Personenbeförderungsgesetz unterliegen, wobei hiervon mehr als 7.000 Unternehmen Mietwagenverkehr betreiben (vgl. Tabelle 3). In vielen Städten firmieren diese Beförderungsunternehmen unter dem Begriff ‚MiniCar' (vgl. Brabec 2009a, S. 8).

Tabelle 3: Strukturdaten des Taxi- und Mietwagenverkehrs in Deutschland

Unternehmen	Anzahl
Unternehmer, die nur Taxiverkehr betreiben	22.418
Unternehmer, die nur Mietwagenverkehr betreiben	7.764
Unternehmer, die Taxi- und Mietwagenverkehr betreiben (mit sogenannten Mischkonzessionen)	1.419
Unternehmer, die Taxi- sowie Mietwagenverkehr betreiben (jedoch ohne sogenannte Mischkonzession)	4.182
Zusammen	**35.783**
Genehmigte Fahrzeuge im	**Anzahl**
Taxiverkehr	49.992
Mietwagenverkehr	29.898
Taxi- und Mietwagenverkehr (mit sogenannten Mischkonzessionen)	3.387
Zusammen	**82.277**
Hinweis: Zahlen einer Sondererhebung des Bundesverkehrsministeriums für Verkehr, Bau- und Stadtentwicklung, Stand: 31.12.2008	

Quelle: BZP 2009.

Laut Auskunft des Bundesverbandes der Autovermieter Deutschlands e.V. (BAV) entsteht bei der Verwendung der Definition nach dem PBefG **ein Problem** „(...) durch die unglückliche Begriffsverwendung ‚Mietwagen' im Zusammenhang mit Nutzung von ‚Fahrzeugen mit Fahrer'. Aus diesem Grund heißen die umgangssprachlichen Mietwagen im Behördendeutsch ‚Selbstfahrervermietfahrzeuge'. Mit § 49 Absatz 4 PBefG haben wir nichts zu tun." (Brabec 2009b) Man kann daher konstatieren, dass das, was man umgangssprachlich ‚Mietwagen' nennt, im Amtsdeutsch (z.B. in der Fahrzeug-Zulassungsverordnung) Mietfahrzeug für Selbstfahrer bzw. **Selbstfahrervermietfahrzeug** heißt und man einen Mietwagen nach dem PBefG immer mit Fahrer mietet, d.h. ein Mietwagen wird wie ein Taxi zur gewerblichen Personenbeförderung im Gelegenheitsverkehr eingesetzt.[3] Unter **Mietfahrzeuge für Selbstfahrer**[4] werden also Fahrzeuge verstanden, die vornehmlich bei spezialisierten Kfz-Vermietunternehmen gemietet und im Interesse des Mieters von diesem selbst oder einem von ihm Beauftragten gefahren werden (vgl. Mathy 2000, S. 252; trendmile GmbH: 2009). Autovermieter wie Avis, Europcar, Hertz, Sixt etc. verleihen hauptsächlich Mietfahrzeuge für Selbstfahrer und betreiben nur dann gewerbliche Personenbeförderung, wenn sie z.B. im Rahmen eines Chauffeurservices ihre Fahrzeuge mit Fahrer vermieten (z.B. bietet Sixt den ‚Sixt Limousine Service & Chauffeur Drive' an).

Auch bei der Erfassung der Umsätze, Beschäftigten und Anzahl an Autovermietern usw. in der amtlichen Statistik des Statistischen Bundesamtes wird zwischen der Vermietung von Kfz mit und ohne Fahrer unterschieden. In der bis 2007 gültigen Klassifikation der Wirtschaftszweige (WZ 2003) gibt es folgende WZ-Code-Klassifizierung, die die Vermietung von Kraftfahrzeugen betrifft:

---

[3] In den deutschen Großstädten Berlin, Dortmund, Duisburg, Dresden, Essen, Frankfurt am Main, Hamburg, Köln, Leipzig, Magdeburg, München, Rostock und Stuttgart gibt es zwischen 34 (Rostock) und 433 (München) Mietwagen (vgl. BZP 2008, S. 6). Ein Beispiel für ein Mietwagenunternehmen nach dem Personenbeförderungsgesetz ist das Unternehmen 8x8 AG in Dresden. 8x8 versteht sich als ein Limousinen- und Chauffeurservice in Dresden. Das Unternehmen ist in mehrere Einzelunternehmen gegliedert und besteht aus einem Limousinenservice, einem Taxibetrieb sowie einer vollautomatischen Funkvermittlungszentrale, mit welcher alle Fahrzeuge über GPS verbunden sind (vgl. 8x8 Aktiengesellschaft 2009).

[4] Mietwagen wird im vorliegenden Lehrbuch mit Mietwagen für Selbstfahrer gleichgesetzt. Sofern Mietwagen nach dem PBefG gemeint ist, wird dies besonders hervorgehoben.

Tabelle 4: WZ-Code-Klassifizierung (WZ 2003)[5]

WZ-Code	Wirtschaftsgliederung
60	Landverkehr; Transport in Rohrfernleitungen
60.22	Betrieb von Taxis und Mietwagen mit Fahrer
60.22.0	**Betrieb von Taxis und Mietwagen mit Fahrer** Diese Unterklasse umfasst: • Personenbeförderung mit Taxis • **Pkw-Vermietung mit Fahrer**
71	Vermietung beweglicher Sachen ohne Bedienungspersonal
71.1	Vermietung von Kraftwagen bis 3,5 t Gesamtgewicht
71.10	Vermietung von Kraftwagen bis 3,5 t Gesamtgewicht
71.10.0	Vermietung von Kraftwagen bis 3,5 t Gesamtgewicht. Diese Unterklasse umfasst: **Vermietung und Operate-Leasing von Kraftwagen bis 3,5 t Gesamtgewicht ohne Fahrer**
71.2	Vermietung von sonstigen Verkehrsmitteln
71.21	Vermietung von Landfahrzeugen (ohne Kraftwagen bis 3,5 t Gesamtgewicht)
71.21.0	Diese Unterklasse umfasst: Vermietung und Operate-Leasing von Landfahrzeugen und Transporteinrichtungen ohne Fahrer/Bedienungspersonal (ohne Personenkraftwagen): Schienenfahrzeuge, Lastkraftwagen über 3,5 t Gesamtgewicht, Zugmaschinen, Anhänger und Sattelanhänger, **Krafträder, Wohnwagen, Wohnmobile,** Vermietung von Transportcontainern, Vermietung von Paletten
71.4	Vermietung von Gebrauchsgütern, anderweitig nicht genannt
71.40.2	Verleih von Sportgeräten und Fahrrädern Diese Unterklasse umfasst: • Vermietung von sonstigen Gütern an private Haushalte oder Unternehmen: Fahrräder, Sportausrüstung

Quelle: Statistisches Bundesamt 2003, S. 411, S. 435, S. 438.

---

[5] Im Jahr 2008 wurde eine aktualisierte WZ-Code-Klassifizierung seitens des Statistischen Bundesamtes veröffentlicht. Nähere Informationen hierzu finden sich im Anlage 2. Da anhand dieser Klassifizierung jedoch noch keine Daten vom Statistischen Bundesamt herausgegeben wurden, wird hier noch die alte Klassifizierung verwendet, um die in Kapitel 5.1.2 (‚Der deutsche Mietwagenmarkt', S. 64) verwendeten Daten besser einschätzen zu können.

2.4 Abgrenzung von Mietwagen für Selbstfahrer zu Taxen und Mietwagen nach dem Personenbeförderungsgesetz

Wie oben bereits angesprochen, dürfen Mietwagen für Selbstfahrer nicht mit Taxen und/oder Mietwagen nach dem PBefG verwechselt werden. Da ein Teil der Mietwagenunternehmen jedoch auch Personenbeförderungsdienste (z. B. Chauffeurdienste) anbieten und um das Verständnis über die verschiedenen Begriffe zu verbessern, werden die wichtigsten Unterschiede bzw. Gemeinsamkeiten zwischen Taxen und Mietwagen nach dem PBefG herausgearbeitet.

Aus folgender Tabelle wird ersichtlich, dass der Taxi- und Mietwagenverkehr einerseits große Ähnlichkeiten hat, es andererseits aber auch einige gravierende Unterschiede gibt.

Tabelle 5: Taxi- und Mietwagenverkehr nach dem PBefG im Vergleich

Taxi	Mietwagen[6]
Taxiverkehr ist nach § 47 PBefG dadurch charakterisiert, dass <ul><li>Personenbeförderung mit Personenkraftwagen durchgeführt wird,</li><li>Wobei die Personenkraftwagen von Taxiunternehmen entweder an behördlich zugelassenen Stellen bereitgehalten werden oder</li><li>Die Beförderungsaufträge während einer Fahrt oder am Betriebssitz entgegengenommen werden</li><li>Und mit dem Pkw Fahrten durchgeführt werden, deren Ziel der Fahrgast bestimmt</li></ul>	Mietwagenverkehr ist nach § 49 Absatz 4 PBefG dadurch charakterisiert, dass <ul><li>Ebenfalls Personenbeförderung mit Personenkraftwagen durchgeführt wird,</li><li>Wobei die Personenkraftwagen nur ‚im Ganzen' gemietet worden sind,</li><li>Die Beförderungsaufträge für den Mietwagenverkehr am Betriebssitz oder in der Wohnung des Unternehmers entgegengenommen worden sind,</li><li>Mit dem Pkw Fahrten durchgeführt werden, deren Zweck, Ziel und Ablauf der Fahrgast bestimmt</li><li>Und diese Fahrt nicht Taxenverkehr sind</li></ul>
Farbe vorgeschrieben (hellelfenbein), in einigen Bundesländern gilt dies jedoch nicht mehr	Mietwagen können in beliebigen Farben lackiert/foliert sein, **Taxifarbe zulässig.**
Taxischild und Ordnungsnummer müssen vorhanden sein	Mietwagen dürfen **nicht besonders kenntlich** gemacht werden (kein Schild und keine Ordnungsnummer)
Keine Rückkehrpflicht nach Durchführung des Fahrtauftrages, Aufträge dürfen auch unterwegs angenommen werden	**Rückkehrpflicht** nach Durchführung des Fahrtauftrages, Aufträge dürfen nur am Standort oder Wohnsitz angenommen werden
Taxen dürfen im Pflichtfahrbereich **unterwegs** heranwinkende Fahrgäste aufnehmen	Mietwagen dürfen keine unterwegs heranwinkende Fahrgäste aufnehmen, sondern Fahrten nur auf vorherige Bestellung durchführen
Fahrpreisanzeiger ist vorgeschrieben	Es genügt ein Wegstreckenzähler (beleuchteter, vergrößerter km-Zähler), der aber auch durch einen Fahrpreisanzeiger ersetzt werden kann

---

[6] Mietwagenverkehr nach § 49 PBefG wird auch als ‚Mietwagen mit Fahrer' oder ‚Mietwagen gemäß PBefG' genannt.

Tabelle 5: Taxi- und Mietwagenverkehr nach dem PBefG im Vergleich (Fortsetzung)

Taxi	Mietwagen
3 ‚Taxi-Hauptpflichten' • Betriebspflicht (§ 21 PBefG): Pflicht, den genehmigten Betrieb einzurichten und aufrechtzuerhalten, • Beförderungspflicht (§ 22 PBefG): Pflicht, im Pflichtfahr-gebiet[7] mit jedem Interessenten einen Beförderungs-vertrag abzuschließen, • Tarifpflicht (§ 51, 39 PBefG): Pflicht, im Pflichtfahrgebiet den geltenden Taxitarif anzuwenden (für Fahrten, die über Pflichtfahrbereich hinausgehen, gilt auch freie Preisgestaltung)[8]	3 ‚Taxi-Hauptpflichten' gelten nicht für Mietwagenverkehr • Mietwagen sind in der Preisgestaltung, der Auswahl der Fahrgäste und Arbeitsbereitschaft fast völlig frei
Taxen müssen zusammen mit dem Fahrgast im Pflichtfahr-bereich Hand- oder Reisegepäck mindestens bis 50 kg mit befördern	Mietwagen müssen nicht zusammen mit dem Fahrgast Hand- oder Reisegepäck mindestens bis 50 kg mit beför-dern
Fahrer müssen sich nur bei Leerfahrten anschnallen	Fahrer müssen sich nur bei Leerfahrten anschnallen
Taxiunternehmer führen 7 % Umsatzsteuer ans Finanzamt ab (wenn die Fahrt kürzer ist als 50 km)	Mietwagen werden mit 19 % besteuert

Quelle: Grätz 2005, S. 27 ff.; Kollar/Pieper 2008, S. 32 ff.; Meißner/Mattern 2006, S. 14 ff.

Wer eine entgeltliche oder geschäftsmäßige Personenbeförderung in einem Taxi oder Miet-wagen durchführen will, muss dazu folgende Genehmigungen besitzen:

• eine Gewerbegenehmigung und
• eine Taxi- oder Mietwagengenehmigung und
• eine Fahrerlaubnis zur Fahrgastbeförderung, sofern er auch selbst fahren will.

Dabei wird eine **Gewerbegenehmigung** (Gewerbeschein) von der jeweiligen Gemeinde (Ordnungsamt) ausgestellt. Mit der Anzeige bei der Gemeinde „(…) erfolgt gleichzeitig die nach der Abgabenordnung (AO) zu erfolgende Anmeldung beim Finanzamt sowie die An-meldung der mit Beginn des Gewerbebetriebs entstehenden Mitgliedschaft bei der zuständi-gen Industrie- und Handelskammer. Bei Kaufleuten muss die Eintragung in das Handelsre-gister beim zuständigen Amtsgericht beantragt werden." (Grätz 2005, S. 39)

Eine **Genehmigung für den Taxi- und Mietwagenverkehr** wird nur an Personen erteilt, die folgende Voraussetzungen nach dem PBefG (§ 13) erfüllen:[9]

---

[7]   Das Pflichtgebiet ist der räumliche Geltungsbereich der in der Taxitarifordnung behördlich festgesetzten Beför-derungsentgeltregelungen (vgl. Grätz 2005, S. 34).

[8]   Taxen sind seit 1996 als Ersatz bzw. Ergänzung und Verdichtung eines Linienverkehrs ausdrücklich nach dem PBefG Teil des ÖPNV. Sie genießen daher bestimmte Vergünstigungen, wie niedrigerer Mehrwertsteuersatz, Benutzung von Sonderfahrspuren, Halten in 2. Reihe

[9]   Weiterführende Informationen finden sich bspw. bei Grätz 2005, S. 40 ff. und Kollar/Pieper 2005, S. 20 ff.

Tabelle 6: Voraussetzungen für die Genehmigung von Taxi- und Mietwagenverkehr nach dem PBefG (§ 13)

Subjektive Voraussetzungen	Objektive Voraussetzungen (nur für Taxiverkehr)
Sicherheit und Leistungsfähigkeit des Betriebes	
Zuverlässigkeit des Antragstellers als Unternehmer oder seines Geschäftsführers (polizeiliches Führungszeugnis)	Beim Verkehr mit Taxen ist die Genehmigung zu versagen, wenn die öffentlichen Verkehrsinteressen dadurch beeinträchtigt werden, dass durch die Ausübung des beantragten Verkehrs das örtliche Taxengewerbe in seiner Funktionsfähigkeit bedroht wird. Hierbei sind für den Bezirk der Genehmigungsbehörde v. a. zu berücksichtigen 1. Nachfrage nach Beförderungsaufträgen im Taxenverkehr, 2. Taxendichte, 3. Entwicklung der Ertrags- und Kostenlage unter Einbeziehung der Einsatzzeit, 4. Anzahl und Ursachen der Geschäftsaufgaben.
Fachliche Eignung des Antragstellers oder seines Geschäftsführers	

Quelle: § 13 PBefG.

Sowohl Taxi- als auch Mietwagenfahrer müssen neben einem Führerschein die **Fahrerlaubnis zur Fahrgastbeförderung** erwerben, die fünf Jahre Gültigkeit hat. Diese Fahrerlaubnis wird lt. § 48 der Fahrerlaubnis-Verordnung (FeV) nur dann erteilt, wenn der Bewerber

- die für das Führen des Fahrzeugs erforderliche EU- oder EWR-Fahrerlaubnis besitzt,
- das 21. Lebensjahr vollendet hat und die Gewähr dafür bietet, dass er der besonderen Verantwortung bei der Beförderung von Fahrgästen gerecht wird,
- seine geistige und körperliche Eignung nachweist,
- nachweist, dass er die Anforderungen an das Sehvermögen erfüllt,
- nachweist, dass er eine Fahrerlaubnis der Klasse B seit mindestens zwei Jahren besitzt oder innerhalb der letzten fünf Jahre besessen hat,
- falls die Erlaubnis für Taxen gelten soll – in einer Prüfung nachweist, dass er die erforderlichen Ortskenntnisse in dem Gebiet besitzt, in dem Beförderungspflicht besteht,
- falls die Erlaubnis für Mietwagen gelten soll – die erforderlichen Ortskenntnisse am Ort des Betriebssitzes besitzt; dies gilt nicht, wenn der Ort des Betriebssitzes weniger als 50.000 Einwohner hat.

Zusammenfassend bleibt festzuhalten, dass es eine weitreichende gesetzliche Grundlage für den Betrieb eines Taxi- und/oder Mietwagenverkehrs nach dem PBefG gibt und sich diese Verkehrsarten klar von den Mietwagen für Selbstfahrer abgrenzen.

2.5 Abgrenzung von Mietwagen für Selbstfahrer zu Car-Sharing-Angeboten

Unter Car-Sharing wird im deutschsprachigen Raum im Allgemeinen die Nutzung von Autos durch mehrere Personen nacheinander verstanden.

Beim Car-Sharing kann zwischen dem nachbarschaftlichen Autoteilen (auch informelles Car-Sharing genannt) und dem organisierten Car-Sharing unterschieden werden. Einige der heute bekannten Car-Sharing-Organisationen haben sich aus Bekannten- und Nachbarschaftsinitiativen heraus entwickelt – insbesondere in Westdeutschland – und die anfallenden Aufgaben wurden weitestgehend ehrenamtlich geleistet.[10] Laut dem 1998 gegründeten Bundesverband CarSharing e. V. (bcs)[11] sind gegenwärtig (Mitte 2009) über 90 deutsche Car-Sharing-Anbieter Mitglied im bcs und weitere ca. 20 Anbieter sind dem bcs bekannt.[12] Von den Mitgliederzahlen größere Car-Sharing-Organisationen sind z.B. die cambio-Gruppe, die stadtmobil-Gruppe, Greenwheels oder DB Carsharing (vgl. bcs 2009a). Allen Organisationen ist gemein, dass sie den Kunden Fahrzeuge zum Selbstfahren (meist) ab einer Stunde bis zu mehreren Wochen zur Verfügung stellen und diese Fahrzeuge dezentral und damit möglichst wohnungsnah stationieren (vgl. Richter 2007, S.10f.). „Der Kauf der Fahrzeuge, deren Reparatur, Versicherung und Pflege übernehmen die Organisationen. Voraussetzung für die Nutzung der Fahrzeuge ist die Mitgliedschaft bei einer Car-Sharing-Organisation durch den

---

[10] Interessant in diesem Zusammenhang ist, dass auch in der ehemaligen UdSSR und DDR über eine Art Car-Sharing nachgedacht wurde. „In Zukunft wird sich bei uns der Pkw-Verkehr im folgenden Sinne entwickeln: Wir werden uns angelegen sein lassen, die Pkw-Produktion zu steigern, nicht ohne gleichzeitig ein großes Netz von Garagen zu schaffen (…) Wenn jemand ein Auto nötig hat, sucht er eine Garage auf, mietet einen Wagen und fährt damit, wohin er will. Er benützt ihn, wie es seinen Bedürfnissen entspricht, gibt ihn nachher der Garage wieder zurück und ist damit alle Sorgen los. Bei dieser Art des Gebrauchs und der Benützung von Personenwagen brauchen wir ganz offensichtlich zehn- oder fünfzehnmal weniger Fahrzeuge, als wenn wir einem jedem persönlich ein Auto liefern wollen. (…) Die im Privateigentum wurzelnde kapitalistische Tendenz des Gebrauchs von Pkw eignet sich nicht für uns. Wir kommen den Bedürfnissen der Bevölkerung mit der sozialistischen Methode entgegen." (Dietzschold/Kutza 1964, S.39)

[11] Der Verein European Car Sharing (ecs) war der Dachverband europäischer Car-Sharing-Unternehmen. Er wurde im Jahre 1991 durch die führenden Car-Sharing-Anbieter aus Dänemark, Deutschland, Italien, Norwegen und der Schweiz gegründet, 2007 jedoch wieder aufgelöst. Ziel des Verbandes war die Schaffung der Möglichkeit zur Nutzung aller angeschlossenen Car-Sharing-Angebote. Der ecs arbeitete auch an einer Standardisierung und Verbesserung der Angebote. Der Sitz des Verbandes wechselte von Bremen über Hamburg und Hannover nach Utrecht. Einige übergreifende Aufgaben des ecs werden von der Car-Sharing-Plattform der UITP (Union Internationale des Transports Publics, Weltverband der öffentlichen Verkehrsunternehmen) weitergeführt. Dachverbandsaufgaben der Car-Sharing-Anbieter werden inzwischen weitgehend von nationalen Dachverbänden wahrgenommen, z.B. in Großbritannien von ‚Carclubs' und in Deutschland vom Bundesverband CarSharing e.V. (bcs).

[12] Der bcs zählte 137.000 Car-Sharing-Teilnehmer in 270 Städten zum Jahresbeginn 2009 in Deutschland, wovon gut 20% Geschäftskunden sind. Der prozentuale Zuwachs aller bei den ca. 110 deutschen Car-Sharing-Anbietern gemeldeten Teilnehmern betrug in 2008 ca. 18%. Mehr als 21.000 neue Nutzer erwarben die Berechtigung zum Buchen eines Car-Sharing-Fahrzeugs und das Fahrzeugwachstum überstieg sogar das Kundenwachstum. In den deutschen Car-Sharing-Flotten waren 21,9% mehr Fahrzeuge im Dienst, die Gesamtzahl der ‚Autos auf Zeit' wuchs auf 3.900 Fahrzeuge. Die Fahrzeuge verteilen sich bundesweit auf nun 1.850 Car-Sharing-Stationen. Dies sind 250 Stationen mehr als vor Jahresfrist (15,6% Zuwachs) (vgl. bcs 2009b, S.2; Velten 2009, S.42).

Abschluss eines meist längerfristigen Vertrags und die vorherige Buchung der Fahrzeuge. Es fallen in der Regel Aufnahmegebühr, Kaution, monatliche Beträge (monetäre fixe Kosten) sowie kilometer- und zeitabhängige Nutzungsgebühren (monetäre variable Gebühren) an. (…) Der Zugang zu den Pkws erfolgt in der Regel über eine tresorgestützte Schlüsselübergabe an den Stationen. Bei vielen Car-Sharing-Organisationen, die im Zuge der Professionalisierung ihrer Strukturen und Angebote mit elektronischen Systemen ausgestattet sind, wird der Zugang zu den Fahrzeugen über eine Chipkarte ermöglicht." (Sakhdari 2006, S. 23)

Das Car-Sharing unterscheidet sich daher vom herkömmlichen Automieten insbesondere durch die Erfordernis einer festen Mitgliedschaft, der Möglichkeit ein Fahrzeug auch nur für kurze Zeit zu nutzen und die dezentrale Fahrzeugvorhaltung verbunden mit der Übernahmemöglichkeit des Fahrzeugs 24 Stunden rund um die Uhr. Darüber hinaus zielen Car-Sharing-Konzepte primär auf einen möglichst alltagstauglichen Ersatz des wenig genutzten privaten Pkws. „An die Stelle des permanenten Autobesitzes tritt die gelegentliche Nutzung eines Fahrzeugs zur Befriedigung spezifischer Mobilitätsbedürfnisse (Freizeit, Einkäufe, Transporte etc.). Die große Mehrzahl der Wege wie bspw. der Weg zu und von der Arbeit soll jedoch mit den Verkehrsmitteln des Umweltverbundes (Öffentlicher Personennahverkehr, Fahrrad, zu Fuß) zurückgelegt werden. Somit wirkt das Car-Sharing ergänzend zu den Angeboten des öffentlichen Verkehrs durch das Abdecken derjenigen Mobilitätsbedürfnisse, die zeitlich, räumlich oder hinsichtlich der Transportkapazität nicht mit den Instrumenten des Umweltverbundes erfüllt werden können." (ders., S. 24)

Eine etwas andere Umsetzung des Car-Sharing-Gedankens sind Clubs, die sich auf die Teilung von Luxus-Fahrzeugen für ihre Mitglieder spezialisiert haben. Weltweit wurde die Idee, Luxus-Fahrzeuge innerhalb eines Clubs gegen eine Jahresgebühr zugänglich zu machen, bereits über 20 Mal erfolgreich realisiert. Die Pioniere der sog. Fleet Sharing-Clubs oder auch Supercar Clubs sind z. B. der Club Sportiva in San Francisco, der Circle Club in Mailand sowie P1 in London und Ecurie25 an vier Standorten in Großbritannien (Leeds, Newcastle, London und Ballymoney). „In 2000, P1 pioneered the concept of a private members' club offering shared access to a fleet of supercars. With nine years expertise in refining the concept, the club continues to offer its members an unrivalled experience with access to the largest stable of the finest and fastest cars. In return for an annual membership fee, the club takes care of the cost of depreciation, insurance, servicing and maintenance, leaving members free to enjoy the cars and the club without the inconvenience and costs of ownership." (P1 World LLP 2009)

In Deutschland ist der Berliner ‚Celerity Club' der erste Club, der seinen – maximal 200 – Mitgliedern Luxus-Güter für eine pauschale Gebühr zur Verfügung stellt. Im Mittelpunkt steht der Club-eigene Fuhrpark von außergewöhnlichen Sportwagen und Limousinen (z. B. Bentley, Ferrari, Hummer, Lamborghini, Maserati, Weismann und Mercedes). Weitere Beispiele in Deutschland sind der ‚European Carsharing Club' in München und der ‚Hyde Club' in Düsseldorf. Die Mitgliedschaft im ‚Celerity Club' gilt bspw. ein Jahr für das Club-Mitglied und dessen Lebenspartner. Jedes Mitglied erhält ein Punkte- und Kilometer-Guthaben, das zur Vergütung der in Anspruch genommenen Leistungen dient (vgl. Tabelle 7). Ist eines der Guthaben aufgebraucht oder ein Jahr ab dem Eintrittsdatum verstrichen, so ist die Mitgliedschaft beendet.[13] Ein Mindestalter von 30 Jahren und ein unauffälliges Verkehrsverhalten sind Grundvoraussetzungen. Ebenso ist die Absolvierung eines speziellen Sportwagen-Fahrtrainings erforderlich, dessen Kosten mit der Aufnahmegebühr abgedeckt sind.

Tabelle 7: Kategorien und Preise des ‚Celerity Clubs' (inkl. der gesetzlichen MwSt.)

Mitglieds-kategorien	Punkte-Guthaben	Kilometer-Guthaben	Jahresbeitrag entspricht monatlich oder jährlich		Aufnahme-gebühr
Starter	400	4.500	829 Euro	950 Euro	1.990 Euro
CC Two	850	10.000	1.659 Euro	19.950 Euro	1.990 Euro
CC One	1.400	16.000	2.499 Euro	29.950 Euro	1.990 Euro

Quelle: Celerity Club GmbH 2009a.

Die Nutzung der Leistungen erfolgt mit Hilfe eines speziellen Reservierungs- und Punktesystems. Mit dem Eintritt in den Celerity Club erhält jedes Mitglied ein Punkteguthaben (siehe Tabelle 7 oben), welches mit den erfolgten Fahrzeugausleihen verrechnet wird (vgl. Tabelle 8 unten).

Tabelle 8: Reservierungs- und Punktesystem des ‚Celerity Clubs'

Punkte pro Tag	Winter (Dez. bis Feb.)		Frühling (März bis Mai)		Sommer (Juni bis Aug.)		Herbst (Sept. bis Nov.)	
Fahrzeugkategorie	Mo-Do	Fr-Mo	Mo-Do	Fr-Mo	Mo-Do	Fr-Mo	Mo-Do	Fr-Mo
1	9	23	14	35	19	47	14	35
2	6	15	9	22	12	29	9	22
3	3	7	4	10	5	13	4	10

Quelle: Celerity Club GmbH 2009b.

---

[13] Beim ‚European Carsharing Club' wird anders vorgegangen: Die Gesellschaft für Platinum Automotive Services mbH (P*A*S-GmbH) ist die Trägerorganisation des European Carsharing Club (ECSC). Gesellschafter der Firma sind die Fa. Padras IT-Consulting & Handels GmbH sowie der geschäftsführende Gesellschafter und Gründer, Hr. Detlev Wilke. Im Gegensatz zu anderen Car-Sharing Clubs wird das Clubmitglied mit dem Beitritt zum ECSC gleichzeitig stiller Gesellschafter der P*A*S-GmbH. Über diesen Mechanismus wird das Clubmitglied am geschäftlichen Erfolg der P*A*S-GmbH beteiligt und kann die Buchführung des Unternehmens sowie die Gewinn- und Verlust-Rechnung einsehen (vgl. P*A*S GmbH 2009).

2.6   Abgrenzung von Mietwagen für Selbstfahrer zu Angeboten von Mitfahrzentralen (Car-Pooling) und anderen Vermittlern

Car-Pooling meint eine gemeinschaftliche Nutzung eines Fahrzeugs durch mehrere Personen gleichzeitig (z.B. private Fahr- und Pendlergemeinschaften oder Mitfahrzentralen und Berufspendler-Vermittlungen). **Mitfahrzentralen** haben sich in verschiedener Art und Weise entwickelt. Zum einen gibt es in vielen größeren Städten Mitfahrzentralen, die eigene Geschäftsräume mit Kundenverkehr haben und gegen eine geringe Gebühr Mitfahrer an Autofahrer mit Zielen im In- und Ausland vermitteln. Der ADM ist die Arbeitsgemeinschaft Deutscher und Europäischer Mitfahrzentralen e.V. und der größte Mitfahr-Verbund in Deutschland. Mit 22 Büros bietet der ADM in den größten Städten Deutschlands unter der einheitlichen Rufnummer 19440 Fahrgemeinschaftsvermittlungen an. Citynetz Mitfahr-Zentralen ist der Verband der Mitfahrzentralen in Deutschland und Europa e.V. Der Citynetz-Verband bietet mit Büros in Berlin, Nürnberg, München, Köln, Essen, Hannover, Hamburg, Frankfurt, Freiburg unter der einheitlichen Rufnummer 01805 19 444 die Vermittlung von Fahrgemeinschaften an.

Zum anderen gibt es zahlreiche Online-Anbieter, die ohne Vermittlungsgebühr arbeiten (z.B. Drive2Day, mfz.de, mfz1.de, mitfahrgelegenheit.de[14], mitfahrzentrale.de, mitfahrerzentrale.com). Das Internet-Portal Mitfahrzentrale.de[15] wurde bspw. im Jahre 1998 gestartet und wird von der EuropeAlive Medien GmbH betrieben. Ende 2008 wurden etwa 15.000 Fahrten pro Tag vermittelt. Mit mehr als 1,2 Mio. registrierten Nutzern ist es nach eigener Aussage eine der größten Mitfahrzentralen Europas (vgl. EuropeAlive Medien GmbH 2009, S.3). Seit Anfang August 2009 kooperiert das 2001 gegründete Portal mitfahrgelegenheit.de mit dem ADAC. Gemeinsam haben sie die neue Mitfahrplattform ‚ADAC Mitfahrclub' gestartet. Nutzer können auf dem kostenlosen Portal (www.adac.de/mitfahrclub) nach Mitfahrgelegenheiten suchen und eigene Inserate einstellen (vgl. Reinicke 2009). Aber auch die ‚klassischen' Anbieter bieten auf Grund der zunehmenden Bedeutung des Internets ihre Dienstleistungen über das Internet an (z.B. CityToCity.de, mf24.de).

„CityToCity.de ist ein Verbund von ‚klassischen' Mitfahrzentralen, sowie eine Plattform für Online-Angebote bzw. -Gesuche. Wir bieten sowohl Fahrten mit Kundenbetreuung durch angeschlossene Mitfahrzentralen, als auch Fahrten ohne Kundenbetreuung, die jeder angemeldete Benutzer bei uns kostenlos inserieren kann." (CitytoCity 2009)

Neben den Mitfahrzentralen gibt es Internetplattformen wie **www.rentmycar.com** oder **www.rentmycar.de**, welche einen privaten Austausch von Fahrzeugen zu einem

---

[14]   Nach eigenen Angaben ist mitfahrgelegenheit.de mit mehr als 1 Mio. registrierten Nutzer und rund 2,4 Mio. Besuchern pro Monat die größte Online-Mitfahrzentrale Deutschlands.

[15]   Ausführliche Informationen über die Nutzer des Internet-Portals Mitfahrzentrale.de und ihr Nutzungsverhalten finden sich in einer Anfang 2009 veröffentlichten Online-Befragung von mehr als 2.000 Befragten über 14 Jahre (vgl. EuropeAlive Medien GmbH 2009).

entsprechend tiefen Preis ermöglichen. Diese Ansätze sind (bisher) nur wenig erfolgreich. Die im Juni 2001 gestartete deutsche Plattform gibt es nicht mehr, obwohl nach Auskunft des Betreibers in den ersten beiden Jahren des Betriebes 800 Autobesitzer ihre Fahrzeuge über rentmycar.de angeboten haben und ebenso viele auch Interesse am Mieten bekundet haben (vgl. Kreuzpointner 2003). Auf der amerikanischen Seite rentmycar.com wurde trotz mehrmaliger Suche an verschiedenen Tagen im Juli und August 2009 kein einziges Angebot gefunden.

Mieter und Vermieter können bzw. konnten bei diesen Internetplattformen ihre Mietgesuche und -angebote kostenlos eintragen, wobei der Vermieter den Mietpreis selbst festlegen kann. Rentmycar.de empfahl z.B. für einen VW Golf 25 Euro pro Tag bei 100 Frei-Kilometern. Die Rechte der Autobesitzer gegenüber dem Mieter waren durch einen speziell entwickelten zehnseitigen Mietvertrag geschützt. Für Streitfälle stand ein niedergelassener Anwalt als Schlichter bereit. Und für den Fall, dass der Mieter das Auto unterschlug oder einen von ihm verursachten, nicht versicherten Schaden nicht ersetzen konnte, bürgte rentmycar.de mittels einer Bank. Für hochwertige Fahrzeuge galt allerdings zu beachten, dass die Bürgschaft bei Vollkaskoversicherten Fahrzeugen auf 20.000 Euro begrenzt war und bei anderen Kfz galt eine Grenze von 5.000 Euro. Die Angebote und Gesuche wurden in anonymisierter Form gezeigt, erst bei Abschluss eines Mietvertrags wurden die Parteien miteinander bekannt gemacht. Die Miete wurde an rentmycar.de überwiesen und nach Rückgabe des Fahrzeugs an den Vermieter weitergeleitet. Der Mieter bezahlte zudem eine Provision von 15 % der Miete, mindestens aber 25 Euro an rentmycar (vgl. Petersen 2001).

Über die bereits beschriebenen Ansätze hinaus gibt es Mitfahrerbörsensoftware für firmen- oder standortbezogene Fahrgemeinschaften, die das gute alte ‚schwarze‘ Brett ablösen. Ein Beispiel ist die Software MobiCar, die im Internet oder als vom Hersteller angebotenen Hosting Variante ‚Software as a Service‘ läuft. Die Software hilft, Gelegenheiten zum Bilden einer Fahrgemeinschaft (für tägliche Nutzung oder für temporäre Anlässe) innerhalb eines Unternehmens oder eines Unternehmensstandortes zu suchen und zu finden (vgl. s.a.d 2009).

In der nachfolgenden Tabelle werden die wichtigsten Gemeinsamkeiten und Unterschiede zwischen Mietwagen, Car-Sharing und Car-Pooling noch einmal zusammenfassend dargestellt.

Tabelle 9: Vergleich zwischen Mietwagen für Selbstfahrer, Car-Sharing und Car-Pooling

	Mietwagen	Car-Sharing	Car-Pooling
Fahrer	Nein	Nein	Ja/Nein[16]
Bestimmung über Zweck, Ziel und Ablauf der Fahrt	Mieter	Mieter	Fahrer des Fahrzeugs
Zeitraum der Anmietung	(Meist) 1 bis 90 Tage	Meist einige Stunden, seltener mehrere Tage oder Wochen	Eine Fahrtstrecke
Mitgliedschaft	Nein	Ja	Ja (Anmeldung)[17]
Übernahmemöglichkeit	Zu den Öffnungszeiten	Zu jeder Zeit	Abfahrtszeit richtet sich v. a. nach Fahrer
Station	Zentral	Dezentral	(Oft) zentral
Nutzung	Nacheinander	Nacheinander	Gleichzeitig
Anfallende Kosten	Richtet sich u. a. nach Klasse des Fahrzeugs, Dauer der Anmietung, gefahrenen Kilometern	Aufnahmegebühr, Kaution, monatliche Beiträge, kilometer- und zeitabhängige Nutzungsgebühren	Fahrpreis pro Person, der oft nicht mehr als die Betriebskosten beträgt

Quelle: vgl. MOVECO GmbH 2009; OPM Media GmbH 2009; Sahkdari 2008, S. 20 ff.

2.7 Abgrenzung von Mietwagen für Selbstfahrer zu Leasingfahrzeugen

Auch wenn der Begriff Leasing in der juristischen und in der wirtschaftswissenschaftlichen Literatur unterschiedlich definiert bzw. abgegrenzt wird, so kann folgendes unter dem Begriff verstanden werden: „Unter Leasing versteht man die mittel- bis langfristige Überlassung von Anlagegegenständen gegen Zahlung eines Nutzungsentgeltes, das man als Leasinggebühr bezeichnet." (Wöhe 2008, S. 615) Beim Leasing steht einem Kunden somit permanent ein Fahrzeug zur Verfügung, welches ausschließlich für seine Nutzung bestimmt ist.

Leasing lässt sich nach dem Leasinggeber (direktes und indirektes Leasing), nach dem Verpflichtungscharakter (Operate Leasing und Finanzierungsleasing) und nach dem Leasingobjekt (z. B. Unterscheidung in Konsumgüter-, Investitionsgüter-, Equipment- und Plantleasing) klassifizieren (vgl. Löbach 2007, S. 15 f.).

---

[16] Sofern man einen Mitfahrer sucht, ist man selbst der Fahrer. Sucht man aber einen Fahrer, fährt man nicht selbst.

[17] Eine Anmeldung ist i.d.R. nur für Inserierende notwendig. Wer eine Mitfahrgelegenheit sucht, muss sich i.d.R. nicht anmelden.

„Operate Leasingverträge sind normale Mietverträge im Sinne des § 535 ff. BGB. Der Leasingnehmer hat das Recht zur kurzfristigen Kündigung des Vertrags. (…) Das Investitionsrisiko liegt allein beim Leasinggeber. Kündigt der Leasingnehmer schon nach kurzer Zeit den
Vertrag, reichen die (wenigen) vereinnahmten Leasingraten nicht aus, die Anschaffungs- und
Finanzierungskosten beim Leasinggeber zu decken. Man spricht in diesem Zusammenhang
von einem Teilamortisationsvertrag. Im Falle kurzfristiger Kündigung durch den Leasingnehmer muss sich der Leasinggeber um eine Anschlussvermietung bemühen oder das Leasingobjekt anderweitig (z. B. durch vorzeitige Veräußerung) verwerten." (Wöhe 2008,
S. 617) Ein Finanzierungsleasingvertrag ist dadurch gekennzeichnet, dass eine feste Vertragslaufzeit vereinbart wird (Grundmietzeit). Diese beträgt in der Regel mehr als die Hälfte der
wirtschaftlichen Nutzungsdauer eines Leasingobjektes. Ein Vertrag ist normalerweise derart
ausgestaltet, dass der Leasinggeber mit den vereinnahmten Leasingraten seine Anschaffungs-
,Finanzierungs- und Verwaltungskosten decken kann (Vollamortisationsvertrag). Das Investitionsrisiko liegt somit beim Leasingnehmer (vgl. ebd., S. 617).

Abhängig von den Vereinbarungen im Vertrag kann der Leasingnehmer über das Fahrzeug
für eine bestimmte Laufzeit verfügen (Grundmietzeit). Im Leasingvertrag wird vereinbart,
was der Leasingnehmer nach Ablauf dieser Laufzeit mit dem Fahrzeug machen darf: Er hat
die Wahl zwischen Rückgabe des Fahrzeugs an den Leasingeber, Verlängerung des Leasing-
verhältnisses oder Übernahme des Fahrzeugs zu einem bestimmten Preis. Grundlagen für die
Ermittlung der monatlich zu zahlenden Leasingraten sind dabei:

- der Anschaffungswert,
- die Vertragslaufzeit im Verhältnis zur Nutzungsdauer des Fahrzeugs unter Berücksichtigung steuerlicher Restriktionen nach den Erlassen der Finanzverwaltung,
- die Verzinsung während der Laufzeit sowie
- der kalkulatorische Restwert des Fahrzeugs zum Ende der Laufzeit (vgl. VR-Leasing AG
  et al. 2008, S. 24).

Leaseurope schätzte das Volumen des Neugeschäfts in Europa für das Jahr 2007 auf rund
340 Mrd. Euro (Anstieg um 14 % gegenüber Vorjahr). Der deutsche Leasingmarkt, der
zweitgrößte Markt in Europa, setzte 2008 den Aufwärtstrend der Vorjahre abgeschwächt fort
(vgl. Sixt AG 2009a, S. 37). Für 2008 wurde im Mobilien-Leasing ein Wachstum von 3,3 %
geschätzt, mit einem Neugeschäftsvolumen von 51,5 Mrd. Euro (2007: 49,8 Mrd. Euro). Die
für die deutsche Leasingbranche wichtigste Gütergruppe stellten 2007 Straßenfahrzeuge dar
(57,8 % der Leasinginvestitionen entfielen wertmäßig auf Straßenfahrzeuge). Die Zahl der
neu verleasten Fahrzeuge in Deutschland stieg 2007 um über 7 % auf ca. 1,3 Mio. (1.094.350
Pkw und 196.475 Lkw, Busse, leichte Nutzfahrzeuge und Anhänger). Gemessen an den
Neuzulassungen in Deutschland stieg der Marktanteil des Leasings von 30,8 % auf 36,1 %.
Der Großteil der Fahrzeuge ist dem direktem Leasing (Hersteller-Leasing) zuzuordnen (vgl.
Tabelle 10). Den herstellerunabhängigen Leasinggesellschaften sind auch die Autovermieter,
die Leasing anbieten, zuzuordnen. Sixt bezeichnet sich mit 65.100 Leasingverträgen im Jahr
2008 (einschließlich der Leasingverträge der internationalen Franchisepartner gab es 136.000
Verträge) bspw. selbst als einer der führenden hersteller- und bankenunabhängigen Anbieter
von Full-Service-Leasing (vgl. Sixt AG 2009a, S. 37 f.).

Tabelle 10: Kraftfahrzeug-Leasing 2007

Kraftfahrzeug-Leasing 2007	
Investitionen des Fahrzeug-Leasings (Neuzugänge)	
in Mio.	31.920
in Stückzahlen	1.290.800
Davon:	
Herstellerunabhängiges Leasing	
in Mio.	9.360
in Stückzahlen	343.400
Herstellerabhängiges Leasing	
in Mio.	22.560
in Stückzahlen	947.400
Gesamte Neuzulassungen von Kfz in Deutschland (Stückzahlen, ohne Kfz-Anhänger privater Haushalte)	3.573.742
Davon Leasing-Fahrzeuge in %	36,1

Quelle: ifo 2008, S. 6.

Die Autovermieter widmen sich verstärkt dem Leasinggeschäft, um den Vermiet- und Leasingvertrieb stärker zu verzahnen und so bspw. Schwankungen im Vermietgeschäft mit Leasingeinnahmen abzufedern (vgl. DSGV 2008, S. 10). Das sogenannte ‚Cross-Selling' zielt v. a. darauf, die Kundenbeziehungen zu den Geschäftskunden zu vertiefen. Zu diesem Zweck wurden bspw. bei Sixt ausgewählte Leasingberater im In- und Ausland dem Vertrieb der Autovermietung zugeordnet. In der Folge gelang es, zahlreiche Unternehmen, die bislang nur die Vermietlösungen von Sixt genutzt hatten, von den Kosten- und Qualitätsvorteilen eines integrierten Angebots zu überzeugen (vgl. Sixt AG 2009a, S. 38 f.).

2.8   Entwicklung des Mietwagenverkehrs

Die Geschichte der Autovermietung geht in den Aufzeichnungen bis in das 19. Jahrhundert zurück. Als eine der ersten Firmen kam 1898 die Firma Wucherpfennig (Hamburg-Altona) auf die Idee der Vermietung – damals vermietete sie gegen ein Entgelt aber noch Fahrräder und Kutschenwagen (vgl. Franz Wucherpfennig GmbH 2009). In Deutschland wird Martin Sixt als der erste Gründer einer Autovermietung angesehen. Er gründete im Jahre 1912 ‚Sixt Autofahrten und Selbstfahrer' und begann mit sieben Fahrzeugen, darunter Mercedes und Luxus-Deutz-Landaulets. Allerdings war der Betrieb nicht vergleichbar mit heutigen Mietwagenunternehmen, da die Fahrzeuge zusammen mit einem Fahrer angemietet werden konnten und eine Spezialisierung auf Tagesreisen und Sonderfahrten stattfand.[18] Die Kundschaft bestand schwerpunktmäßig aus dem englischen Adel sowie Touristen aus den USA (vgl. Schulz 2009, S. 288; Sixt AG 2009c).

---

[18] Dieses Geschäftsmodell erinnert eher an dem Mietwagenverkehr nach § 49 des PBefG (siehe hierzu Kapitel 2.2, S. 8).

In den USA gibt es mindestens seit 1918 Autovermietungen.[19] „Ein gewisser Walter Jacobs, Ford-Automobilverkäufer in Chicago, war es leid gewesen, daß seine Kollegen die unbenutzten Fahrzeuge immer mal so für einen Tag ausliehen. Er sah die Marktchance und gründete die erste richtige Autovermietung der Welt. Diese Autovermietung kennt man heute noch: Es ist Hertz (…)." (Burgdorf 1993, S. 5) Walter Jacobs startete mit zwölf Ford-T-Modellen, die er selbst reparierte und umlackierte.

„Jacobs expanded his operation to the point where, within five years, the business generated annual revenues of about $1 million. In 1923, Jacobs sold his car-rental concern to John Hertz, President of Yellow Cab and Yellow Truck and Coach Manufacturing Company. Jacobs continued as Hertz' top operating and administrative executive. This rental business, called Hertz Driv-Ur-Self System, was acquired in 1926 by General Motors Corporation when it bought Yellow Truck from John Hertz. In 1932, Hertz opened the first rent-a-car facility at Chicago's Midway Airport. Later that same year, to further facilitate the world's adjustment to travel by air, Hertz introduced the first Fly/Drive car rental program." (Hertz Autovermietung GmbH 2009a)

Abbildung 2: Alte Werbeanzeige von Hertz

Quelle: Boyd 2008.

---

[19]   Andere Quellen (z. B. Boyd 2008 und Römer 2007a) sprechen davon, dass im Jahre 1916 erstmals Autos in den USA vermietet wurden. „The rental car industry had its beginnings closely tied to Ford's introduction of the economical Model T in 1908. In 1916, a Nebraskan named Joe Saunders was supposedly the first person to start a rent-a-car business when he lent out his Model T to travelling salesmen. (Mr. Saunders' first customer is said to have been a salesman needing transportation for a date with a local girl.)" (Boyd 2008)

In Deutschland florierte das Mietwagengeschäft erst nach dem Ersten Weltkrieg, als es mit der Wirtschaft wieder aufwärts ging und die ‚Goldenen Zwanziger' einsetzten. Insbesondere US-amerikanische Touristen kamen nach Deutschland und es entwickelte sich ein neuer Bedarf, da diese Besucher das Land per Automobil bereisen wollten. In Hamburg wurde 1927 von mehreren Hamburger Kaufleuten die ‚Motor-Verkehrs-Union Kommanditgesellschaft auf Aktien' gegründet, die sich 1928 in ‚Selbstfahrer Union Deutschland GmbH' umbenannte. Nach einem Jahr gab es bereits 150 Fahrzeuge an zehn Stationen in Deutschland und bis 1939 entstand daraus die größte Autovermietung Deutschlands mit 30 Stationen und 700 Fahrzeugen (vgl. Burgdorf 1993, S. 5 ff.; EUROPCAR Autovermietung GmbH 2009a).

In Deutschland wuchsen die Unternehmen immer weiter und ab dem Jahr 1929 wurden fast nur noch Mercedesfahrzeuge gefahren, da für ausländische Autos die Ersatzteile kaum noch zu beziehen waren. In den USA zeigte sich aufgrund der unterschiedlichen wirtschaftlichen Lage ein anderes Bild. Hier kämpften Mietwagen weniger mit Problemen der Ersatzteilbeschaffung als vielmehr mit Imageschäden, da Mietwagen während der Prohibition auch für kriminelle Aktivitäten wie Bankraub oder Schmuggel eingesetzt wurden (vgl. Römer 2007b). „In these earliest years, rental car companies became associated with criminal activity, especially during Prohibition. Many believed that cars were often used by bootleggers, bank robbers and prostitutes. After the 18th Amendment was repealed in 1933, the industry was able to regain a respectable reputation, and the business grew." (Boyd 2008)

Mit Beginn des Zweiten Weltkrieges ging die Geschäftstätigkeit in Deutschland zurück. Insbesondere das Jahr 1941 war bedeutend, als die Wehrmacht mit dem Beginn des Russlandfeldzuges alle Fahrzeuge konfiszierte. Mit dem Ende des Zweiten Weltkrieges ging es langsam wieder aufwärts. So nahmen 1946 Sixt (der erste Nachkriegswagen war ein Mercedes 230 Landaulet) und auch die Selbstfahrer Union die Geschäftstätigkeit wieder auf. Letztere reduzierte das Geschäft zunächst jedoch auf einen Garagenbetrieb mit Werkstatt und nahm 1948 mit zwei während des Kriegs versteckten Autos und sechs Jeeps aus Beständen der amerikanischen Armee das eigentliche Vermietgeschäft wieder auf (vgl. Römer 2007b).

In den USA waren die Auswirkungen des Zweiten Weltkrieges weniger zu spüren, so dass weitere Anbieter auf den Markt kamen. So gründete Warren Avis – ein ehemaliger US-Bomberpilot – die Autovermietung ‚Avis' an drei Flughäfen und mit zwei Angestellten im Jahr 1946. Das Unternehmen wuchs schnell, so dass Avis 1953 Franchiseunternehmen in Europa, Kanada und Mexiko eröffnen konnte (vgl. Avis Europe plc 2009). „Avis, another company, which was started by an Army pilot, centered almost all of its operations from airports and aggressively advertised services through the airlines themselves." (Boyd 2008) 1957 wurde ein weiteres, heute bedeutendes Unternehmen in St. Louis gegründet. Jack Taylor gründete die ‚Executive Leasing' im Untergeschoss eines Cadillac-Händlers, die seit Ende der 1980er Jahre unter dem neuen Namen ‚Enterprise Rent-A-Car' firmiert (vgl. Enterprise Rent-A-Car Company 2009).[20]

---

[20] Weiterführende Informationen finden sich bei Hummel 2008a, S. 305 ff.

In den 1950er und 1960er Jahren gab es in West-Deutschland einige neue Angebote bzw. Premieren. So wurden 1955 von der Selbstfahrer Union erste Autovermietungen an Bahnhöfen[21] getestet. Und im Jahre 1959 eröffnet die Selbstfahrer Union mit der Station Hamburg-Fuhlsbüttel als erste deutsche Autovermietung eine Station an einem internationalen Verkehrsflughafen – mehr als 25 Jahre später als in den USA, wo Hertz 1932 die erste Station an einem Flughafen eröffnete. Ein weiterer wichtiger Meilenstein in der BRD war die 1965 erwirkte Gesetzesänderung im Nutzfahrzeugbereich. Es durften nun auch Lkw vermietet werden, zunächst aber nur an gewerbliche Kunden. Sixt startete darüber hinaus als erstes deutsches Unternehmen mit einem Leasingprogramm für Fahrzeuge. Das Stationsnetz der Selbstfahrer Union wuchs in den 1960er Jahren auf fast 200 Standorte innerhalb von Deutschland an. 1970 wurde diese von der Volkswagen AG übernommen und seit 1971 firmierte es unter dem Namen SU ‚interRent‘, wobei SU immer noch für Selbstfahrer Union stand. Der Fuhrpark umfasste nun schon ca. 6.000 Fahrzeuge, die an über 400 Stationen eingesetzt wurden. 1988 fusionierte interRent wiederum mit der 1949 gegründeten französischen Autovermietung Europcar (vgl. EUROPCAR Autovermietung GmbH 2009a). In den 1970er Jahren zog die Automatisierung in die Unternehmen ein, die bis zur Gegenwart anhält. So führte Avis 1972 das Computerprogramm ‚Wizard‘ ein, das noch heute für Reservierungen und Verwaltungsaufgaben genutzt wird. Es ist gegenwärtig mit allen globalen Distributionssystemen (GDS) verbunden und es werden hiermit 97 % der Transaktionen von Avis Europe abgewickelt (vgl. Avis Europe plc 2009). Hertz präsentierte Anfang der 1980er Jahre die erste computergesteuerte Wegbeschreibung ‚CDD – Computerised Driving Directions‘ und bot an über 100 Flughäfen und Städten in den USA und Kanada bedienerfreundliche Terminals mit Wegbeschreibungen, Angaben zur Entfernung und geschätzter Zeitaufwand in sechs Sprachen an. „In 1995, Hertz introduced in the U.S. its NeverLost® on-board navigation system. The user friendly route-guidance system provides turn-by-turn driving directions to virtually any destination within a geographic area by means of an in-car video screen, with computer-generated voice prompts, mounted in the front of the car's interior between driver and passenger seats. (…) In December 2002, Hertz introduced into its U.S. fleet, the SIRIUS Satellite Radio. Available in approximately 20,000 vehicles, SIRIUS radio receives 65 channels of commercial-free music and 55 channels of news, sports and entertainment nationwide." (Hertz Autovermietung GmbH 2009a) In den 1990er Jahren wurde von Sixt bspw. der CarExpress Service (Automaten-Fahrzeuganmietung ohne Wartezeiten, 1994) und der Sixt SelfService Center (1996) eingeführt. Im Jahre 1995 startete Sixt als erster deutscher Autovermieter mit einem eigenen Internetauftritt (vgl. Sixt AG 2009c).

---

[21] In den USA wurde eine Kooperation der Mietwagenunternehmen und der Eisenbahn bereits vor dem Zweiten Weltkrieg eingegangen; eine genaue Jahreszahl konnte nicht ermittelt werden. „In reaction to the growth of private ownership of automobiles, a number of railroads created Railway Extensions, Inc. In addition to car rental franchises, the group endeavored to encourage car rentals use by allocating space for rental booths at railroad stations, as well as subsidizing telegraph service for passengers to reserve cars at one station and pick them up at their destination. Of special interest is the fact that the railroads paid for advertising for the car rental dealerships at their stations. Railway Extensions, Inc. geographically spanned stations from Chicago to New Orleans. East of Chicago, the Hertz-controlled America Driv-Ur-Self negotiated a less substantial package that did not include free telegraph service or advertising or space for rental booths at railroad stations." (Boyd 2008)

Ein weiterer wichtiger Meilenschritt in der Entwicklung der Autovermietung ist der weitere Ausbau der Kooperation mit (touristischen) Unternehmen. So schloss Sixt Mitte der 1970er Jahre Verträge mit allen großen Fluglinien und Hotelketten und ging 1994 eine europaweite Kooperation mit der Deutschen Lufthansa AG ein und wurde Partner des Lufthansa-Kundenbindungsprogramms ‚Miles&More' (vgl. Sixt AG 2009c).

Wiederholungsfragen

1. Nennen Sie drei Verkehrsmittel über Autos hinaus, die angemietet werden können!

2. Was unterscheidet ‚Mietwagen für Selbstfahrer' generell von Mietwagen nach dem Personenbeförderungsgesetz (PBefG)?

3. Grenzen Sie Mietwagen nach dem PBefG vom Taxi ab!

4. Was wird unter Car-Pooling verstanden?

5. Welche Unterschiede bestehen zwischen Car-Sharing und dem herkömmlichen Mieten von Autos für Selbstfahrer?

6. Was ist ein Fleet Sharing Club bzw. Supercar Club?

7. Erläutern Sie Unterschiede und Gemeinsamkeiten von Operate und Finanzierungsleasing!

8. Was ist die wichtigste Gütergruppe für die deutsche Leasingbranche?

9. Werden mehr Fahrzeuge in Deutschland über direktes oder indirektes Leasing beschafft?

10. Nennen Sie Gründe, warum sich Autovermieter verstärkt dem Leasinggeschäft widmen!

11. Kennzeichnen Sie kurz die Entwicklung der Mietwagenbranche in Deutschland!

12. Kennzeichnen Sie kurz die Entwicklung der Mietwagenbranche in den USA!

13. Warum hatte die Mietwagenbranche in den USA in den 1920er Jahren mit Imageproblemen zu kämpfen?

14. Nennen und erläutern Sie kurz drei selbst gewählte technische Weiterentwicklungen, die seit den 1970er Einzug in Autovermietungen gehalten haben!

3 Gesetzliche Rahmenbedingungen und Verbände

Im Folgenden sollen spezielle gesetzliche Grundlagen, die Autovermieter beim Aufbau und Betrieb einer Autovermietung kennen und beachten müssen, vermittelt werden. Darüber hinaus werden die wichtigsten Verbände von und für Autovermieter mit ihrem Aufbau, Aufgaben und der Entwicklung vorgestellt.

3.1 Ausgewählte gesetzliche Grundlagen für Mietwagenunternehmen

Die Vermietung von Kfz und Kfz-Anhängern ist rechtlich lediglich anzeigepflichtig, so dass eine Gewerbeanmeldung bzw. ein entsprechender Gewerbeschein ausreichend ist (vgl. DSGV 2008, S. 12). Darüber hinaus müssen die Autos als Selbstfahrervermietfahrzeuge zugelassen und entsprechend ihrem Einsatzzweck versichert werden. Hierfür fallen Prämien an, die in der Regel höher liegen als die Prämien, die von Dauernutzern für eigene Fahrzeuge zu zahlen sind. Gemäß den Bestimmungen der Straßenverkehrszulassungsordnung (StVZO) müssen Fahrzeuge mit eigenen amtlichen Kennzeichen in regelmäßigen Zeitabständen auf ihre Vorschriftsmäßigkeit (Verkehrssicherheit, Übereinstimmung mit Fahrzeugpapieren etc.) untersucht werden. Mietwagen für Selbstfahrer und Fahrzeuge zur Personenbeförderung (z. B. Taxen und Mietwagen) müssen nach der **Straßenverkehrszulassungsordnung** (StVZO) jährlich zur Hauptuntersuchung, so dass sie einer stärkeren technischen Überwachung unterliegen. Des Weiteren ist der Mietgeber verpflichtet, genaue Aufzeichnungen zu führen, die es erlauben, z. B. im Falle von Verkehrsverstößen den Fahrer namhaft zu machen. Er muss auch die Wegestreckenzähler der Fahrzeuge eichen lassen, sofern nach Kilometerleistung abgerechnet wird (vgl. Autocommunications 2009; BAV 2009a; Brabec 2009a, S. 8). Details der Zulassung regelt seit dem 01.03.2007 die **Verordnung über die Zulassung von Fahrzeugen zum Straßenverkehr** (Fahrzeug-Zulassungsverordnung – FZV). Bis zu diesem Zeitpunkt war die 1969 verabschiedete Verordnung über die Überwachung von gewerbsmäßig an Selbstfahrer zu vermietenden Kraftfahrzeugen und Anhängern (MietPkwUbwV) die bundesweit maßgebliche Grundlage. Weitere gesetzliche Grundlagen speziell für Mietwagen für Selbstfahrer gibt es laut Auskunft des Bundesministeriums für

Verkehr, Bau und Stadtentwicklung und der Industrie- und Handelskammer Magdeburg nicht (vgl. Mihlan 2009; Renatus 2009).

In der FZV werden u. a. folgende Regelungen festgehalten:

- § 6 Absatz 1: Die Zulassung eines Fahrzeugs ist bei der nach § 46 örtlich zuständigen Zulassungsbehörde zu beantragen. Im Antrag sind zur Speicherung in den Fahrzeugregistern folgende Halterdaten nach § 33 Absatz 1 Satz 1 Nr. 2 des Straßenverkehrsgesetzes anzugeben und auf Verlangen nachzuweisen:
  1. Bei natürlichen Personen: Familienname, Geburtsname, Vornamen, vom Halter für die Zuteilung oder die Ausgabe des Kennzeichens angegebener Ordens- oder Künstlername, Datum und Ort der Geburt, Geschlecht und Anschrift des Halters;
  2. Bei juristischen Personen und Behörden: Name oder Bezeichnung und Anschrift;
  3. Bei Vereinigungen: benannter Vertreter mit den Angaben nach Nummer 1 und gegebenenfalls Name der Vereinigung.
- § 6 Absatz 1: Im Antrag sind zur Speicherung in den Fahrzeugregistern folgende Fahrzeugdaten anzugeben und auf Verlangen nachzuweisen:
  1. Die Verwendung des Fahrzeugs als Taxi, als Mietwagen, zur Vermietung an Selbstfahrer, im freigestellten Schülerverkehr, als Kraftomnibus oder Oberleitungsomnibus im Linienverkehr oder eine sonstige Verwendung, soweit sie nach § 13 Absatz 2 dieser Verordnung oder einer sonstigen auf § 6 des Straßenverkehrsgesetzes beruhenden Rechtsvorschrift der Zulassungsbehörde anzuzeigen oder in der Zulassungsbescheinigung Teil I einzutragen ist;
- § 13 Absatz 2 Satz 2: Wer ein Fahrzeug ohne Gestellung eines Fahrers gewerbsmäßig vermietet (Mietfahrzeug für Selbstfahrer), hat dies nach Beginn des Gewerbebetriebs der zuständigen Zulassungsbehörde unverzüglich schriftlich anzuzeigen, wenn nicht das Fahrzeug für den Mieter zugelassen wird.
- § 23 Absatz 1: Der Nachweis nach § 3 Absatz 1 Satz 2, dass eine dem Pflichtversicherungsgesetz[22] entsprechende Kraftfahrzeug-Haftpflichtversicherung besteht, ist bei der Zulassungsbehörde durch eine Versicherungsbestätigung zu erbringen. Eine Versicherungsbestätigung ist auch vorzulegen, wenn das Fahrzeug nach Außerbetriebsetzung nach Maßgabe des § 14 Absatz 2 wieder zum Verkehr zugelassen werden soll.
- § 23 Absatz 2: Solange ein Fahrzeug im Sinne des § 13 Absatz 2 Satz 2 gewerbsmäßig vermietet wird, muss der Zulassungsbehörde eine gültige Versicherungsbestätigung für ein Mietfahrzeug für Selbstfahrer vorliegen.

---

[22] ‚Gesetz über die Pflichtversicherung für Kraftfahrzeughalter‘ (Pflichtversicherungsgesetz) vom 05.04.1965 (BGBl. I S. 213), das zuletzt durch Artikel 9 Satz 2 des Gesetzes vom 10. Dezember 2007 (BGBl. I S. 2833) geändert worden ist. Hierin wird u. a. geregelt, dass der Halter eines Kraftfahrzeugs oder Anhängers mit regelmäßigem Standort im Inland verpflichtet ist, für sich, den Eigentümer und den Fahrer eine Haftpflichtversicherung zur Deckung der durch den Gebrauch des Fahrzeugs verursachten Personenschäden, Sachschäden und sonstigen Vermögensschäden nach den folgenden Vorschriften abzuschließen und aufrechtzuerhalten, wenn das Fahrzeug auf öffentlichen Wegen oder Plätzen (§ 1 des Straßenverkehrsgesetzes) verwendet wird. Die Anzahl der Versicherer in Deutschland, die Mietfahrzeuge für Selbstfahrer versichern, ist aufgrund des hohen Schadensfallrisikos überschaubar.

In Berlin kann die Anzeige bei der Zulassungsbehörde über die Nutzung eines Mietfahrzeugs für Selbstfahrer beispielsweise formlos oder per Formular erfolgen. In der Anzeige sind Name/Firma und Anschrift des Vermieters, sowie Anzahl, Art und amtliche Kennzeichen der zu vermietenden Fahrzeuge anzugeben. Erforderliche Unterlagen sind:

- Fahrzeugschein bzw. Zulassungsbescheinigung Teil I
- Fahrzeugbrief bzw. Zulassungsbescheinigung Teil II
- Bisherige Kennzeichenschilder (entfällt bei außer Betrieb gesetztem Fahrzeug)
- Nachweis einer gültigen Hauptuntersuchung gem. § 29 StVZO (HU-Prüfbericht; die Vorlage des Prüfberichts über die letzte Hauptuntersuchung ist nur dann erforderlich, wenn sich die Fälligkeit der nächsten HU nicht aus dem Fahrzeugschein/ ZBI ergibt)
- Bescheinigung über die Abgasuntersuchung für AU-pflichtige Fahrzeuge
- Versicherungsbestätigung mit dem Vermerk ‚Selbstfahrervermietfahrzeug‘

Die Beendigung der Nutzung eines Fahrzeugs als Selbstfahrervermietfahrzeug ist dagegen formlos anzuzeigen. In der Anzeige sind wiederum Name/Firma und Anschrift des Vermieters sowie Anzahl, Art und amtliche Kennzeichen der zu vermietenden Fahrzeuge anzugeben. Die erforderlichen Unterlagen unterschieden sich nur beim letztgenannten Aspekt (Versicherungsbestätigung ist nicht erforderlich) (vgl. BerlinOnline Stadtportal GmbH & Co. KG 2009).

Winterreifen
Eine weitere gesetzliche Grundlage für Mietwagen (und alle anderen Kraftfahrzeuge) wird in § 2 Absatz 3a der Straßenverkehrsordnung festgehalten und gilt in dieser Form seit dem 01.05.2006.[23] Hiernach ist bei Kraftfahrzeugen „(…) die Ausrüstung an die Wetterverhältnisse anzupassen. Hierzu gehören insbesondere eine geeignete Bereifung und Frostschutz-

---

[23] Laut Auskunft des Bundesministeriums für Verkehr gibt es in Deutschland keine ‚Winterreifenpflicht‘ und es ist auch nicht beabsichtigt, eine solche einzuführen. „Weder die Straßenverkehrs-Ordnung (StVO) noch die Straßenverkehrs Zulassungs-Ordnung (StVZO) nimmt eine Unterscheidung zwischen ‚Winter/Sommer oder Ganzjahresreifen‘ vor. Die Reifen der Fahrzeuge müssen vielmehr den Bedingungen der Typgenehmigungen der Genehmigungsbehörde entsprechen. Anforderungen für bestimmte Jahreszeiten gibt es dabei nicht. Allgemein werden unter ‚Winterreifen‘ Reifen mit einer weicheren Gummimischung und einem gröberen Profil verstanden, die für die Nutzer an der Kennzeichnung ‚M+S‘ oder ‚M.S‘ oder ‚M&S‘ (Matsch und Schnee) zu erkennen sind. Aber auch ‚Ganzjahres- oder Allwetterreifen‘ können diese Einprägung haben. Um dem Missstand zu begegnen, dass Kraftfahrzeuge mangels geeigneter Bereifung liegen bleiben und damit erhebliche Verkehrsbehinderungen verursachen, hat das Bundesministerium für Verkehr, Bau und Stadtentwicklung (BMVBS) in der StVO eine Klarstellung der auch bislang schon geltenden Pflicht, die Ausrüstung von Kfz an die Wetterverhältnisse anzupassen, vorgenommen. Der neu gefasste § 2 Abs. 3a StVO ist seit dem 01. Mai 2006 in Kraft. Die Pflicht gilt für alle Kraftfahrzeuge, also auch für Lkw und Busse. Ob eine geeignete Bereifung vorliegt, lässt sich nicht generell beantworten, sondern hängt vom konkreten Einzelfall (z.B. Wetter, Zustand und Qualität der Reifen, Fahrbahnbeschaffenheit) ab. Das bedeutet, dass jeder Fahrer bereits in der Vergangenheit angehalten war, eine den Wetterbedingungen entsprechende Bereifung sicherzustellen, was sowohl sicher Ihrem Interesse als auch dem der anderen Verkehrsteilnehmer dient und insofern als Beitrag für die Verkehrssicherheit zu sehen ist. Das gilt auch bei der Inanspruchnahme eines Leihwagens. Die Leihwagenfirma wird dem Fahrer des Kraftfahrzeugs sicher entsprechend seines Ausstattungswunsches, des Fahrzieles und der Wetterbedingungen die entsprechende Ausrüstung zur Verfügung stellen." (Renatus 2009)

mittel in der Scheibenwaschanlage." Ein Fahren mit Sommerreifen bei schlechtem Wetter wird mit einem Bußgeld von bis zu 40 Euro und 1 Punkt im Flensburger Verkehrszentralregister belegt.[24] Eine generelle Pflicht, alle Fahrzeuge mit Winterreifen oder Ganzjahresreifen, so genannten M+S-Reifen, zu bestücken, bedeutet die neue Regelung für Autovermieter allerdings nicht und sie müssen die Winterreifen auch nicht kostenlos anbieten. Das ist auch ein Grund, warum viele Anbieter nicht die gesamte Flotte umrüsten.[25] Ein anderer ist der logistische Aufwand. In der Regel werden die Autos vom Hersteller mit Sommerreifen geliefert und so auch am liebsten nach einem etwas sechsmonatigen Vermietereinsatz wieder zurückgenommen (vgl. Münck 2006, S. 96).

Wer die Verantwortung für die Entscheidung trägt, ob Winterreifen an einem bestimmten Tag notwendig sind, wird kontrovers diskutiert: Nach Auskunft von Experten des ADAC liege die Entscheidung, ob ein Fahrzeug mit Winterreifen benötigt wird, beim Mieter bzw. Fahrzeugführer, der dafür die Verantwortung trage – und nicht beim Mietwagenunternehmen in seiner Eigenschaft als Fahrzeughalter. Schon beim Reservieren solle er sich bestätigen lassen, dass das gewünschte Fahrzeug mit Winterreifen ausgerüstet sei, empfiehlt der Autoclub. Kann der Vermieter bei der Abholung des Fahrzeugs bei winterlichen Straßenverhältnissen kein Fahrzeug mit Winterreifen zur Verfügung stellen, so ist der Mieter berechtigt, die Abnahme zu verweigern, da das Fahrzeug nicht verkehrssicher ist (vgl. FOCUS Magazin Verlag GmbH 2007).[26]

Das Bundesministerium für Verkehr, Bau und Stadtentwicklung stellt in einer Stellungnahme an den Bundesverband der Autovermieter Deutschlands klar, dass die Verantwortung grundsätzlich beim Fahrer liegt. „Gleichwohl kann auch der Halter an der Ordnungswidrigkeit beteiligt sein. Dies ist z. B. der Fall, wenn der Halter das Fahrzeug einer anderen Person zu einem Zeitpunkt zur baldigen Nutzung übergibt, zu dem die Wetterverhältnisse (etwa bei starkem Schneefall) dem Fahrer mit der am Fahrzeug angebrachten Bereifung entgegensteht und der Fahrer gleichwohl mit dem Fahrzeug am öffentlichen Straßenverkehr teilnimmt.

---

[24] Ein Verstoß gegen die Pflicht, die Ausrüstung des Kfz an die Wetterverhältnisse anzupassen, wird dann ausdrücklich bußgeldbewehrt sein. Das reine Fahren ohne so genannte Winterreifen wird allerdings einen Bußgeldtatbestand in aller Regel nicht erfüllen. Vielmehr wird eine Ahndung nur infrage kommen, wenn eine Wetterlage bestanden hat, die besondere Vorkehrungen am Fahrzeug erforderlich gemacht hätten und mit dem Fahrzeug dennoch ohne diese Vorkehrungen gefahren wird. Für den entsprechenden Verstoß ist ein Verwarnungsgeldregelsatz in Höhe von 20 Euro vorgesehen. Werden andere Verkehrsteilnehmer konkret behindert, also verursachte der Kraftfahrer durch die mangelnde Ausrüstung z. B. einen Stau, so erhöht sich der Regelsatz auf 40 Euro und es wird ein Punkt im Verkehrszentralregister eingetragen (vgl. Hahn 2006, S. 1).

[25] Im Jahre 2006 hatte Sixt ca. 90 % der Flotte mit Winterreifen ausgerüstet und bei Europcar war eine Mindestvorausbuchung von 24 h notwendig, um garantiert Winterreifen zu bekommen (vgl. Münck 2006, S. 96).

[26] Eine aktuelle Auswertung der Buchungszahlen von Winterreifen von Europcar aus dem Jahre 2009 zeigt, „(...) dass selbst in den besonders schneereichen Monaten Januar bis März lediglich knapp 60 % der Kunden Fahrzeuge mit wintertauglicher Bereifung buchen. (...) Um Kunden eine sichere Fahrt bei jeder Wetterlage zu ermöglichen, rüstet Europcar in den Wintermonaten bis zu 90 % der Flotte mit wintertauglicher Bereifung aus. Aber nur bei einer rechtzeitigen Reservierung von 24 Stunden vor Mietbeginn kann der Autovermieter die Verfügbarkeit eines Fahrzeugs mit Winterreifen sicher garantieren. Der Preis für Winterreifen bewegt sich je nach Mietdauer zwischen knapp fünf und knapp 15 Euro pro Tag." (Dargel 2009)

Hier wird – auch bei gewerblichen Autovermietern – in der Regel eine Beteiligung oder seines Vertreters vorliegen."[27]

Auch die Frage der Kostenübernahme für die Umrüstung von Sommer- auf Winterreifen wird kontrovers gesehen. Die durch die Umrüstung entstehenden Kosten (Anschaffungen der Reifen und Felgen, Umrüstung, Logistikaufwand, Ausfalltage für zwei Umrüstungen sowie Einlagerungen), die laut BAV bis zu 1.700 Euro pro Fahrzeug betragen (vgl. BAV 2009b), sind normalerweise vom Kunden durch einen Zuschlag zu tragen. In einem Fall aus dem Jahre 2008 in Bayern hat das Amtsgericht in Landau jedoch anders entschieden: Eine niederbayerische Autovermietung forderte nach der Rückgabe eines Pkw zusätzliche 121,80 Euro für die Ausrüstungen des ausgeliehenen Wagens mit Winterreifen. Der Kundin war eine gesonderte Umrüstung jedoch nicht angeboten worden und ihr war bei Vertragsabschluss auch keine Zusatzleistung aufgefallen. In dem Formular der Verleihfirma war lediglich unter dem Punkt ,Div' das Kürzel ,WR' vermerkt. Dieses habe die Kundin nicht mit Winterreifen in Verbindung gebracht. Das Amtsgericht Landau gab der Klägerin Recht und urteilte: Wer im Januar im östlichen Niederbayern von einer Autovermietung ein Mietfahrzeug ausleihe, könne und dürfe darauf vertrauen, dass das Fahrzeug mit einer ordnungsgemäßen, verkehrssicheren und der Jahreszeit angepassten Bereifung ausgestattet sei. Entsprechend müssten die Kosten für eventuell montierte Winterreifen bereits im Grundmietpreis enthalten sein und dürften nicht zusätzlich in Rechnung gestellt werden (vgl. konsumo GmbH 2008).

In anderen europäischen Ländern wird die Winterreifenpflicht unterschiedlich gehandhabt:

- **Österreich:** Hier ist seit 2008 Winterreifenpflicht ab dem 1. November bis 15. April, wenn Schnee, Schneematsch oder Eis auf den Straßen liegt.
- **Frankreich/Italien:** Keine allgemeine Pflicht, allerdings kann dies auf engen Gebirgspässen bei Bedarf geändert werden. Im Normalfall weisen Schilder darauf hin. Im italienischen Aostatal gilt zwischen Oktober und April Winterreifenpflicht.
- **Slowenien:** Hier gibt es eine grundsätzliche Winterreifenpflicht zwischen 15. November und 15. März, bei Bedarf auch über diesen Zeitraum hinaus.
- **Schweiz:** Es existiert keine Winterbereifungspflicht, allerdings drohen bei unpassender Bereifung Bußgelder.

---

[27] Aktuelles Urteil aus dem Jahre 2008: Hat ein Mietwagen keine Winterreifen, muss der Mieter nach einem Unfall in manchen Fällen keine Selbstbeteiligung zahlen. In dem Fall ging es um einen Kunden, der einen Unfall verursacht hatte. Der Mietwagen, mit dem er unterwegs war, war nur mit Sommerreifen ausgestattet. Das OLG Hamburg entschied im konkreten Fall zugunsten des Fahrers, da die Autovermietung sich um eine den Witterungsverhältnissen angepasste Bereifung kümmern muss. Trotzdem wurde dem Unfallverursacher eine Teilschuld zugesprochen. Ein Gutachter ermittelte, dass die Sommerreifen nicht Unfallursache gewesen waren. Experten raten dazu bei der Anmietung eines Wagens, auf Winterreifen zu bestehen, wenn die Straßenverhältnisse dies verlangen. Ebenfalls wichtig ist es, sich vor einer Reise über die Winterreifenregelung im Ausland zu informieren, da es in Nachbarländern z. T. ausdrückliche Winterreifenpflicht gibt (vgl. o. V. 2008e).

Autobahngebühren und Maut in Europa

Bei Fahrten mit einem gemieteten Wagen oder Motorrad, Wohnmobil oder -anhänger ins Ausland müssen in den meisten Staaten Europas Autobahngebühren oder eine Maut bezahlt werden. Auch wenn Fahrten ins Ausland nicht immer möglich sind (vgl. Kapitel 5.3 ‚Fahrten von Deutschland ins Ausland‘), soll hierauf im Folgenden kurz eingegangen werden. Straßenbenutzungsgebühren werden teils in Form einer streckenbezogenen Maut, teils in Form einer zeitbezogenen Vignette erhoben. Vignettenpflicht gilt z. B. in Bulgarien, in Österreich, in der Schweiz und in Slowenien, wobei alle Kfz eine Vignette für die Benutzung der Autobahn haben müssen. Darüber hinaus ist die Benutzung ausgewählter Autobahnen in Ungarn gebührenpflichtig. In Tschechien, der Slowakei und Rumänien ist die Vignette ebenfalls vorgeschrieben, allerdings nicht für Motorräder. In vielen europäischen Ländern wird eine Autobahngebühr nach der Streckenlänge berechnet und an Mautstellen bezahlt, z. B. in Italien, Frankreich, Spanien, Portugal, Kroatien, Serbien, Mazedonien, Griechenland, Türkei, Polen und Norwegen. Darüber hinaus gibt es noch Sondermauten bzw. -straßenbenutzungsgebühren, die teils zusätzlich zur Vignettenpflicht oder zur streckenbezogenen Maut zu zahlen sind. Hierzu zählen u. a. Gebühren für Brückenüberquerungen, Passstraßen, City-Maut-Kosten (London und Mailand) oder Tunneldurchfahrten. Beispiele sind der Mont-Blanc-Tunnel, der Fréjus-Tunnel, Große St. Bernhard-Tunnel oder die Storebælt-Brücke und Öresund-Verbindung (vgl. Bues/Schwarz/Semper 2008, S. 408 ff.; COMMUNITOR Internetservice GmbH 2009).[28]

3.2 Wichtige Verbände im Mietwagenmarkt[29]

3.2.1 Bundesverband der Autovermieter Deutschlands e.V. (BAV) und der Verband mittelständischer Autovermieter Deutschland e.V. (VMAD)

Der erste Bundesverband für Autovermieter wurde am 03.06.1951 in Berlin gegründet. Auf dessen Initiative wurden in den zwei darauffolgenden Jahren in allen Ländern der Bundesrepublik Deutschland selbstständige Landesverbände ins Leben gerufen, die sich am 04.04.1954 in Düsseldorf zu einer gemeinsamen Dachorganisation unter der Bezeichnung ‚Gesamtverband der Kfz-Vermieter Deutschlands e.V.‘ zusammenschlossen. Aufgrund der Initiative des Verbandes entstand bereits ein Jahr später, 1955, die bis 2007 gültige Verordnung für Mietwagen, die sogenannte Selbstfahrerverordnung. Die Arbeit des Verbandes in den folgenden Jahren fand ihre Bestätigung in der Bereitschaft einiger europäischer Verbände der Autovermieter, eine Kooperation auf Verbandsebene aufzubauen. So wurde vom

---

[28] Bei Bues/Schwarz/Semper (vgl. 2008, S. 408 ff.) werden die jeweiligen Bedingungen mit Stand 2008 in den einzelnen Ländern kurz beschrieben. Aktuellere Informationen finden sich unter http://www.kfz-auskunft.de/info/autobahngebuehr.html oder http://www.sellpage.de/saar_htm/autobg.htm.

[29] Eine Übersicht von europäischen Verkehrsverbänden findet sich unter http://www.verkehrsforum.de/system/links/verbaende-europa.html.

deutschen Verband 1964 der ‚1. Kongress der europäischen Autovermietungsunternehmen' ausgerichtet, der schließlich zur Gründung der ‚European Car and Truck Rental Association (ECATRA)' führte. Viele Jahre lang organisierte der BAV die jährlichen ECATRA-Tagungen und auch gegenwärtig werden Bundeskongresse sowie außerordentliche Tagungen zu besonderen Anlässen organisiert.

Ein weiterer wichtiger Meilenstein in der Geschichte des Verbandes war die Legalisierung der Lkw-Vermietung, die 1969 bis zu einer Größenordnung von vier Tonnen Nutzlast begann und schließlich zur gesetzlich endgültigen Freigabe der gesamten Lkw-Vermietung ohne Einschränkung im Jahr 1994 führte. Im März 1986 änderte der Gesamtverband der Kfz-Vermieter Deutschlands e. V. seinen Namen in **Bundesverband der Autovermieter Deutschlands e.V. (BAV)**. 1991 teilte der BAV die Regionalstruktur der bundesdeutschen Autovermieter neu auf, wobei die neuen Bundesländer den alten Bundesländern zugeteilt wurden. So gab es die Landesverbände ‚Hamburg/Schleswig-Holstein/Mecklenburg-Vorpommern', ‚Berlin/Brandenburg/Sachsen', ‚Niedersachsen, Bremen und Sachsen-Anhalt', ‚Nordrhein-Westfalen', ‚Hessen/Rheinland-Pfalz/Saarland/Thüringen', ‚Baden-Württemberg' und ‚Bayern'. Die Mitgliedschaft der einzelnen Unternehmen wurde beim zuständigen Landesverband erworben und schloss automatisch die mittelbare Mitgliedschaft im Bundesverband ein.

Zu Beginn des Jahres 2009 wurde die Struktur des Bundesverbandes der Autovermieter geändert. Alle Landesverbände wurden aufgelöst und Mitglieder und Vermögen in den Bundesverband überführt. Der Vorstand und die Delegierten (Vertreter der lokalen und regionalen Autovermieter, Vertreter der überregionalen Unternehmen und Vertreter der Systemdienstleister) wurden neu gewählt und der Sitz des Verbandes wurde von Düsseldorf nach Berlin verlagert. Der Bundesverband ist gleichzeitig Mitglied des internationalen Verbandes European Car and Truck Rental Association, kurz ECATRA. Mehr als 300 deutsche Autovermieter, inklusive Mitglieder fast aller großen Vermietketten, sind Mitglied im BAV.[30]

Laut aktueller Satzung des BAV gibt es folgende Aufgaben und Ziele:

- „(…) die beruflichen, fachlichen, betriebswirtschaftlichen und ggf. sozialen Belange und Interessen seiner Mitglieder zu fördern und nach außen – insbesondere gegenüber Ämtern, Behörden, Verbänden und sonstigen Dritten – auf Landes- und Bundesebene zu vertreten;
- die gegenseitigen Berufserfahrungen seiner Mitglieder auszuwerten, die erforderlichen statistischen Unterlagen zu erstellen, den unmittelbaren Kontakt zu den gesetzgebenden Körperschaften und zuständigen Behörden aufzunehmen und durch Vorbereitung und Mitwirkung an Gesetzesentwürfen unmittelbaren Einfluss auf die Neugestaltung und Fortentwicklung der Gesetzgebung zu nehmen, soweit diese den Markt der Autovermietung an Selbstfahrer betrifft;
- die Bekämpfung des unlauteren Wettbewerbs und aller schädlichen Einflüsse auf das Gewerbe der Autovermietung an Selbstfahrer. Der Verband ist berechtigt, im Rahmen

---

[30] Eine Übersicht aller Mitglieder des BAV findet sich in Anlage 3, S. 236.

seiner Satzung und unter Beachtung der Vorschriften des Gesetzes gegen Wettbewerbs-
beschränkungen im Rahmen des Kartellrechts entsprechende Richtlinien zu erstellen;

- die Schaffung eines umfassenden und wirksamen Schutzes für die Mitgliedsunternehmen
  gegenüber betrügerischen, zahlungsunfähigen und zahlungsunwilligen Fahrzeugmietern;
- die Beratung und Information der Mitglieder in rechtlichen (soweit möglich), insbesondere arbeits- und wettbewerbsrechtlichen, sowie in allen wirtschaftlichen Belangen und
  sonstigen Fachfragen. Der Verband hat die Berechtigung, ggf. die Mitglieder insoweit zu
  vertreten." (BAV 2007)

Konkrete Leistungen des BAV sind bspw. die regelmäßige Beratung und Information der
Mitgliedsunternehmen in versicherungsrechtlicher Schadensregulierungen oder der Ab-
schluss von Vereinbarungen mit den Automobilherstellern über einen günstigen Bezug von
Kraftfahrzeugen. Schließlich stellen die Autovermieter mit jährlich ca. 400.000 gekauften
Fahrzeugen (Pkw und Lkw) die größte Abnehmergruppe für die Automobilindustrie dar.
Ebenso werden Rahmenverträge mit verschiedenen Unternehmen und Dienstleistern ge-
schlossen, um den Mitgliedern finanzielle Vorteile zu verschaffen. Gleiches gilt für die Ab-
schlüsse mit anderen für die Autovermieter relevanten Geschäftszweigen.

Ein besonderer Service des BAV für seine Mitglieder ist eine EDV-Online-Warndatei, kurz
WANDA genannt, in der betrügerische und zahlungsunfähige Mietkunden erfasst sind. Sie
kann jederzeit von allen teilnehmenden Mitgliedern abgerufen werden. Eine leistungsfähige
Online-Datenbank, die für jeden angeschlossenen Betrieb über das Internet abrufbar ist, gibt
seit fast 20 Jahren in enger Zusammenarbeit mit der Polizei, den Landeskriminalämtern und
Berufsverbänden und in Abstimmung mit der Datenschutzbehörde Informationen über Fir-
men und Personen, die als schlechte Kunden bereits negativ aufgefallen sind. Voraussetzung
für den Anschluss an die Warndatei ist ein Internetzugang (Modem, ISDN, DSL oder Stand-
leitung). Die teilnehmenden Betriebe können andererseits aber auch negativ aufgefallene
Kunden über das Internet zur Aufnahme in die Datenbank an die WANDA melden. Der
Zugang zur Datenbank ist über eine persönliche Kennnummer und ein Passwort gesichert.
Nur wer sich der Datenbank gegenüber mit seiner Kennnummer und seinem Passwort ‚ausweisen' kann, bekommt die gewünschten Auskünfte. Hierfür ist der Abschluss eines Nut-
zungsvertrags mit dem – mit der Pflege der Datenbank – beauftragten Unternehmen (RK
Elektronische Informationssysteme GmbH) notwendig. Für die Nutzung der Warndatei wird
eine monatliche Gebühr von 19 Euro (zzgl. Mehrwertsteuer) pro Abfragestation berechnet,
wobei alle Abfragen enthalten sind. Eventuell vorgenommene Eingaben von Warnmeldungen in die Datenbank können über einen kostenlosen Systemzugang vorgenommen werden.

Für die Eingabe und die Anfrage von Warnmeldungen gelten strenge rechtliche Bestimmungen und Vorschriften.[31] Die Datenschutzbehörde überwacht die Einhaltung dieser Vorschriften in regelmäßigen Abständen. Eine Warnmeldung darf bspw. nur unter den nachstehend genannten Voraussetzungen in die Datenbank eingegeben werden. Verstößt ein Meldender gegen diese Regelungen, kann er sich schadenersatzpflichtig und strafbar machen.

- Der Gemeldete ist Nichtzahler: Es muss ein vollstreckbarer Titel vorliegen (z.B. unwidersprochener Mahnbescheid, Vollstreckungsbescheid, Urteil).
- Der Gemeldete ist Betrüger, Unterschlagungstäter oder in sonstiger Weise wegen Vermögensdelikten in Erscheinung getreten: Es muss ein rechtskräftiger Strafbefehl, ein rechtskräftiges Urteil eines Straf- oder Zivilgerichtes vorliegen (vgl. WANDA 2009).

Der ehemals siebte Landesverband des BAV in Niedersachsen, Bremen und Sachsen-Anhalt hat sich als **Verband mittelständischer Autovermieter Deutschland e.V.** (VMAD) selbstständig gemacht und ist ein Konkurrenzverband des BAV, da man der Meinung war, dass sich der Bundesverband nicht ausreichend um die Themen der lokalen und regionalen Autovermieter kümmert. Der Sitz des Verbandes ist in Hannover und Mitglieder sind nicht nur in den drei ehemaligen Landesverbänden in Niedersachsen, Bremen und Sachsen-Anhalt zu finden, sondern in zwölf Bundesländern (vgl. VMAD 2009).

3.2.2 Association of Car Rental Industry System Standard (ACRISS)

ACRISS ist ein Zusammenschluss von Autovermietungen, welche sich auf einen 4-stelligen Fahrzeugklassencode (SIPP-Code: Standard Interline Passenger Procedures) in Europa geeinigt haben, um den Vergleich zwischen den einzelnen Anbietern zu erleichtern. Bezeichnungen wie Kleinwagen, Kompakt- oder Mittelklasse sind zum besseren Verständnis hilfreich, werden aber während des Buchungsvorganges meist in den SIPP-Code aufgeschlüsselt. ACRISS wurde im Jahre 1989 von Avis, Budget, Europcar und Hertz gegründet, die auch heute noch Mitglied sind. Darüber hinaus sind als Autovermieter noch National, Alamo und Enterprise Mitglied. Aber auch weitere Unternehmen bzw. Verbände aus der Tourismuswirtschaft haben sich ACRISS angeschlossen, so z.B. Galileo, Amadeus, Worldspan, Carlson Wagonlit oder die IATA (International Air Transport Association).

---

[31] Rechtliche Voraussetzungen für die Abfrage einer Warnmeldung: Der Benutzer garantiert, die abgefragten Daten nur entsprechend aller einschlägigen gesetzlichen Bestimmungen zu verwenden, insbesondere nur bei Vorliegen eines berechtigten Interesses nach Bundesdatenschutzgesetz (BDSG) zu benutzen und Dritten nicht zugänglich zu machen. Ein berechtigtes Interesse in diesem Sinne liegt beispielsweise vor, wenn ein Kauf-, Werk- oder Mietvertrag tatsächlich abgeschlossen wurde bzw. der Abschluss eines solchen Vertrags unmittelbar bevorsteht. Die Abfrageergebnisse sind nur für den Eigenbedarf des Benutzers bestimmt. Der Benutzer ist gemäß § 29 Absatz 2 Satz 4 BDSG verpflichtet, die Gründe für das Vorliegen eines berechtigten Interesses und die Art und Weise der glaubhaften Darlegung für jede einzelne Anfrage aufzuzeichnen (vgl. WANDA 2009).

Der SIPP-Code besteht aus vier Buchstaben. Jedem Buchstaben kommt eine bestimmte Bedeutung zu:

1. Buchstabe für Fahrzeugkategorie, basierend auf der Größe, den Kosten, der PS und der Ausstattung (z. B. M = Mini, E = Economy),
2. Für Karosserieform (z. B. W = Wagon/Kombi),
3. Für Antriebsart (A = Automatik oder M = manuelle Schaltung) und
4. Für Vorhandensein einer Klimaanlage (R = Yes oder N = No, ob Fahrzeuggruppe mit oder ohne Klimaanlage ausgestattet ist).

Allgemein betrachtet steht die Bezeichnung ,ABCD' also für ein Kraftfahrzeug der Klasse A, des Typs B, der Schaltung C und der Klimatisierung D (vgl. Abbildung 3).

Abbildung 3: Alte ACRISS-Matrix

Klasse	Typ	Getriebe	Klimaanlage
M Mini **E** Economy **C** Compact **I** Intermediate **S** Standard **F** Full-size **P** Premium **L** Luxus **X** Sonderfahrzeug	**B** 2 Türen **C** 2/4 Türen **D** 4 Türen **W** Kombi **V** Van **L** Limousine **S** Sport **T** Cabrio **F** Geländewagen **P** Pick-Up **J** Allrad **K** Lieferwagen **X** Sonderfahrzeug	**A** Automatik **M** Manuell	**R** Ja **N** Nein

Quelle: ACRISS 2009.

Eine neu entwickelte Matrix findet sich in unten stehender Tabelle, deren Einsatz im ersten Quartal 2007 beginnen sollte. Nach Auskunft von ACRISS konnte der ursprüngliche Zeitplan nicht eingehalten werden. Anfang des Jahres 2009 wurde folgende Auskunft gegeben: „The Members are in the final steps of completing the implementation which is scheduled for end of Jan 2009. As some Members internal business systems require codes to be loaded up to a year in advance it takes time to amend the databases." (Clancy 2009)

Im Laufe des Jahres 2009 wurde die neue Matrix implementiert. Trotz des ACRISS-Codes ist die Einordnung eines Fahrzeugs nicht eindeutig. Europcar und Sixt pflegen z. B. verschiedene Bezeichnungen für Fahrzeuge mit Navigationssystem.

Abbildung 4: Neue ACRISS-Matrix

Category	Type	Transmission	Fuel/Air cond.
M Mini	**B** 2-3 Door	**M** Manual	**R** Unspecified Fuel/
N Mini Elite	**C** 2/4 Door	Unspecified Drive	Power with Air
E Economy	**D** 4-5 Door	**N** Manual 4WD	**N** Unspecified Fuel/
H Economy Elite	**W** Wagon/Estate	**C** Manual AWD	Power without Air
C Compact	**V** Passenger Van	**A** Auto Unspecified	**D** Diesel Air
D Compact Elite	**L** Limousine	Drive	**Q** Diesel No Air
I Intermediate	**S** Sport	**B** Auto 4WD	**H** Hybrid Air
J Intermediate Elite	**T** Convertible	**D** Auto AWD	**I** Hybrid No Air
S Standard	**F** SUV		**E** Electric Air
R Standard Elite	**J** Open Air All Terrain		**C** Electric No Air
F Fullsize	**X** Special		**L** LPG/Compressed
G Fullsize Elite	**P** Pick up Regular Cab		Gas/Air
P Premium	**Q** Pick up Extended Cab		**S** LPG/Compressed
U Premium Elite	**Z** Special Offer Car		Gas No Air
L Luxury	**E** Coupe		**A** Hydrogen Air
W Luxury Elite	**M** Monospace		**B** Hydrogen No Air
O Oversize	**R** Recreational Vehicle		**M** Multi Fuel/Power Air
X Special	**H** Motor Home		**F** Multi Fuel/
	Y 2 Wheel Vehicle		Power No Air
	N Roadster		**V** Petrol Air
	G Crossover		**Z** Petrol No Air
	K Commercial Van/Truck		**U** Ethanol Air
			X Ethanol No Air

Quelle: ACRISS 2009.

3.2.3 European Car and Truck Rental Association (ECATRA)/Leaseurope

Im Jahre 1964 wurde die **European Car and Truck Rental Association** gegründet. Dieser Verband hatte bis 1997 ebenfalls seinen Sitz in Düsseldorf und der Generalsekretär der ECATRA war der Geschäftsführer des BAV bis im Rahmen der europäischen Harmonisierung deren Sitz 1997 nach Brüssel verlegt wurde. ECATRA ist in den 1971 gegründeten Verband **Leaseurope** aufgegangen, wo sich eine spezielle Arbeitsgruppe mit den Vermieterthemen befasst.

„Leaseurope, the European Federation of Leasing Company Associations, was founded in 1972. Since April 2006, Leaseurope, represents as an umbrella body both the leasing and automotive rental industries in Europe, and is composed of 46 Member Associations in 34 countries. The countries represented are: Austria, Belgium, Bosnia-Herzegovina, Bulgaria, Cyprus, Czech Republic, Denmark, Estonia, Finland, France, Germany (BAV), Greece, Hungary, Ireland, Italy, Latvia, Lithuania, Luxembourg, Morocco, the Netherlands, Norway, Poland, Portugal, Romania, Russia, Serbia & Montenegro, Slovakia, Slovenia, Spain, Sweden, Switzerland, Tunisia, Ukraine and the United Kingdom." (Leaseurope 2009a)

Wiederholungsfragen

1. Welche gesetzlichen Voraussetzungen müssen Gewerbetreibende erfüllen, um Mietwagen für Selbstfahrer vermieten zu dürfen?

2. Nennen und erläutern Sie kurz drei Aspekte, die Vermieter nach der Straßenverkehrs-zulassungsordnung zu beachten haben!

3. Gibt es eine ‚Winterreifenpflicht‘ für Mietwagen in Deutschland? Begründen Sie Ihre Antwort bitte!

4. Gibt es in anderen Ländern in Europa eine ‚Winterreifenpflicht‘?

5. Welche Aufgaben übernimmt ein Verband im Mietwagenmarkt? Erläutern Sie drei selbst gewählte Beispiele anhand des Bundesverbands der Autovermieter Deutsch-lands e.V. (BAV).

6. Was wird unter WANDA verstanden? Und wann darf eine Meldung eingetragen bzw. abgefragt werden?

7. Welche vier Kategorien werden bei der Verschlüsselung von Mietwagen als SIPP-Code berücksichtigt?

8. Seit wann dürfen in Deutschland auch Lkw vermietet werden?

9. Neben Autovermietungen sind weitere touristische Unternehmen der Association of Car Rental Industry System Standard (ACRISS) angeschlossen. Nennen Sie drei Beispiele aus unterschiedlichen Bereichen der touristischen Wertschöpfungskette!

10. In welchen Verband wurde die European Car and Truck Rental Association (ECATRA) 1971 integriert und welche Branchen repräsentiert dieser Dachverband?

4 Geschäftsfelder und -modelle von Mietwagenunternehmen

4.1 Geschäftsfelder

Die Geschäftsfelder von Mietwagenunternehmen werden nach dem Bundesverband der Autovermieter (BAV) in das Firmengeschäft, das Touristikgeschäft, das Privatgeschäft, die Unfallersatzwagen und Sonstiges unterschieden (vgl. Tabelle 11).[32] Hinzu kommen noch die Umsätze aus Leasing, Flottenmanagement, Fahrzeughandel oder ähnlichen Geschäftsfeldern, die in der BAV-Statistik unberücksichtigt bleiben und gesondert betrachtet werden.[33]

Tabelle 11: Bedeutung der Geschäftsfelder im Vergleich

Geschäftsfeld	2004	2005	2006	2007	2008
Firmengeschäft	49%	52%	53%	54%	56%
Unfallersatzwagen	16%	16%	11%	9%	8%
Touristikgeschäft	15%	16%	17%	18%	18%
Privatgeschäft	15%	16%	16%	16%	15%
Sonstiges	5%	3%	3%	3%	3%

Quelle: BAV 2009c.

Das **Firmengeschäft** ist für viele Mietwagenfirmen das Hauptgeschäftsfeld, wobei die Bedeutung je nach Unternehmensgröße unterschiedlich ist. „So nimmt das Firmengeschäft bei großen überregionalen Vermietern einen deutlich höheren Anteil ein als bei kleineren und mittleren Unternehmen. Dieses Geschäftsfeld verspricht in der Regel hohe Renditen, da die Geschäftsreisenden meist zeitlich unflexibel sind und daher hohe Tarife in Kauf nehmen." (Schulz 2009, S. 289) Wie aus Tabelle 11 ersichtlich, ist im Vergleich der letzten Jahre die Bedeutung des Firmengeschäfts immer weiter gewachsen.

---

[32] Nutzfahrzeuge/Lkw hatten lt. BAV im Jahre 2008 einen Anteil von 24% über alle Geschäftsfelder.

[33] Die Abgrenzung der Geschäftsfelder basiert auf der Motivation ein Fahrzeug anzumieten, wobei eine überschneidungsfreie Zuordnung nicht immer gegeben ist. Der BAV fasst die von den einzelnen Anbietern gemeldeten Daten ihrer in Deutschland generierten Umsätze zusammen und kann nicht 100%-ig garantieren, dass alle Mietwagengesellschaften ihre erfassten Umsätze gleichermaßen den einzelnen Geschäftsfeldern zuordnen, so dass die Daten auch auf Schätzungen beruhen.

Das **Touristikgeschäft** fasst alle Anmietungen ausländischer Touristen zusammen (Incoming). Hierbei spielt es keine Rolle, ob die Buchung direkt, über eine Agentur oder einen Reiseveranstalter getätigt wurde. Das **Privatgeschäft** fasst dagegen im Wesentlichen die Anmietungen von inländischen Privatreisenden zusammen (vgl. Schulz 2009, S. 289). **Unfallersatzwagen** können nach einem Verkehrsunfall oder einer Autopanne vom Geschädigten bei entsprechender Versicherung in Anspruch genommen werden. Die Bedeutung dieses Geschäftsfeldes hat in den letzten Jahren abgenommen. Außerdem ist die Planung (z. B. Vorhalten von ausreichend Fahrzeugen und verschiedenen Fahrzeugklassen, Länge der Anmietung wird durch die Reparatur des eigenen Fahrzeugs bestimmt) für die Autovermieter schwierig, da ein Notfall unvorhergesehen eintritt und dann schnellstmöglich Ersatz benötigt wird. „In Deutschland sorgt zudem seit Jahren ein Rechtsstreit zwischen Mietwagenunternehmen und Kfz-Versicherungen für sehr viel Aufsehen. Die Versicherungen akzeptieren nicht mehr anstandslos die von den Mietwagenunternehmen in Rechnung gestellte Mietpreise und leisten nur noch Zahlungen auf dem Niveau des so genannten Normaltarifes oder Nutzungsausfallentschädigungen." (ders. 2009, S. 290) Unter **Sonstiges** fallen Anmietungen aus einer Veranlassung heraus, die nicht den anderen genannten Geschäftsfeldern zugeordnet werden können (z. B. Anmietung einer Streitkraft, wie der US Army oder einer Stadtverwaltung).

Beim **Leasing bzw. Flottenmanagement**[34] kaufen oder leasen Unternehmen ihren Fahrzeugpark nicht beim Hersteller oder Händler, sondern über den Leasingarm einer Autovermietung und das mit meist langen Vertragslaufzeiten. Von einem Teil der Autoverleiher wird eine Reihe weiterer Dienstleistungen angeboten. Hierzu zählen bspw. die Organisation der Versicherungs-, Wartungs- und Reparaturleistungen, ein Reifen-Service, ein 24-Stunden-Notfallservice und das Verwaltungsmanagement. „Vor allem die größeren Anbieter offerieren mit Mietfahrzeugen auch Leasingdienstleistungen und sind damit insgesamt wirtschaftlich besser aufgestellt als die reinen Vermieter, zumal sie die insgesamt starken Schwankungen im Vermietgeschäft mit ihren Leasingeinnahmen abfedern." (DSGV 2008, S. 10) Sixt erwirtschaftete bspw. mit dem Leasinggeschäft im Jahre 2008 ca. 24 % des Gesamtumsatzes und verfügt über mehr als 40 Jahre Erfahrung. Von der Sixt Leasing AG werden Fahrzeuge für Privat- und Geschäftskunden an über 70 Leasingstationen in Deutschland zur Verfügung gestellt sowie Flottenlösungen für Unternehmen (z. B. Finanzleasing, Full Service Leasing, Sale-and-Lease-back, Fuhrparkmanagement, Fleet Consulting) angeboten (vgl. Sixt Leasing AG 2009). Aber auch Hertz, Avis, Europcar und CC Unirent bieten Angebote im Leasing und/oder Fuhrparkmanagement an.

Der Fahrzeughandel, im Sinne von **Verkauf von Gebrauchtwagen**, wird nur von einem Teil der Autovermieter betrieben (siehe Kapitel 7 ‚Beschaffung/Verwertung der Fahrzeuge', S. 101 ff.) und kann sowohl über das Internet als auch über einen stationären Verkauf erfolgen. Sixt und Avis stellen bspw. über das Portal ‚autoscout24.de' ihre Fahrzeuge zum Verkauf. Bei Hertz werden die Fahrzeuge nicht an Privatkunden verkauft, sondern in

---

[34] Diese Leistung wird nicht nur von Autovermietern angeboten, sondern auch von einer Reihe anderer Unternehmen (z. B. Daimler Fleet Management, De Te Fleet-Services der Deutschen Telekom, DB Rent der Deutschen Bahn oder FleetCompany GmbH).

Zusammenarbeit mit dem in Koblenz ansässigen Unternehmen netcar24 nur an registrierte Autohändler (http://hertz.netcar24.com). Auch Systempartner der CCUniRent und Europa Service Autovermietung, sog. Mietwagenkooperationen (siehe Kapitel 4.2.2, S. 53 f.), verkaufen Fahrzeuge. Während CCUniRent einen Teil ihrer Mietwagenflotte an Privatkunden oder Händler über www.autoscout24.de anbietet, vermarktet Europa Service ihre Fahrzeuge über das Unternehmen RCS – Rental Car Sales GmbH nur an Händler. Sixt forciert darüber hinaus den Autoverkauf mit dem 100 %-igen Tochterunternehmen ,Sixt Autoland'[35]. Laut Geschäftsbericht wurde im Jahr 2007 ein Anteil am Gesamtumsatz von 12 % (2006: 16 %) erreicht (vgl. Sixt AG 2009a, S. 40).[36]

Ein Geschäftsbereich, der relativ neu bei den Autovermietern auftaucht, ist das **Car-Sharing**. In Zeiten hoher Benzinpreise und steigender Fahrzeugkosten bietet das Car-Sharing eine Alternative zum eigenen Auto (vgl. zu weiteren Infos Abschnitt 2.4 ,Car-Sharing', S. 24 ff.).

Sixti unterhält seit Mitte 2008 den **Sixti-Car-Club** mit zunächst acht Standorten in Berlin als Pilotprojekt (mit jeweils fünf bis zehn Fahrzeugen) und plant das Konzept auf weitere deutsche und europäische Großstädte (z. B. München und Hamburg) auszuweiten. Anfang 2009 wurden vier Fahrzeugtypen angeboten (MINI Cooper, smart fortwo, BMW 1er und Mercedes-Benz B-Klasse). Es ist eine Aufnahmegebühr in Höhe von 59 Euro zu bezahlen und darüber hinaus die jeweilige Nutzung. Der Tarif setzt sich aus einer Zeit- und Kilometereinheit zusammen. Diese Tarife enthalten bereits Versicherungen, Reparaturen und Kraftstoff. Grundbedingungen für die Mitgliedschaft im Sixti-Car-Club sind das vollendete 21. Lebensjahr und der Besitz des Führerscheins seit 24 Monaten. Die Preise beginnen bei einem Euro pro Stunde und einer Kilometerpauschale von 0,20 Euro. Nach jeder Fahrt wird eine Rechnung mit einer Übersicht über die gefahrene Zeit und die Anzahl der gefahrenen Kilometer erstellt und zugeschickt. Die Bezahlung erfolgt per Kreditkarte (vgl. SIXTI GmbH 2009a).

Hertz ist in zweierlei Hinsicht im Car-Sharing-Markt aktiv. Zum einen mit dem ,**369-Modell**' und zum zweiten mit einem eigenen Car-Sharing-Angebot ,Connect'. Das ,369-Modell' von Hertz ist eine Art Car-Sharing, bei der an Vermietstationen in ganz Europa Fahrzeuge für drei, sechs oder neun Stunden angemietet werden können. Auch steht Ihnen die Möglichkeit der Einwegmiete mit Hertz 369 zur Verfügung. Je nach der Dauer der Anmietung ist eine bestimmte Anzahl an Freikilometern beinhaltet. Jedoch sind Kraftstoff,

---

[35] Auf fast 12.000 qm Fläche mit 5.000 qm überdachter Ausstellungshalle werden in Garching bei München bis zu 5.000 Fahrzeugen (Jahreswagen maximal 12 Monate alt, Gebrauchtwagen i.d.R. 12-36 Monate alt, Fahrzeuge kommen aufbereitet aus der Vermiet- bzw. Leasingflotte) aller Marken und Preisklassen verkauft (vgl. Sixt AG 2009d).

[36] Die Situation auf dem Gebrauchtwagenmarkt hat sich 2008 weiter verschlechtert. Die Sixt AG schreibt in ihrem Geschäftsbericht für das Jahr 2008 dazu folgendes: „Für die im Falle einer freien Vermarktung von gebrauchten Autovermietfahrzeugen zu erzielenden Preise ist die Entwicklung des Gebrauchtwagenmarktes in Deutschland wichtig. Die Situation des Gebrauchtwagenmarktes hat sich 2008 durch die einsetzende Absatzkrise der Automobilindustrie nochmals verschlechtert, nachdem der Markt bereits in den Vorjahren eine nur stagnierende Entwicklung auf niedrigem Niveau verzeichnet hatte. Aus diesem Grund bestehen derzeit nur sehr begrenzte Chancen auf Mehrerlöse aus Fahrzeugverkäufen, die die mit den Lieferanten vereinbarten Rücknahmepreise übersteigen." (Sixt AG 2009a, S. 59)

Wartungs- und Reparaturleistungen nicht mit inbegriffen und auch Anmeldegebühren oder kleine Fixbeiträge pro Monat sind nicht zu entrichten. Das ‚369-Modell' hat Hertz in Europa bereits in Deutschland, Belgien, Frankreich, Italien, Luxemburg, Niederlande, Spanien, Schweiz und in Großbritannien eingeführt. Die neuerlangte Flexibilität in der Anmietdauer und somit das Abschaffen einer vollen Tagesmiete ist lt. Studie von Hertz von 61 % der Reisenden als entscheidendes Argument genannt worden, sich ein Fahrzeug zu mieten (vgl. Hertz Autovermietung GmbH 2009b). Mit seinem 2008 gestarteten Angebot **connect by Hertz** ist Hertz mit jeweils 50 Fahrzeugen (Mini Cooper, Opel Corsa und Meriva sowie Ford Fiesta und Focus) in New York, London und Paris vertreten. Seit dem 01.12.2009 gibt es dieses Angebot auch in Berlin (vgl. Hertz Corporation 2009). Aussagen zum Umsatz bzw. Anteil dieses Geschäftsfeldes am Gesamtumsatz konnten leider nicht beschafft werden.

4.2 Geschäftsmodelle von Mietwagenunternehmen

Mietwagenunternehmen ist nicht gleich Mietwagenunternehmen, so dass verschiedene Arten unterschieden werden können. Eine bekannte Einteilung geht von Billiganbietern, Ferienautoanbietern, Mietwagenkooperationen und Anbietern im Firmengeschäft aus (vgl. Schulz 2009, S. 292). Eine weitergehende Unterscheidung findet sich in folgender Abbildung 5, wobei sich die einzelnen Arten in der Praxis überschneiden und nicht so klar voneinander abgegrenzt werden können, wie hier vorgenommen.

Abbildung 5: Arten von Mietwagenunternehmen

Mietwagenunternehmen						
Generalisten	**Mietwagen-kooperationen**	**Mietwagenbroker**			**Low Cost-Anbieter**	
		Ferienauto-anbieter	**Internet-basierte Broker**	**„Werbe-fläche"**	**Billigmarke**	
• Alamo • Avis • Enterprise Rent a Car • Europcar • Hertz • Sixt • ...	• CCUniRent System GmbH • Europa Service Autovermietung AG • LET'S rent a car Autovermietung GmbH • united rental-system GmbH • ...	• Drive FTI • Holiday Autos • Sunny Cars • TUI Cars • DERTOUR • ... *Portale* • billiger-mietwagen.de • mietwagen-markt.de • m-broker.de • ...	*Broker* • Auto Europe/autover-mietung.de • emietwagen.de • mietwagen.de • easyCar • CarDelMar • mietwagen.com • GetYour Car • ...	• Lauda-Motion • Maxhopp • ...	• Sixti • interRent • Avis Basic • ...	

Quelle: eigene Darstellung.

4.2.1 Generalisten

Zu den Generalisten zählen v. a. die großen Autovermietungen wie bspw. Europcar, Sixt, Avis, Hertz und Enterprise Rent-a-Car. Sie bieten eine umfassende Palette an möglichen Dienstleistungen und Produkten an, sprechen die unterschiedlichen Zielgruppen (z. B. Geschäftsreisende, Touristen, Privatpersonen) an und agieren in einem (weltweiten) Netz.

Nicht alle dieser Generalisten sind in allen im Kapitel 4.1 genannten Geschäftsfeldern gleichermaßen aktiv, sie versuchen aber die verschiedenen Geschäftsfelder abzudecken.

4.2.2 Mietwagenkooperationen

Mietwagenkooperationen bestehen aus mehreren regionalen (Klein-)Anbietern, die sich einer Kooperation anschließen, um z. B. Mengenvorteile beim Einkauf der Autos oder Synergieeffekte bei der Vermarktung zu nutzen, von Rahmenverträgen mit Versicherungen und der Organisation und Verwaltung des Fuhrparks zu profitieren, Fortbildungen wahrnehmen zu können und den Nachfragern durch ein umfassenderes Netz an Vermietstationen einen besseren Service bieten zu können.

Bekannte Beispiele in Deutschland sind die CCUniRent System GmbH und die Europa Service Autovermietung AG. ‚CC Rent a car' gibt es unter diesem Namen seit dem Jahre 2007 und das Unternehmen umfasst rund 80 Vermietstationen in Deutschland. **CC Rent a car** resultiert aus der Ursprungsmarke CCRaule, deren Firmengeschichte in die 1950er Jahre zurückreicht. Etwa 1.000 Mitarbeiter sind unter dem Dach ‚CC Rent a car' tätig und der Markeninhaber ist die 2002 gegründete CCUniRent System GmbH mit Sitz in Nürnberg. Der Umsatz der CCUniRent System GmbH betrug im Jahr 2008 ca. 100 Mio. Euro, wobei 200 Systempartner an CCUniRent angeschlossen sind (vgl. CCUniRent System GmbH 2009a).

Die **Europa Service Autovermietung AG** ist Lizenzgeber, Einkaufsorganisation und Dienstleister für fast 250 mittelständische, unabhängige Autovermieter in Deutschland, die dem Kunden an über 600 Vermietstationen zur Verfügung stehen. Neben dem Stationsnetz der Europa Service Autovermietung wurde Mitte des Jahres 2000 unter dem Namen LET'S rent a car Autovermietung GmbH eine zweite Marke mit eigenständigen Stationen am deutschen Markt etabliert. Sie ist eine 100 %-ige Tochter der Europa Service Autovermietung AG und ist auch ein Zusammenschluss von selbstständigen Unternehmern (knapp 200 Partner), die von der zentralisierten Fahrzeugbeschaffung profitieren. Darüber hinaus gibt es in den Niederlanden ein Stationsnetz unter dem Namen ‚AutoRent EUROPA SERVICE' (vgl. EUROPA SERVICE Autovermietung AG 2009).

Eine relativ neue Kooperation ist die **united rentalsystem GmbH**. Dieses Unternehmen mit Sitz in Pullach ist Teil der Sixt Gruppe und versteht sich als Systemdienstleister für unabhängige mittelständische Autovermietungen. Das Unternehmen wurde im November 2004 gegründet und hat fünf Jahre später 67 Autovermieter mit 175 Stationen. Damit gehört united schon nach kürzester Zeit zu den drei größten Lizenzgebern der Branche (vgl. united rentalsystem GmbH 2009).

4.2.3 Mietwagenbroker

Attraktiv wurde das Geschäftsmodell des Mietwagenbrokers durch die Vergrößerung der Fahrzeugbestände bei den traditionellen Anbietern. Ein Mietwagenbroker unterhält im Gegensatz zu traditionellen Anbietern oder Low Cost-Anbietern keine eigenen Stationen und keine eigene Fahrzeugflotte, sondern beschafft sich die Fahrzeuge durch Vertragsabschluss mit klassischen Autovermietungen und vermietet somit Fahrzeuge aus der Flotte anderer Anbieter. Die etablierten Vermieter lassen sich auf die Verträge ein, da sie so die Möglichkeit haben, Fahrzeuge preiswert zu verkaufen, die Überbestände darstellen, ohne ihren eigenen Markennamen ‚zu verwässern'. Somit profitieren beide von einer Zusammenarbeit. Der klassische Autovermieter durch den Abbau der Überkapazitäten und der Mietwagenbroker durch die günstigen Einkaufskonditionen, durch die die preisgünstige Vermietung überhaupt erst gewährleistet wird. Sofern Fahrzeuge für mindestens drei Tage gemietet werden, sollten Broker preiswerter als klassische Vermieter sein. Das 1- und 2-Tage-Geschäft wollen sich die Generalisten allerdings nicht entgehen lassen. Der Kunde geht bei einer Mietwagenreservierung über einen Mietwagenbroker zwei Verträge ein. Zum einen den Vermittlungsvertrag mit dem Mietwagenbroker und des Weiteren den Vermietvertrag mit dem Mietwagenvermieter vor Ort (vgl. Berg 2006, S. 272; Groß/Sonderegger/Grotrian 2007a, S. 137 ff.; Schulz 2009, S. 292).

Bei den Mietwagenbrokern können Ferienautoanbieter und internetbasierte Mietwagenbroker unterschieden werden, wobei letztere wiederum in ‚reine' Broker und in Mietwagenvergleichsportale abgegrenzt werden können. Während Ferienautoanbieter ihren Schwerpunkt auf den Reisebürovertrieb legen, ist es bei den internetbasierten Broker das Onlinegeschäft (vgl. Tabelle 12).[37]

Tabelle 12: Reisebüroumsatz ausgewählter Mietwagenbroker

Broker	Umsatz im Reisebüro
Car del Mar	12%
Dertour	93%
Drive FTI	Mehr als 50%
Sunny Cars	88%
TUI Cars	90%

Quelle: vgl. Münck 2008b, S. 74 ff.

a) Ferienautoanbieter

Anbieter von Ferienautos haben sich auf die Kundengruppe der Touristen in beliebten Urlaubsdestinationen (z. B. Spanien, Griechenland, Portugal, USA) spezialisiert, die gerne die

---

[37] Die Zuordnung des Geschäftsmodells von CarDelMar zu den Ferienautoanbietern oder internetbasierten Brokern ist schwierig, da das Unternehmen auch den Reisebürovertrieb nutzt und immerhin 12% seines Umsatzes im Reisebüro tätigt (vgl. Tabelle 12).

Umgebung ihres Urlaubsortes oder ein Land auf eigene Faust kennen lernen möchten und sich daher für einen oder mehrere Tage einen Mietwagen ausleihen. Die Vermietstationen befinden sich häufig an (internationalen) Flughäfen oder die Leihwagen werden an den Hotels bereitgestellt. Bekannte Beispiele sind DriveFTI, Holiday Autos, TUI Cars und Sunny Cars.

TUI Cars bspw. vermittelt Fahrzeuge von renommierten Partnern an mehr als 3.000 Stationen in mehr als 75 Destinationen (vgl. TUI Deutschland GmbH 2009). **DriveFTI** ist eine Marke der Frosch Touristik GmbH (FTI) mit Sitz in München. Mit Angeboten in über 60 Ländern und Regionen weltweit und über 200.000 vermittelten Fahrzeugen pro Jahr zählt die FTI-Gruppe zu den größten Vermittlern von Mietwagen im deutschsprachigen Raum (vgl. Frosch Touristik GmbH 2009). **Holiday autos**, ein Tochterunternehmen von lastminute.com, wurde im Jahre 1987 in London gegründet und konzentriert sich auch auf die Vermittlung von Ferienmietwagen für Privaturlauber. Es werden Ferienmietwagen in über 100 Zielgebieten an mehr als 5.000 Mietstationen angeboten und das Unternehmen ist mit weit über einer Million Anmietungen – nach eigenen Angaben – jährlich der weltweit größte Vermittler (vgl. Schinagl 2009).

b) Internetbasierte Mietwagenbroker und Mietwagenvergleichsportale
Die Hauptzielgruppe internetbasierter Mietwagenbroker und von Mietwagenvergleichsportalen sind ebenfalls Kunden, die einen Ferienmietwagen suchen, um im Urlaubsort durch einen Mietwagen mobil zu bleiben. Sie setzen jedoch im Vergleich zu den Ferienautoanbietern noch stärker auf preissensible Kunden, die in der Regel zwischen 30 und 45 Jahren alt und internetaffin sind (vgl. Axthelm 2009, S. 25).

Ein bekanntes Beispiel für ein internetbasiertes Unternehmen ist die Firma **TravelJigsaw**[38], die auf dem deutschen Markt mit eMietwagen präsent ist. Ein weiteres Beispiel für einen Mietwagenbroker ist die Firma **Sunny Cars** aus München, welche seit 1991 im Geschäft ist, sich auf die Vermittlung von Ferienmietwagen spezialisiert hat und an über 5.000 Standorten ihre Dienste für über 90 Zielgebieten anbietet. Sunny Cars nutzt neben der eigenen Homepage auch eine telefonische Reservationszentrale sowie Reisebüros als Vertriebskanäle.

Das 1954 in den USA gegründete Unternehmen **Auto Europe** und seine Tochter autovermietung.de ist einer der weltweit führenden Vermittler von Mietwagen und vermittelt Mietwagen an über 7.000 Stationen in über 100 Ländern weltweit. Gegenwärtig besteht Auto Europe aus 500 Mitarbeitern weltweit und 140 Mitarbeitern in Deutschland, wobei ein eigenständiges Büro in München im Jahre 2001 eröffnet wurde (vgl. Auto Europe Deutschland GmbH 2009). Ein anderer Mietwagenbroker ist der englische Anbieter **easyCar**. Die zur easyGroup gehörende Firma profitiert von der starken, mit Low Cost in Verbindung gebrachten Marke ihres Mutterhauses. Im Gegensatz zu Sunny Cars verlässt sie sich jedoch nicht auf aktuelle Preisvergleiche, sondern kauft fixe Kontingente bei ihren Zulieferern ein. Ansonsten bedient sich easyCar der bekannten Strategien eines Low Cost-Brokers: Buchung über das

---

[38] TravelJigsaw wurde im Jahre 2004 gegründet und ist 2009 in 16 Ländern mit unterschiedlichen Marken präsent (Australien, Belgien, Dänemark, Deutschland, England, Finnland, Frankreich, Irland, Italien, Niederlande, Norwegen, Österreich, Polen, Südafrika, Schweden, Schweiz, Spanien, Tschechien).

Internet, keine Bring- und Holdienste und keine Rückzahlungen bei no-shows sind die Mittel, welche die Kosten senken. Eine ähnliche Strategie wie Sunny Cars und easyJet verfolgt auch das Vergleichsportal von billiger-mietwagen.de. Das Besondere an dieser Plattform ist, dass sie sowohl Mietwagenanbieter als auch Broker nach den billigsten Angeboten durchsucht und anschließend entsprechende Fahrzeuge direkt zur Buchung anbietet.

Das Geschäftsmodell von **Mietwagenvergleichsportalen**, wie billiger-mietwagen.de, mietwagenmarkt.de oder m-broker.de, basiert hauptsächlich auf der Vermittlung von Leistungen von Mietwagenbrokern – teilweise werden jedoch auch Autos klassischer Vermieter vermittelt. Dieses Geschäftsmodell hat in den letzten Jahren an Bedeutung gewonnen, da immer mehr Kunden zum Preisvergleich nicht mehr den Abruf eines Preises eines Anbieters über dessen Internetauftritt nutzen, sondern den Weg über ein Preisvergleichsportal. Die Kunden können über diese Portale ihren Wunschmietwagen auch direkt buchen (vgl. Axthelm 2009, S. 27).

4.2.4 Low Cost-Anbieter

Analog zu den Airlines drängen seit einigen Jahren neue Anbieter mit Low Cost-Produkten auf den Mietwagenmarkt. Im Vergleich zu den Low Cost-Airlines sind die Mietwagenfirmen jedoch erst ab ca. 2002 auf dem europäischen Markt zu finden. Ein weiterer, grundlegender Unterschied besteht darin, dass Low Cost-Mietwagenanbieter nicht unbedingt nach dem Lean Management-Prinzip der Airlines arbeiten. Neben dem klassischen Geschäftsmodell der Kostenminimierung existieren auch Firmen, die Mietfahrzeuge quasi als ‚fahrende Plakatwand' einsetzen. Es werden also zwei grundsätzlich unterschiedliche Geschäftsmodelle verfolgt (vgl. Groß/Sonderegger/Grotrian 2007a, S. 135 ff.):

- Die ‚Billigmarke' (meist Tochterfirmen von Großanbietern bzw. Generalisten) und
- Das Fahrzeug als ‚Werbefläche'

a) Die ‚Billigmarke'
Die etablierten Mietwagenfirmen (Generalisten) haben den Trend hin zu Low Cost-Angeboten früh erkannt und haben ihn in Deutschland sogar maßgeblich geprägt. Durch die Gründung eigener Marken bei Sixt (SIXTI), Europcar (interRent) und Avis (Avis Basic) haben sie die entsprechenden Voraussetzungen geschaffen, um in einem zunehmenden Wettbewerb bestehen zu können. Vergleicht man das Geschäftsmodell der Tochtergesellschaften der Generalisten mit den anderen beiden, so ist es demjenigen einer Low Cost-Airline am ähnlichsten. Es handelt sich dabei um ein eigentliches Lean Management, in dem alle vermeidbaren Kosten durch Standardisierung, Automatisierung oder Outsourcing vermieden werden (vgl. ders., S. 135).

Ein Beispiel hierfür ist **interRent**, welche als 100 %-ige Tochter von Europcar 2003 an den Markt ging und Mitte 2009 in Belgien, Dänemark, Deutschland, England, Frankreich, Französisch Guyana, Griechenland, Guadeloupe, Italien, La Réunion, Martinique, Mayotte, Österreich, Polen, Portugal und Spanien tätig war. Bis Ende März 2009 wurden in Deutschland eigene Stationen in fünf Städten vorgehalten (Berlin, Hamburg, Köln, Frankfurt und München). Prinzip von interRent war es auch, nur eine begrenzte Anzahl an Fahrzeugmodellen vorzuhalten: Anfang des Jahres 2009 waren es der Smart fortwo (ab 8,99 Euro pro Tag), der Renault Clio Grandtour und der FIAT Grande Punto (je ab 12,99 Euro pro Tag) und nur neue Stationen zu bedienen, so dass keine direkte Konkurrenz zur Europcar besteht (vgl. interRent Immobilien GmbH 2009). Seit April 2009 wird das Geschäft in Deutschland von interRent jedoch nicht mehr eigenständig, sondern ausschließlich in Europcar-Filialen abgewickelt. Laut Aussage von Europcar sei das Netz von interRent letztlich zu klein gewesen. Das Nebeneinander von zwei Flotten und zwei Stationsnetzen hat sich im wirtschaftlich schlechten Umfeld des Jahres 2009 für Europcar wohl nicht mehr gelohnt (vgl. Münck 2009g; 2009f).

Auch bei **SIXTI** funktioniert die Buchung nur über das Internet, ganz im Stil der Low Cost-Airlines. Eine kleine Produktpalette stellt bei dem 2003 gegründeten 100%-igen Tochterunternehmen der Sixt AG ein einfacheres Handling bei Reservation und Unterhalt sowie bessere Konditionen beim Einkauf sicher. Im Basispreis sind nur wenige Serviceleistungen enthalten, während alle zusätzlichen Wünsche extra berechnet oder gar nicht angeboten werden. Einfachmieten beispielsweise, welche es bei allen größeren Vermietern gibt, sind bei SIXTI nicht möglich. Auf Rund-um-die-Uhr-Service, freie Kilometer und andere Extras verzichtet SIXTI aus Kostengründen. Die unten stehende Darstellung stellt den Low Cost-Anbieter SIXTI seiner Mutterfirma Sixt gegenüber (vgl. Groß/Sonderegger/Grotrian 2007a, S. 135 ff.).

Tabelle 13: Unterschiede zwischen SIXTI und Sixt

SIXTI	Sixt
Verbindliche Reservierung	Flexible Reservierung mit Stornierungsmöglichkeit
Abholung und Rückgabe während der Öffnungszeiten der Stationen	Fahrzeugrückgabe rund um die Uhr
Kein One-way möglich	One-way Mieten ohne Aufpreis
Beklebte Fahrzeuge	Unbeklebte Fahrzeuge
Kreditkarte	Freie Wahl der Zahlungsart
Keine Zustellung/Abholung	Zustellung/Abholung
30 Stationen in Deutschland	526 Stationen in Deutschland (2009)
Buchung über Internet und kostenpflichtige Service-Hotline	Verschiedene Buchungskanäle
Beschränkung auf zwei Fahrzeugklassen	Fahrzeugwahl aus der gesamten Flotte
Maximale Mietdauer: 21 Tage	Unbegrenzte Mietdauer

Quelle: Sixt GmbH & Co. Autovermietung KG 200d; 2009e; SIXTI GmbH 2009b; 2009c; 2009d.

Die strikte Strategie der wenigen Services weicht sich bei den Low Cost-Anbietern allerdings bereits wieder auf. So lässt SIXTI beispielsweise neuerdings auch Änderungen an der Reservation zu. Außerdem hat SIXTI im Jahr 2005 im Vergleich zum Vorjahr von zwei auf drei Fahrzeugtypen aufgestockt, die Abrechnung nach dem 24h-Prinzip eingeführt, eine Fahrzeugreinigung und die Betankung integriert, bei den höheren Fahrzeugkategorien die Kilometerlimitierung von 100 auf 500 gesetzt sowie die maximale Mietdauer auf 100 Tage verfünffacht.

Ein weiterer Anbieter war **Navicar** der Miete Vertrieb Service AG (MVS) – ein Baudienstleister aus Berlin. Navicar arbeitete mit wenigen Fahrzeugtypen, einem Vertrieb über das Internet und Call Center sowie Frühbucherrabatten. Als Ausleihstationen fungierten die firmeneigenen Ausleihstationen für Baufahrzeuge, von denen MVS mit Partner um die 200 hat. Im ersten Jahr des Geschäftsbetriebes (2002) sollte eigentlich mit 50 bis 100 Fahrzeugen gestartet werden, aufgrund der großen Nachfrage wurden jedoch 21 Stationen mit etwa 500 Fahrzeugen eingerichtet (vgl. Wuschick 2003, S. 9). Im Jahre 2005 ist Navicar vom Markt verschwunden und eine Filiale des Autovermieters Buchbinder ist in die Büroräume von Navicar in Berlin am Saatwinklerdamm eingezogen (vgl. Juchner 2009).

b) Das Fahrzeug als ,Werbefläche'

Die Idee, dass ein Mietwagen über die am Fahrzeug angebrachte Werbung finanziert werden könnte, existiert schon seit beträchtlicher Zeit. Während das gleiche Konzept auf privaten Autos nie richtig in Schwung kam, bot die deutsche Firma **Maxhopp** vor einigen Jahren Discount-Mietwagen an, welche mit Werbung beklebt wurden. Die hinter maxhopp stehende Werbeagentur verfügte über eine Flotte von Smart-Autos in Hamburg und Berlin. Die Fahrzeuge wurden mit Werbung (z. B. der Firma Olympus) beklebt und für einen Euro pro Tag vermietet. Die Anmeldung war ausschließlich über die Homepage von maxhopp möglich, die Fahrzeuge konnten immer nur für drei Tage gemietet werden, fuhren höchstens 60 km/h schnell und mussten mindestens 30 km gefahren werden. Eine erneute Reservierung war erst nach Abgabe des vorherigen Fahrzeugs möglich und die Abhol- und Abgabetermine waren bindend. Die Fahrzeuge mussten gereinigt und voll getankt zurückgegeben werden, wobei für Verstöße Sondergebühren anfielen (Stornierung, zu späte Abgabe, leerer Tank, schmutziges Fahrzeug etc.), die auf der Homepage von maxhopp beschrieben und begründet wurden. Die Fahrzeuge waren während der Mietdauer haftpflicht- und vollkaskoversichert Im Schadensfall haftete der Mieter mit einer Selbstbeteiligung von 600 Euro (vgl. Reuter/Uniewski 2003).

Der Markteintritt von **LaudaMotion**, einer österreichischen Firma unter der Leitung von Niki Lauda, belebte den österreichischen und den deutschen Markt von ,fahrenden Werbeflächen' kräftig. In Österreich und Deutschland waren im Jahre 2007 ca. 500 Smarts in den Städten unterwegs und machen mobile Werbung für McDonald's, Air Berlin und andere Unternehmen (vgl. Miklauz 2007).

Die Mietbedingungen sind einfach: Für nur 1 Euro am Tag ist der Smart zu haben. Er muss allerdings mindestens 30 km in der Stadt gefahren werden. Da die Finanzierung in erster Linie über die Werbung am Fahrzeug stattfindet und die Fahrer für LaudaMotion lediglich Mittel zum Zweck sind (es wird mit bis zu 14.000 Sichtkontakten pro Fahrzeug und Tag geworben), ist die Firma eher als Werbeagentur denn als Mietwagenanbieter einzustufen. Ein anderes Geschäftsfeld der LaudaMotion jedoch, die Langzeitmieten, hat wiederum einen Charakter zwischen Mietwagen und Leasing. Jedenfalls läuft das Geschäft so gut, dass LaudaMotion in sechs österreichischen Städten (Graz, Innsbruck, Klagenfurt, Linz, Salzburg, Wien) und in fünf deutschen Städten (Berlin, Frankfurt, Hamburg, Köln, München) präsent ist. Auch hier sind wiederum die Elemente Onlinebuchung und Selbstreinigung des Fahrzeugs zu finden (vgl. City-Motion GmbH 2009).

Wiederholungsfragen

1. Welche Hauptgeschäftsfelder weisen Mietwagenunternehmen auf?

2. Wie hat sich die Bedeutung der Geschäftsfelder in den letzten Jahren entwickelt?

3. Welche Leistungen erbringen Mietwagenunternehmen, die zusätzlich zu ihren originären Geschäftsfeldern im Leasing bzw. Flottenmanagement tätig sind?

4. Nennen Sie Gründe, warum Mietwagenfirmen in jüngster Vergangenheit auch Car-Sharing anbieten!

5. Welche Geschäftsmodelle von Mietwagenunternehmen können unterschieden werden?

6. Welche Unternehmensbeispiele können den sog. ‚Generalisten' zugeordnet werden?

7. Grenzen Sie das Geschäftsmodell der Mietwagenbroker von dem der traditionellen Mietwagenanbieter ab! Gehen Sie hierbei auf die Frage ein, warum die traditionellen Anbieter mit den Brokern zusammenarbeiten!

8. Durch welche Maßnahmen können Low Cost-Anbieter im Mietwagenmarkt Kosten einsparen bzw. zusätzliche Umsätze generieren?

9. Charakterisieren Sie die Unterschiede von einem traditionellen Anbieter und einem Low Cost-Anbieter anhand von drei selbst gewählten Beispielen!

10. Welche unterschiedlichen Wege zum Verkauf von Gebrauchtwagen begehen Mietwagenunternehmen?

5   Der Markt für Mietwagen

Auf einem Markt[39] „(…) nehmen Wirtschaftssubjekte (Anbieter und Nachfrager) miteinander Kontakt auf, um ihre Transaktionspläne (entweder Tausch oder Produktion) oder ihr Informationsbedürfnis zu verwirklichen. Getauscht werden sollen dabei Güter, Dienstleistungen und/oder (Eigentums-)Rechte. Zu den Anbietern zählen auf den (Absatz-)Märkten die Produzenten und/oder Eigentümer von Produkten bzw. Dienstleistungen (Unternehmer), zu den Nachfragern die Konsumenten bzw. Verbraucher (Haushalte)." (Freyer 2009b, S. 296) In Abbildung 6 wird der Mietwagenmarkt grob skizziert. Wichtige Betrachtungsebenen im Rahmen einer Marktanalyse sind die Marktabgrenzung, die Marktstruktur und das Marktvolumen, wobei die Marktabgrenzung am Anfang aller (Markt-)Überlegungen steht. Eine Marktabgrenzung geschieht v. a. nach räumlichen, zeitlichen, produktspezifischen und soziodemographischen Aspekten. Die Marktstruktur wird v. a. durch die Anzahl und Größe der Marktteilnehmer erfasst und das Marktvolumen lässt sich hinsichtlich des Umfangs der am jeweiligen Markt gehandelten Leistungen umschreiben. Geeignete Größen zur Bestimmung des Gesamtmarktes sind z. B. die in der Markttheorie üblichen Größen für das Marktvolumen nach Umsatz und Beschäftigten (vgl. ders., S. 297 ff.).

Abbildung 6: Der Mietwagenmarkt

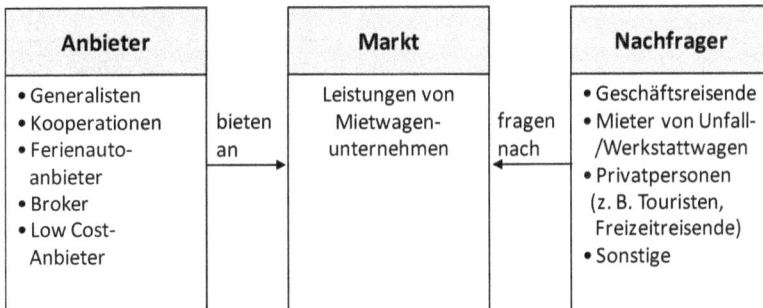

Anbieter		Markt		Nachfrager

• Generalisten
• Kooperationen
• Ferienauto-
  anbieter
• Broker
• Low Cost-
  Anbieter
	bieten
	an
		Leistungen von
		Mietwagen-
		unternehmen
			fragen
			nach
				• Geschäftsreisende
				• Mieter von Unfall-
				  /Werkstattwagen
				• Privatpersonen
				  (z. B. Touristen,
				  Freizeitreisende)
				• Sonstige

Quelle: eigene Darstellung, in Anlehnung an Freyer 2009b, S. 53.

---

[39] Der Begriff des ‚Marktes' umfasst je nach Betrachtung einen konkreten

- „(…) Ort, wo sich Anbieter und Nachfrager treffen, um Güter zu (ver)kaufen. Typische Beispiele sind der Wochenmarkt, Auktionen oder Versteigerungen oder Messen und Ausstellungen, so z. B. die ITB-Internationale Tourismusbörse in Berlin, lt. Werbung ‚der Welt größter Reisemarkt'. (…)

- einen abstrakten Ort, eine gedankliche Konstruktion, bei der man sich vorstellt, alle Anbieter und Nachfrager einer Region (Ort oder Land) und/oder eines Zeitraumes träfen (…) unabhängig von Orts-, Zeit- Informations-, Transport- oder anderen Problemen zusammen." (Freyer 2009b, S. 295)

5.1   Angebotsseite des Mietwagenmarktes

Im Folgenden werden zunächst der europäische und dann der deutsche Mietwagenmarkt analysiert (räumliche Marktabgrenzung). Innerhalb beider Betrachtungen werden – sofern möglich – Aussagen zur Marktstruktur und zum Marktvolumen vorgenommen.

5.1.1   Der europäische Mietwagenmarkt

Der europäische Markt der Mietwagenunternehmen ist weltweit gesehen nach dem US-Markt der zweitwichtigste Markt für die Autovermieter. Innerhalb von Europa ist Deutschland mit Abstand der wichtigste Teilmarkt, gefolgt von Frankreich, Großbritannien und Spanien (vgl. EUROPCAR Autovermietung GmbH 2008b, S. 13). Der deutsche Markt wird dabei als der am härtesten umkämpfte Markt angesehen (vgl. DSGV 2008, S. 9).

Leaseurope (siehe Kapitel 3.2.3, S. 47 ff.) gibt jährliche Daten seiner Mitgliedsverbände heraus. Für das Jahr 2008 liegen Daten von acht der 34 Mitgliedsländer vor, die im klassischen Vermietergeschäft tätig sind. „The short term car rental members reporting in the Leaseurope 2008 Annual Statistical Enquiry purchased some 978 000 cars during the year and at year end owned a fleet of about 782 000 cars." (Leaseurope 2009b, S. 3) Die unten stehende Tabelle zeigt die Gesamtzahl der beschafften Fahrzeuge und die jeweilige Flottengröße der einzelnen Verbände am Ende des Jahres 2008.

Tabelle 14: Anzahl der gekauften Fahrzeuge und Flottengröße der Leaseurope-Mitglieder

Land	Mitglied bei Leaseurope	Fahrzeuge 2008	
		Kauf	Flotte gesamt
Belgien	RENTA	27.956	19.250
Deutschland	BAV	395.000	153.000
Frankreich	FNLV	225.000	213.000
Großbritannien	BVRLA	161.597	212378
Griechenland	GCRCA	4.100	14.000
Italien	ANIASA	129.396	121.209
Niederlande	BOVAG	26.266	36.055
Norwegen	NB	8.987	13059
	Total	978.302	781.951

Quelle: Leaseurope 2009b, S. 3.

Insgesamt repräsentieren die Verbände durch ihre Mitglieder mehr als 32 Mio. individuelle Mietverträge im betrachteten Jahr und es wurden von den Mitgliedern fast 980.000 Fahrzeuge beschafft (vgl. Tabelle 14).

Abbildung 7: Anzahl der Vermietungen im Jahr 2008 von den Leaseurope-Mitgliedern

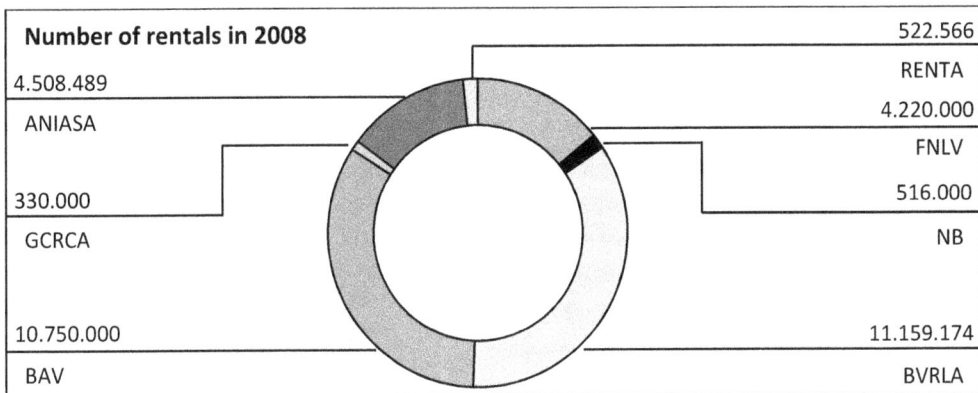

Quelle: Leaseurope 2009b, S. 3.

Die wichtigsten Anbieter sind die sog. ‚Großen Vier', bestehend aus Europcar, Avis, Hertz und Sixt, die nach eigenen Angaben ca. zwei Drittel Marktanteil am europäischen Markt auf sich vereinen (vgl. Abbildung 8). Seit der Übernahme des Europageschäftes der Marken Alamo und National vom amerikanischen Unternehmen Vanguard ist Europcar nach eigenen Angaben der größte Mietwagenanbieter Europas.

Abbildung 8: Die wichtigsten Anbieter Europas nach Umsatz (2007)

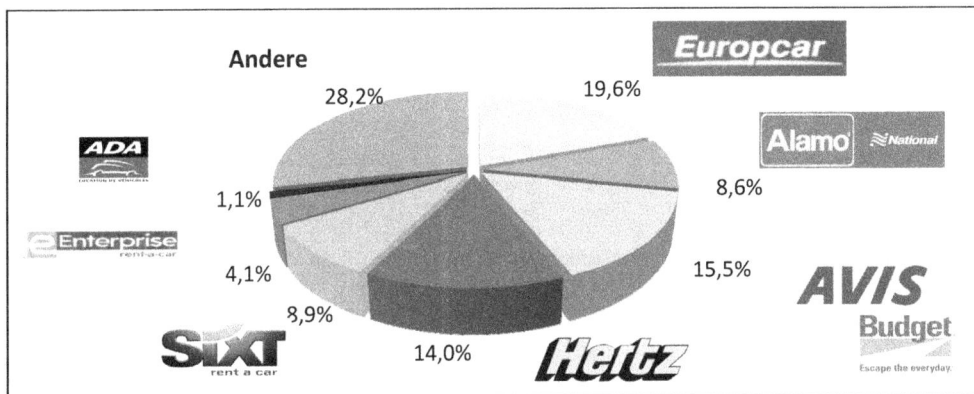

Quelle: EUROPCAR Autovermietung GmbH 2008b, S. 6.[40]

---

[40] Europcar bezieht bei der Betrachtung sieben Corporate-Länder ein. Auch Avis gibt Marktanteile in Europa für das Jahr 2007 auf Basis des Euromonitor IMIS Travel Database bekannt und bezieht sich dabei auf zehn Corporate-Länder. Aufgrund der unterschiedlichen Bezugsgröße verschieben sich die Marktanteile (Avis: 17,7 %, Europcar 25,6 % und Hertz 15,3 %).

5.1.2   Der deutsche Mietwagenmarkt

Zur Beschreibung des Marktes können v. a. die Daten des Statistischen Bundesamtes[41], des Kraftfahrtbundesamtes und des Branchenverbandes BAV herangezogen werden.[42]

a) Umsatz

Nach Berechnungen des Statistischen Bundesamtes beliefen sich die Umsätze der deutschen Autovermieter (Kfz bis 3,5 t) im Jahre 2007 auf 16,6 Mrd. Euro und der Vermietunternehmen für Landfahrzeuge (ohne Kfz bis 3,5 t) auf 2,9 Mrd. Euro (vgl. Kapitel 2.2, S. 17). Während sich die Umsätze der deutschen Autovermieter 2007 im Vergleich zum Vorjahr nur wenig verändert haben, zeigt ein Vergleich mit 2002, dass der Umsatz um ca. 3,5 Mrd. Euro gestiegen ist. Auch die Vermieter von Landfahrzeugen haben seit 2002 ihre Umsätze steigern können (von 1,2 Mrd. auf 2,9 Mrd. Euro) (vgl. Abbildung 9).

Nach Einschätzung des BAV haben die Autovermieter in Deutschland, die die Autovermietung als Hauptzweck ihrer Tätigkeit betreiben, ihren Umsatz im Jahre 2008 leicht von 2,55 Mrd. auf 2,60 Mrd. Euro steigern können. Die Umsatzzahlen im Jahr 2007 sind dagegen im Vergleich zum Vorjahr noch um 6% gestiegen (von 2,4 auf 2,55 Mrd. Euro) und haben erstmals wieder das Niveau von vor 2001 erreicht (vgl. G&J 2008, S. 2; G&J 2009, S. 3 und Tabelle 16, S. 68).

---

[41]   Das Statistische Bundesamt veröffentlicht Daten zum Mietwagenmarkt sowohl in der Strukturerhebung im Dienstleistungsbereich als auch in der Umsatzsteuerstatistik, wobei nur Daten von umsatzsteuerpflichtigen Unternehmen mit mehr als 17.500 Euro Umsatz erfasst werden. Die Umsatzsteuerstatistik ist eine Gesamterhebung und damit exakter in ihren Angaben, sie bietet aber nur wenig Informationen an (Anzahl und Umsätze der Unternehmen). Die Strukturerhebung im Dienstleistungsbereich beruht auf einer Stichprobe und statistischen Hochrechnungen. Auf Basis von Auskünften der Finanzämter werden Erhebungsunterlagen (Fragebogen) an maximal 15% der Unternehmen verschickt und die Daten werden dann statistisch hochgerechnet. Ein Vergleich der Daten aus der Umsatzsteuerstatistik und Strukturerhebung des Dienstleistungsbereichs zeigt, dass sich die ausgewiesenen Werte z. T. deutlich voneinander unterscheiden: die Umsätze für 2007 betragen bei der erst genannten Statistik 16,6 Mrd. Euro und bei der zuletzt genannten Statistik 14,3 Mrd. Euro; die Anzahl der Autovermieter im Jahre 2007 liegt bei der Umsatzsteuerstatistik bei 4.639 und bei der Strukturerhebung des Dienstleistungsbereichs bei 2.414.

Zahlen zu Vermietern von Wohnwagen, Wohnmobilen und Krafträdern werden nicht gesondert ausgewiesen, sondern unter Vermieter von Landfahrzeugen einbezogen.

[42]   Die Daten des BAV repräsentieren nur einen Teil des Marktes, da nur die Unternehmen einbezogen werden, die die Autovermietung als Hauptzweck ihrer Tätigkeit betreiben. Nach Ansicht des BAV liegen die ‚tatsächlichen‘ Zahlen jedoch auch höher als beim Statistischen Bundesamt ausgewiesen, sofern man die ‚Nebenerwerbsvermieter‘ berücksichtigt. Das liegt daran, dass viele dieser Unternehmen, die nur am Rande ein oder wenige Fahrzeuge vermieten, diese weder als Selbstfahrervermietfahrzeuge zulassen noch den Unternehmenszweck Autovermietung angeben (vgl. Brabec 2009c).

Abbildung 9: Umsatz der deutschen Vermietunternehmen 2002-2007 (in Mrd. Euro)

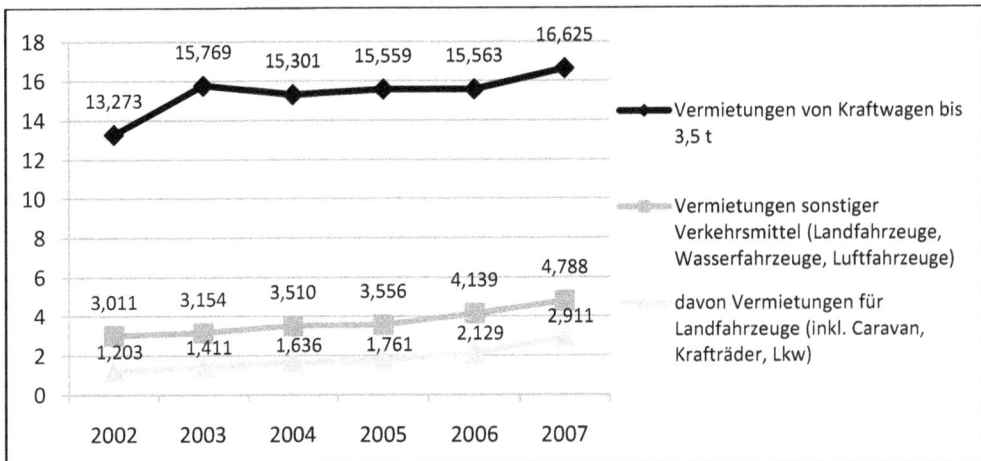

Quelle: Statistisches Bundesamt 2009a, S. 37.

b) Anzahl an Vermietunternehmen

Der Konzentrationsprozess in der deutschen Autovermietungsbranche setzt sich in den letzten Jahren weiter fort – unabhängig davon, ob man die Daten des Statistischen Bundesamtes oder des BAV analysiert. Die Daten des Statistischen Bundesamtes zeigen, dass sich die Anzahl an Autovermietern von ca. 4.800 auf 4.600 reduziert hat. Im Gegensatz hierzu hat sich die Anzahl an Vermietern von Landfahrzeugen im Vergleich zu 2002 sogar erhöht (vgl. Abbildung 10).

Abbildung 10: Zahl der Vermietunternehmen in Deutschland 2002-2007

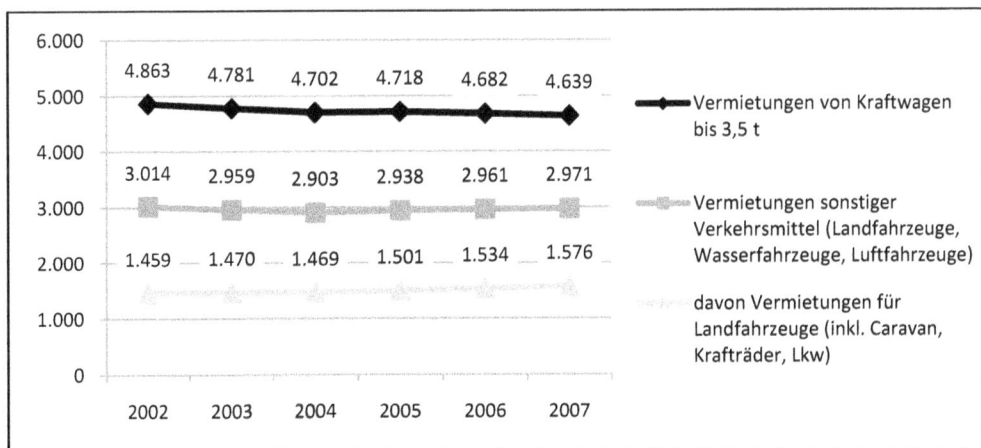

Quelle: ebd., S. 37.

Auch die Daten des BAV unterstreichen den fortwährenden Konzentrationsprozess in der deutschen Autovermietungsbranche. Hiernach hat sich die Anzahl der Anbieter in Deutschland, die die Autovermietung als Hauptzweck ihrer Tätigkeit betreiben, innerhalb von zehn Jahren von 850 auf unter 600 Anbieter reduziert (vgl. G&J 2008, S.2; G&J 2009, S.3 und Tabelle 15).

Tabelle 15: Zahl der Autovermieter nach dem BAV

Jahr	Zahl der Unternehmen	Jahr	Zahl der Unternehmen	Jahr	Zahl der Unternehmen
1988	1.100	1995	1.000	2002	ca. 700
1989	1.400	1996	950	2003	ca. 650
1990	1.300	1997	850	2004	> 650
1991	1.400	1998	800	2005	ca. 600
1992	1.400	1999	<800	2006	ca. 580
1993	1.400	2000	<800	2007	ca. 570
1994	1.100	2001	ca. 750	2008	ca. 540

Quelle: BAV 2009c.[43]

---

[43] Seit August 2009 weist der BAV insgesamt ca. 8.000 Vermieter aus und gibt folgende Erläuterung hierzu: Die bisherige Betrachtungsweise des Mietwagenmarktes vernachlässigt die Zahlen der Vermietung von Fahrzeugen durch Autohäuser und Reparaturbetriebe sowie die steigende Anzahl der Nutzfahrzeughändler und -halter, die ihre Fahrzeuge vermieten. Deren Vermietfuhrparks sind bisher statistisch deshalb unberücksichtigt. Diese Anbietergruppe gibt Mietfahrzeuge ergänzend zu Reparaturen oder Wartungen als Werkstattersatzwagen, Unfallersatzwagen und seit einigen Jahren stark zunehmend auch im Normalgeschäft an Nachfrager heraus. Die Bedeutung dieser Autovermieter als Anbieter im Normalgeschäft ist deshalb stark steigend. Das wird durch die Anzahl der vorgehaltenen Fahrzeuge von ca. 95.000 Fahrzeugen deutlich. Gleichzeitig wird mit verstärkten werblichen Aktivitäten versucht, auf diese Angebote hinzuweisen. So ist die Vermietorganisation der Volkswagen, Audi, Seat und Skoda-Händler seit ca. zwei Jahren dabei, in der Öffentlichkeit und in Magazinen der Herstellermarken direkt auf die allgemeinen Vermietangebote hinzuweisen und eine Nachfrage des Autohaus-Kunden zu erzeugen, die unabhängig von sonstigen Autohaus-Terminen stattfinden soll. Ähnliches ist auch bei Opel üblich. Die Händlerorganisationen und Vermiet-Marken (wie OpelRent) geben ihre Aktivitäten zur Normalvermietung ebenso öffentlich bekannt, wie häufig nachzulesen ist.

Addiert man die 4.639 Autovermieter mit den Vermietern von Landfahrzeugen (ohne Kraftwagen bis 3,5 t) kommt man auf 6.215 Vermietunternehmen. Folgt man den Ausführungen vom BAV und hält sich vor Augen, dass es allein ca. 2.500 VW/Audi- und 1.500 Opel-Händler gibt, kann man der Schätzung des BAV gut folgen, auch wenn es hierfür keine 100%-ig sichere Grundlage gibt.

c) Bestand an Mietfahrzeugen für Selbstfahrer

Das Kraftfahrtbundesamt weist für 2008 etwas mehr 223.000 Pkw als Mietwagen für Selbst-fahrer aus, darunter 433 Wohnmobile (Stand 01.01.2008).[44] Im Vergleich zu den Vorjahren ist der Bestand somit erheblich geringer, was durch eine methodische Änderung im Jahr 2008 (Nichtberücksichtigung von vorübergehenden Stilllegungen und Außerbetriebssetzun-gen) zu erklären ist. Betrachtet man die Jahre 2002 bis 2007 wird deutlich, dass die Anzahl an Mietwagen eigentlich stark gestiegen ist (vgl. Abbildung 11).

Abbildung 11: Bestand an Mietfahrzeugen für Selbstfahrer 2002 bis 2008[45]

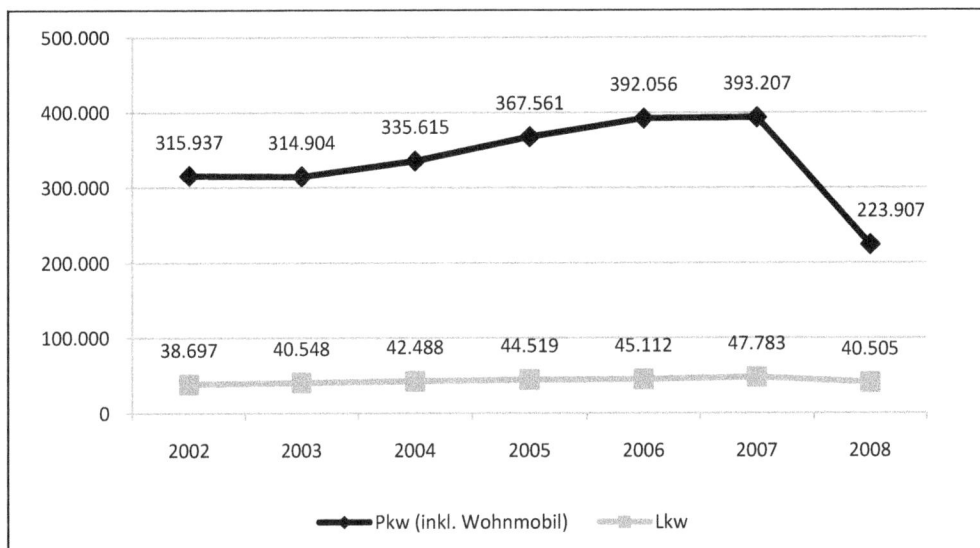

Quelle: KBA 2008, S.6.

---

[44] Im Jahre 2007 wurden noch 1.520 Wohnmobile ausgewiesen. Für die Ausweisung einer genauen Anzahl an Mietwohnmobilen für Selbstfahrer kommt erschwerend hinzu, dass durch die Harmonisierung der Fahrzeugpa-piere Fahrzeuge mit besonderer Zweckbestimmung, u. a. Wohnmobile, ab dem 01.01.2006 den Pkw zugeordnet werden. Darüber hinaus können Privatpersonen ihre Wohnmobile vermieten, die jedoch nicht speziell beim KBA erfasst bzw. ausgewiesen werden.

[45] Seit 2008 erfasst das KBA in seiner Statistik zu den Fahrzeugzulassungen nur noch den ‚fließenden Verkehr', wozu ausschließlich angemeldete Fahrzeuge zählen. Vorübergehend stillgelegte Fahrzeuge oder Fahrzeuge, die nicht weiter in Betrieb sind (Außerbetriebssetzungen), werden hingegen nicht erfasst. Zudem spiegelt die Statis-tik lediglich den Bestand an Fahrzeugen zum 1. Januar eines Jahres wider. Die Daten für 2008 weichen daher stark von den Vorjahren ab. Mietwagen, die im Laufe eines Jahres angeschafft und noch im selben Jahr wieder abgestoßen werden bzw. vorübergehend außer Betrieb gesetzte Fahrzeuge, werden laut Auskunft des KBA nicht in der Statistik erfasst (vgl. Hanske 2009a).

Tabelle 16: Entwicklung der Autovermietung in Deutschland

Jahr	Zahl der Mietwagen	Pkw	Lkw	Umsatz in Mrd. Euro	Anteil ‚Große Vier'
1988	88.000	70.000	18.000	2,6	40%
1989	100.000	75.000	25.000	2,7	40%
1990	140.000	110.000	30.000	3,4	K.A.
1991	170.000	135.000	35.000	3,9	46%
1992	160.000	130.000	30.000	3,9	44%
1993	155.000	130.000	25.000	3,4	48%
1994	150.000	125.000	25.000	3,1	49%
1995	152.000	127.000	25.000	3,0	50%
1996	150.000	125.000	25.000	3,2	62%
1997	160.000	130.000	30.000	3,6	65%
1998	160.000	130.000	30.000	4,3	62%
1999	170.000	135.000	35.000	4,6	60%
2000	190.000	145.000	45.000	4,7	64%
2001	180.000	140.000	40.000	4,4	K.A.
2002	170.000	135.000	35.000	2,15	K.A.
2003	165.000	130.000	35.000	2,0	68%
2004	160.000	130.000	30.000	2,1	K.A.
2005	175.000	137.000	38.000	2,25	K.A.
2006	184.000	142.000	42.000	2,4	71%
2007	195.000	149.000	46.000	2,55	72%
2008	198.000	153.000	45.000	2,60	K.A.
2008[46]	250.000	195.000	55.000	2,6[47]	K.A.

Quelle: BAV 2009c; Schulz 2009, S.291.

---

[46] Datensprung aufgrund Einbeziehung der Vermietungsfuhrparks der Autohäuser und Reparaturbetriebe sowie der immer weiter verbreiteten Vermietung von schweren Nutzfahrzeugen.

[47] Diese Zahlen sind nach der Umstellung für den BAV noch schwerer einzuschätzen und werden erst wieder für 2009 ausgewiesen. Sie werden zunächst so stehen gelassen und beziehen sich demnach auf den Markt der ‚spezialisierten Vermietungsunternehmen'.

d) Weitere ausgewählte Aspekte zur Marktstruktur

Die folgenden Darstellungen zeigen deutlich, dass es sich bei der Autovermietbranche um eine kleinteilige Branchenstruktur handelt. Die Betriebe bestehen v. a. aus Unternehmen mit bis zu neun Beschäftigten und zu ca. 70% aus Kleinfirmen mit einem Jahresumsatz von maximal 250.000 Euro (vgl. Tabelle 17 und Abbildung 12).

Tabelle 17: Umsätze und Betriebe nach Beschäftigten

Zahl der Beschäftigten	Anzahl der Betriebe absolut	Anteil der Betriebe in %
1 bis 9	2.080	90,43%
9 bis 19	101	4,39%
20 bis 99	102	4,43%
100 und mehr	17	0,74%

Quelle: Statistisches Bundesamt 2008b, S. 11.[48]

Abbildung 12: Umsatzanteil der Autovermieter nach Umsatz

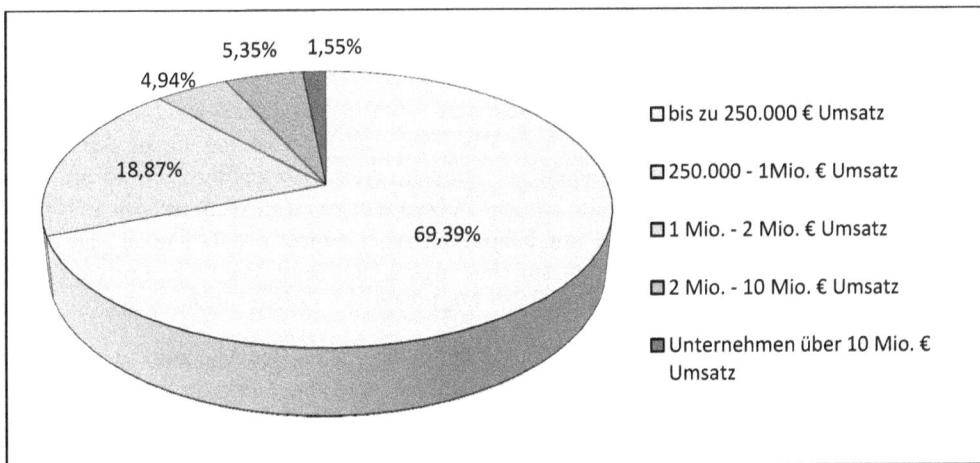

Quelle: DSGV 2009.

Nach der Strukturerhebung im Dienstleistungsbereich 2007 sind mehr als 20.000 Personen bei den 2.414 ausgewiesenen Autovermietern tätig (88,7% Lohn- und Gehaltsempfänger). Der Großteil der Unternehmen (1.398) hat als Rechtsform die Einzelunternehmung gewählt. Darüber hinaus gibt es 349 Personengesellschaften, 659 Kapitalgesellschaften und acht sonstige Rechtsformen (vgl. Statistisches Bundesamt 2009b, S. 19 und S. 22).

---

[48] Es muss jedoch auf die einschränkenden Hinweise in Fußnote 41 verwiesen werden.

Unternehmen bis 250.000 Euro Umsatz stellen zwar zahlenmäßig den größten Anteil an Autovermietern (ca. 70%), sie stellen jedoch nur 1,55% der Branchenumsätze dar. Auf der anderen Seite erwirtschaften Vermieter mit einem Umsatz von mehr als 10 Mio. Euro nahezu 90% des gesamten Branchenumsatzes (vgl. Abbildung 13).

Abbildung 13: Umsatzanteil der Autovermieter nach Größenklassen

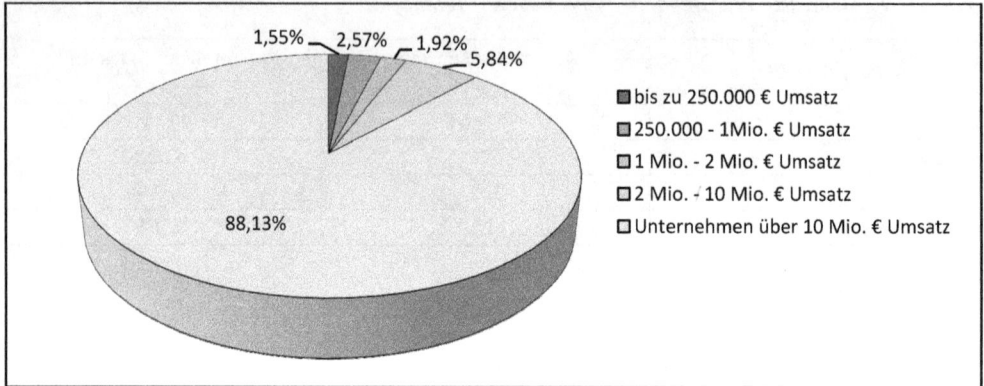

Quelle: DSGV 2009.

Es lässt sich deutlich die Tendenz beobachten, dass sich die Automobilkonzerne zunehmend aus dem Mietwagengeschäft zurückziehen. VW, GM und Ford verkauften in den letzten Jahren ihre Beteiligung in Milliardenhöhe an Europcar, Avis bzw. an Hertz. So ist das französische Investmentunternehmen Eurozeo seit 2006 alleiniger Anteilseigner von Europcar. Avis Europe gehört zu knapp 60% zur belgischen Autoservicefirma D'Ieteren und Hertz gehört einer Gruppe von drei Finanzinvestoren (Clayton Dubilier & Rice, The Carlyle Group und Merrill Lynch Global Private Equity) (vgl. G&J 2008, S.6; Wengenroth 2006).

Für die deutschen Anbieter liegen neben Deutschland die wichtigsten Mietautomärkte in den Mittelmeerländern. Neben Spanien als traditionell wichtigstem Markt in Südeuropa sind Griechenland und Italien die aufstrebenden Nachfragegebiete. Hier generieren insbesondere Touristen, welche mit dem Flugzeug anreisen, eine starke und ständig steigende Nachfrage. Dies unterstreicht die Wirkung der aktuellen Trends im Tourismus, welche den Autovermietern in den traditionellen Ferienländern höhere Nachfrage ermöglichen: Anspruchsvolle und gut informierte Touristen gestalten heute ihre Reisen und Ausflüge immer kürzer und immer individueller. Das bedeutet auch tendenziell mehr Mobilitätsbedürfnisse am Ferienort selber. Für die zukünftige Entwicklung rechnen Experten entsprechend mit einer weiterhin steigenden Tendenz bei der Nachfrage nach Mietwagen, insbesondere nach Kleinwagen (vgl. Groß/Sonderegger/Grotrian 2007a, S.133).

5.1.3 Vergleich der vier wichtigsten Anbieter in Europa

Im Folgenden wird ein Vergleich der vier bedeutendsten Autovermieter in Europa angestellt. Hertz nimmt bei der Größe des Stationsnetzes (8.100 Stationen weltweit) und der Flottengröße (500.000 Fahrzeugen) die führende Position ein.[49]

Tabelle 18: Vergleich der ‚Großen Vier' in Europa (2009)

Merkmal	Europcar	Sixt	Avis	Hertz
Sitz	Paris	Pullach	Bracknell (Europa)	New York
Marktanteil in Europa (2007)	28%	8,9%	15,5%	14%
Marktanteil in Dt. bezogen auf BAV-Umsatz (2008)	21,7%	30,3% (reines Vermietgeschäft)	13% (2004)	K.A.
Marktanteil bezogen auf Daten des Statistischen Bundesamtes (2008)	3,4%	4,7% (reines Vermietgeschäft)	1,79% (von 15,3 Mrd. Euro Gesamtumsatz in 2004)	K.A.
Länder (2009)	162	90	170	147
Stationsnetz weltweit (2009)	> 5.300	1.879 (inkl. Franchisenehmer)	5.100	> 8.100
Stationsnetz Dt. (2009)	501	526	330	330
Stationen an europäischen Flughäfen (2006/07)	218	110	193	195
Flottengröße weltweit	226.000 (2008)	124.500 (inkl. Franchisenehmer, 2009)	350.000 (2009)	500.000 (2006/07)
Flottengröße Deutschland (2009)	45.000	ca. 48.600	23.000	K.A.
Umsätze 2008 weltweit	2,091 Mrd. Euro	1,53 Mrd. Euro	5,098 Mrd. Euro (2007)	6,337 Mrd. Euro (2007)
Umsätze Deutschland (2008)	564 Mio.	1,11 Mrd. Euro, reines Vermietgeschäft 788 Mio.	692 Mio. Euro (2004), reines Vermietgeschäft 274 Mio.	752 (Europa, 2006)
Mitarbeiterzahl weltweit	7.847 (2008)	2.776 (2008)	K.A.	K.A.
Mitarbeiterzahl in Dt.	1.618 (2008)	1.982 (2008)	1.380 (2007)	1.000 (2006, Europa)
Low Cost-Marke	interRent	Sixti	Budget	Simply Wheelz[50]

Quelle: eigene Darstellung nach Unternehmensangaben, DSGV 2008, S. 16; EUROPCAR Autovermietung GmbH 2008b; Focus 2008, S. 35; Küter 2009; Sixt AG 2009a.

---

[49] Enterprise stellt mit ca. 714.000 Fahrzeugen, ca. 7.000 Stationen, ca. 75.000 Mitarbeitern und einem Jahresumsatz von 10,1 Mrd. US-Dollar in fünf Ländern (USA, Kanada, England, Irland und Deutschland) weltweit gesehen den größten Anbieter dar (vgl. Enterprise Rent-A-Car Company 2008).

[50] In Spanien hat Hertz mit Simply Wheelz eine Low Cost-Tochter, die gegenwärtig über Vermietstationen an den Flughäfen Alicante und Málaga (Spanien) verfügt und sich mit einer deutschsprachigen Internetseite auch an deutsche Reisende richtet. Ab dem 29. Januar 2009 werden alle Simply Wheelz Buchungen direkt vom Hertz Schalter im Flughafen in beiden Städten bedient.

Bei der Größe des Stationsnetzes folgt Avis an zweiter (5.100 Stationen), Europcar mit mehr als 3.000 Stationen an dritter und Sixt mit 1.564 Stationen an vierter Stelle. Bei der weltweiten Flottengröße entspricht die Platzverteilung der der Stationsnetzdichte. Nach Hertz platzieren sich Avis mit einer Flottengröße von 350.000 Fahrzeugen, Europcar mit 200.000 und Sixt mit 54.600 (vgl. Tabelle 18).

5.1.4   Kooperationen im Mietwagenmarkt

Kooperationen sind „(…) die freiwillige, überbetriebliche und zwischenbetriebliche Zusammenarbeit rechtlich selbständiger Unternehmen." (Pompl 2007, S. 133) Sie sind eine Form der unternehmerischen Zusammenarbeit, bei der die beteiligten Partner ihre wirtschaftliche Handlungsfreiheit auf dem Gebiet der Zusammenarbeit einschränken, dabei jedoch ihre rechtliche Selbständigkeit und die wirtschaftliche Handlungsfreiheit auf Gebieten, die nicht der Zusammenarbeit unterliegen, bewahren. Ziel der Kooperationen ist es, die wirtschaftliche Leistungsfähigkeit und die Wettbewerbsfähigkeit der Unternehmen zu verbessern. Sie werden nach verschiedenen Richtungen in horizontale, vertikale und diagonale Kooperationen unterschieden (vgl. Nieschlag/Dichtl/Hörschgen 2002, S. 261; Pompl 2007, S. 134).

Im Folgenden sind die Kooperationsrichtungen kurz vorgestellt und die wichtigsten Ausprägungen erläutert. Weitere Beispiele fasst Tabelle 19 zusammen.

- **Horizontale Kooperationen:** Zusammenarbeit von Unternehmen der gleichen Handels- oder Wirtschaftsstufe. Hier handelt es sich um Mietwagenunternehmen die innerhalb der Branche zusammenarbeiten. Zum Beispiel kooperieren die Unternehmen Europcar und Enterprise, die jeweils Marktführer in Europa und Nordamerika sind. Ziel ist es, die Marktabdeckung und den Service insbesondere für Geschäftskunden (koordinierter Auftritt, einheitliches Kundenprogramm) zu verbessern (vgl. EUROPCAR Autovermietung GmbH 2008d). Ebenso kooperieren zumeist mittelständische Mietwagenunternehmen im Bundesverband der Autovermieter Deutschlands e.V. (BAV).

- **Vertikale Kooperationen:** Zusammenarbeit von Unternehmen einer vor- oder nachgelagerten Handels- oder Wirtschaftsstufe. Hierbei handelt es sich um Lieferanten und Vertriebskanäle von Mietwagenunternehmen sowie um Unternehmen, die ergänzende Leistungen für die Mietwagenunternehmen anbieten. Beispiele sind:

  a) *Fahrzeughersteller und Mietwagenunternehmen:* Beide arbeiten z.B. in Form von Marketingkooperationen bei der Markteinführung von Neufahrzeugen wie bei Hertz und Ford (vgl. Hertz Autovermietung GmbH 2009c, S. 31), Europcar und Mercedes Benz C-Klasse (vgl. EUROPCAR Autovermietung GmbH 2009g, S. 15), oder Porsche und Avis zur Einführung des Modells Panamera 2009 (vgl. o.V. 2009l) zusammen. Auch in der Fahrzeugentwicklung kooperieren Fahrzeughersteller und Mietwagenunternehmen. So z.B. kooperieren Nissan und Europcar, um ab 2010 emissionsfreie Elektrofahrzeuge in Europa anbieten zu können (vgl. EUROPCAR Autovermietung GmbH 2009d).

b) *Vertriebswege und Mietwagenunternehmen:* Zu den Vertriebswegen der Mietwagen- unternehmen gehören neben den unternehmenseigenen Stationen auch Mietwagen- broker. Mietwagenbroker kaufen oder reservieren große Kontingente bei den Miet- wagenunternehmen und vermarkten diese unter eigenem Namen auf eigenes Risiko oder auf Provisionsbasis (zu Mietwagenbrokern vgl. Kapitel 4.2.3).

c) *Hotels/Internet-Hotelreservierungsportale und Mietwagenunternehmen:*
Hotels und Hotelreservierungsportale kooperieren mit Mietwagenunternehmen in Form von gegenseitiger Werbung auf Buchungsbestätigungen, Newslettern und Webseiten, so z. B. hotel.de und Avis (vgl. o.V. 2008f). Weiterhin kooperieren sie im Bereich der Buchungsvereinfachung der angebotenen Leistungen. Avis hat das Onli- ne-Reisebüro Expedia in seine Webseite integriert und ermöglicht damit die Bu- chung von Hotels, ohne die Webseite wechseln zu müssen bei gleichzeitiger Über- nahme der Kunden- und Buchungsdaten (vgl. o.V. 2009a). Zudem kooperieren Ho- tels in den Reisezielen mit Mietwagenunternehmen, indem Reisende ein Mietfahr- zeug an der Rezeption anmieten. Das Fahrzeug wird für den Kunden dann ins Hotel gebracht oder steht bereits geparkt zur Verfügung.

d) *Airlines und Mietwagenunternehmen:* Hier kooperieren zwei Verkehrsträger, die sich an der Verkehrsstation Flughafen gut ergänzen. Es kooperieren sowohl klassische Airlines (Lufthansa und Sixt) als auch Low Cost-Airlines (easyJet und Europcar) mit Mietwagenunternehmen. Die Zusammenarbeit erstreckt sich dabei auf die Beteili- gung an den Bonussystemen der Airlines und auf die gegenseitige Einbindung als Partner auf den Webseiten und Kommunikationsmitteln der Partner.

- **Diagonale Kooperationen:** Zusammenarbeit von Unternehmen unterschiedlicher Bran- chen und Wertschöpfungsstufen, die in einem Teilbereich zusammenarbeiten. Hier kön- nen Werbemaßnahmen branchenfremder Unternehmen genannt werden, die in keiner wertschöpfenden Funktion zueinander stehen.

a) Baumarktkette Max Bahr kooperiert mit Europcar (vgl. EUROPCAR Autovermie- tung GmbH 2009e).

b) Der Hamburger SV kooperiert mit Europcar (vgl. EUROPCAR Autovermietung GmbH 2009f).

c) Der Lebensmitteleinzelhändler Aldi führte im Sommer 2009 eine befristete Vetriebskooperation mit Hertz durch.

d) Deutscher Sportausweis und Sixt.

e) Business Network: Communityplattform Xing und Sixt.

Viele Mietwagenunternehmen kooperieren zudem in Bonussystemen mit anderen Unterneh- men, vor allem mit anderen Leistungträgern oder mit branchenübergreifenden Bonussyste- men. Bei der Kooperation mit einzelnen Unternehmen bieten die Mietwagenunternehmen ihren Kunden meist einen Preisvorteil bei der Mietwagenbuchung in Form eines Rabattes oder auch kostenfreier Zusatzleistungen und Upgrades. Bei der Teilnahme am Bonussystem eines anderen Leistungsträgers oder in einem branchenübergreifenden Bonussystem sammeln die Kunden meist Punkte, Meilen o.ä., die sie später für Prämien oder z.B. Freiflüge einlösen können.

Tabelle 19: Beispiele für Kooperationen von Mietwagenunternehmen

Kooperationsrichtung	Partner	Beispiele
Horizontale Kooperation	Anderes Mietwagenunternehmen	Europcar und Enterprise BAV e.V.
Vertikale Kooperation	Fahrzeughersteller	Nissan - Europcar Porsche - Avis
	Vertriebskanal	Sunny Cars - Avis
	Hotels	ArabellaStarwood Hotels & Resorts - Sixt
	Internet-Hotelreservierungsportale	HRS.de - Avis, Sixt Hotel.de - Avis Expedia - Avis
	Airlines	Lufthansa - Avis, Europcar, Hertz, Sixt Air Berlin - Hertz, Sixt Germanwings - Avis, Sixt
	Bahn	Thalys - Europcar
	Automobilclubs	ADAC - Hertz, Sixt AVD - Avis
	Reiseveranstalter	Thomas Cook - Europcar
	Tankstelle	Shell - Sixt
	Deutsche Zentrale für Tourismus (DZT)	DZT - Sixt
	Reiseführer	Marco Polo - Holiday Autos
	Autohaus/Kfz-Werkstätten	Audi Autohaus am Harztor, Göttingen - Enterprise
	Kreditkartengesellschaften	American Express - Sixt
Diagonale Kooperation	Baumarktkette	Max Bahr - Europcar
	Fußballverein	HSV - Europcar
	Lebensmitteleinzelhandel	Aldi - Hertz
	Deutscher Sportausweis	Deutscher Sportausweis - Sixt
	Business Network: Community	Xing - Sixt

Quelle: eigene Zusammenstellung.

Zu den Bonussystemen anderer Leistungsträger zählen vor allem die Bonussysteme von Fluggesellschaften. Hier kooperieren weitestgehend alle Mietwagenunternehmen mit den großen Airlines. Nur wenige Airlines gehen hier selektiv vor und arbeiten nicht mit allen Mietwagenunternehmen zusammen. So können für Miles&More, dem Bonussystem der Deutschen Lufthansa, Meilen bei allen vier großen Autovermietern (Avis, Europcar, Hertz und Sixt) gesammelt werden. Für topbonus, das Bonusprogramm von Air Berlin, können jedoch nur Meilen bei Hertz und Sixt gesammelt werden. Branchenübergreifende Bonussysteme bieten die Möglichkeit Punkte zu sammeln und diese für Prämien einzulösen, z.B.: Deutschlandcard (Hertz), Payback (Europcar) und Happy Digits (Sixt).

5.2   Nachfrageseite des Mietwagenmarktes

Nach einer Untersuchung von Europcar haben bereits ca. zwei Drittel der Europäer (62%) und sogar noch mehr der Deutschen (66%) in der Vergangenheit schon einmal ein Auto gemietet.[51] Vor allem Frauen (41% im Vergleich zu 26% bei den Männern) und jüngere Personen (46% der 18-29-jährigen, 28% der 30-49-jährigen und 33% der über 50-jährigen) haben jedoch bisher seltener einen Wagen gemietet. Ein Vergleich der Wohnortgröße zeigt, dass eher in Städten mit mehr als 20.000 Einwohnern (68% zu 61%) ein Auto angemietet wird als in ländlichen Regionen. 23% der Europäer bzw. 36% der Deutschen nutzten bereits einen Miet-Lkw für ihren Umzug. Ähnlich sieht es beim Unfall- bzw. Reparaturersatz aus: 30% der Deutschen und 22% der Europäer griffen schon einmal auf einen Mietwagen zurück (vgl. Tabelle 20; EUROPCAR Autovermietung GmbH 2008a). Im Regelfall beträgt die Mietzeit bei der Anmietung in Deutschland nicht weniger als einen Tag und nicht mehr als 90 Tage. Der weitaus überwiegende Anteil der Einzelvermietungen findet regelmäßig innerhalb eines Zeitraumes von ein Tag bis zu 14 Tagen statt (vgl. BAV 2005, S. 1).

Laut der AllensbacherWerbeträgerAnalyse (AWA) betrug der Kundenkreis der Mietwagenunternehmen in Deutschland im Jahre 2008 knapp 5,1 Mio. Personen, wobei innerhalb der letzten 12 Monate fast 8% der deutschen Bundesbürger ein Pkw gemietet hat. Der Großteil der Kunden nutzt die Leistung eines Autovermieters nur einmal pro Jahr, während 2,3% mehrmals bei einer Autovermietung ein Fahrzeug mieten (vgl. ifD 2008, S. 100). Die AWA gibt darüber hinaus Auskunft über ausgewählte soziodemographische Merkmale von Autoverleihkunden, die im Folgenden dargestellt werden.[52]

---

[51]   Die Studie basiert auf Interviews mit über 18-jährigen Personen aus sieben europäischen Ländern (Belgien, Deutschland, Frankreich, Großbritannien, Italien, Portugal und Spanien). Von den insgesamt 5.342 befragten Personen waren 1.025 Deutsche. Im Zeitraum vom 16. bis zum 20. Juni 2008 wurden die sog. CAWI-Befragungen (Computer Assisted Web Interviewing) durchgeführt. Entsprechend der jeweiligen Bedeutung der einzelnen Länder an der Gesamtzahl der Personen über 18 Jahre wurde ein Gewichtungsfaktor für die Werte der einzelnen Länder am gesamteuropäischen Wert berücksichtigt.

[52]   Eine detaillierte Übersicht findet sich in Anlage 5, S. 235.

Tabelle 20: Zu welchen Anlässen haben Sie schon einmal einen Mietwagen gemietet?[53]

Anlass in %	Dt.	Europa	Geschlecht		Alter			Größe der Stadt	
			m	w	18-29	30-49	> 50	>20 Tsd. EW	Ländl. Region
Noch nie Wagen gemietet	34	38	26	41	46	28	33	32	39
für Umzug (Lkw)	36	23	39	34	32	43	33	38	31
Unfall-/Reparatur-ersatzwagen	30	22	37	23	18	32	33	29	34
Urlaub oder 'a long trip abroad'	14	17	14	13	13	15	13	14	12
Geschäftsreise	12	11	19	4	5	15	13	12	10
Wochenend-/Kurzreise im Ausland	11	14	13	9	10	10	12	13	5
Wochenend-/Kurzreise im eigenen Land	10	16	12	8	10	13	8	11	8
Urlaub oder 'long trip in your own country'	2	8	3	12	2	2	2	2	1
Sonstiges	2	2	2	2	1	2	3	2	3

Quelle: EUROPCAR Autovermietung GmbH 2008a, S. 35 ff.

5.2.1 Alter und Geschlecht

Männer leihen häufiger einen Mietwagen aus als Frauen: insgesamt betrachtet sind es 10,6 % zu 5,2 % und bei den Mehrfachkunden ist das Verhältnis noch eindeutiger (3,5 % zu 1,1 %). Bei Betrachtung des Alters wird deutlich, dass Privatkunden mit zunehmenden Alter seltener Kunde bei einer Autovermietung sind. Während sich in der Altersgruppe von 20 bis 29 Jahren noch ca. 10 % der Deutschen in den letzten zwölf Monaten ein Auto ausgeliehen haben, sind es in der Altersgruppe der über 70-jährigen nur noch 1,7 %. Die Bedeutung der Autovermietung für Geschäftskunden ist im Alter von 30-59 Jahre relativ gleich groß (vgl. Abbildung 14).

---

[53] In Anlage 4, S. 234 finden sich weitere Informationen dieser Studie zur Frage, zu welchen Anlässen die Befragten zukünftig einen Wagen anmieten würden.

Abbildung 14: Alter der Kunden

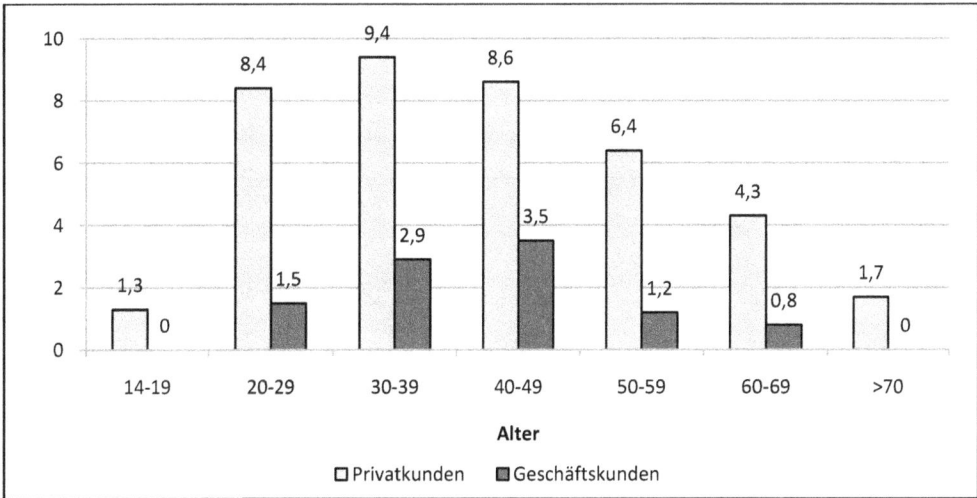

5.2.2 Stellung im Beruf und Haushaltsnettoeinkommen

Mit zunehmender Qualifikation und dadurch Stellung im Berufsleben erhöht sich der Anteil der Kunden. Insbesondere leitende Angestellte und Beamte sowie Geschäftsführer, Selbstständige mit großen Unternehmen und Freiberufler nutzen Mietwagen häufiger als (Fach-) Arbeiter und sonstige Angestellte und Beamte (vgl. Abbildung 15).

Abbildung 15: Berufsgruppe des Hauptverdieners der Kunden

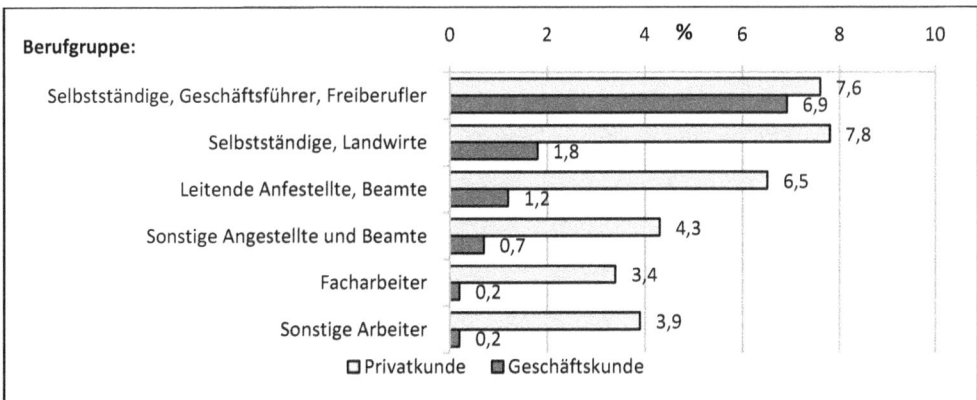

Quelle: AWA 2008, zitiert nach G&J 2009, S. 5.

Wie schon anhand der vorherigen Betrachtung der Berufsgruppen erwähnt, beeinflusst die Stellung im Berufsleben und damit das Einkommen die Nutzung von Mietwagen. Auch hier gilt: je höher das Einkommen, desto höher der Anteil derjenigen, die in den letzten zwölf Monaten ein Auto gemietet haben.

Abbildung 16: Haushaltsnettoeinkommen der Kunden

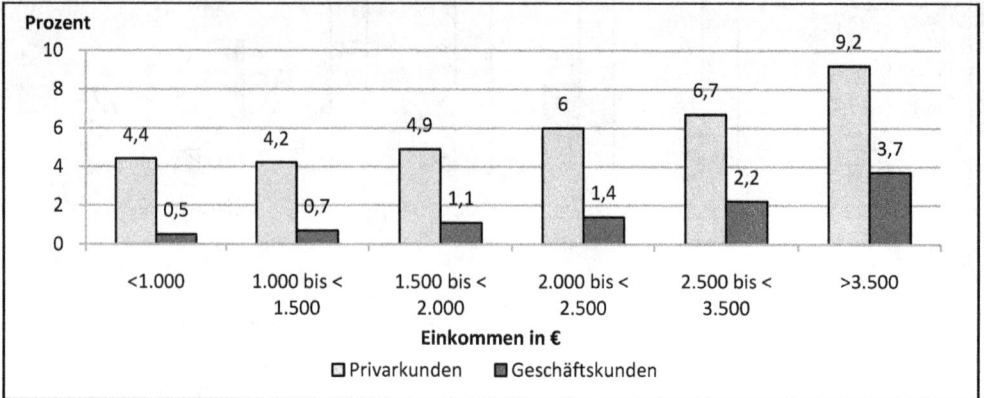

Quelle: AWA 2008, zitiert nach G&J 2009, S. 5.

5.2.3   Bedürfnisse verschiedener Zielgruppen

Es gibt nicht den einen Nachfrager für Autovermieter, sondern verschiedene Nachfragetypen mit unterschiedlichen Anforderungen und Bedürfnissen. Eine Auswahl an Zielgruppen und ihren Bedürfnissen findet sich in folgender Abbildung.

Abbildung 17: Zielgruppen, ihre Bedürfnisse und marktübliche Tarifbezeichnungen (Auswahl)

Zielgruppe	Bedürfnisse	Marktübliche Tarifbezeichnungen
Einzelkunde	Individuelle Bestimmung der Mietart, Kurz-/Langzeit, flexibel variabel	Lang-/Kurzzeittarif, alle Einzelleistungstarife
Freizeitanmieter	Mittelfristige Planung, freizeittaugliche Fahrzeuge (Kombi/Allrad/Fun)	Wochenend-, Ferien-, Feiertags-, Hochzeits-, Stationstarif
Urlauber	Mittelfristige Planung, reisetaugliche Fahrzeuge, saisonbedingte Buchung	Ferien-Freizeit-, Flughafen-, Bahnstations-, Langzeittarif
Fun-Autofahrer	Kurzfristige Buchungsmöglichkeit, spez. Fahrzeuge, flexibel, variabel	Wochenend-, Feiertags-, Einzel-, Schnäppchentarif
Internet-User	Konkrete Planung, verbindliche Reservierung, preisgünstige Fahrzeuge	Internet-/Frühbuchertarif
Reisender	Unbegrenzte Laufleistung, Navigation, gehobene Ausstattung	Flughafen-, Bahnstations-, Lang-, Kurzzeittarif
Unfallgeschädigter	Sofortige Verfügbarkeit, offene und unbegrenzte Laufleistung	Unfall-, Einzeltarif
Vertragshändler	Angepasster Fuhrpark, Rahmenabkommen, günstige Mietmöglichkeit	Werkstatten-, Flotten-, Volumentarif
Flottenabnehmer	Einheitlicher Fuhrpark, Rahmenabkommen, Fuhrparkmanagement	Volumen-, Flottentarif
Firmenkunde	Kontinuierliche Anmietung, konstante Planung, Fuhrparkmanagement	Firmen, Langzeit-, Volumen, Flottentarif

Quelle: BAV 2005, S. 19 f.

Generell ist nach einer Untersuchung von Europcar aus dem Jahre 2005 ein günstiger Preis (ca. 85%) über alle Zielgruppen die wichtigste Anforderung an einen Mietwagen bzw. der Verleiher. Es folgt eine hohe technische Ausstattung (ca. 18%) und der Wunsch nach einem bestimmten Modell (ca. 15%). Der Spaßfaktor ist nach dieser Untersuchung nur bei einem geringen Teil der Befragten von Wichtigkeit (vgl. Abbildung 18). Geschäftsreisende beurteilen nach einer Untersuchung aus dem Jahre 2008 den Zustand des Fahrzeugs (91%) sogar noch wichtiger als das Preis-Leistungsverhältnis (79%). Es folgen die Umweltfreundlichkeit des Fahrzeugs (71%), die Verfügbarkeit eines Navigationssystems (66%) und die Attraktivität der Fahrzeugflotte (51%) (vgl. Schneider 2008, S. 63).

Abbildung 18: Anforderungen an Mietwagen

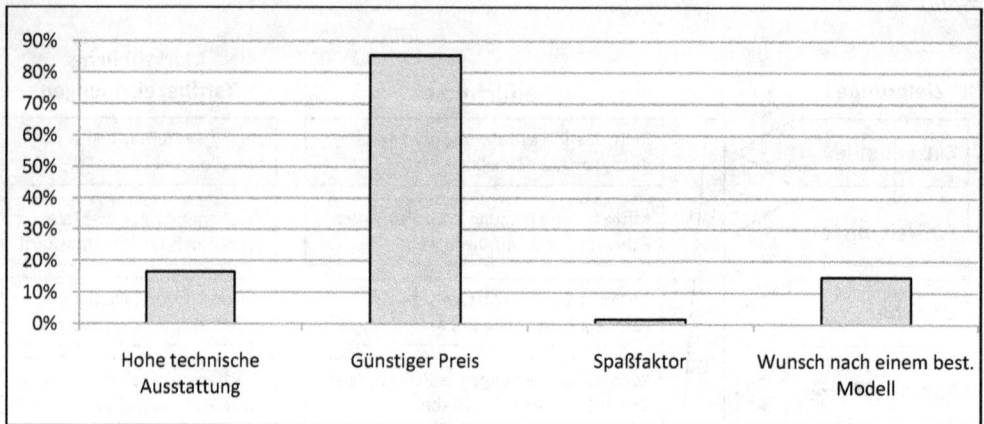

Quelle: EUROPCAR Autovermietung GmbH 2005.

5.2.4   Lieblingsziele der Deutschen für Mietwagenurlaub

Allgemeine gültige Aussagen über die Lieblingsziele der Deutschen für einen Mietwagenur-laub bzw. eine -ausleihe sind schwierig zu treffen, da es keine amtliche Statistik hierzu gibt. Tendenzen lassen sich jedoch aus unterschiedlichen Studien aufzeigen, die im Folgenden dargestellt werden.

Im Rahmen der jährlich wiederkehrenden Untersuchung ‚Reiseanalyse' von der Forschungs-gemeinschaft Urlaub und Reisen (F.U.R.) wurden die Befragten im Jahre 2004 nach der Nutzung eines Mietwagens gefragt.[54] Insgesamt 8% der Befragten haben angegeben, wäh-rend ihres Urlaubes einen Mietwagen genutzt zu haben. Besonders auffällig ist, dass vier von zehn Befragten angaben, dass sie während eines Nordamerika-Urlaubs einen Mietwagen genutzt haben (vgl. Tabelle 21).

---

[54] Diese Werte beziehen sich auf Urlaubsreisen der deutschsprachigen Bevölkerung ab 14 Jahre mit einer Dauer von fünf und mehr Tagen. Geschäftsreisen und Reisen unter fünf Tagen Dauer sind nicht enthalten.

Tabelle 21: Wo sind Mietwagen im Urlaub besonders gefragt?

Urlaubsreiseziel/-art	Anteil der Befragten, die Mietwagen im Urlaub (> 5 Tage) genutzt haben
Ausland	12%
Pauschalurlaub	14%
Mittelmeer	15%
Spanien	19%
Billigflug	21%
Fernreisen	29%
Nordamerika	39%

Quelle: F.U.R. 2004.

Eine detaillierte Untersuchung hat das Internetportal billiger-mietwagen.de im Jahre 2009 durchgeführt. Hier wurden alle Buchungen über billiger-mietwagen.de von Kunden mit Wohnort in Deutschland mit Anmietdatum zwischen 25.06. und 13.09.2009 (Sommerferienzeit in Deutschland) zum Stichtag 27. Juli untersucht. Der meistgebuchte Ort ist hiernach Palma de Mallorca, gefolgt von Olbia (Sardinien) und Berlin. Betrachtet man die Reiseländer, fahren Urlauber, die über billiger-mietwagen.de ihren Mietwagen buchen, am liebsten nach Italien, dicht gefolgt von Spanien. Mit etwas Abstand wählen Reisende auch Deutschland als Ziel. Am längsten mieten Kunden von billiger-mietwagen.de einen Mietwagen in Kanada (durchschnittlich 14,5 Tage), gefolgt von Portugal (durchschnittlich 12,3 Tage) und Spanien (durchschnittlich 10,9 Tage). Mit durchschnittlich 5,0 Tagen ist die Mietdauer in Deutschland deutlich kürzer (vgl. Tabelle 22).[55]

---

[55] Über die hier präsentierten Daten hinaus wurden auch die Lieblingsziele der Deutschen für Mietwagenurlaub aufgeschlüsselt nach Bewohnern der sechs größten deutsche Städte (Berlin, Frankfurt am Main, Hamburg, Köln, München und Stuttgart) ausgewiesen. Die komplette Liste mit den zehn Lieblingsstädten und -ländern der Mietwagenreisenden aus den genannten Städten kann unter http://www.billiger-mietwagen.de/files/lieblingsziele-nach-staedten-2009.pdf heruntergeladen werden.

Tabelle 22: Lieblingsorte und -länder von Mietwagenanmietungen über billiger-mietwagen.de

10 Lieblingsorte			10 Lieblingsländer		
Rang	Zielort	Reisedauer (Tage)	Rang	Zielland	Reisedauer (Tage)
1	Palma de Mallorca	10,9	1	Italien	11,0
2	Olbia	11,6	2	Spanien	10,9
3	Berlin	5,2	3	Deutschland	5,0
4	Dublin	9,5	4	USA	12,7
5	Lissabon	13,3	5	Portugal	12,3
6	Faro	12,9	6	Griechenland	11,4
7	München	5,0	7	Großbritannien	8,7
8	Cagliari	12,0	8	Frankreich	10,1
9	Pisa	8,9	9	Irland	9,6
10	Malaga	12,1	10	Kanada	14,5

Quelle: SilverTours GmbH 2009.

5.2.5   Vorteile von Mietwagen aus Sicht der Nachfrager

Zwei Drittel der Deutschen (67%) und nahezu drei Viertel der Europäer (71%) verbinden mit einem Mietwagen im Ausland **Flexibilität**, wohingegen dies mit der Nutzung eines Mietwagens im eigenen Land nur 45% der Deutschen und 56% der Europäer verbinden. Der Aussage ‚Ein Auto zu mieten ermöglicht **Freiheit**' stimmen 58% der Deutschen und 67% der Europäer bei einer Reise im Ausland zu. Für Reisen im eigenen Land verbinden nur knapp ein Drittel der Deutschen mit einem Mietwagen ‚Freiheit', wohingegen dies genau die Hälfte der Europäer tut. Insbesondere jüngere Personen (18-29-jährige) verbinden eher Flexibilität und Freiheit mit einem Mietwagen als ältere. Die Möglichkeit, bei einer Reise im Ausland durch einen Mietwagen **Verschleißkosten am eigenen Auto sparen** zu können, sehen Europäer mit 65% deutlich eher als Deutsche mit 41%. Bei Nutzung eines Mietwagens im eigenen Land ist der Abstand sogar noch größer: 61% der Europäer zu 32% Zustimmung durch die deutschen Befragten. Interessanterweise stimmen – trotz vielfältiger Preisaktionen der Vermieter und Preiskämpfe zwischen den Autovermietern – nur 1/3 der Deutschen und 38% der Europäer der Aussage zu, dass die Anmietung eines Mietwagens für Reisen im Ausland **Reisekosten sparen** helfen. Für Reisen im eigenen Land ist die Zustimmung noch geringer (27% der Deutschen und 36% der Europäer) (vgl. Tabelle 23).

Tabelle 23: Vorteile von Mietwagen aus Sicht der Nachfrager (Zustimmung in %)

Aussage	Dt.	Euro-pa	Geschlecht		Alter			Größe der Stadt	
			m	w	18-29	30-49	> 50	>20 Tsd. EW	Ländl. Region
On holiday abroad									
Renting a car enables you to be more flexible	67	71	60	73	73	70	61	67	65
Renting a car is essential for making the most out of your trip	59	57	52	66	65	63	54	59	60
Renting a car allows you free-dom	58	67	52	64	66	65	50	59	55
Renting a car allows you to save on wear and tear/maintenance costs on your own car	41	65	39	44	51	38	39	43	37
Renting a car allows you to save on travel costs	33	38	28	39	40	34	30	34	32
In your own country									
Renting a car enables you to be more flexible	45	56	42	48	50	46	42	47	39
Renting a car is essential for making the most out of your trip	38	44	33	42	43	40	34	39	33
Renting a car allows you free-dom	34	50	31	36	40	35	31	35	30
Renting a car allows you to save on wear and tear/maintenance costs on your own car	32	61	30	34	43	31	29	35	25
Renting a car allows you to save on travel costs	27	36	26	29	33	28	24	29	22

Quelle: EUROPCAR Autovermietung GmbH 2008a, S. 39 ff.

Eine tiefergehende Untersuchung der Verkehrsmittel im Vergleich zeigt deutlich, dass die Deutschen Freiheit und Flexibilität am ehesten mit dem eigenen Wagen verbinden. Eine Verknüpfung mehrerer Verkehrsmittel (Multimodalität) wird dagegen am wenigsten ermüdend und auch am wenigster teuer eingeschätzt. Am umweltfreundlichsten wird eine kombinierte Nutzung von Bahn (oder Flugzeug) und öffentlicher Verkehrsmittel/Taxen angesehen (vgl. Abbildung 19).[56]

---

[56] Leider wurde in der Untersuchung von Europcar eine Aussage abgefragt, die zwei unterschiedliche Aussagen (einmal Kombination Bahn und öffentliche Verkehrsmittel/Taxen vor Ort und einmal Flugzeug und öffentliche Verkehrsmittel/Taxen vor Ort) miteinander kombiniert.

Abbildung 19: Aussagen zu Vorteilen verschiedener Verkehrsmittel im Vergleich (Angaben in %)

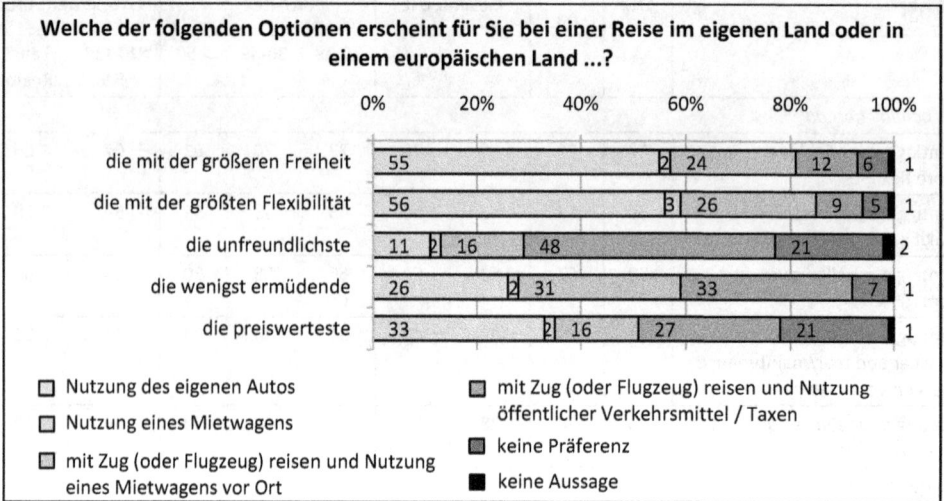

Welche der folgenden Optionen erscheint für Sie bei einer Reise im eigenen Land oder in einem europäischen Land ...?

	0%	20%	40%	60%	80%	100%
die mit der größeren Freiheit	55		2 24		12 6	1
die mit der größten Flexibilität	56		3 26		9 5	1
die unfreundlichste	11 2 16	48		21		2
die wenigst ermüdende	26	2 31	33		7	1
die preiswerteste	33	2 16	27	21		1

☐ Nutzung des eigenen Autos

☐ Nutzung eines Mietwagens

☐ mit Zug (oder Flugzeug) reisen und Nutzung eines Mietwagens vor Ort

☐ mit Zug (oder Flugzeug) reisen und Nutzung öffentlicher Verkehrsmittel / Taxen

☐ keine Präferenz

■ keine Aussage

Quelle: EUROPCAR Autovermietung GmbH 2008a, S. 47.

5.2.6   Vorausbuchungszeitraum

Im Rahmen einer Untersuchung von Geschäftsreisenden wurde auch nach der Vorausbuchungsfrist für Mietwagen gefragt. Hiernach bucht der größte Teil der Geschäftsreisenden länger als fünf Tage vor der tatsächlichen Anmietung (32 %) (vgl. Abbildung 20).

Abbildung 20: Vorausbuchungszeitraum von Geschäftsreisenden für Mietwagen

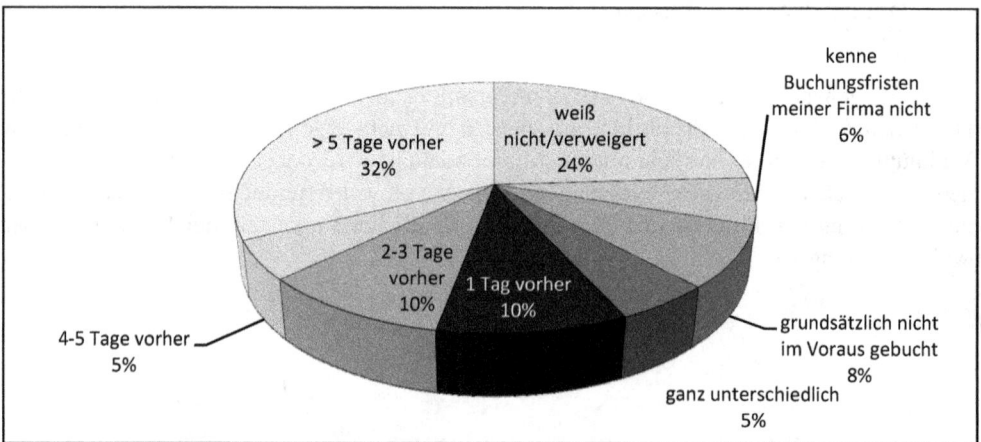

> 5 Tage vorher 32%

weiß nicht/verweigert 24%

kenne Buchungsfristen meiner Firma nicht 6%

2-3 Tage vorher 10%

1 Tag vorher 10%

4-5 Tage vorher 5%

grundsätzlich nicht im Voraus gebucht 8%

ganz unterschiedlich 5%

Quelle: Schneider 2008, S. 52.

5.3   Anmietbedingungen

In den sog. allgemeinen Vermietbedingungen oder Mietvertragsbedingungen werden seitens der Autovermieter Voraussetzungen für das Anmieten eines Fahrzeugs definiert, ohne die ein potentieller Kunde nicht als Fahrzeugführer zugelassen wird. Im Folgenden werden – ausgehend von den größten Autovermietern in Deutschland (Avis, Europcar, Hertz und Sixt) – ausgewählte Bedingungen erläutert.[57] Hierbei ist zu beachten, dass jeder Mietwagenanbieter seine eigenen Vorschriften für die Nutzung eines Fahrzeugs hat, so dass hier nur verallgemeinerbare Informationen für ausgewählte Aspekte präsentiert werden können.

5.3.1   Alter

Die Nachfrager müssen zumeist das 18. Lebensjahr vollendet haben und seit mindestens einem Jahr im Besitz eines Führerscheins sein. Die Altersbegrenzung ist jedoch je nach Land, Fahrzeugklasse und Autovermietfirma unterschiedlich. So wird von einigen Unternehmen teilweise auch erst dann ein Auto an den Kunden übergeben, wenn dieser 21 Jahre alt und zwei Jahre im Besitz eines Führerscheins oder 25 Jahre und drei Jahre im Besitz des Führerscheins ist. Bei Hertz beträgt das Mindestalter für Anmietungen in Deutschland bspw. 25 Jahre für alle Fahrzeuggruppen, wobei es eine Reihe von Ausnahmen gibt (vgl. Tabelle 24).

Tabelle 24: Mindestalter bei Hertz

Wagengruppe	Mindestanmietalter
Mini, Economy, Compact und Midsize Hertz Green Collection: • Green Collection – Ford Fiesta 1.4 • Green Collection – BMW 118D	Das Mindestalter ist **23 Jahre** mit Jungfahrerzuschlag in Höhe von EUR 19,63 (inkl. MwSt) pro Tag bei maximal EUR 196,35 (inkl. MwSt) pro Anmietung.
Special 4-türig Special Special Hertz Prestige Collection: • Special 2 bis 4-türig • Luxus Sport • Luxus Special	Das Mindestalter ist **27 Jahre.**
Hertz Prestige Collection: • Premium Special • Premium 4-5-türig • Luxus SUV	Das Mindestalter ist **30 Jahre.**

Quelle: Hertz Autovermietung GmbH 2005a.

---

[57]   Die verwendeten Informationen sind den Internetseiten der Anbieter entnommen und haben den Stand August 2009 (vgl. Avis Autovermietung GmbH & Co. KG 2009b; EUROPCAR Autovermietung GmbH 2009b; Hertz Autovermietung GmbH 2009b; Sixt GmbH & Co. Autovermietung KG 2009d).

Generell lässt sich sagen, dass je höher die Fahrzeugklasse und damit der Wert eines Fahrzeugs ist, desto strenger sind die Vorschriften. In anderen Fällen wiederum wird durch das erhöhte Risiko von Unfällen und Schäden am Mietwagen durch Fahranfänger ein Aufschlag für junge Fahrer erhoben und/oder der Abschluss einer Versicherung für die Reduzierung der Haftung ist obligatorisch.

5.3.2   Benötigte Dokumente zur Anmietung

Wenn die oben genannten Voraussetzungen erfüllt sind, gilt es, bestimmte Dokumente zur Anmietung mitzubringen. Zunächst wird ein Führerschein benötigt, der auch im Mietland Gültigkeit besitzt. Teilweise werden auch Führerscheine aus Nicht-EU-Staaten akzeptiert, sofern im Pass kein Visum eingetragen ist oder der Kunde ein Visum im Pass hat und zum Zeitpunkt der Anmietung noch nicht länger als sechs Monate in Europa ist. Ist er länger als sechs Monate in Europa, so muss ein Führerschein aus einem EU-Staat vorgelegt werden. Andere Vermieter fordern bei Mietern aus Nicht-EU Ländern zusätzlich zu dem gültigen nationalen Führerschein eine internationale Fahrerlaubnis (IDP) sowie teilweise anstelle der internationalen Fahrerlaubnis eine notariell beglaubigte Übersetzung (z. B. Hertz bei Mietern aus China für Anmietungen in Deutschland). Außerdem wird meist die Vorlage einer gültigen Kreditkarte verlangt, für Luxusfahrzeuge an bestimmten Stationen sogar eine zweite (vgl. Tabelle 25). Zusätzlich dazu sollte immer ein Ausweisdokument wie zum Beispiel ein Pass oder auch der Personalausweis mit sich geführt werden.

Barzahlung ist bei den meisten Anbietern möglich, bei Buchungen über das Internet ist Barzahlung jedoch oft eingeschränkt bzw. gar nicht möglich.[58] Daneben gibt es noch einige weitere Möglichkeiten der Zahlung. Charge-Karten erlauben z. B. die Anmietung der meisten Fahrzeugklassen. Dabei verfügt man über ein Guthabenkonto, das nach der getätigten Transaktion belastet wird. Monatlich wird dann eine Rechnung über den fälligen Betrag zugestellt, der in der vertraglich vereinbarten Frist beglichen werden sollte. Eine andere Möglichkeit der Zahlung ist ein Full-Credit-Voucher, der auch meist für den Großteil der Fahrzeugklassen als Zahlungsmittel erlaubt ist. Dieser ist ein Wertgutschein. Alle Kosten, die durch den Kunden verursacht werden, werden über diesen Voucher abgerechnet und dem Kunden in Rechnung gestellt. Der Gegenwert dafür beträgt jedoch meist eine maximale Höhe. Außerdem gibt es noch vorbezahlte Voucher. Dafür muss man bei der Anmietung die Kreditkarte als Kaution für die noch nicht im Voraus bezahlten Gebühren wie zum Beispiel Benzin, Eigenbeteiligung bei Schäden oder Verlust des Autos oder sonstige Extras hinterlegen.

---

[58] Ab Mitte des Jahres 2009 hat Avis eine No-Show-Gebühr in Höhe von 40 Euro eingeführt, die für Kunden gilt, die ihren Mietwagen erst bei der Abholung bezahlen. Diese Gebühr kann vermieden werden, sofern der Mietwagen vorab storniert oder innerhalb von 24 Stunden nach der vereinbarten Anmietzeit abgeholt wird. Als Begründung für diese Maßnahme wird angeführt, dass das Angebot an verfügbaren Fahrzeugen für die Kunden optimiert und die Flotte kosteneffektiver eingesetzt werden soll (vgl. EuBuCo Verlag GmbH 2009).

Tabelle 25: Akzeptierte Zahlungsarten bei Hertz

Allgemeine Regelungen
• Akzeptierte Zahlungsarten für Buchungen über das Internet sind auf gängige Kreditkarten, Hertz Charge Karten oder die im Hertz #1 Club Gold-Profil gespeicherten Zahlungsmittel beschränkt.
• Oftmals besteht nach Ablauf der Anmietung jedoch die Möglichkeit, eine andere Zahlungsart zu wählen, sofern bestimmte Bedingungen eingehalten werden. Bei Abholung des Fahrzeugs wird auf der Kreditkarte ein Betrag vorübergehend gesperrt, der sich an den voraussichtlichen Anmietkosten orientiert.
• Akzeptierte Kreditkarten sind: Air Travel Card, American Express/Optima, Diners Club, Hertz Credit Card, Japanese Credit Bureau, Mastercard/Eurocard/Vector, Visa/Mileage Plus First Card. Die Airpluskarte wird nur an hertzeigenen Stationen für alle Fahrzeuggruppen für Geschäftskunden und/oder Kunden mit Hertz#1 Profil akzeptiert.
• Ausreichend gedeckte, gültige American Express Centurion- und American Express Platinum- sowie Hertz Platinum- und Hertz #1 Club Gold President's Circle-Karten können bei allen Anmietungen inkl. derer der Hertz Prestige Collection und des Hertz Prestige Service ohne zusätzliche Karte verwendet werden.

Fahrzeuggruppe	Akzeptierte Kreditkarten
Premium 4 Wheel Drive Automatic, Premium 4 Wheel Drive Manual	• 1 Kreditkarte (American Express/Optima, Diners Club/Japanese Credit Bureau) oder • 2 Kreditkarten (Visa/Mastercard/Eurocard) • Ausnahmen siehe bei allgemeine Regelung
Special Special	• 2 Kreditkarten • eine: American Express/Optima, Diners Club/Japanese Credit Bureau • und eine: Visa/Mileage Plus First Card, Mastercard/Eurocard/Vector/Air Travel Card • Ausnahmen siehe bei allgemeine Regelungen • plus lokale Adresse
Special 4-Door	• 2 Kreditkarten • eine: American Express/Optima, Diners Club/Japanese Credit Bureau • und eine: Visa/Mileage Plus First Card, Mastercard/Eurocard/Vector/Air Travel Card • Ausnahmen siehe bei allgemeine Regelung • plus lokale Adresse
Hertz Prestige Collection: Premium Special, Premium 4-5 Door, Special 2-4 Door, Luxury Sports/Special/SUV	• 2 Kreditkarten • Ausnahmen siehe bei allgemeine Regelung
Barzahlung	Barzahlung wird nur von Einwohnern Deutschlands, an ausgesuchten Stationen, von Mietern mit einem Mindestalter von 23 Jahren, bei gleichzeitiger Vorlage einer deutschen Euroscheck-Karte sowie für die folgenden Fahrzeuggruppen akzeptiert: • Economy 2-türig, Economy 2 bis 4-türig, Compact 2 bis 4-türig Manual und Automatik, Compact 4-türig Manual, Intermediate 4-türig Manual und Automatik, Intermediate Kombi, Standard Van, Mini, Compact, Compact Special, Compact Kombi, Intermediate Special, Fullsize Van, Economy Cabriolet, Green Collection - Ford Fiesta 1.4 und Green Collection - BMW 118D. • Es wird eine Kaution erhoben, deren Höhe sich aus dem voraussichtlichen Mietpreis inkl. zusätzlicher Gebühren und einer Tankfüllung ergibt. Sie liegt jedoch bei mindestens EUR 150,00 und wird auf die nächsten hundert Euro aufgerundet. • Es muss mindestens eine deutsche EC-Cash Karte vorgelegt werden. An Stationen, die mit einem EC-Cash Terminal ausgerüstet sind, wird keine Barkaution verlangt, die Euroscheck-Karte ist ausreichend.

Quelle: Hertz Autovermietung GmbH 2005b.

5.3.3   Zusatzfahrer

Häufig kommt es, besonders bei langen Strecken, dazu, dass ein zusätzlicher Fahrer den Mietwagen fahren soll. Dies ist nur dann zulässig, wenn dies mit dem Mietwagenunternehmen im Voraus schriftlich fixiert wird und auch an dieser Stelle bestimmte Voraussetzungen erfüllt werden. Wird bspw. der zusätzliche Fahrer nicht im Mietvertrag eingetragen, so erlischt die Versicherung für den Zusatzfahrer. Denn nur Fahrer, die auch im Mietvertrag stehen, werden von der Versicherung abgedeckt. Des Weiteren muss der Fahrer die Voraussetzungen erfüllen, die bereits für den Hauptfahrer gelten (z. B. minimales/maximales Alter, benötigte Dokumente). Für zusätzliche Fahrer wird zumeist auch eine zusätzliche Gebühr verlangt:

- Bei Hertz ist z. B. die Eintragung von Zusatzfahrern, ungeachtet der Anzahl, gegen eine einmalige Gebühr von EUR 43,44 (inkl. MwSt.) pro Anmietung möglich,
- Bei Avis wird pro Miettag und Mietvertrag eine Verwaltungsgebühr ‚Zusatzfahrer‘ in Höhe von mind. 17,00 Euro, maximal 119,00 Euro (jeweils inkl. MwSt.) erhoben,
- Sixt erhebt keine Gebühr für Zusatzfahrer.

5.3.4   Fahrten von Deutschland ins Ausland

Die meisten Autovermieter haben Tabuzonen definiert, in denen die Einreise nicht oder nur eingeschränkt – d. h. nur mit bestimmten Fahrzeugtypen oder gegen Bezahlung einer zusätzlichen Gebühr[59] – erlaubt ist. Sofern ein Kunde unerlaubterweise ins Ausland fährt und dort z. B. einen Unfall verursacht, haftet der Kunde für alle anfallenden Kosten. Nachzulesen sind die jeweiligen ausgeschlossenen Länder in den Allgemeinen Vermietbedingungen bzw. im Mietvertrag der einzelnen Unternehmen. Die Begründung für die sog. ‚Schwarzen Listen‘ wird von den Autovermietern mit dem erhöhten Diebstahlrisiko geliefert. Grenzübertritte in Richtung Osteuropa unterliegen häufig Beschränkungen, aber auch für Italien gibt es beispielsweise Einschränkungen. Hertz verbietet es seinen Kunden z. B. mit Autos der Marken Mercedes und BMW sowie mit Cabriolets einzureisen und/oder dort abzugeben (vgl. Münck 2009a, S. 50, Schwamberger 2004a, S. 98). Für Fahrten in Richtung Osteuropa (z. B. nach Kroatien, in die Tschechische Republik, nach Ungarn und Polen, in die Slowakei und nach Slowenien) wird darüber hinaus seitens Hertz eine beglaubigte Genehmigung der Kfz-Zulassungsstelle gefordert, wobei diese Genehmigung kostenlos sein soll. Sollte eine Ozeanüberquerung geplant sein, kann eine schriftliche Genehmigung des Einreiselandes verlangt werden (z. B. bei Europcar). Eine Übersicht der Tabuzonen der Vermieter findet sich in folgender Tabelle:

---

[59] Avis erlaubt ‚auf Anfrage‘ die Einreise z. B. nach Bulgarien, Kroatien, Estland, Litauen und Estland. Kunden müssen ihre Reisepläne beim Unternehmen angeben und erhalten gegen die Entrichtung einer Gebühr von 8 Euro pro Tag das ‚Travel East-Zertifikat‘. Hiermit können sie in die genannten Länder fahren.

Tabelle 26: Tabuzonen der Autovermieter (Auswahl)

Anbieter	Tabuzonen
Avis	Albanien, Bosnien, Griechenland, Mazedonien, Moldawien, Serbien, Russland
Hertz	Albanien, Bosnien, Bulgarien, Estland, Georgien, Griechenland, Mazedonien, Litauen, Moldawien, Rumänien, Serbien, Montenegro, Türkei u. a.
Europcar	Albanien, Balearen, Baltikum, Bulgarien, Griechenland, Island, Kanaren, Malta, Rumänien, Serbien, Türkei, Kroatien, Nachfolgestaaten der UdSSR
Sixt	Estland, Kroatien, Lettland, Litauen, Polen, Slowakei, Slowenien, Tschechien, Ungarn (Einreise verboten mit Audi, BMW, Mercedes)

Quelle: Münck 2009a, S. 51.

Für die Zukunft wird vorausgesagt, dass nicht mehr lange an den Tabuzonen festgehalten wird. Sixt hat z. B. festgestellt, dass die Mehrheit der Autodiebstähle in Osteuropa aufgeklärt würde und die Zahl insgesamt rückläufig sei. Da sich auch die Zusammenarbeit mit den Behörden der betreffenden Länder zum Teil erheblich verbessert habe, könnte es mittelfristig zu einer Lockerung der Restriktionen in einigen Ländern kommen (vgl. BAV 2008, S. 16, Münck 2009a, S. 51).

5.3.5   Versicherungen

Ein Mieter haftet für während der Dauer des Mietvertrags an dem gemieteten Fahrzeug entstehende oder durch seinen Betrieb verursachte Schäden oder den Verlust des Fahrzeugs (einschließlich Fahrzeugteilen und -zubehör). Er kann seine Haftung für Fahrzeugschäden oder Fahrzeugverlust gegen Zahlung einer Zusatzgebühr auf eine bestimmte Selbstbeteiligung pro Schadensfall reduzieren, die von der jeweiligen Fahrzeugkategorie abhängig ist (vgl. Tabelle 27):

- Avis: 800 Euro, 1.000 Euro oder 1.500 Euro,
- Europcar: 750 Euro bei Pkw bis zur oberen Mittelklasse und 950 Euro für besonders wertvolle Fahrzeuge,
- Hertz: je nach gewählter Wagengruppe zwischen 750 Euro und 1.800 Euro,
- Sixt: 750 Euro, 950 Euro oder 1.500 Euro.

Darüber hinaus bieten viele Vermieter eine weitere Haftungsreduzierung für bestimmte Tarife und Fahrzeuggruppen an. Bei Avis kann z. B. unter der Bezeichnung Super CDW/TP die Selbstbeteiligung bis auf einen von Restbetrag von 100 Euro für Pkw bei einer zusätzlichen täglichen Gebühr von 15,99 Euro (inkl. MwSt.) reduziert werden. Bei Buchung des ‚Sicher-Plus-Pakets' kommen täglich 23,99 Euro zur CDW-Basisgebühr hinzu, hierdurch würde im Schadensfall jedoch keine Selbstbeteiligung mehr anfallen. Europcar bietet unter der Bezeichnung ‚Erweitertem Vollkaskoschutz (Super-LDW)' eine Reduzierung bis auf 350 Euro bzw. 550 Euro. Hertz bietet dagegen eine Option ‚Super Cover' an, sofern Collision Damage Waiver (CDW) und Diebstahlschutz (TP) gewählt. Hiermit kann eine Selbstbeteiligung bei Beschädigung oder Verlust des Hertz-Fahrzeugs, dessen Teilen und Zubehörs auch bei Zusammenstoß, Diebstahl, versuchtem Diebstahl und Vandalismus ganz ausgeschlossen werden, sofern der Wagen gemäß den Bedingungen des Mietvertrags genutzt wird. Eine weitere Reduzierung der Selbstbeteiligung konnte bei Sixt nicht gefunden werden.

Tabelle 27: Haftungsreduzierung am Beispiel von Avis

Kategorie		Fahrzeug-gruppe Pkw	Maximales Schadensrisiko (in Euro)	Gebühr pro Tag für die Reduzierung der Haftung[60]	
				CDW	TP
Kleinwagen	Manuell	A	18.000,-	27,-	9,-
Kompaktklasse	Manuell	B	26.000,-	27,-	9,-
Kombis	Manuell/Navigation Manuell	C	26.000,-	29,-	9,-
	Automatik	H	26.000,-	29,-	9,-
		K	28.000,-	32,-	9,-
Mittelklasse	Manuell	D	30.000,-	29,-	10,-
Kombis/Groß-raumlimousine	Manuell	I	32.000,-	32,-	10,-
Obere Mittel-klasse	Manuell/Navigation Automatik/Navigation	E	50.000,-	34,-	10,-
		G	50.000,-	35,-	11,-
Oberklasse	Automatik/Navigation	F	60.000,-	37,-	11,-
Luxusklasse	Automatik/Navigation	J	102.000,-	37,-	12,-
Minibus/7 Sitze	Manuell	O	45.000,-	35,-	12,-
Bus 9 Sitze	Manuell	L	40.000,-	37,-	12,-

Quelle: Avis Autovermietung GmbH & Co. KG 2009b.

5.3.6   Einwegmieten

Unter Einwegmieten versteht man Anmietungen, bei denen sich der Rückgabeort vom Anmietort unterscheidet. Ob eine Einwegmiete möglich ist, hängt von den Bestimmungen des jeweiligen Vermieters und dem Fahrzeugtyp bzw. der Tarifart ab. Je nach Anbieter gibt es verschiedene Konditionen für diesen Service:

- Bei Sixt wird für Einwegmieten innerhalb von Deutschland eine Gebühr von 15 Euro erhoben (ausgenommen Mieten innerhalb einer Stadt: 9 Euro und von/nach Sylt: 135 Euro),
- Bei Europcar kann das Fahrzeug an jeder Station innerhalb Deutschlands ohne zusätzliche Kosten abgeben werden,
- Bei Avis und Hertz sind die jeweiligen Konditionen zu erfragen; bei Hertz sind Einwegmieten nach Ljubljana (Slowenien), Warschau, Szczecin und Poznan (Polen), Prag (Tschechische Republik), Budapest (Ungarn) und Bratislawa (Slowakei) jedoch nur mit bestimmten Fahrzeuggruppen/-typen möglich

---

[60] CDW (Collision Damage Waiver): Haftungsreduzierung I für alle Schäden inkl. Fahrzeugdiebstahl TP: Haftungsreduzierung I nur für Fahrzeugdiebstahl.

Wiederholungsfragen

1. Welcher geographische Markt ist der wichtigste Markt für international agierende Autoverleiher?

2. Welche drei Länder sind in Europa die wichtigsten Teilmärkte für Autovermieter?

3. Gehen Sie anhand von fünf charakteristischen Merkmalen auf die Angebotsstruktur des deutschen und/oder europäischen Mietwagenmarktes ein!

4. Gehen Sie anhand von charakteristischen Merkmalen auf die Nachfragestruktur des deutschen und/oder europäischen Mietwagenmarktes ein!

5. Charakterisieren Sie anhand von Alter, Geschlecht, Stellung im Beruf und Haushaltsnettoeinkommen den ‚typischen' deutschen Kunden von Autovermietern!

6. Nennen Sie drei typische Zielgruppen von Autovermietern und gehen Sie kurz auf ihre jeweiligen Bedürfnisse ein!

7. Welche Vorteile verbinden deutsche/europäische Nachfrager mit einem Mietwagen?

8. Gibt es einen typischen Vorausbuchungszeitraum von Mietwagen bei Geschäftsreisenden?

9. Nennen und erläutern Sie kurz drei ausgewählte Anmietbedingungen, die Autovermieter definiert haben!

10. Was wird unter sog. Einwegmieten verstanden?

11. Warum haben die meisten Autovermieter sog. Tabuzonen definiert?

6   Branchenstrukturanalyse

Eine Branchenstrukturanalyse soll ein Unternehmen und seine Verbindungen zur Umwelt verdeutlichen. Sie dient zur Untersuchung der Konkurrenz- und Marktsituation eines Unternehmens und der Branche, seiner unternehmerischen Aktivitäten und ist ein Instrument des strategischen Marketings. Mit Hilfe der Branchenstrukturanalyse können die aus dem Umfeld des Unternehmens wirkenden Wettbewerbskräfte strukturiert und analysiert werden.[61] Das dabei angewendete Modell ist in der folgenden Abbildung 21 dargestellt und basiert auf fünf für eine Branche relevanten Wettbewerbskräften, die diese Branche formen, das Verhalten der Branchenteilnehmer bestimmen und letztlich auch für die Beurteilung der Attraktivität einer Branche ausschlaggebend sind. Die Wettbewerbskräfte bestimmen zudem die Wettbewerbsintensität und die Rentabilität der Branche (vgl. Porter 1999, S. 33 ff.).

Die fünf Triebkräfte des Wettbewerbs sind:

1. Wettbewerber in der Branche: Rivalität unter bestehenden Unternehmen
2. Potentielle neue Konkurrenten: Bedrohung durch neue Unternehmen
3. Ersatzprodukte: Bedrohung durch Ersatzprodukte
4. Lieferanten: Verhandlungsstärke der Lieferanten
5. Abnehmer: Verhandlungsmacht der Abnehmer

Abbildung 21: Branchenstruktur der Mietwagenbranche

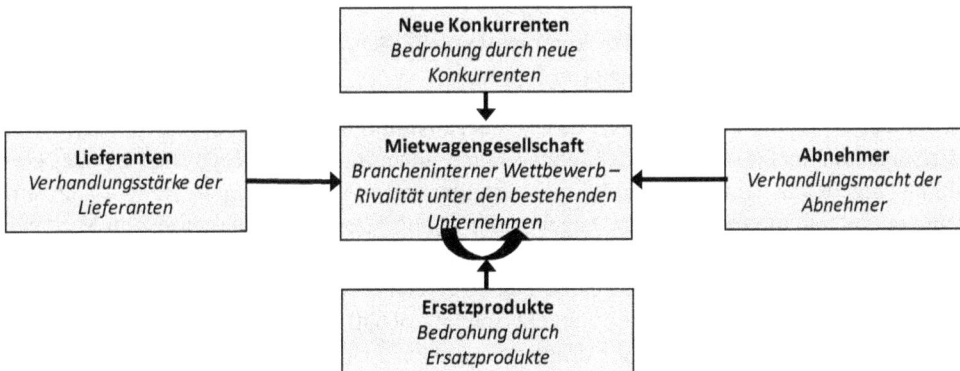

Quelle: Porter 1999, S. 34.

---

[61] Als Branche bezeichnet Porter eine „(...) Gruppe von Unternehmen (...), die Produkte herstellen, die sich gegenseitig nahezu ersetzen können." (Porter 1999, S. 35)

6.1   Wettbewerber in der Branche

Als Wettbewerber in der Mietwagenbranche sind die klassischen Mietwagenunternehmen (Generalisten) anzusehen. Hier gibt es wenige große, international agierende Unternehmen und sehr viele kleine, lokal und regional aktive Unternehmen. Sie alle bieten im Kern das gleiche Produkt an: Den Mietwagen für Selbstfahrer. Sie konkurrieren in denselben Geschäftsfeldern um Firmen-, Touristik- und Privatkunden sowie im Bereich Unfallersatzwagen. Um Kunden zu gewinnen, entwickeln diese immer neue Leistungsangebote und Preisaktionen, bieten zusätzliche Serviceleistungen und Kundenkarten an.

Der Markt für Mietwagen wird bspw. in Deutschland und Europa von den vier großen Mietwagenunternehmen Avis, Europcar, Hertz und Sixt dominiert (vgl. Kapitel 5.1.1, S. 62 f). Zudem wächst der Umsatz der Mietwagenbranche in Deutschland seit Jahren nur im unteren einstelligen Prozentbereich (vgl. G+J 2009). Aufgrund der hohen Marktkonzentration und des nur geringen Umsatzwachstums ist von einem sehr hohen brancheninternen Wettbewerb auszugehen.

Ein weiteres Indiz für eine hohe brancheninterne Wettbewerbsintensität ist die Art der räumlichen Konkurrenz der Mietwagenunternehmen. So sind häufig alle großen Anbieter an Flughäfen und in großen Städten präsent. Diese Märkte sind u. a. von einem sehr hohen Aufkommen von Geschäftsreisenden gekennzeichnet und damit für die Anbieter sehr attraktiv. Hier engagieren sich die Anbieter, auch wenn an einer Verkehrsstation oder einer Stadt bereits ein oder mehrere andere Unternehmen präsent sind, eben weil sie diese lukrativen Märkte aus Gründen des Unternehmenserfolges bedienen müssen und weil die Nachfrager eine breite Verfügbarkeit der Mietwagen eines Unternehmens erwarten.

6.2   Potentielle neue Konkurrenten

Als potentielle neue Konkurrenten kommen Generalisten, Mietwagenkooperationen, Mietwagenbroker und Low Cost-Anbieter in Betracht.

Allgemein ist die Bedrohung durch neue **Generalisten** relativ gering einzuschätzen. Große Mietwagenunternehmen sind in den letzten Jahren nicht in den deutschen oder europäischen Markt eingetreten. Der letzte große neue Wettbewerber war Enterprise Rent-A-Car, eine Autovermietung, die nach eigenen Angaben das größte Mietwagenunternehmen in Nordamerika ist und ab 1997 in den europäischen und deutschen Markt eingestiegen ist. Die relativ geringe Bedrohung durch neue Konkurrenten zeigt sich auch daran, dass es auch dem großen Fahrzeugvermieter Enterprise trotz starkem Stammgeschäft in den USA noch nicht gelungen ist, einen größeren Marktanteil in Europa aufzubauen.[62] Um jedoch auch in diesen Märkten

---

[62]   Der Marktanteil von Enterprise Rent-A-Car in Europa lag im Jahr 2007 nach eigenen Angaben bei 4,1 % (vgl. EUROPCAR Autovermietung GmbH 2008h).

weiter aktiv sein zu können, haben Enterprise und Europcar im Jahr 2008 eine Kooperation geschlossen und treten in den Märkten als Allianz auf.

Daneben gibt es aber immer wieder Neugründungen von klein- und mittelständischen Mietwagenunternehmen, die lediglich auf regionalen Märkten und mit kleinen Flotten operieren.

Durch **Mietwagenbroker** und **Low Cost-Anbieter** sind neue Konkurrenten erwachsen. Diese Low Cost-Anbieter sind dabei tatsächlich neue Konkurrenten, wenn sie in den Geschäftsfeldern der klassischen Vermieter agieren. Häufig sind sie jedoch Tochterunternehmen der klassischen Vermieter und somit nicht als tatsächliche Konkurrenten, sondern als Erweiterung der Geschäftsaktivitäten und als Gegenreaktion auf den Einstieg neuer Mietwagenunternehmen anzusehen. Aufgabe von Sixti, Low Cost-Marke der Sixt AG, ist es laut Erich Sixt, neue Wettbewerber im Segment der Low Cost-Vermieter aus dem Markt zu drängen und Marktanteile zu erhalten (vgl. Münck/Stirm 2006a, S. 82). (Vertiefend zu den Low Cost-Anbietern Kapitel 4.2.4)

Mietwagenbroker hingegen sind einerseits Abnehmer der Mietwagenunternehmen, wenn sie deren Fahrzeuge einkaufen, und andererseits auch neue Konkurrenten. Konkurrenten sind sie dann, wenn sie in einem Markt des klassischen Mietwagenunternehmens aktiv werden und bspw. im Ferienmietwagen- oder Firmengeschäft in lukrativen Märkten vor allem preisaggressiv agieren und Kunden und Marktanteile gewinnen. Sie sind gleichzeitig aber auch eine steuerbare Konkurrenz für die klassischen Vermieter, weil die Broker immer von deren Preiszugeständnissen und den verfügbaren Fahrzeugflotten abhängen.

6.3   Ersatzprodukte

Ersatzprodukte für Mietwagen sind Mobilitätsangebote, die die gleiche Funktion ausüben können. Dabei stehen Mietwagen in Konkurrenz zu anderen Verkehrsträgern und anderen Angeboten des individualisierten Straßenverkehrs, durch die sie substituiert werden können. Andere Verkehrsträger sind Massenbeförderungsmittel wie Flugzeuge, Busse, Bahnen und Schiffe. Diese sind aber aufgrund ihrer Massenbeförderung nicht als direkte Ersatzprodukte zu sehen. Zudem sind diese Verkehrsträger nur sinnvoll einzusetzen, wenn sich die Zielorte der Reisenden an den Verkehrsstationen dieser Verkehrsträger (z. B. Bahnhöfe, Flughäfen, Seehäfen) befinden.

Eine konkrete Bedrohung durch Substitution besteht u. a. mit den Angeboten des individualisierten Straßenverkehrs. Hier sind die Angebote des Car-Sharing, Mitfahrzentralen, Fahrzeug-Leasing, der Taxiverkehr und Chauffeur-Services zu nennen, die im Kapitel 2.3, S. 21 ff. bereits charakterisiert wurden. Ein Beispiel für eine starke Konkurrenzsituation durch ein Ersatzprodukt besteht mit dem Angebot Flinkster der Deutschen Bahn. Diese setzt mit dem Angebot auf das Car-Sharing und bietet dies vorerst in ausgewählten Städten an. Dabei konkurrieren Mietwagenunternehmen an der Verkehrsstation Bahnhof jetzt direkt mit dem Ersatzprodukt Car-Sharing. Ein weiteres Beispiel für ein potentielles Ersatzprodukt ist car2go, ein Forschungsprojekt der Daimler AG. Bei diesem Car-Sharing kann das Fahrzeug an jedem beliebigen Platz im Einsatzgebiet in Besitz genommen und geparkt werden.

Kurzzeitmieten sind wie beim normalen Car-Sharing möglich, werden jedoch minutengenau abgerechnet. Besonders die großen Mietwagenunternehmen haben auf diese Ersatzprodukte reagiert, indem sie diese auch selbst anbieten. So bietet z. B. Sixt den Sixti Car Club, Avis den Avis Club und Hertz seine 3-6-9-Tarife an.

Ein weiteres Ersatzprodukt für Mobilitätsangebote sind Informations- und Kommunikationstechnologien (IKT), die Videokonferenzen ermöglichen und damit die Notwendigkeit zu Reisen und die Nachfrage nach Mobilitätsdienstleistungen reduzieren. Der Einfluss einer immer mehr verbesserten IKT scheint jedoch nicht gravierend zu sein, schließlich wachsen seit Jahren, wenn auch mit bescheidenen Zuwachsraten, die Umsätze und Flottengrößen der Fahrzeugvermieter (vgl. BAV 2009).

6.4   Lieferanten

Die Lieferanten der Mietwagenbranche sind in die drei Bereiche der Lieferanten für vorgelagerte Leistungen, Nebenleistungen und unterstützende Einrichtungen einzuteilen. Ergänzend muss an dieser Stelle auch auf das Umfeld der Mietwagenunternehmen hingewiesen werden, welches die Mietwagenunternehmen beeinflusst. Die folgende Abbildung 22 gibt dazu einen Überblick.

Abbildung 22: Lieferantensystem von Mietwagengesellschaften

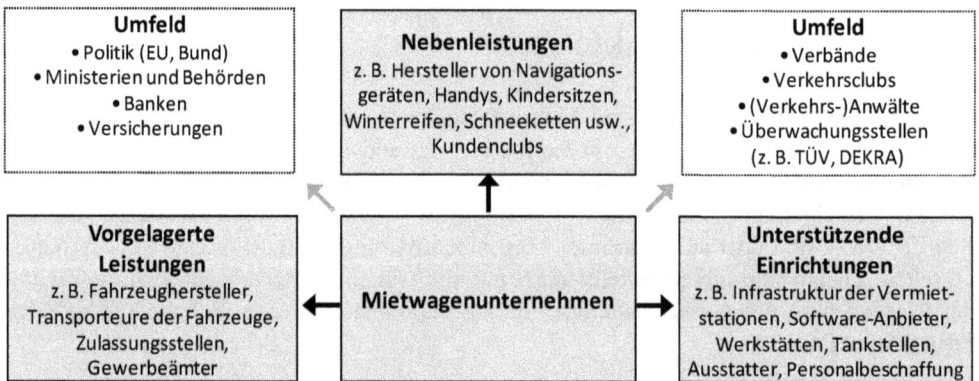

Quelle: eigene Darstellung.

I. Lieferanten vorgelagerter Leistungen
Gegenüber den **Fahrzeugherstellern** befinden sich die Mietwagenunternehmen in einer guten Verhandlungsposition, sind sie doch Großabnehmer der Autohersteller. Der Flottenbestand der Autovermieter in Deutschland im Jahr 2008 lag nach den Daten des BAV bei 195.000 Pkw und 55.000 Lkw (vgl. BAV 2009). Bei einer durchschnittlichen Verweildauer eines Pkw von sechs Monaten im Unternehmen, wie dies bei Sixt üblich ist, ergeben sich so rein rechnerisch ca. 350.000-400.000 Pkw, die die Autovermieter den Herstellern pro Jahr

abnehmen. Die Konzentration der Pkw-Flotte auf wenige Hersteller ermöglicht dabei erhebliche Preisabschläge auf den Neuwagenlistenpreis im Einkauf. Auch im Verkauf der Fahrzeuge zurück an die Hersteller drückt sich durch vorab fest vereinbarte Rückgabepreise diese Verhandlungsmacht aus. Problematisch bleibt für die Autovermieter, dass die durchschnittlichen Neuwagenpreise in den letzten Jahren jährlich um 5 bis 8 % gestiegen sind, und damit trotz Einkaufsrabatten auch die Beschaffungskosten der Autovermieter (vgl. Stirm/Münck 2008, S. 85).

Eine weitere gegenwärtige Herausforderung ist die Reduzierung der Fahrzeugflotten der Mietwagenunternehmen, um Nachfragerückgänge, hervorgerufen durch die Wirtschaftskrise, abzufangen. So verlieren die Unternehmen Einkaufsrabatte, weil sie weniger Fahrzeuge abnehmen oder Bestellungen verschieben. Dies verteuert den Einkauf der Fahrzeuge und lässt die Vermietkosten steigen. Gleichzeitig erhalten die Autovermieter in der aktuellen wirtschaftlichen Situation schlechtere Rückkaufwerte für ihre Fahrzeuge oder können diese teilweise nicht mehr an Hersteller zurückgeben und müssen diese im Gebrauchtwagenmarkt platzieren. Durch die damit verbundenen geringeren Rückkaufwerte erhöht sich für die Unternehmen der Finanzierungsbedarf für die Flotten, was zu steigenden Kapitalkosten führt.

Die Gefahr der **Vorwärtsintegration durch Fahrzeughersteller** besteht derzeit nicht. Waren bis in den letzten Jahren die großen Vermieter noch an große Fahrzeughersteller gebunden, brechen diese Unternehmensverbindungen immer weiter auf. Das Ende dieser Unternehmensverbindungen brachte veränderte Einkaufskonditionen für die Mietwagenunternehmen und geringere Rabatte der Hersteller mit sich.

Bei den **Transporteuren der Fahrzeuge**, den im Kapitel 7 (Beschaffung, Logistik, Verwertung) genannten Logistikdienstleistern, befinden sich Mietwagenunternehmen in einer guten Verhandlungsposition. Hier gibt es eine Vielzahl an Unternehmen aus denen die Fahrzeugvermieter auswählen können.

II. Lieferanten von Nebenleistungen
Bei den Lieferanten der Nebenleistungen handelt es sich um **Hersteller von Fahrzeugzubehör**. Hier befinden sich die Mietwagenunternehmen in einer guten Verhandlungsposition, denn sie treten z. B. als Großabnehmer von Navigationsgeräten, Handys, Kindersitzen, Winterreifen, Schneeketten und anderem Fahrzeugzubehör auf und können entsprechende Einkaufsrabatte verhandeln.

III. Lieferanten unterstützender Einrichtungen
Als Lieferanten der **Infrastruktur für Vermietstationen** sind vor allem Flughäfen und Bahnhöfe anzusehen. An diesen Verkehrsstationen benötigen die Mietwagenunternehmen Flächen für ihre Stationsschalter, Stellplätze für Fahrzeuge und eine ergänzende Versorgungsinfrastruktur. An den Flughafenstationen, die häufig in den Ankunftsebenen der Flughafenterminals liegen, haben die Unternehmen ihre Büros und werden die Vermietvorgänge abgewickelt. Auf den Stellplätzen werden die Fahrzeuge geparkt. Die benötigte ergänzende Versorgungsinfrastruktur sind Tankstellen auf dem Gelände sowie Waschanlagen zur Reinigung der Fahrzeuge.

An diesen **Verkehrsstationen** sind die Nutzungsflächen meist nur begrenzt verfügbar und gleichzeitig gibt es hier ein hohes Kundenaufkommen, wodurch diese Stationen für die Mietwagenunternehmen sehr lukrativ sind. Dies resultiert in einer starken Verhandlungsmacht der Verkehrsstationen und in hohen Nutzungsentgelten (bis hin zu Umsatzbeteiligungen) für die Stationen, Parkflächen und die ergänzende Infrastruktur.[63]

Softwarehersteller erstellen für Mietwagenunternehmen Software, die die Durchführung des Mietwagengeschäftes erst ermöglicht und auch erleichtert. Dabei werden fast alle Bereiche der Tätigkeiten von Mietwagenunternehmen durch Software unterstützt. Die Softwarehersteller befinden sich in einer guten Position, weil sie einerseits mit ihrer Software die meisten Bereiche der unternehmerischen Tätigkeit der Mietwagenunternehmen berühren und damit ein erfolgskritischer Faktor für die Mietwagenunternehmen sind. Andererseits auch, weil sie häufig ein an die individuellen Bedürfnisse des Unternehmens angepasstes Programm erstellen, dessen spezifische Gestaltung einen schnellen Wechsel zum Hersteller einer anderen Softwarelösung behindert. Um der Macht der Softwarehersteller entgegen zu wirken, haben die großen Mietwagenunternehmen teilweise eigene IT-Abteilungen, die sich um die Kontrolle, Wartung und Weiterentwicklung der IT-Systeme kümmern. Man erhofft sich davon neben der Unabhängigkeit von den IT-Firmen auch eine schnellere Reaktionsmöglichkeit im Fall einer IT-Systemstörung.

IV. Umfeld der Mietwagenunternehmen

Im Umfeld der Lieferanten sind zudem noch Branchenverbände, Verkehrsclubs, -anwälte und technische Überwachungsstellen anzuführen. Branchenverbände und Verkehrsclubs sind für die Lobbyarbeit zuständig, einerseits für den motorisierten Straßenverkehr ganz allgemein, andererseits aber auch für die Mietwagenbranche im speziellen. Die technischen Überwachungsstellen führen die Kontrollen und Zulassungen der Mietfahrzeuge durch.

Eine wichtige Rolle im Umfeld der Mietwagengesellschaften spielen ferner politische Institutionen (Europäische Union, Bundesregierung, Ministerien und Behörden). Diese Institutionen bestimmen über Abgasvorschriften und -grenzwerte, sie legen Kraftfahrzeugsteuern fest, bestimmen z. B. über die Einführung von Umweltzonen in deutschen Städten und Mautgebühren in Städten (z. B. City-Maut in London und Stockholm) und auf Autobahnen (z. B. Lkw-Maut in Deutschland seit 2005).

---

[63] Allerdings bieten bspw. Flughäfen den Mietwagenfirmen auch komplette Lösungen für die Infrastrukturanforderungen der Mietwagenunternehmen an. So hat der Flughafen Düsseldorf im Mai 2009 ein neues Mietwagenzentrum in Betrieb genommen. Hier werden in einem Gebäude zentral die Übergabe, Reinigung, Betankung und das Parken der Fahrzeuge vorgenommen. Betreiber des Mietwagenzentrums ist die arwe Service GmbH (vgl. o.V. 2009g). Auch am Flughafen München befindet sich eines der größten Mietwagenzentren Europas. Zwischen Terminal 1 und 2 sind insgesamt sechs Autovermieter konzentriert. Hier werden jährlich etwa 500.000 Turnarounds (Anmietungen und Rückgaben) von Mietwagen durchgeführt (vgl. o.V. 2006b, S. 14).

6.5   Abnehmer

Abnehmer der Autovermietungen sind **Privatkunden** und **Firmenkunden**. Die Verhandlungsmacht der **Privatkunden** ist bei der direkten Verhandlung der Mietraten noch begrenzt,
da sie meist nur geringe Reisevolumina aufweisen. Jedoch können Privat- und Firmenkunden
durch einen hohen Informationsstand und die Vielzahl der Mietwagenanbieter einen Nach-
fragedruck auf Preise ausüben, bspw. indem sie einerseits selbst im Internet die angebotenen
Fahrzeuge und Tarife vergleichen oder die Möglichkeiten von Preisvergleichsportalen wie
bspw. www.billiger-mietwagen.de nutzen oder auf Mietwagenbroker zurückgreifen. Dies
setzt Vermieter unter Druck, entweder den jeweils günstigsten Preis anzubieten, über Zusatzleistungen eine Differenzierung in der Produktwahrnehmung bei den Kunden zu erreichen
oder auf eine Kundenbindung zu setzen.

Firmenkunden sind besser in der Lage, ihre Miettarife zu verhandeln. Einerseits findet eine
immer stärkere Professionalisierung des Travel Managements der Firmen statt, wodurch sich
die Marktkenntnis und die Verhandlungsposition der Firmen verbessern lassen. Zum anderen
sind Firmenkunden mit mehreren hundert oder tausend Miettagen im Jahr aufgrund ihrer
großen Reisevolumina in der Lage, die Tarife von Mietwagen zu verhandeln und so die angebotenen Tarife zu reduzieren. In Rahmenverträgen, ausgehandelt durch das Travel Management, lassen sich je nach Vertragsvolumen Rabatte und feste Leistungsbestandteile wie
bspw. Upgrades und bevorzugte Abwicklung des Anmietvorgangs aushandeln. Nach Aussage von Remy Keijzer, Deutschland-Chef von Hertz, lohnen sich solche Rahmenverträge ab
einem jährlichen Mietwagenumsatz von 5.000 Euro, wobei Rabatte zwischen 20 und 30 %
erzielt werden können (vgl. Jürs 2008, S. 66; Sterzenbach/Conrady/Fichert 2009, S. 225).

Weitere Abnehmer der Mietwagenfirmen sind die **Mietwagenbroker**, die teilweise große
Kontingente bei den Verleihern einkaufen, wenn sie eine hohe Nachfrage nach Mietwagen in
einem bestimmten Mietwagenmarkt erwarten. Sie besitzen im Fall von Überkapazitäten im
Mietwagenmarkt und angesichts der Preissensibilität der Kunden eine sehr gute Verhandlungsposition für das Verhandeln von Mietfahrzeugtarifen. Derzeit reduzieren viele Mietwagenunternehmen jedoch ihre Flotten, was die Macht der Mietwagenbroker reduzieren wird
und im Geschäft der Ferienmietwagen bereits zu einigen Kapazitätsengpässen geführt hat
(vgl. Münck 2009d, S. 63).

Ferner besteht eine Bedrohung der Vermieter durch die Macht der Abnehmer der Ge-
brauchtwagenmietfahrzeuge. So führt ein Nachfragerückgang bei Gebrauchtwagen zu sin-
kenden Erlösen für die Mietwagenunternehmen in der Eigenvermarktung der Fahrzeuge.
Dadurch erhöht sich gleichzeitig der Finanzierungsbedarf für die Mietfahrzeuge und in der
Folge können Vermieter weniger Neufahrzeuge erwerben oder müssen kostspielige Finanzie-
rungsmodelle und Kredite bei Banken aufnehmen. Dadurch verteuert sich wiederum der
Einkauf der Fahrzeuge, was zu einer schlechteren Kostenposition gegenüber Wettbewerbern
führt. Diese höheren Flottenkosten, in Verbindung mit einem Nachfragerückgang in den

Jahren 2008/2009 werden z.B. für die Insolvenz der Budget Autovermietung Robert Straub GmbH im Mai 2009 verantwortlich gemacht (vgl. Münck 2009d, S. 63).[64]

6.6   Zusammenfassung

Mietwagenunternehmen stehen in einem starken Wettbewerb zueinander. In einem nach Umsätzen nur leicht wachsenden Markt mit zunehmender Konzentration der Mietwagenanbieter wird der Wettbewerb häufig über den Mietpreis entschieden. Dabei ist wegen der großen Rivalität unter den Unternehmen die Gefahr eines Markteintritts neuer Konkurrenten als gering einzustufen. Stärker ist jedoch die Bedrohung der Unternehmen durch Ersatzprodukte wie Car-Sharing und Angebote der stundenweisen Mietwagennutzung, da diese den veränderten Mobilitätsanforderungen der Kunden entgegenkommen. Die Verhandlungsstärke der Lieferanten ist für die Mietwagenunternehmen keine Gefahr, da sie als Großabnehmer der Autobauer eine gute Verhandlungsposition haben. Die Macht der Abnehmer hingegen wächst mit immer besseren Preisvergleichsmöglichkeiten durch Informations- und Kommunikationsmedien sowie durch bestehende Überkapazitäten im Mietwagenmarkt.

Wiederholungsfragen

1. Nennen Sie die fünf Treibkräfte des Wettbewerbs im Mietwagengeschäft!

2. Wie gestaltet sich der brancheninterne Wettbewerb in der Mietwagenbranche?

3. Beschreiben Sie potentielle Ersatzprodukte für Mietwagen und gehen Sie dabei auf deren Vorteile ein!

4. Erläutern Sie das Lieferantensystem von Mietwagenunternehmen!

5. Nennen Sie jeweils drei Beispiele für Lieferanten vorgelagerter, unterstützender und Nebenleistungen!

6. Beschreiben Sie anhand von drei Beispielen, wie Institutionen aus dem Umfeld von Mietwagenunternehmen Einfluss auf den Betrieb von Autovermietungen haben!

7. Was wird unter Vorwärtsintegration der Mietwagenintegration verstanden?

8. Verfügen Privat- und Firmenkunden über Verhandlungsmacht gegenüber Autovermietern? Begründen Sie Ihre Antwort!

9. Welche Entwicklung könnte die Verhandlungsmacht von Mietwagenbrokern verringern?

10. Handelt es sich beim Mietwagenmarkt um einen wettbewerbsintensiven oder wettbewerbsschwachen Markt? Begründen Sie Ihre Antwort!

---

[64] Anfang 2010 hat einen Neustart von Budget als Zweitmarke unter dem Dach von Avis begonnen. Dabei „(...) soll Budget die preissensiblen Mietwagenkunden ansprechen." (Jürs 2010, S. 82)

7 Beschaffung, Logistik und Verwertung der Fahrzeuge von Mietwagenunternehmen

Im folgenden Kapitel werden die Vorgänge der Beschaffung und Verwertung der Mietfahrzeuge bei Mietwagenunternehmen sowie deren Logistik im Zeitraum der Nutzung durch die Unternehmen dargestellt. In allen drei Prozessen, die sich direkt mit der Fahrzeugeinsteuerung, -disposition und -aussteuerung befassen, werden dabei hohe Anforderungen an Logistik und Steuerung in den Unternehmen gestellt, die dabei häufig von Dienstleistern unterstützt werden. Der Fahrzeugnutzungszyklus, bestehend aus den drei Prozessen Beschaffung, Logistik und Verwertung, ist in Abbildung 23 dargestellt.

Abbildung 23: Fahrzeugnutzungszyklus eines Mietwagenunternehmens

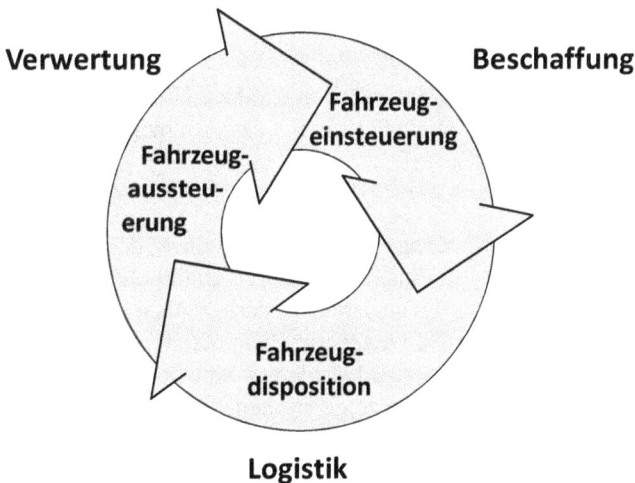

Quelle: eigene Darstellung, in Anlehnung an Axthelm 2009, S. XIV.

7.1   Beschaffung der Fahrzeuge

Die Beschaffung der Fahrzeuge stellt den Beginn des Nutzungszyklus des Fahrzeugs im Mietwagenunternehmen dar. Die damit verbundene Einsteuerung des Fahrzeugs in die Flotte geht meist mit der Aussteuerung eines anderen Fahrzeugs aus der Flotte einher. Ob tatsächlich ein Fahrzeug als Ersatz für ein anderes beschafft wird, hängt von vielen Faktoren ab, z. B. der generellen Unternehmensstrategie und der erwarteten Nachfrageentwicklung. Welches spezifische Fahrzeugmodell beschafft wird, hängt zudem vom gewünschten Flottenmix ab.

Mietwagenunternehmen beschaffen sich in Deutschland zumeist **Neufahrzeuge**, die mitunter erst auf Bestellung der Mietwagenunternehmen hin gebaut werden. Beim Einkauf der Fahrzeuge werden vor allem den Vermietern mit großen Fahrzeugflotten erhebliche Rabatte gewährt. Die Rabatte entstehen vor allem deshalb, weil sie die größten und wichtigsten Abnehmer von Fahrzeugen bei den Autoherstellern sind.[65] So hat z. B. Sixt 2008 insgesamt 156.400 Fahrzeuge in die Flotte eingesteuert. Diese Fahrzeuge entsprechen einem Gesamtwert von 3,6 Mrd. Euro (vgl. Sixt AG 2009b, S. 29). Ende 2008 hatte Sixt in Deutschland insgesamt 48.600 Fahrzeuge in der Vermietflotte, bei Europcar waren es ebenfalls in Deutschland 42.000 Fahrzeuge. Dabei werden mit den Herstellern flexible Liefervereinbarungen getroffen, mit deren Hilfe es möglich ist, die Fahrzeuge zeitlich versetzt in die Flotte aufzunehmen und so die Fahrzeugkontingente auch auf Nachfrageschwankungen anpassen zu können (vgl. Sixt AG 2009a, S. 43).

Die Finanzierung der Fahrzeuge geschieht in der Regel über einen Finanzierungsmix:

- Finanzierung über Eigenkapital,
- Finanzierung über Fremdkapital in Form von Krediten (Schuldscheine) und Anleihen,
- Leasing der Fahrzeuge bei herstellernahen Leasinganbietern im ‚Operate Leasing'[66] (vgl. Sixt AG 2009b, S. 26 ff.).

Die Finanzierungskosten der Mietwagenunternehmen sind in den letzten Jahren weiter gestiegen. Dies liegt zum einen am Anstieg der durchschnittlichen Fahrzeugpreise, die den Anschaffungspreis und somit den Finanzierungsbedarf erhöhen. Zum anderen auch an einer schlechteren Erlössituation in der Fahrzeugverwertung durch verschlechtere Konditionen bei Rückkaufvereinbarungen und einer verschlechterten Situation des freien Gebrauchtwagenmarktes. Durch diese größeren Differenzen zwischen Einkaufspreisen und Verkaufserlösen ergibt sich ein höherer Refinanzierungsbedarf für die Vermieter, der zu höheren Kosten und

---

[65]   Die gewährten Rabatte können sich laut Experteneinschätzungen auf bis zu 40 % summieren (vgl. DSVG 2008, S. 13).

[66]   Ein Operate-Leasing-Vertrag ist eine Form des Leasings, die einem Mietvertrag sehr ähnelt. Verträge haben meist eine relativ kurze Laufzeit und sie können auch kurzfristig gekündigt werden. Das Investitionsrisiko und die Bilanzierung des Mietobjektes verbleiben beim Leasinggeber. Für den Leasingnehmer sind die Leasingraten Betriebsausgaben (vgl. Wöhe 2008, S. 616 ff.).

einem steigenden Kostendruck bei den Mietwagenunternehmen führt (vgl. Sixt AG 2009b, S. 46ff.).[67]

Um eine hohe Qualität der Fahrzeuge zu gewährleisten verbleiben die Fahrzeuge häufig nur eine relativ kurze Zeit in den Flotten der großen Mietwagenunternehmen und legen dabei eine Laufleistung von ca. 20.000-25.000 km zurück. So hält bspw. Sixt seine Fahrzeuge für ca. sechs Monate und bei Europcar sind es ca. vier bis acht Monate[68] (vgl. EUROPCAR Autovermietung GmbH 2009g, S. 34; Münck 2007c, S. 91). Die durchschnittlichen Haltedauern von Anbietern sind in der Tabelle 28 festgehalten.

Tabelle 28: Durchschnittliche Haltedauern der Fahrzeuge bei Mietwagenunternehmen 2008

Unternehmen	Haltedauer
Avis	7 Monate
Europcar	7,7 Monate
Hertz	9 Monate
Sixt	6 Monate

Quelle: Avis Europe plc 2008, S. 18; EUROPCAR Autovermietung GmbH 2009g, S. 34; Hertz Autovermietung GmbH 2009c, S. 15; Münck 2007c, S. 91.

Bei der Beschaffung der Fahrzeuge achten die Mietwagenunternehmen zudem darauf, eine breite Produkt- aber auch Herstellerpalette im **Flottenmix** zu sichern (vgl. Abbildung 24). Denn nur so ist eine Unabhängigkeit bei der Fahrzeugbeschaffung zu gewährleisten und sicherzustellen, dass man ohne Rücksicht auf die Absatzinteressen der Fahrzeughersteller agieren kann. Zudem lassen sich so die Risiken des Fahrzeugeinkaufs diversifizieren (vgl. Sixt AG 2009b, S. 43). Verbunden mit dieser Unabhängigkeit ist allerdings auch der Verlust der ehemals günstigen Einkaufskonditionen, wie sie bei einer direkten Bindung und Konzentration auf einen Fahrzeughersteller noch zu erreichen waren.[69]

Gleichzeitig kann die Kooperation mit einem Fahrzeughersteller für die Vermieter vorteilhaft sein. So kooperieren Hertz und Ford in den USA in einem 2005 geschlossenen ‚Master Supply and Advertising Agreement'. Darin hat sich Hertz verpflichtet, in den Jahren 2005 bis 2010 eine definierte Zahl von ‚Ford Vehicles', Fahrzeugen der Marken Ford, Lincoln und Mercury, zu kaufen und im Fuhrpark zu verwenden. Ford hat zugesichert, diese Fahrzeuge

---

[67] Bei der Finanzierung der Mietfahrzeuge spielt zudem die Bonität der Mietwagenunternehmen eine Rolle, denn daran sind Kreditausfallrisiken für die Kreditgeber und Kreditzinsen für die Kreditnehmer gekoppelt. Für Unternehmen der Branche ‚Vermietung von Kraftwagen bis 3,5 t Gesamtgewicht' hat das Unternehmen Creditreform für 2007 einen Risikoindikator von 2,35 % ermittelt. Das Kreditausfallrisiko der Branche lag damit über dem Durchschnitt aller Branchen in Deutschland (2,11 %) (vgl. DSGV 2008, S. 14 f.).

[68] Für das Jahr 2008 wies Europcar eine durchschnittliche Verweildauer über die gesamte Fahrzeugflotte von 7,7 Monaten aus (vgl. EUROPCAR Autovermietung GmbH 2009g, S. 34).

[69] Bis vor wenigen Jahren gehörte Europcar zu Volkswagen, Hertz als Tochterunternehmen zu Ford und General Motors hielt Anteile an Avis.

zu liefern und sich gleichzeitig verpflichtet, sich an Werbeausgaben von Hertz bis zu einem bestimmten, nicht veröffentlichten Betrag zu beteiligen. Dieser Beitrag zu den Werbekosten wird unter bestimmten Bedingungen gezahlt, u. a. müssen Fahrzeuge von Ford in der Werbung von Hertz herausragend und zur Zufriedenheit von Ford dargestellt werden. Hertz plant, diese Art der Kooperation auch außerhalb der USA zu etablieren (vgl. Hertz Autovermietung GmbH 2009c, S. 31).

Abbildung 24: Flottenmix bei Europcar in Europa und Sixt in Deutschland im Jahr 2007

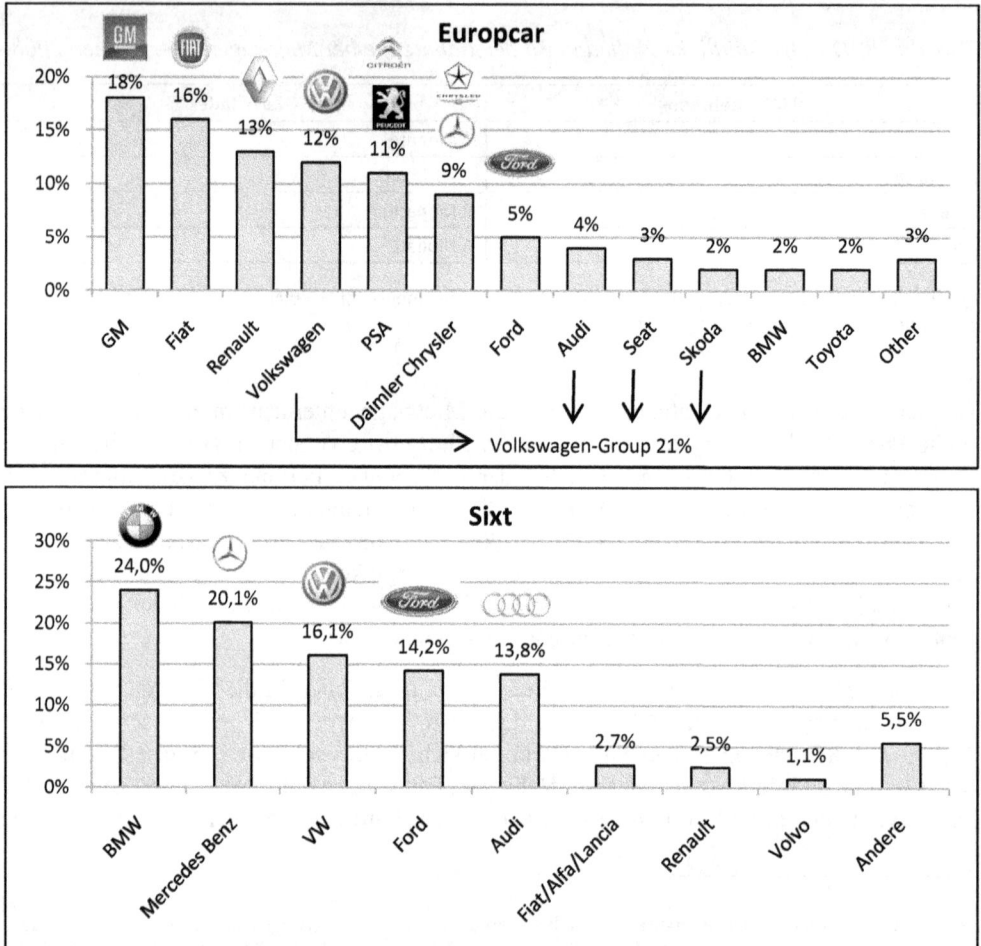

Quelle: EUROPCAR Autovermietung GmbH 200b, S. 34; Sixt AG 2007.

Bei den Fahrzeugflotten der Mietwagenunternehmen ist der Hubraum der Fahrzeuge relativ stark konzentriert. So sind 64,8 % aller Mietfahrzeuge für Selbstfahrer mit einem Hubraum von 1.400 bis 1.999 cm³ ausgestattet. Auf die höchsten Hubraumklassen von 2.000 cm³ und mehr entfallen 18,4 % aller Fahrzeuge. Auf kleinere, damit häufig auch verbrauchsärmere und umweltfreundlichere Motorgrößen entfallen insgesamt 16,9 % aller Fahrzeuge. Davon sind 2,2 % mit einem Hubraum von bis zu 999 cm³, 2,8 % mit einem Hubraum von 1.000 bis zu 1.199 cm³ und 11,9 % mit einem Hubraum von 1.200 bis zu 1.399 cm³ ausgestattet (vgl. KBA 2009a, S. 7). Diese Zahlen sind insofern erstaunlich, als beim größten Fahrzeugvermieter in Deutschland (Sixt) doch ca. 50 % der Flotte aus sog. Premiumfahrzeugen mit großer leistungsstarker Motorisierung bestehen.[70]

Zulassung der Fahrzeuge
Die Fahrzeugflotten der Mietwagenunternehmen werden häufig in einem Zulassungsbezirk konzentriert (vgl. Tabelle 29). Dies bringt bei den Zulassungen der Fahrzeuge den Vorteil mit sich, dass bei Massenzulassungen geringere Gebühren bei den Behörden zu entrichten sind. Bei den Versicherungen der Fahrzeugvermieter wird ähnlich verfahren und auch hier sind über eine große Zahl von geschlossenen Verträgen erhebliche Mengenrabatte möglich. Darüber hinaus wird ein Teil der Fahrzeuge auch in den Zulassungsbezirken der Mietwagenstationen zugelassen. Diese Fahrzeuge gehören dann zur ,Local Fleet' der Station.

Tabelle 29: Zulassungsbezirke und Kennzeichenaufbau der Fahrzeuge von Mietwagenfirmen

Mietwagenunternehmen	Zulassungsbezirk	Kennzeichenaufbau
AVIS	Euskirchen	EU- …
Hertz	Düren	DN-H …
Europcar*	Hamburg	HH-xx 7xxx/ HH-xx 9xxx
Sixt	München	M-xx 7xxx
Budget/Robert Straub	Euskirchen	EU-BA xxxx / EU-BB xxxx
* Seit Mai 2009 auch Mainz und München.		

Quelle: eigene Darstellung.

Die meisten Mietwagen für Selbstfahrer (Personenkraftwagen) waren am 01.01.2009 in Bayern (67.295) und Hessen (56.226) zugelassen, gefolgt von Hamburg (42.790) und Nordrhein-Westfalen (20.807). Dies lässt sich gut durch die großen Mietwagenunternehmen der Branche erklären. Avis, Hertz und Budget/Robert Straub lassen ihre Fahrzeuge in Nordrhein-Westfalen zu, Europcar in Hamburg und Sixt in Bayern (vgl. KBA 2009a, S. 12 f.).

---

[70] Interessant in Bezug auf die Fahrzeugflotten wäre eine Betrachtung der Verteilung der Anteile der verwendeten Kraftstoffarten. Nach eigener Ankunft führt das Kraftfahrtbundesamt keine Statistik des Bestandes an Personenkraftwagen nach Kraftstoffarten in Verbindung mit Haltergruppen. Mietwagenunternehmen sprechen in Bezug auf die Verteilung von 50-70 % Dieselkraftstoff und 30-50 % Benzin (vgl. Hanske 2009b).

7.2   Logistik der Fahrzeuge

Die Logistik der Mietfahrzeuge befasst sich mit der physischen Abwicklung der Ein- und Aussteuerung sowie der Disposition der Fahrzeuge während ihrer Nutzung. Die physische Abwicklung der **Ein- und Aussteuerung**, d.h. der Transport vom Hersteller zu den Vermietstationen am Beginn und der Transport von den Vermietstationen zurück zum Hersteller am Ende der Fahrzeugnutzung, erfolgt mittels Logistikdienstleistern, die einerseits die Fahrzeuge von den Herstellern ausliefern und die Fahrzeuge auch wieder zu den Herstellern zurückführen.

Bei der **Einsteuerung** werden die fabrikneuen Fahrzeuge oft per Bahn vom Hersteller zu einem vereinbarten Zielbahnhof transportiert. Von hier werden die Fahrzeuge von Logistikdienstleistern an die Vermietstationen ausgeliefert oder sie werden bereits aufbereitet, d.h. entwachst und einer Inspektion unterzogen, um eine mangelfreie Lieferung zu bestätigen, mit den individuellen Fahrzeugunterlagen sowie Dokumenten des Mietwagenunternehmens bestückt und voll getankt. Die Dienstleister übernehmen teilweise auch die Zulassung der Fahrzeuge und digitalisieren die Fahrzeugunterlagen, um sie zentral verfügbar zu machen. Nach der Zulassung werden die Fahrzeuge dann an die Mietstationen ausgeliefert. Individuelle Fahrzeugbestellungen kleinerer Mietwagenunternehmen oder einzelner Stationen werden dagegen oft per Lkw-Fahrzeugtransport an die Stationen ausgeliefert (vgl. o.V. 2006a, S. 23 f., Axthelm 2009, S. 5 ff.). Abbildung 25 fasst die gesamten Prozesse der Beschaffung und Fahrzeugeinsteuerung der Mietfahrzeuge zusammen.

Abbildung 25: Prozesse der Beschaffung und Fahrzeugeinsteuerung der Mietfahrzeuge

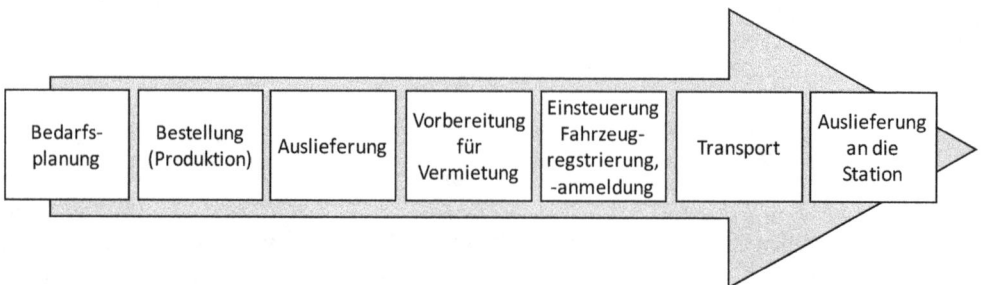

Quelle: eigene Darstellung, in Anlehnung an Axthelm 2009, S. 8.

Bei der **Aussteuerung** werden Fahrzeuge, bei denen eine Rückgabevereinbarung zwischen Mietwagenunternehmen und Fahrzeughersteller besteht, dann meist wieder zum vereinbarten Zielbahnhof oder direkt zum Hersteller zurück transportiert. Dort erstellen Dienstleister ein Gutachten zur Zustandsbeschreibung des Fahrzeugs, melden die Fahrzeuge ab und legen den tatsächlichen Rückkaufswert für die Endabrechnung fest. Es werden eventuell notwendige Kleinreparaturen ausgeführt und eine Aufbereitung vorgenommen. Danach werden die Fahrzeuge vom Hersteller an Gebrauchtfahrzeughändler weiterverkauft (vgl. o.V. 2006a, S. 23 f.).

Fahrzeuge für die keine Rückgabevereinbarung besteht, werden als Gebrauchtwagen ausgesteuert.

Parallel zu den physischen Prozessen der Ein- und Aussteuerung der Fahrzeuge werden diese in den IT-Systemen der Mietwagenunternehmen mit angelegt und in das Yield-Management der Unternehmen integriert.

Disposition während der Nutzungsdauer
Während der Nutzung der Mietfahrzeuge müssen diese **zwischen den Vermietstationen disponiert** werden, da es durch Einwegmieten oder Nachfrageschwankungen immer wieder zu Fahrzeugüberhängen oder -defiziten an den Stationen kommt. Hier kommen Logistikdienstleister und die Fahrzeugdisposition der Vermieter zum Einsatz. Häufig werden Fahrzeuge, die nicht an der Station verfügbar sind von benachbarten Stationen überführt. Dies geschieht aus Kostengründen aber nur innerhalb begrenzter geografischer Räume. Bei sehr kurzfristiger Fahrzeugbestellung hingegen, kann diese Bereitstellung nicht immer gewährleistet werden, weshalb Kunden dann meist eine höhere Fahrzeugkategorie angeboten wird (vgl. Münck 2007c, S. 91).

Eine weitere Möglichkeit für die Mietwagenunternehmen, um die Logistik der Fahrzeuge zu organisieren, ist die **Fahrzeugdisposition mit Hilfe der Nachfrager**. Diese Methode ist ungleich aufwendiger, ist dabei allerdings ein Nebenprodukt der Fahrzeugnutzung durch die Mieter. Immer dann, wenn eine Einwegmiete durchgeführt wird, übernimmt also eigentlich der Mieter die Fahrzeugüberführung. Dabei kann man den Mieter über ein Preismanagement steuern, eine bestimmte Fahrzeugkategorie zu nutzen und zu einer anderen Station zu überführen. Außerdem kann man dem Mieter ein Fahrzeug einer höheren als der gebuchten Kategorie zur Verfügung stellen, um einerseits eine bestimmte Fahrzeugkategorie an der Anmietstation verfügbar zu halten oder an der Rückgabestation verfügbar zu machen (vgl. ebd.).

Häufig werden allerdings auch Logistikdienstleister eingesetzt, die die Fahrzeugüberhänge und -defizite ausgleichen, indem diese die Fahrzeuge in Fahrzeugüberführungen auf die Stationen verteilen. Dazu transportieren sie auch speziell angeforderte Fahrzeuge zu den Stationen. Diese Logistikdienstleister, wie bspw. die arwe service GmbH, die u.a. für die Sixt AG tätig ist, bewegen dabei im Rahmen der Ein-/Aussteuerung und Disposition bis zu 10.000 Fahrzeuge pro Tag. Diese Logistik ist dabei nicht nur ein großer Managementaufwand, sondern verursacht auch enorme Kosten für die Vermieter. Weitere Dienstleistungen der Logistiker für die Mietwagenfirmen liegen u.a. in der Zulassung, Stilllegung und der elektronischen Datenerhebung zu jedem Fahrzeug, das in die Flotte physisch ein- oder ausgesteuert wird, dem Dokumentenmanagement sowie im Schadensmanagement und der -dokumentation des Fahrzeugs.[71]

---

[71] Weitere Logistikdienstleister sind z.B. Deutscher Autodienst, Hartmann fleet profesionals oder PS-Team Fahrzeuglogistik.

Fahrzeugverwaltung mittels IT-Systemen

Die Verwaltung der Mietfahrzeuge von der Einsteuerung, über die gesamte Nutzungsdauer bis zur Aussteuerung kann bei den Mietwagenunternehmen durch Software unterstützt werden. Mit deren Hilfe können die Fahrzeugverwaltung (z. B. Fahrzeugdaten, Verfügbarkeit, Kategorie- und Tarifzuordnung, Zeitpunkte der Ein- und Aussteuerung, Wartungsintervalle der Fahrzeuge), die Verwaltung der Kundendaten (z. B. Stammdatenanlage, Hinterlegung von Kundentarifen), die Buchungsbearbeitung (inkl. der Buchungsmerkmale inkludierte km-Leistung, kostenfreie und -pflichtige Sonderausstattung), die Fahrzeugdisposition, die Schadensverwaltung, das Ertragsmanagement (Yield-Steuerung) und die Finanzbuchhaltung getätigt werden.[72] Besonders große Mietfahrzeugunternehmen erachten die IT-Systeme als einen so wichtigen erfolgskritischen Faktor, dass sie eigene IT-Abteilungen haben, die die genutzte Unternehmenssoftware betreuen und weiterentwickeln.

Exkurs: Kostenfreie Upgrades

Die Bereitstellung eines Fahrzeugs in der vom Kunden gewünschten Kategorie, zum gewünschten Zeitpunkt an einer bestimmten Station ist oftmals nur mit großem logistischem Aufwand zu realisieren. Bei lang- bis mittelfristigen Buchungen wird das Fahrzeug meist entsprechend verfügbar sein. Bei kurzfristigen Buchungen kommt es hingegen häufig vor, dass das Fahrzeug nicht wie angefordert zu Verfügung stehen kann. Ist dies der Fall, werden von den Vermietern oftmals kostenfreie Upgrades vorgenommen. Dies sind Aufwertungen der Buchungen auf eine höhere als die vorab gebuchte Fahrzeugkategorie. So erhalten bspw. bei Avis 20-30 % der Kunden ein Upgrade (vgl. Münck 2007c, S. 91).

Upgrades werden von den Kunden meist erfreut aufgenommen, denn diese erhalten damit ein Fahrzeug einer höheren Kategorie, bezahlen jedoch die niedrigere, gebuchte Kategorie. Für die Fahrzeugvermieter sind Upgrades eine Möglichkeit, einem Kunden ein Fahrzeug zur Verfügung zu stellen, obwohl die vom Kunden gebuchte Fahrzeugkategorie nicht an der Station verfügbar ist. Außerdem bleiben damit die Erlöse der bereits getätigten Buchung für das Unternehmen erhalten. Gleichzeitig kann der Vermieter ein ungenutztes Fahrzeug vermieten und seine Kosten für Standzeiten reduzieren. Darüber hinaus können die Fahrzeuge mittels Upgrades disponiert werden, d. h. dass die Fahrzeuge bei Einwegmieten von den Kunden von einer Station zu einer anderen Station gebracht werden.

---

[72] Hersteller von Unternehmenssoftware für Mietwagenunternehmen sind z. B. CX9 Systems GmbH mit ‚C-Rent Vermietsoftware', KMS.de Software Entwicklung GmbH mit ‚Rentoffice' und Ametras rentconcept GmbH mit ‚ARS Enterprise'.

7.3 Verwertung der Fahrzeuge

Für die Art der Verwertung der Fahrzeuge ist der Weg der Beschaffung entscheidend. Hier wird nach Fahrzeugen unterschieden, die mit sog. ‚Buy Back'-Verträgen oder als ‚Risk Cars'[73] erworben wurden (vgl. Abbildung 26).

Abbildung 26: Verwertung der Fahrzeuge

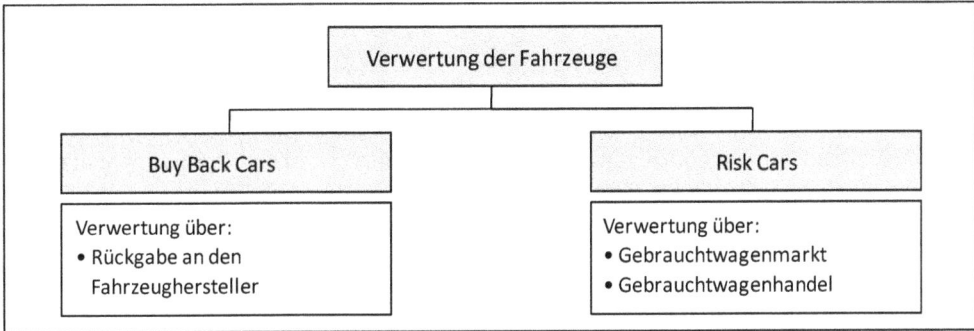

Quelle: eigene Darstellung.

Häufig werden bereits beim Kauf der Fahrzeuge feste Rückkaufvereinbarungen getroffen. Diese ‚Rahmenverträge mit der Sonderabnehmergruppe Autovermieter' (Buy Back-Verträge) beinhalten Angaben über den Zeitpunkt der Fahrzeugrückgabe (fester Termin, bestimmte Haltedauer, bestimmte km-Laufleistung), feste Rückkaufpreise mit den Fahrzeugherstellern sowie Regelungen über die Anrechnung von Mehrkilometern und den Umgang mit Fahrzeugschäden. Sixt hat im Jahr 2008 Rückkaufvereinbarungen (‚**Buy Backs**') zu Zeitpunkt und Rückkaufpreis für 95 % der Fahrzeuge seiner Flotte abgeschlossen (vgl. Sixt AG 2009b, S. 43). Dadurch ist eine genaue Kalkulation von Wertverlust und Erlösen möglich, wodurch sich auch die Kalkulation der Vermietpreise und des Refinanzierungsbedarfs der Fahrzeuge verlässlicher gestalten lässt. Außerdem reduziert das Vermietunternehmen mit Rückkaufvereinbarungen das Verwertungsrisiko der Fahrzeuge und macht sich unabhängig von der aktuellen Situation des Gebrauchtwagenmarktes als Verwertungsmarkt für Vermietfahrzeuge (vgl. Sixt AG 2009b, S. 41 ff.).

Aber auch für die Fahrzeughersteller können sich solche Buy-Back-Verträge lohnen. Die Autovermieter sind mit großen Kaufrabatten, die sie für ihre Mietfahrzeugflotten erhalten in der Lage, diese Fahrzeuge zu sehr günstigen Preisen in die Gebrauchtwagenmärkte weiter zu verkaufen. Sie erwachsen damit zu einem Wettbewerber für den eigenen Gebrauchtwagenhandel der Fahrzeughersteller und den gesamten Gebrauchtwagenhandel der Autohäuser. Um diesen Wettbewerb zu vermeiden, werden die Verträge mit Großabnehmern von den

---

[73] ‚Risk Cars' sind Fahrzeuge, bei denen das Verwertungsrisiko komplett beim Mietwagenunternehmen liegt und keine Rückkaufvereinbarung geschlossen wurde (vgl. Axthelm 2009, S. 18).

Fahrzeugherstellern häufig mit Buy-Back-Verträgen gekoppelt, um so den Druck vom Gebrauchtwagenmarkt zu nehmen und diesen besser kontrollieren zu können (vgl. Dietz 2006, S. 244 f.).

Die Verwertung der ‚**Risk Cars**‘ erfolgt über den Gebrauchtwagenhandel und den Gebrauchtwagenmarkt. Der Gebrauchtwagenhandel wendet sich an Kfz-Händler. So verkauft Hertz seine Fahrzeuge über Hertz Car Sales (‚netcar24.de‘) an Fahrzeughändler. Der freie Gebrauchtwagenmarkt richtet sich meist direkt an Endverbraucher. Hier verkaufen z. B. Avis und Sixt ihre Fahrzeuge über autoscout24.de. Aber auch eigene Gebrauchtwagenhändler werden genutzt. So wendet sich Sixt mit seinem ‚Sixt Autoland‘ an Endkunden (vgl. Kapitel 4.1, S. 49 ff.).

Die Fahrzeughersteller geben die Fahrzeuge nach Rückgabe durch die Vermieter in den eigenen Gebrauchtwagenhandel oder an fremde Gebrauchtwagenhändler weiter. Hier kommen im Verkauf oft Auktionen zum Einsatz. Diese werden von Dienstleistern wie der BCA Autoauktionen GmbH durchgeführt, die jährlich ca. 1,3 Mio. Fahrzeuge versteigert. BCA führt in seinen mehr als zehn Standorten in Deutschland häufig so genannte ‚Jungwagenauktionen‘ durch, in denen gebrauchte Mietfahrzeuge vermarktet werden (vgl. o. V. 2006a, S. 23 f.).

Exkurs: Beschaffung, Vermarktung sowie Verwertung bei Mietwagenbrokern[74]

Im Folgenden sollen für das Broker-Modell die Beschaffung, Vermarktung sowie Verwertung am Beispiel des Mietwagenbrokers GetYourCar GmbH dargestellt werden. Da es sich um einen vergleichsweise jungen Broker handelt, sind die Strukturen des Unternehmens noch nicht derart gefestigt wie bspw. bei Europas führendem Broker Holiday Autos.

Beschaffung

Die Fahrzeugbeschaffung erfolgt bei einem Mietwagenbroker über die Kooperation und den Vertragsschluss mit klassischen Autovermietungen. Auf Basis eines Partnervertrags werden Einkaufskonditionen und ggf. Fahrzeugkontingente für den Broker festgehalten. Das Brokermodell zielt darauf ab, von Autovermietern Einkaufspreise deutlich unter den regulären Verkaufspreisen zu erhalten.

Bevor es allerdings zu einem Vertrag kommt, wendet sich der Broker an eine Autovermietung im Zielgebiet, mit welcher der Broker zukünftig neu oder auch weiterhin zusammenarbeiten möchte. Erste Kontakte werden in der Regel unter den im Vermietgeschäft tätigen Unternehmen auf Messen und ähnlichen Veranstaltungen geschlossen. Die erste Anfrage eines Brokers an die entsprechende lokale Autovermietung der Zieldestination zielt auf eine

---

[74] Die Bearbeitung dieses Abschnitts erfolgte zusammen mit A. Axthelm.

Preisabfrage ab. Hierfür sind im Vorfeld erste Entscheidungen beim Produktteam des Brokers getroffen worden, wie das zukünftige Produkt aussehen soll. Das ‚All-inclusive'-
Produkt der Broker ist dabei ein dehnbarer Begriff. Denn je weniger Produktumfänge
(Inclusions) die Vermietpartner bereits vorab in das Paket integrieren müssen, desto mehr
können sie selbst im Anschluss vor Ort an den Kunden verkaufen. Dies wirkt sich positiv auf
die Einkaufsraten eines Brokers aus. Große Mietwagenbroker, wie HolidayAutos, versuchen
dabei so viele Attribute wie möglich in ihre Pakete zu integrieren. Kleinere Anbieter lassen
jedoch zunehmend einzelne Produktumfänge wegfallen, um so zu einem günstigeren Preis
anbieten zu können und sich eine möglichst gute Positionierung in Preisvergleichsportalen zu
sichern. Folgende wesentliche Produktumfänge spielen bei der Zusammenstellung des ‚All-
inclusive'-Produktes eine Rolle, haben Einfluss auf die Raten und können je nach Anbieter
variieren: Mindestalter und Führerscheinbesitz des Fahrers, Zusatzfahrer, Tankregelungen,
Hafen- bzw. Hotelzustellung, Kilometerbeschränkungen, Haftpflicht-/Vollkaskover-
sicherung, Rückerstattung der Selbstbeteiligung im Schadens- oder Diebstahlfall, Schäden an
Glas, Reifen, Dach und Unterboden, Flughafensteuer und -bereitstellung, lokale Steuern,
Einwegmieten, Personeninsassenversicherung und Auslandsfahrten.

Abbildung 27: Standardisierter Beschaffungsprozess eines Brokers

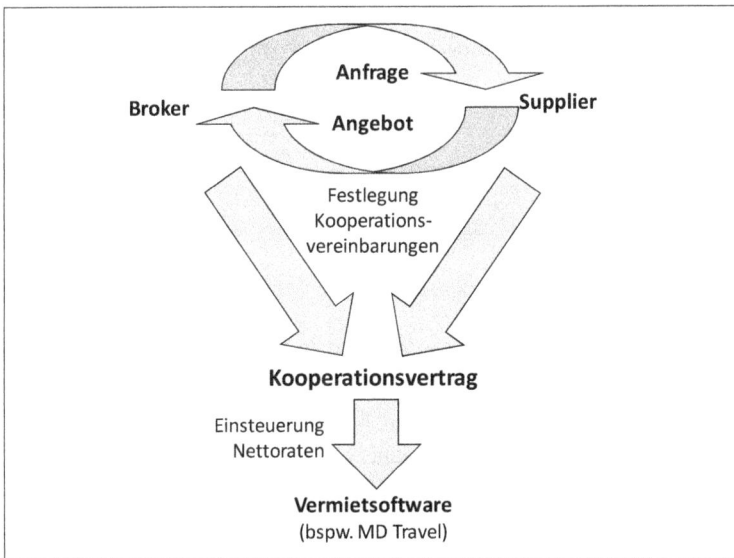

Quelle: Axthelm 2009, S. 24.

Der Mietwagenbroker erhält nach Abgabe der gewünschten Produktumfänge vom Vermieter
(Supplier) Einkaufsraten, die durch die Produktabteilung des Brokers geprüft und bewertet
werden. Diese Einschätzungen beruhen meist auf vorangegangenen Verträgen. Gute Chancen auf günstige Raten haben v. a. die Broker, die den Vermietern vor Ort hohe Buchungszahlen bringen, wie z. B. HolidayAutos oder Sunny Cars. Bei GetYourCar profitiert die

Marke v. a. von bereits bestehenden Kooperationen und Buchungszahlen der Marke Sixt holiday, durch die hohe Buchungsvolumina nachgewiesen werden können und eine Verhandlungsgrundlage über Einkaufsraten besteht. Generell gestaltet sich der Markteintritt als Mietwagenbroker schwierig ohne ein vorhandenes Partnernetzwerk an Autovermietern und ohne nachweisbare Buchungszahlen.

Sind sich Broker und Vermieter einig, wird in der Regel ein Vertrag zwischen beiden Parteien geschlossen. Die Regellaufzeit eines Vertrags beträgt dabei zwischen einem und zwei Jahren. Hier wird z. B. festgelegt, welche Art von Partnervertrag geschlossen wird. So kann die Autovermietung bspw. exklusiver Partner für Buchungen in diesem Zielgebiet, bevorzugter Partner oder einfacher Standardpartner sein. Je mehr die Autovermietung durch den Broker bei Buchungen präferiert wird, desto besser sind auch die im Vertrag geregelten Rahmenkonditionen, wie bspw. das Marketingbudget, das die Autovermietung für gemeinsame Kommunikationsaktionen bereitstellt. Ebenso werden Kick-Back-Vereinbarungen festgehalten, die nach einer bestimmten Laufzeit ggf. zu einer zusätzlichen Rückvergütung des Buchungsvolumens führen. Diese Vereinbarungen sind in der Regel abhängig von den Anmiettagen, die der Broker beim Autovermieter realisiert hat.

Tabelle 30: Beispiel Volumenbonus für bevorzugten und exklusiven Partnervertrag

Bevorzugter Partner	Exklusiver Partner
Buchungsvolumen mind.:	
20.000 Anmiettage: EUR 0,50/Anmiettag	20.000 Anmiettage: EUR 0,70/Anmiettag
25.000 Anmiettage: EUR 0,60/Anmiettag	25.000 Anmiettage: EUR 0,80/Anmiettag
30.000 Anmiettage: EUR 0,70/Anmiettag	30.000 Anmiettage: EUR 1,00/Anmiettag
40.000 Anmiettage: EUR 1,00/Anmiettag	40.000 Anmiettage: EUR 1,30/Anmiettag

Quelle: eigene Darstellung.

Nach obiger Tabelle würde der Broker mit der Autovermietung als bevorzugten Partner bei 25.000 Anmiettagen in einer Periode rückwirkend 0,60 Euro pro Anmiettag erhalten. Bei einem Vertrag mit der Vermietung als exklusivem Partner wären es rückwirkend 0,80 Euro gewesen und somit insgesamt 5.000 Euro mehr Kick-Back.

Für den Mietwagenbroker ist es wichtig, sich gegen ruf- und geschäftsschädigende Einflüsse, die durch die Autovermietung entstehen können, zu schützen. Ratenerhöhungen seitens der Autovermietung sollten entweder ausgeschlossen oder, falls nicht möglich, auf einen maximalen Steigerungssatz in Prozent pro Saison festgelegt werden. Auf diese Weise kann willkürlichen Preiserhöhungen durch den Vermieter vorgebeugt werden. Ebenso ist eine Absicherung gegen den Ausfall des Fahrzeugs vor Ort zu regeln. In den sogenannten ‚No-Car'-Fällen ist die Ursache zumeist eine Überbuchung des Kontingents durch den Vermieter. Um entsprechende Entschädigungszahlungen an den Kunden, der daraufhin kein Fahrzeug bekommen hat, abwehren zu können, müssen auch diese Inhalte vertraglich geklärt sein. Auf diesem Weg sichert sich der Broker ebenfalls für Reklamationen aufgrund von schmutzigen und defekten Fahrzeugen ab. Nicht gängig, aber eine durchaus hilfreiche Klausel kann die

Festlegung von Fahrzeugkontingenten für ein Zielgebiet sein. Gerade in wichtigen Hauptdestinationen wie bspw. Spanien oder Portugal, hat sich über die Sommersaison 2009 deutlich gezeigt, welche Vorteile dies mit sich bringen kann. Während Sunny Cars über feste Kontingentzusagen seiner lokalen Vermieter verfügte, mussten viele Broker ständig steigende Preise und Ratenverschlechterungen aufgrund von Verringerungen des Fuhrparks und der daraus resultierenden Mietwagenknappheit in Kauf nehmen, da die Nachfrage das Angebot in der Saison 2009 deutlich überstieg.

Auf Basis der Einkaufsraten (cost rate) werden durch das Produktmanagement die Verkaufsraten (sell rate) kalkuliert. Der Verkaufsaufschlag ist hierbei von mehreren Faktoren abhängig, bspw. vom Umsatzziel des Brokers, der Situation auf dem Markt, der Preisgestaltung der Wettbewerber etc. Um sich aktuellen Veränderungen der Wettbewerber, wirtschaftlichen Situationen etc. anpassen zu können und konkurrenzfähig zu bleiben, müssen diese Raten auch nachträglich angepasst werden. Eine Möglichkeit hierfür ist die Überarbeitung und Neueingabe aller Preise. Um Ratenänderungen vorzunehmen, die lediglich kurzzeitige Anpassungen darstellen, ist jedoch die Anlage von positiven bzw. negativen Promotions die einfachste Vorgehensweise.

In bestimmten Fällen kann auch ein weiterer Mietwagenbroker in der Prozesskette dem Kunden vorgeschaltet sein, so z. B. bei Preisvergleichsplattformen im Internet, die ihre Erträge ebenso wie andere Broker aus der Vermittlung erzielen, die Partnerverträge allerdings mit den Mietwagenbrokern und nicht den Autovermietungen abschließen.

Vermarktung

a) Produkt
Die Zielgruppe eines Mietwagenbrokers sind in erster Linie Touristen, die auch im Urlaub durch einen Mietwagen mobil bleiben wollen. Nutzer von Ferienmietwagen haben zumeist zwei generelle Anforderungen an das Produkt: Sicherheit und einen günstigen Preis. Da die Anmietung eines Ferienmietwagens nicht der Hauptinhalt der Urlaubsreise ist, sind die Konsumenten meist nicht bereit, mehr Geld als unbedingt nötig hierfür auszugeben. Gleichzeitig suchen die Kunden nach dem Angebot, welches ihnen die größtmögliche Sicherheit vor Ort liefert und bei welchem sie keinerlei Risiko eingehen. Da diese beiden Ziele miteinander konkurrieren, legt jeder Broker seine Produktstrategie anders aus. Auch wenn das Produkt in der Regel mit ‚All-inclusive' gekennzeichnet ist, zeigen sich bei genauer Betrachtung der Leistungsumfänge eines jeden Anbieters meist kleine bis größere Unterschiede.

Die Zielgruppe von GetYourCar sind preissensible junge Urlauber, welche sich zumeist über das Internet Informationen über Produkte einholen und dieses letztlich auch online buchen. Ausgehend davon, dass diese Konsumenten bereit sind, ein höheres Risiko bei der Sicherheit vor Ort, bspw. durch Selbstbeteiligung an eventuellen Schäden, einzugehen, verzichtet GetYourCar bewusst auf die Erstattung der Selbstbeteiligung. Das ermöglicht es, den Preis entsprechend günstig anzusetzen, womit das Produkt nicht nur über die Leistungsumfänge, sondern auch durch die dazu komplementäre Preispolitik auf die Kundengruppe abgestimmt ist.

Neben der Erstattung der Selbstbeteiligung sind im Ferienmietwagenprodukt von Get-YourCar weitere Leistungen nicht inkludiert, wie bspw. die Absicherung gegen Schäden an Reifen, Dach und Glas sowie die Eintragung weiterer Zusatzfahrer ohne zusätzliche Kosten. Im Vergleich hierzu bietet Marktführer HolidayAutos deutlich mehr Leistungen in seinem ‚All-inclusive'-Paket an. Neben der Haftpflicht- und Vollkaskoversicherung mit Diebstahl-schutz sowie allen lokalen Steuern und Flughafengebühren wird die Selbstbeteiligung zu-rückerstattet und weitere Fahrer können bei der Erstellung des Mietvertrags kostenfrei mit aufgenommen werden.

Der Zugang zum Ferienmietwagen soll dem Kunden, so schnell es geht, ermöglicht werden. Aus diesem Grund erfährt der Kunde das Produkt auf der Webseite durch einen schlanken Buchungsprozess. So vergehen bei einer Buchung über die Webseite www.getyourcar.de vier Schritte von der Vakanzabfrage bis zum Erhalt der Buchungsbestätigung (vgl. Abbil-dung 28). Das entspricht im Regelfall nicht mehr und nicht weniger Arbeitsschritten für den Kunden als bei einer Buchung bei jedem anderen Broker oder Mietwagenanbieter, dient jedoch als zusätzliches Verkaufsargument für einen GetYourCar-Mietwagen.

b) Preis

Da sich Broker in erster Linie über den Preis am Markt profilieren, sind die Verhandlungs-spielräume mit den Vermietern vor Ort begrenzt. Der Broker muss Zugeständnisse in Form von Verzicht auf gesonderte Leistungen in Kauf nehmen, damit der lokale Vermietpartner entsprechend günstige Raten liefert. Im Falle GetYourCar schlägt sich dies bspw. als inklu-dierte Selbstbeteiligung und das Fehlen von im Mietpreis inkludierten Zusatzfahrern nieder. Durch geringere Leistungsumfänge erhält der Broker bessere Raten. Zudem ermöglicht der Verzicht auf Produktbestandteile und die damit verbundenen günstigen Einkaufsraten, bei Vermietern beim Preiskampf zu bestehen. Die leistungsbezogenen Preise beinhalten jedoch insbesondere für den Kunden Nachteile.

Das Ziel von GetYourCar ist es, bei der Suche nach dem günstigsten Ferienmietwagen durch den Kunden ganz vorn zu liegen. Viele Kunden nutzen zum Preisvergleich nicht mehr den Abruf eines Preises von einem Mietwagenunternehmen über dessen Internetauftritt, sondern wählen den Weg über Preisvergleichsportale. Mietwagenvergleichsportale, wie www.billiger-mietwagen.de oder www.m-broker.de, vermitteln Leistungen eines Vermitt-lers/Brokers, wobei Marktneulinge mit einer geringen Markenbekanntheit auf solche Portale setzen. Während Mietwagenbroker HolidayAutos als etablierte Marke gilt, ist der Be-kanntheitsgrad von GetYourCar noch relativ gering. Um dieses Defizit zu kompensieren, wurde GetYourCar durch Kooperationsverträge an Vergleichsportale, wie www.billiger-mietwagen.de angeschlossen. Das bietet die Möglichkeit, besonders preissensible Kunden zu erreichen, da diese häufig nicht weiter als die ersten Angebote der gewünschten Kategorie suchen. Die hierfür notwendige aggressive Preissteuerung wird zum einen durch knapp kal-kulierte Margen und zum anderen durch die eingeschränkte Produktbeschaffenheit ermög-licht. Für eine marktangepasste Preissteuerung ist die kontinuierliche Marktbeobachtung für einen Broker unerlässlich. Auf Basis täglicher Preisvergleiche können durch das Produktma-nagement des Brokers entsprechende Preisanpassungen vorgenommen werden. Hierfür zieht GetYourCar Wettbewerbsvergleiche, die im Optimalfall täglich aktualisiert bereitgestellt werden, zu Hilfe, um sich so einen Überblick über die Mitbewerbersituation zu verschaffen.

Für Wettbewerbsvergleiche sind hierbei vier Faktoren von grundlegender Bedeutung: Destination, Saisonzeit, Anmietzeitdauer und Fahrzeugkategorie. Nach dieser Betrachtung der gegenwärtigen Situation werden nun die Marge und damit auch der Verkaufspreis festgelegt. Bei unzureichender Beachtung der Marktentwicklung fällt der Broker unweigerlich dem harten Preiskampf der Mitbewerber zum Opfer.

c) Distribution

Da es sich bei GetYourCar um einen reinen Online-Broker handelt, ist der Hauptvertriebskanal das Internet. Dabei kann zwischen zwei Vertriebswegen im Internet unterschieden werden: dem Vertrieb über die eigene Webseite und dem über andere Webseiten. Der Internetauftritt von GetYourCar ist stark auf die Zielgruppe ausgerichtet. GetYourCar-Kunden sind überdurchschnittlich häufig im Internet unterwegs, informieren sich über aktuelle Trends und Preisentwicklungen und buchen den nach Möglichkeit günstigsten Preis gleich online. Darum ist ein bedeutendes Distributionsziel, den Konsumenten dort abzufangen, wo er seine Suche beginnt – in Suchmaschinen. Suchmaschinenoptimierung (SEO) hat sich aus diesem Grund in vielen Unternehmen zu einem wichtigen strategischem Instrument entwickelt. Um den Kunden zum Abschluss der Buchung zu bewegen, versuchen die Mietwagenbroker den Buchungsprozess in möglichst wenigen und einfachen Schritten umzusetzen (vgl. Abbildung 28), so dass der Kunde die Seite nicht wieder verlässt.

Abbildung 28: Buchungsablauf bei Onlinebuchungen

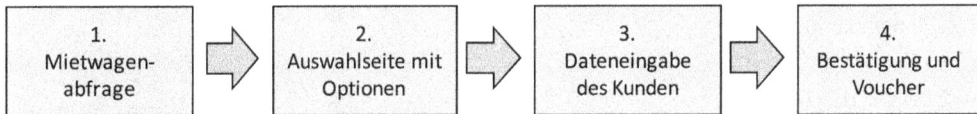

Quelle: eigene Darstellung, in Anlehnung an GetYourCar GmbH 2009.

Hintergrund des erhöhten Bedarfs an Optimierung ist, dass alle Buchungen, die direkt über www.getyourcar.de beim Broker auflaufen, einen deutlich höheren Ertrag erzielen. Langfristig soll die Marke so stark im Ferienmietwagenumfeld etabliert werden, dass weitestgehend alle Buchungen ohne Umweg und direkt auf der Seite getätigt werden. Kurz- und mittelfristig ist es allerdings sinnvoll, den Vertrieb von GetYourCar-Mietwagen durch Kooperationen mit Preisvergleichsportalen sowie den Bekanntheitswert der Marke zu steigern. Zwar fallen auf diese Weise zusätzliche Provisionen zwischen 10 und 20 % an, das Markt- und Vermarktungspotential ist allerdings erheblich höher. Letztlich obliegt der Vertrieb aber stets GetYourCar, da der Kunde im dritten Buchungsschritt (vgl. Abbildung 28) auf den Buchungspfad von GetYourCar weitergeleitet wird und seine Buchung schließlich dort vollzieht.

d) Kommunikation

Die Kommunikationspolitik bei GetYourCar ist stark auf die Zielgruppe der internetaffinen Konsumenten ausgerichtet. Ein wesentliches Element stellt dabei das Suchmaschinenmarketing dar. GetYourCar war hier v. a. zur Markeneinführung aktiv und nutzte die Möglichkeit, Kunden über bezahlte Anzeigen in Suchmaschinen auf die Unternehmenswebseite zu führen.

Kooperationen mit Preisvergleichsportalen dienen nicht nur als Vertriebskanal, sondern stellen auch eine den Bekanntheitsgrad fördernde Kommunikationsmaßnahme dar. Weitere Kooperationen finden bspw. mit Zanox statt, einem Affiliate-Netzwerk, über welches Dritte Banner auf ihrer Seite platzieren können und hierfür bei erfolgreichen Buchungen einen Provisionsanteil erhalten. Ebenso wird mit den Kooperationen zu Sixt und ciao.de geworben, die dem Kunden bei Interesse mehr Sicherheit beim Kauf suggerieren sollen und daher prominent auf der Webseite von GetYourCar platziert sind.

Darüber hinaus wurden seitens GetYourCar die Neuerungen von Web 2.0 für die Aktivierung neuer Kunden genutzt. Dazu zählt u. a. die Kooperation mit ciao.de, wo Kunden ihre Erfahrungen mit Produkten oder Dienstleistungen untereinander austauschen können. Blogs und Twitter gewinnen zunehmend an Bedeutung, wenn es um die Bekanntmachung von Neuigkeiten geht, daher dienen diese Kommunikationskanäle v. a. dazu, die aktuellsten Angebote und Meldungen schnell und direkt an den Kunden weiterzumelden.

In Kooperation mit der Süddeutschen Zeitung wurde im Mai 2009 eine Abverkaufsaktion von Gutscheinen gestartet. Gutscheine mit einem Gegenwert von 150 Euro wurden von 150 Euro bis maximal 75 Euro heruntergezählt. Interessenten konnten hierbei das Sinken des Gutscheinpreises in Echtzeit verfolgen und versuchten so spät wie möglich zuzugreifen, um den größtmöglichen geldwerten Vorteil zu generieren. Mit einer ähnlichen Auktion startete GetYourCar im Juni 2009 bei ebay. Beworben über Bannerwerbung auf der firmeneigenen Webseite, den GetYourCar Newsletter und zahlreichen Fach- und Reiseforen, wurde diese Variante der preisgünstigen Kommunikation von GetYourCar deutlich aktiver von Interessenten angenommen.

Verwertung

Einen Verwertungsprozess wie bei einem klassischen Autovermieter gibt es beim Broker-Modell nicht, da er nur die Vermittlung von Fahrzeugen übernimmt. Mietwagenbroker haben die Möglichkeit, vertragliche Regelungen zu treffen, um einen möglichst hohen Qualitätsstandard ihres beworbenen Angebotes abzusichern und somit mögliche, auf Vermietproblemen basierende Kundenbeschwerden und Reklamationswünsche zu vermeiden. Für den Broker bedeutet das Auslaufen eines Vertrags mit dem lokalen Autovermieter die Basis für die Neuverhandlung bestehender Konditionen bzw. die Suche nach günstigeren Vertragspartnern. Da sich die Konditionen mit den bestehenden Partnern ändern können, muss der Broker stets den Kontakt zu anderen Anbietern wahren, um im Vergleich mit der Konkurrenz mithalten zu können.

Wiederholungsfragen

1. Welche Gründe sprechen für die kurze Verweildauer der Pkw in den Fahrzeugflotten der Autovermieter?

2. Wie werden Mietwagenkäufe finanziert?

3. Wie sichern sich Mietwagenunternehmen gegen Nachfrageschwankungen ab?

4. Beschreiben Sie die Vorteile, die eine Konzentration auf einen/wenige Fahrzeugher-steller für die Autovermieter bringen könnte!

5. Warum beziehen Mietwagenunternehmen ihre Fahrzeuge von verschiedenen Herstel-lern?

6. Erläutern Sie die Ein- und Aussteuerung von Fahrzeugen in den Flotten großer Mietwagenunternehmen! Gehen Sie dabei insbesondere auf die Leistungen externer Dienstleister ein!

7. Grenzen Sie unterschiedliche Möglichkeiten zu Disposition von Fahrzeugen zwischen den Stationen von einander ab!

8. Welche Vorteile bringen Upgrades für Mietwagenunternehmen?

9. Welche Vorteile bringen Upgrades für Kunden?

10. Erläutern Sie verschiedene Möglichkeiten zur Fahrzeugverwertung!

8 Marketing bei Mietwagenunternehmen

Modernes Marketing ist „eine Konzeption der Unternehmensführung" (Bidlingmaier 1983, S. 15). Diese Unternehmensführung beinhaltet, dass zur Erreichung der Unternehmensziele alle Betriebsaktivitäten auf die Erfordernisse des Marktes ausgerichtet werden und dazu Nachfragerwünsche und die unternehmerischen Möglichkeiten in Dienstleistungen umgesetzt werden (vgl. Freyer 2009b, S. 317 f.).

In der Umsetzung dieser Unternehmensführung kommt dem Marketing-Mix eine wichtige Bedeutung zu. Der Marketing-Mix ist die Zusammenstellung der Marketing-Instrumente, die Werkzeuge, mit denen Unternehmen auf ihren Märkten agieren und diese gestalten. In der Literatur hat sich eine Einteilung von ‚4 P's' (Produkt, Promotion, Place, Price) durchgesetzt, deren Erweiterung um ‚3 P's' (Personnel, Physical Facilities, Process Management) in den letzten Jahren diskutiert wurde. Zudem tendiert die Einteilung der Instrumente immer mehr zu einer Systematisierung in Instrumente ‚Above the line' (klassische Werbe-Kommunikation) und ‚Below the line' (nicht-klassische Werbe-Kommunikation).

Im folgenden sollen die Marketinginstrumente von Mietwagenunternehmen in Anlehnung an die klassische Einteilung vorgestellt werden, wobei auch auf die Maßnahmen ‚Below the line' und Möglichkeiten durch neue Medien und hier insbesondere des Web 2.0 eingegangen werden soll.

8.1 Produktpolitik

Die Produktpolitik eines Mietwagenunternehmens befasst sich mit dem Produkt der Fahrzeugvermietung. Die Vermietung von Fahrzeugen ist eine Dienstleistung, die sich aus der Bereitstellung von Fahrzeugen und den Serviceleistungen, die das Mietwagenunternehmen dazu bereitstellt, zusammensetzt. Das Angebot der Mietwagenunternehmen kann in die Leistungsebenen des **Kernproduktes** und die **wahrnehmbaren** sowie **vorstellbaren Zusatzleistungen** unterteilt werden (vgl. Abbildung 29).

Abbildung 29: Leistungsebenen der Produktpolitik eines Mietwagenunternehmens

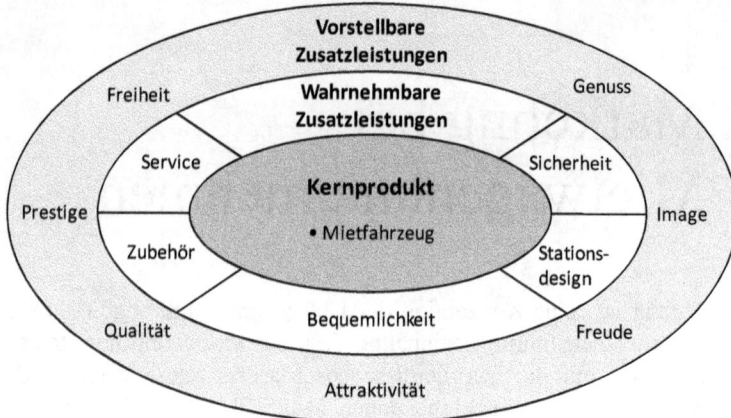

Quelle: eigene Darstellung, in Anlehnung an Freyer 2009a, S. 463.

Das Kernprodukt bzw. die Kernleistung der Mietwagenunternehmen ist das Mietfahrzeug, welches ein Mietwagenunternehmen für seine Kunden bereitstellt. Da viele Anbieter die gleichen Fahrzeuge mit ähnlichen Ausstattungsmerkmalen anbieten, ist das Kernprodukt Mietwagen bei den einzelnen Fahrzeugvermietern relativ identisch, wodurch das Kernprodukt entsprechend austauschbar wird. Zusatzleistungen sind die Leistungen, die den Kunden ergänzend angeboten werden. Mit den wahrnehmbaren und den vorstellbaren Zusatzleistungen versuchen die Mietwagenunternehmen eine Differenzierung gegenüber den Wettbewerbern innerhalb der Branche aber auch zu Ersatzprodukten zu erzielen.

8.1.1   Kernleistungen des Mietwagenunternehmens

Wie bereits dargestellt, ist die Kernleistung der Mietfahrzeugunternehmen die **Bereitstellung eines Mietfahrzeugs**, durch welches den Kunden eine individuelle Mobilität gegeben wird. Diese Kernleistung stellt das allgemein ‚Übliche' oder die **Grundleistung** der Mietwagenunternehmen dar. Diese Grundleistung kann aus verschiedenen Blickwinkeln betrachtet werden:

- Aus Unternehmenssicht ist damit zumeist die Basisleistung, das fahrbereite Fahrzeug gemeint.
- Aus Sicht der Kunden wird darunter eine Problemlösung verstanden, die den Bedarf an individueller Mobilität mit einen Mietfahrzeug befriedigt. Der konkrete Bedarf wird dabei durch die Leistungsnachfrager vorgegeben.
- In Bezug auf Wettbewerber in der Mietwagenbranche versteht man darunter das Leistungsübliche, d. h. die Leistungen, die von den meisten Mitbewerbern ebenso angeboten werden (vgl. Freyer 2009a, S. 454).

Mietfahrzeuge werden in unterschiedlichen Fahrzeugkategorien und Ausstattungen angeboten. Die Breite des Angebotes richtet sich dabei nach dem verfolgten Geschäftsmodell. So bieten Full-Service-Mietwagenunternehmen viele verschiedene Kategorien (von Mini bis Luxus) an, während sich Low Cost-Anbieter auf wenige Fahrzeugkategorien und -modelle beschränken (vgl. Kapitel 4.2 ‚Geschäftsmodelle‘).

Full-Service-Mietwagenunternehmen verfolgen dabei meist eine **Strategie der starken Produktdifferenzierung** im Bereich des Kernprodukts. „(...) Produktdifferenzierung versucht, ein Produkt durch das zeitlich parallele Angebot mehrerer Produktvarianten gezielt auf die Bedürfnisse unterschiedlicher Zielgruppen abzustimmen." (Meffert/Burmann/Kirchgeorg 2008, S. 456) Dadurch erhofft man sich, bestimmte Kundensegmente besser ansprechen und ihre Bedürfnisse genau erfüllen zu können. So können die Mietfahrzeuge im Bereich der Pkw wie folgt differenziert werden: Limousine/Combi/Cabriolet u. a., 2/4/5-türige Modelle, 2/4/5/7 Sitzplätze, Treibstoff Benzin/Diesel/Hybrid u. a., Getriebe manuell/automatisch, Klimaanlage ja/nein.

Das Angebot an **Fahrzeugmodellen** bildet dabei meist die im jeweiligen Mietwagenmarkt nachgefragten Fahrzeugmodelle ab und wird an regionale Besonderheiten abgestimmt. So bieten Europcar und Avis in Deutschland mehrheitlich deutsche Fabrikate an, während bspw. in Frankreich besonders französische Fahrzeuge einen größeren Anteil haben. Ebenso werden die Breite der Ausstattungsvarianten und Fahrzeugkategorien an die regionale Nachfrage angepasst. So bspw. bei Europcar mit besonders vielen Cabrios in Portugal und PS-starken Fahrzeugen für den deutschen Markt (vgl. EUROPCAR Autovermietung GmbH 2007b, S. 10 f.). Sixt verfolgt bei den angebotenen Fahrzeugmodellen die Strategie, sich als Premium-Anbieter zu positionieren. So verfügt Sixt über einen Anteil von über 50 % Premium-Fahrzeugen (bspw. Audi, BMW, Mercedes) in der Flotte. In seinem Fuhrpark befindet sich nach Angaben von Sixt die weltweit größte BMW- und Mercedesflotte. Einen wichtigen Einfluss auf die Modellpalette haben aber auch die Einkaufskonditionen der Vermieter bei den Fahrzeugherstellern. Hier haben dann Einkaufsrabatte und vereinbarte Rücknahmepreise und -bedingungen einen Einfluss auf die Flottenstruktur (vgl. Kapitel 7).

Um gegenüber den Nachfragern eine Strukturierung des Angebotes an Mietfahrzeugen vorzunehmen, werden die Fahrzeuge von den Vermietern in Kategorien eingeteilt. Beispiele hierfür sind:

- Avis: Kleinwagen, Kompaktklasse, Mittelklasse, Obere Mittelklasse, Oberklasse, Luxusklasse.
- Europcar: Standard, Kombis, Luxus, Cabrios/Coupés/4x4, Minibusse, Lkw/Transporter.
- Hertz: Limousinen (Schaltung), Limousinen (Automatik), Kombi-Fahrzeuge, Busse, Fun Cars, Hertz Green Collection.
- Sixt: Pkw/Kombi, VAN, Cabrio, Sportwagen, Offroader, Lkw.

Im unternehmensinternen Gebrauch sind hingegen die detaillierteren SIPP-Codes der ACRISS gebräuchlich. Diese Codes bestimmen die Fahrzeuge wesentlich genauer und ermöglichen damit gerade im Bereich der kundenindividuellen Ansprache differenziertere

Produkte und Preise. Welche Fahrzeuge bspw. bei CC Rent a car zu den einzelnen Fahrzeuggruppen zugeordnet werden, gibt die Tabelle 31 wieder.

Tabelle 31: Pkw-Fahrzeuggruppen und -beispiele bei CC Rent a car

Foto	Gruppe	Fahrzeug-Beispiele	👤	🧳	🚗	〰️
	Mini ID: MCMN A	Smart for two Ford Ka VW Fox	2	1	2	
	Kleinwagen ID: ECMN B	Smart for four VW Polo Opel Corsa Fiat Punto	5	2	2	
	Kompaktwagen ID: CLMR CL	VW Golf Opel Astra Mercedes A-Klasse	5	2	2	•
	Kombis ID: CWMR CE	Opel Astra Caravan VW Golf Variant Skoda Octavia Combi Ford Focus Turnier Peugeot 307 Break	5	4	3	•
	Mittelklasse ID: IDMR D	Audi A3 VW Passat Opel Vectra Ford Mondeo	5	3	1	•
	Kombis ID: IWMR DE	VW Passat Variant Opel Vectra Caravan Ford Mondeo Turnier	5	3	1	•
	Standard ID: SDMR E	Audi A4	5	3	1	•
	Kombis ID: SWMR EE	Audi A4 Avant	5	3	1	•
	gehobene Mittelklasse ID: FDAR FA	Mercedes Benz C-Klasse BMW 3er	5	3	1	•

Tabelle 31: Pkw-Fahrzeuggruppen und -beispiele bei CC Rent a car (Fortsetzung)

Foto	Gruppe	Fahrzeug-Beispiele	👤	🧳	👜	❄️
	Kombis ID: FWMR FE	MB C-Klasse T-Modell BMW 3er Touring	5	3	1	•
	Oberklasse ID: PDAR GA	Audi A6 Mercedes Benz E Klasse BMW 5er	5	3	2	•
	Kombis ID: PWAR GE	Audi A6 Avant MB E-Klasse T-Modell BMW 5er Touring	5	3	2	•
	Luxus ID: LDAR HA	Mercedes Benz E-Klasse BMW 530d	5	3	2	•
	Großraumlimousine ID: IVMR DV	Opel Zafira VW Touran VW Caddy	5	3	1	•
	Großraumlimousine ID: FVMR	VW Sharan 7-Sitzer Seat Alahmbra 7-Sitzer Ford Galaxy 7-Sitzer	7	4	2	•
	Großraumlimousine ID: SVMR EV	VW Caravelle 9-Sitzer VW T5 9-Sitzer MB Vito 9 –Sitzer Ford Transit 9-Sitzer	9	4	2	•

Erläuterung: 👤 = Sitzplätze, 🧳 =Koffer, 👜 =Taschen, ❄️ =Klimaanlage.
Alle Fahrzeugmodelle sind beispielhaft.

Quelle: CCUniRent System GmbH 2009b.

Die einzelnen Fahrzeugkategorien werden dabei ganz unterschiedlich von den Kunden der Mietfahrzeugunternehmen nachgefragt. Wie in Abbildung 30 ersichtlich mieten z.B. Geschäftskunden mehrheitlich Mittelklassefahrzeuge.

Abbildung 30: Genutzte Mietwagenkategorien von Geschäftsreisenden

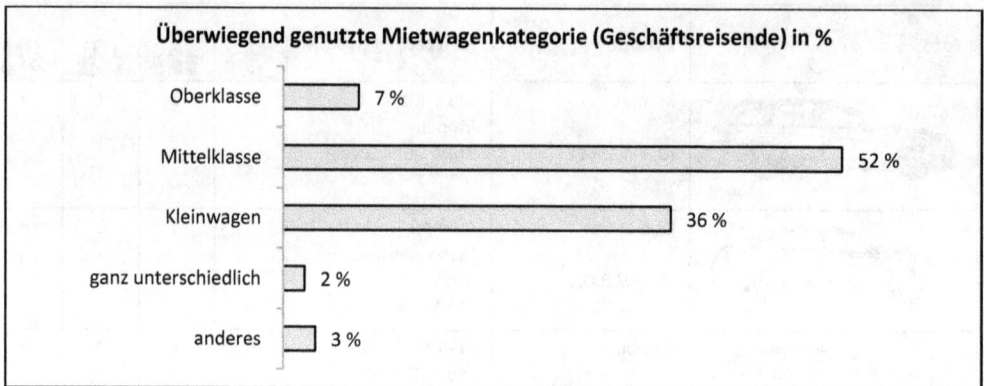

Überwiegend genutzte Mietwagenkategorie (Geschäftsreisende) in %

Oberklasse	7 %
Mittelklasse	52 %
Kleinwagen	36 %
ganz unterschiedlich	2 %
anderes	3 %

Quelle: Schneider 2008, S. 45.

Eine Möglichkeit um sich im Kernprodukt von den Wettbewerbern abzusetzen, ist die Einführung von Exklusiv-Fahrzeugen, die ausschließlich bei einem Mietwagenunternehmen erhältlich sind. Fahrzeuge der Typen BMW M3 Coupé und BMW M3 Cabrio sind z. B. ausschließlich bei Sixt zu mieten (vgl. o.V. 2009f) und Avis ist exklusiver Mietwagenpartner von Porsche (vgl. o.V. 2009l).

8.1.2   Zusatzleistungen des Mietwagenunternehmens

Durch Zusatzleistungen wollen die Anbieter ihren Kunden einen spürbaren Mehrwert bieten. Sie gehen über die übliche Kernleistung hinaus und dienen der Schaffung von Wettbewerbsvorteilen durch die Differenzierung vom Wettbewerb. Zusatzleistungen lassen sich auf der Wahrnehmungs- bzw. der Vorstellungsebene unterscheiden (vgl. Freyer 2009a, S. 458):

* Wahrnehmungsebene: kognitiv, erkennbar, sinnlich wahrnehmbar,
* Vorstellungsebene: affektiv, emotional, Empfindungen, Seele, Gefühl.

(1) Wahrnehmbare Zusatzleistungen
Dies sind Zusatzleistungen im **Bereich des Fahrzeugzubehörs und der Services**, die die Mietwagenunternehmen ihren Kunden bereitstellen. Die Zusatzleistungen können dabei auf die Zeit vor, während und nach der Nutzung des Fahrzeugs angelegt sein (vgl. Roth 2003, S. 102). Hier versuchen die einzelnen Anbieter durch besondere Dienstleistungen eine stärkere Differenzierung ihrer sonst relativ einheitlichen Angebote zu erreichen als dies normalerweise durch das Kernprodukt möglich ist. Dabei führt der starke Wettbewerb, insbesondere unter den Full-Service-Anbietern, zur Entwicklung sehr kreativer und kundenorientierter Leistungen (vgl. Zusatzleistungen – Express/Ready-Services, S. 126). Die besondere Herausforderung bei den wahrnehmbaren Zusatzleistungen besteht darin, dass sie von Wettbewerbern innerhalb der Mietwagenbranche stets relativ schnell adaptiert bzw. nur leicht verändert übernommen werden. Damit geht einher, dass sich viele Zusatzleistungen in den Augen der

Kunden in eine Kernleistung verwandeln und damit in Bezug auf die Wettbewerber das Leistungsübliche darstellen (vgl. Freyer 2009a, S. 456 ff.).

Beispiele für wahrnehmbare Zusatzleistungen sind in der folgenden Tabelle 32 zusammengestellt.

Tabelle 32: Beispiele für wahrnehmbare Zusatzleistungen von Mietwagenunternehmen

Fahrzeugausstattung	
• Bordcomputer	• Parkhilfen
• Klimaanlagen	• Tempomat
Fahrzeugzubehör	
• Dachträger für Skier bzw. Fahrräder	• Schneezubehör/Schneeketten
• Dachboxen	• Skitasche
• Handy/Autotelefon	• Umzugszubehör, wie Möbelroller, Packdecken,
• Kinder-/Babysitze	Umzugskartons, Zurrgurte
• Navigationssysteme	• Winterreifen/Winterausrüstung
Serviceleistungen	
• 24h Service Center	• Einwegmieten
• 24h Unfall-, Notfall-, Pannenservice	• Elektronische Rechnungsstellung
• 24h-Service an Stationen	• Mallorca-Police
• Anlieferung/Abholung der Mietfahrzeuge	• Online-Check-in
• Behindertenservices	• Rapid Return
• Betankungsservice	• Ready/Express-Services

Quelle: eigene Darstellung.

Exkurs: Zusatzleistung Mallorca-Police

Eine besonders erwähnenswerte Zusatzleistung im Bereich der Ferienmietwagenvermieter ist die sog. Mallorca-Police. Es handelt sich dabei um eine Zusatzversicherung für die Anmietung von Mietfahrzeugen in bestimmten, vor allem touristischen Regionen im Mittelmeerraum. Sie wurde entwickelt, weil es in vielen Urlaubsländern nur geringe gesetzlich vorgeschriebene Haftpflichtdeckungssummen gab und gibt. So beträgt die Mindestdeckung bei Personenschäden in Spanien 350.000 Euro[75], in Griechenland 500.000 Euro und 25.500 Euro in der Türkei, während in Deutschland die gesetzliche Mindestdeckungssumme 7,5 Mio. Euro gilt. Übersteigt ein Schadensfall die Deckungssumme, muss der Unfallverursacher den Mehrbetrag bezahlen. Durch Abschluss der Mallorca-Police kann der Mieter eine Erhöhung der Deckungssumme, mindestens auf die in Deutschland vorgeschriebene Höhe, vereinbaren. Vereinzelt bieten Versicherer diese Mallorca-Police für Urlaubsmietwagen ihren Kunden als Leistung im Rahmen der normalen Kfz-Versicherung für ein in Deutschland zugelassenes Fahrzeug bereits mit an.

---

[75] Zum 1. Januar 2008 wurde in Spanien die gesetzliche Mindestdeckungssumme für Personenschäden auf 70 Mio. Euro erhöht.

Express/Ready-Services

Ein Feld der Produktpolitik auf dem sich besonders kundenorientierte wahrnehmbare Zu-
satzangebote etabliert haben, sind Serviceleistungen, die unmittelbar vor und nach der Mietwagennutzung ansetzen. Diese beziehen sich auf die Anmietung und Fahrzeugübernahme
sowie die Fahrzeugrückgabe. Es handelt sich dabei um Express- oder Ready-Services, die
von den Mietwagenunternehmen sowohl bei Abholung als auch bei Rückgabe der Fahrzeuge
angeboten werden und die diese Vorgänge beschleunigen sollen. Bei der Abholung der Fahrzeuge erhalten die Kunden das Versprechen auf eine besonders schnelle Abwicklung der
Anmietformalitäten und Übergabe der Fahrzeugunterlagen und -schlüssel. Bei der Rückgabe
der Fahrzeuge erfolgen die Übergabe der Fahrzeugschlüssel und ggf. die Ausstellung der
Rechnung direkt am Fahrzeug.

Grundlage für diese Express-Services, d. h. die schnelle Abwicklung der Formalitäten, ist,
dass die Kunden dem Mietwagenunternehmen bereits bekannt sind und die Fahrzeugreservierung vorab vorgenommen haben. Nur so kann eine Abwicklung des Anmietvorgangs
effizient und schnell durchgeführt werden. Die Kundendaten (inkl. Kundennummer, Rech-
nungsadresse, Zahlungsart, evtl. hinterlegte Kreditkarte, bevorzugte Fahrzeugklasse, Versi-
cherung/Deckung usw.) sind dazu meist auf einer Kundenkarte des Mietwagenunternehmens
registriert, die auch als Identifikationsmittel bei der Anmietung akzeptiert wird. Diese Kundenkarte wird vom Kunden am Schalter oder Automaten ggf. zusammen mit dem Führerschein vorgelegt und eine nochmalige Erfassung der Kundendaten kann entfallen. Da die
Reservierung meist schon erfolgt ist, ist auch der Mietvertrag bereits vorbereitet. Dieser
muss nicht einmal mehr unterzeichnet werden, da die Kundenkarte als entsprechendes Identifikationsmittel ausreicht. Im Anschluss erhält der Kunde die Fahrzeugpapiere und -schlüssel,
er kann zu seinem Fahrzeug gehen und losfahren. Beispiele für diese Express-Services sind:

Tabelle 33: Beispiele für diese Express-Services

Bei Abholung		Bei Rückgabe	
Avis	3 Minuten Versprechen	**Avis**	Rapid Return
Hertz	Hertz Express Service®, Hertz #1 Club Gold Exklusiv-Service	**Hertz**	Hertz Instant Return®
Europcar	Ready Service		
Sixt	Sixt Express, Online-Check-in		
Budget	Fast Break		

Quelle: eigene Zusammenstellung.

(2) Vorstellbare Zusatzleistungen

Die Zusatzleistungen der Vorstellungsebene sind affektiv und emotional verortet und damit
nicht physisch fassbar. Hierzu gehören z. B. die emotionalen Aspekte Freude, Genuss und
Spaß an der Mobilität und die empfundene Freiheit durch das Fahren (vgl. Freyer 2009a,
S. 459 f.). Dies wird von den Mietwagenunternehmen in Werbemaßnahmen und in der

Gestaltung der Fahrzeugflotten mit aufgenommen. So bieten bspw. Hertz und Sixt in der Kategorie ‚Fun Cars' Cabrios, Sportcoupés und Off Road Fahrzeuge an. Nicht zu unterschätzen und von den Mietwagenunternehmen auch speziell mit Angeboten versehen, sind auch die Leistungen im Bereich des sozialen bzw. des Geltungsnutzens. Prestige und Image eines Fahrzeugs oder einer Fahrzeugkategorie können einen wichtigen Teil des gesamten Produktnutzens ausmachen. So werden Geschäftsreisende mit luxuriösen Limousinen, umweltbewusste Fahrer mit so genannten ‚Grünen Flotten' angesprochen. Diese ‚Grünen Flotten' beinhalten Fahrzeuge mit geringem Treibstoffverbrauch oder mit alternativen, nicht ausschließlich auf Benzin- oder Dieselverbrennungsmotoren ausgerichteten Antriebssystemen.

Ein weiterer emotionaler Aspekt von Mietwagen ist die Beurteilung der Attraktivität eines Autofahrers in Verbindung mit seinem Fahrzeug. Viele Menschen versuchen ihre Attraktivität mit Hilfe eines Fahrzeugs zu unterstreichen. Eine Studie von Europcar widmete sich 2008 dieser Frage nach der Attraktivität von Männern und Frauen in bestimmten Autotypen. Ergebnis war: Frauen finden Männer in Cabrios und Geländewagen am attraktivsten. Frauen werden in Cabrios als am attraktivsten erachtet (vgl. EUROPCAR Autovermietung GmbH 2008b).

Exkurs: Wahrnehmbare und vorstellbare Zusatzleistungen bei Ferienmietwagenbrokern

Ferienmietwagenbroker stellen ihre Fahrzeuge meist für Urlauber und häufig im Ausland bereit (zum Geschäftsmodell der Ferienmietwagenbroker vgl. Kapitel 4.2.3, S. 54). Diese Kunden sind häufig keine regelmäßigen Mietwagenkunden und verlangen für ihren Urlaub in der Regel ein Mietwagenangebot, welches alle Zusatzleistungen einbezieht, damit sie die Sicherheit haben können, dass bei der Mietwagennutzung keine weiteren Zusatzkosten auf sie zukommen. Hier bieten die Ferienmietwagenbroker zusätzlich zu ihrem Kernprodukt Mietwagen zahlreiche wahrnehmbare Zusatzleistungen an, die diesem Bedürfnis entgegenkommen. Dazu gehören z. B. unbegrenzte Kilometer, Vollkaskoversicherungen ohne Selbstbeteiligung, hohe Haftpflichtdeckungssummen, kostenlose Umbuchung oder die Hotelzustellung. Durch die damit gewährleistete Planbarkeit der Mietwagennutzung für die Kunden resultiert auf der Ebene der vorstellbaren Zusatzleistungen die Sicherheit, dass sie ihren Urlaubsmietwagen ohne Risiko im Urlaubsland nutzen können. Tabelle 34 stellt die wahrnehmbaren und vorstellbaren Zusatzleistungen von Ferienmietwagenbrokern beispielhaft gegenüber. Auch hier führt wie bei den klassischen Mietwagenunternehmen die Konkurrenz um Kunden mit einem austauschbaren Kernprodukt zu einem Wettbewerb um das beste Produktangebot im Bereich der Zusatzleistungen (vgl. o.V. 2008d; o.V. 2008g).

Tabelle 34: Wahrnehmbare und vorstellbare Zusatzleistungen von Ferienmietwagenbrokern

		Holiday Autos	Sunny Cars
Wahrnehmbare Zusatzleistungen	Garantierte Haftpflicht-deckungssumme	Gemäß lokalen Bedingungen, mind. 2 Mio. Euro	Mind. 7,5 Mio. Euro
	Vollkaskoversicherung	Vollkaskoversicherung mit Rückerstattung der Selbstbeteiligung im Schadensfall auch an Glas, Dach und Reifen	Vollkaskoschutz mit Rückerstattung der Selbstbeteiligung inkl. Glas-, Reifen-, Dach- und Unterbodenschäden
	Kfz-Diebstahlversicherung	Ohne Selbstbeteiligung	Ohne Selbstbeteiligung
	Kilometer	Unbegrenzt	Unbegrenzt
	Lokale Steuern	Ja	Ja
	Flughafenbereitstellung, -gebühren	Ja	Ja (ausgenommen: Zypern, Neuseeland - Queenstown, Israel - Tel Aviv)
	Hotelzustellung und Einwegmieten	In vielen Destinationen kostenfrei	In vielen Destinationen kostenfrei
	Umbuchung	Kostenlos	K. A.
	Kosten für Extrafahrer	Teilweise Extrakosten	Teilweise Extrakosten
Vorstellbare Zusatzleistungen	Sicherheit und Planbarkeit	Ja	Ja

Quelle: eigene Darstellung.

8.1.3   Mietwagenstationen

Mietwagenstationen sind der Ort, an dem Nutzer die Fahrzeuge anmieten bzw. abholen und zurückgeben. Hier haben die Kunden direkten persönlichen Kontakt mit den Mitarbeitern der Mietwagenunternehmen und erleben die Mietwagenunternehmen selbst. Für Mietwagenunternehmen und Kunden ist die Mietwagenstation der wichtigste Kontaktpunkt im Vermietprozess und entsprechend attraktiv sollten die Stationen gestaltet sein. Durch eine übersichtliche Stationsgestaltung und Anordnung der Counter lassen sich zudem die Kunden besser den Serviceleistungen Anmietung, Express-Anmietung und Rückgabe zuordnen. So hat bspw. Europcar festgestellt, dass nach der Neugestaltung der Station am Flughafen Hamburg mehr Laufkundschaft zu verzeichnen ist. Dies wird auf die neue, moderne und offene Gestaltung der Mietwagenstationen zurückgeführt (vgl. Münck 2008a, S. 91). Mietwagenstationen sind wie folgt zu unterscheiden:

Abbildung 31: Unterscheidung von Mietwagenstationen

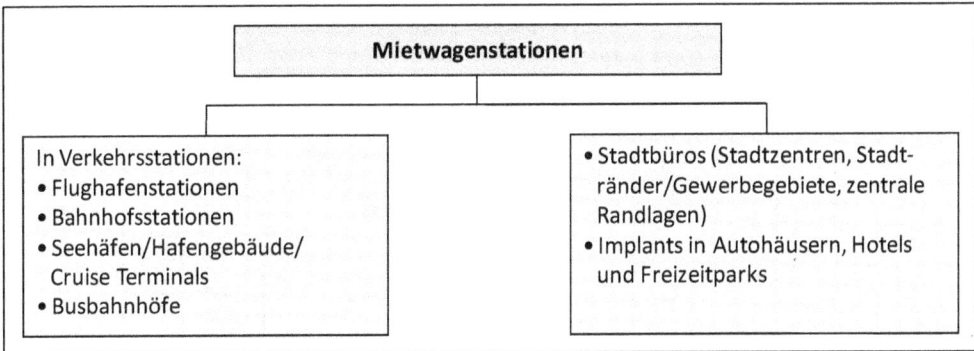

Mietwagenstationen	

In Verkehrsstationen:
• Flughafenstationen
• Bahnhofsstationen
• Seehäfen/Hafengebäude/
  Cruise Terminals
• Busbahnhöfe
	• Stadtbüros (Stadtzentren, Stadt-
	  ränder/Gewerbegebiete, zentrale
	  Randlagen)
	• Implants in Autohäusern, Hotels
	  und Freizeitparks

Quelle: eigene Darstellung.

Die Mietwagenstationen in den **Verkehrsstationen** richten sich dabei vor allem auf eine Bereitstellung von Anschlussmobilität für die anderen Verkehrsträger. Flughafenstationen befinden sich direkt dort, wo die Nachfrage der Kunden nach einer Fluganschlussmobilität entsteht: Am Flughafen. Idealerweise befinden sich die Mietwagenstationen direkt im Ankunftsbereich der Terminals, um den Kunden so eine schnelle Anmietung eines Mietwagens zu ermöglichen. Damit können Mietwagen direkt als An- und Abreisebeförderungsmittel zu und von einem Flughafen genutzt werden.

Für die Mietwagenunternehmen sind die **Flughafenstationen** wichtige Umsatzbringer. So erzielte Europcar 2007 ein Drittel seines weltweiten Umsatzes von 2,1 Mrd. Euro an den Flughafenstationen und 10 % an den Bahnhofsstationen (vgl. EUROPCAR Autovermietung GmbH 2007b, S. 11). Avis erzielte 2008 sogar 52 % seines Umsatzes an Flughafenstationen (vgl. Avis Europe plc 2008, S. 6). Insgesamt hatte Europcar im Jahr 2007 weltweit 5.400 Stationen, davon 218 Stationen an europäischen Flughäfen (vgl. EUROPCAR Autovermietung GmbH 2008h, S. 19). Die Bedeutung der Flughafenstationen haben auch andere Autovermieter erkannt, weshalb sie ebenfalls an den Flughäfen präsent sind. Abbildung 32 zeigt die Zahl der Stationen an europäischen Flughäfen für die Autovermieter.

Abbildung 32: Zahl der Flughafenstationen von Autovermietern in Europa

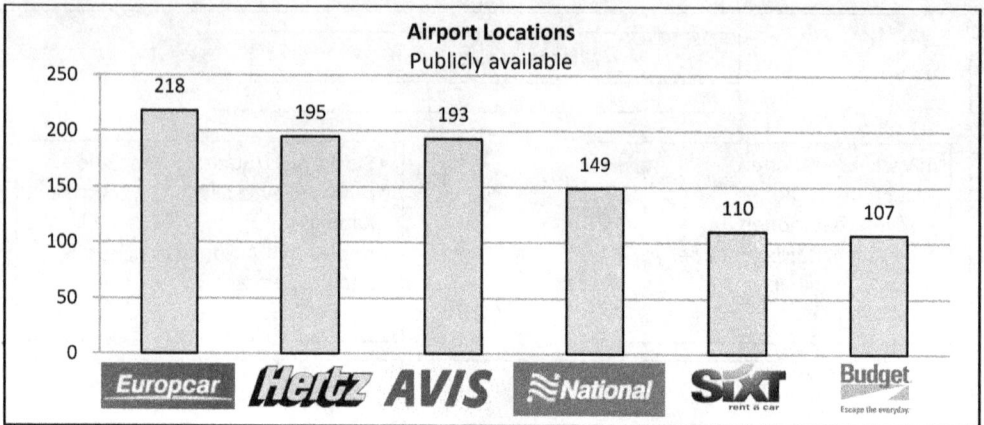

Quelle: EUROPCAR Autovermietung GmbH 2008h, S. 19.

Es gibt aber auch Stationen direkt an **Bahnhöfen von Eisenbahn und Bus**, wodurch die Mietwagenstationen näher an die Kunden rücken, die an diesen Verkehrsstationen nach einer entsprechenden Anschlussmobilität suchen. Die Verbindung von Schienen- und Straßenverkehr wird hier gestärkt. Da sich die Bus- und Eisenbahnhöfe zumeist auch in den Stadtzentren befinden, stellen diese Stationen z. T. auch zentrale Stadtbüros dar.

Für die Flächen der Stationen und Parkflächen der Mietfahrzeuge an Flughäfen aber auch an Bahnhöfen sind meist sehr hohe Mietpreise zu zahlen. Zudem werden von den Flughäfen teilweise auch Konzessionszahlungen in Form von Nettoumsatzbeteiligungen von den Mietwagenunternehmen verlangt. Die beim Unterhalt der Station anfallenden hohen Mietkosten werden von den Vermietern häufig in Form einer Service-Gebühr (ca. 20 % zzgl. Mwst.) auf den regulären Mietpreis für die Anmietung am Flughafen (oder Bahnhof) in Rechnung gestellt. Europcar spricht hier für 2007 von folgenden Kosten an deutschen Flughäfen:

- Konzessionszahlungen im zweistelligen Millionen Euro-Bereich,
- Monatliche Parkplatz-Mietkosten von 250.000 Euro für circa 2.200 Stellplätze,
- Flächenmieten in ungenannter Höhe für die Flughafenstationen[76] (vgl. EUROPCAR Autovermietung GmbH 2008h, S. 19).

Auf Grund dieser hohen Kosten, haben sich viele Mietwagenunternehmen ein Büro und einen Fahrzeugparkplatz etwas abseits der Terminals angemietet. Um die Kunden von und zu diesen so genannten ‚Off-Airport-Stationen' zu befördern, kommen Shuttlebusse und Chauffeurdienste zum Einsatz. Für die Kunden kann diese individuelle Beförderung zur Station

---

[76] Am Flughafen Stuttgart soll der Mietpreis für Stationsflächen 39,11 Euro je m² zzgl. Nebenkosten betragen. Für eine Stationsfläche von 25 m² würden somit allein 1.000 Euro Mietkosten fällig. Dazu kommen die Nebenkosten und 8,5 % des Nettoumsatzes als Konzession (vgl. Schulz 2009, S. 294).

einen exklusiven Charakter haben und als besonderer Service wahrgenommen werden (vgl. Münck 2007a, S. 86). Gleichzeitig ist ein solcher zusätzlicher Transfer aber immer auch mit einem zusätzlichen Aufwand verbunden, der die Bequemlichkeit der Fahrzeuganmietung und -übernahme für die Kunden einschränkt. Was bei Urlaubsreisenden als zusätzlicher Service und Erlebnis aufgefasst wird, kann für Geschäftsreisende, die unter zeitlichem Druck stehen, ein wesentliches Buchungshindernis sein, wollen letztgenannte doch eine besonders schnelle Abfertigung an den Stationen mit kurzen Wegen zum Mietwagen. Um an dieser Stelle keine Kunden an andere Anbieter zu verlieren und um nah an den Kunden zu sein, versuchen große Mietwagenunternehmen trotz der hohen Kosten in den Airports sog. ‚In-Terminal-Schalter' einzurichten. So ist Sixt erst im Jahr 2008 in den Flughafen Palma de Mallorca eingezogen (vgl. o.V. 2008b). Im Sommer 2009 gab das mittelständische Mietwagenunternehmen Terstappen bekannt, eine Station im Flughafen Frankfurt zu eröffnen. Vorher hatte das Unternehmen lediglich eine Station außerhalb des Flughafens. Weitere Stationen an Airports im Bundesgebiet sollen folgen. Dies geschieht aus dem Kalkül heraus, das direkt am Flughafen ein stärkeres Geschäft mit gut zahlenden Firmenkunden zu erzielen ist (vgl. o.V. 2009e).

Eine Erweiterung der klassischen Flughafenstation ist Europcar mit dem **rollenden Mietwagen-Counter** gelungen. Hier setzt Europcar am Flughafen Hamburg Segways als Verkaufsschalter ein. Die Segways fahren zu wartenden Fluggästen am Check-in und den Gates, die dort direkt den Mietwagen für den Ankunftsflughafen buchen können (vgl. Münck 2009b, S. 80).

Stadtbüros befinden sich häufig an den Stadträndern, in Gewerbegebieten oder zentrumsnahen Randlagen. Die Mietwagenkunden haben hier meist weite Wege zu den Mietwagenstationen zurückzulegen. Mitunter gibt es auch keine Möglichkeit, die Stationen mit öffentlichen Verkehrsmitteln zu erreichen, was den Zugang der Kunden behindert.

Eine weitere Form der Mietwagenstation sind **Implants**. Das sind Vermietstationen, die in Autohäusern und Hotels integriert sind. So kooperiert Sixt in Berlin mit BMW und ist dadurch in drei BMW-Niederlassungen mit seinen Mietfahrzeugen präsent. Zielgruppe sind hier Kunden, die ein (hochwertiges) Werkstattersatzfahrzeug benötigen.

Automaten/Terminals

Häufig werden neben den Flughafen- und Bahnhofsstationen der Fahrzeugvermieter auch Automaten und Terminals zur Verfügung gestellt. Dort können die Kunden ohne direkten Kontakt mit den Mitarbeitern die Mietformalitäten zu jeder Zeit, unabhängig von den Stationsöffnungszeiten erledigen und erhalten hier auch die Fahrzeugschlüssel. Die Terminals werden dabei vor allem von erfahrenen Kunden der Autovermietungen genutzt, die mit den Abläufen der Fahrzeuganmietung, Schlüssel- und Fahrzeugübergabe und Fahrzeugrückgabe vertraut sind.

8.1.4   Kundenbindungsprogramme

Kundenbindungsprogramme sollen die Anbieter-Kunde-Beziehung stabilisieren und vertiefen. Sie sind hauptsächlich ein produktpolitisches Instrument, da sie häufig mit der Gewährung von besonderen Serviceleistungen für die Kunden verbunden sind. In einigen Fällen können sie auch als preispolitisches Instrument angesehen werden, wenn sie bspw. zur Preisdifferenzierung eingesetzt werden.

Für Unternehmen bietet sich durch Kundenbindungsprogramme eine Möglichkeit stabilere und intensivierte Kundenbeziehungen aufzubauen. Sie können dadurch eine höhere Produktnutzung erreichen und damit einen größeren Absatz realisieren. Zudem werden durch die dauerhaften Kundenbeziehungen Kosten reduziert, die aus Lerneffekten der Kunden im Umgang mit dem Unternehmensleistungen resultieren. Die Kosten der Interaktion und der Betreuung der Kunden können dadurch sinken. Außerdem empfehlen loyale Kunden die Leistungen eines Unternehmens eher weiter und sorgen so für eine positive Mund-zu-Mund-Kommunikation (vgl. Meffert/Bruhn 2009, S. 101 f.).

Kundenbindungsprogramme werden in **Firmenförderungsprogramme**, die sich an Geschäfts- und Großkunden richten, und **Bonusprogramme**, die sich an die Endkunden richten, unterschieden. Für die Kunden bieten die Kundenbindungsprogramme Anreize, ihre Nachfrage auf einen bestimmten Leistungsanbieter zu konzentrieren. Diese Anreize können materieller Natur (Preisnachlässe) oder Produktvorteile sein, die sich auf erweitere Leistungen vor allem im Servicebereich (Umbuchungen, Stornierungen, Upgrades) und Statusvorteile (bevorzugte Behandlung) beziehen.

Firmenförderung

Mit Firmenförderprogrammen versuchen Mietwagenunternehmen Großkunden an sich zu binden. Dazu werden mit den Kunden Rahmenverträge geschlossen, in denen spezielle Firmenkonditionen (Corporate Rates) ausgehandelt werden. Diese Corporate Rates sind an bestimmte Mindestumsätze gekoppelt, deren Basis das tatsächliche oder das prognostizierte Umsatzvolumen einer Periode ist. Experten sprechen hier von Nachlässen bis zu 50 % gegenüber den Normaltarifen (vgl. Hammer/Naumann 2004, S. 58).

Für die Unternehmen lohnt es sich, wenn sie ihr Mietwagenbuchungsaufkommen auf einen oder wenige Anbieter konzentrieren. Je nach Anbieter unterscheiden sich die geforderten Mindestumsätze. Bei Hertz beispielsweise können solche Rahmenverträge erst ab einem jährlichen Mietwagenumsatz von 5.000 Euro vereinbart werden, wobei Rabatte zwischen 20 und 30 % erzielt werden können (vgl. Jürs 2008, S. 66).

Bonussysteme

Bonussysteme richten sich an die Endkunden der Mietwagenunternehmen. Hierbei sind eigene Bonussysteme der Mietwagenunternehmen und die Teilnahme an Bonussystemen anderer Leistungsträger zu unterscheiden. Ein solches Bonussystem bietet z. B. Avis an. ‚Avis Bonus Plus' wendet sich sowohl an Privatreisende als auch an klein- und mittelständische Unternehmen. Diese sammeln für jeden Miettag einen Bonuspunkt. Mit 15

Bonuspunkten kann man weltweit ein Fahrzeug der Avis-Flotte kostenfrei nutzen (Avis Autovermietung GmbH & Co. KG 2009a).

Auch Sixt bietet seinen Kunden ein Bonusprogramm. Dieses umfasst mehrere Stufen, die jeweils mit entsprechenden Serviceleistungen und Preisvorteilen verbunden sind (vgl. Tabelle 35).

Tabelle 35: Sixt Bonusprogramme

Karten-name	Sixt Express Card	Sixt Gold Card	Sixt Platinum Card[77]
Voraus-setzung	Für alle Kunden	Ab 5 Mieten pro Jahr	Ab 20 Mieten pro Jahr
Leis-tungen	Günstige Self-Service Tarife bzw. Hinterlegung des Firmentarifs	25% auf alle rabattfähige Tarife bzw. Hinterlegung des Firmentarifs	35% auf alle rabattfähige Tarife bzw. Hinterlegung des Firmentarifs
	Mietformalitäten entfallen, da die persönlichen Daten gespeichert werden	Mietformalitäten entfallen, da die persönlichen Daten gespeichert werden	Mietformalitäten entfallen, da die persönlichen Daten gespeichert werden
	Bequeme Bezahlung über hinterlegte Kreditkarte	Bequeme Bezahlung über hinterlegte Kreditkarte	Bequeme Bezahlung über hinterlegte Kreditkarte
	-	-	Automatisches Upgrade zur nächst höheren Fahrzeuggruppe
	5% Rabatt auf Sixt holiday cars bei telefonischer Direktbuchung	15% Rabatt auf Sixt holiday cars bei telefonischer Direktbuchung	20% Rabatt auf Sixt holiday cars bei telefonischer Direktbuchung
	5% auf alle rabattfähigen Tarife bei Sixt rent a truck	15% auf alle rabattfähigen Tarife bei Sixt rent a truck	20% auf alle rabattfähigen Tarife bei Sixt rent a truck
	-	20% auf Sixt limousine service in Deutschland, Österreich, Schweiz; 10% in allen anderen Ländern	20% auf Sixt limousine service in Deutschland, Österreich, Schweiz; 10% in allen anderen Ländern
	Prämien sammeln: Meilen bei Partner-Airlines/-Hotels und Bonuspunkte bei HappyDigits oder webmiles	Prämien sammeln: Meilen bei Partner-Airlines/-Hotels und Bonuspunkte bei HappyDigits oder webmiles	Prämien sammeln: Meilen bei Partner-Airlines/-Hotels und Bonuspunkte bei HappyDigits oder webmiles
	Sixt-American-Express Card: 3x Mieten/Jahr und 50 Euro Gutschein erhalten, für 36 Euro Jahresgebühr	Sixt-American-Express Card: 3x Mieten/Jahr und 50 Euro Gutschein erhalten, für 36 Euro Jahresgebühr; Sixt-American-Express-Gold-Card ohne Jahresgebühr bei 10 Mieten pro Kalenderjahr	Sixt-American-Express Card: 3x Mieten/Jahr und 50 Euro Gutschein erhalten, für 36 Euro Jahresgebühr

---

[77] Die Platinum Card kann laut Auskunft der Service-Hotline von Sixt nicht direkt über die Sixt-Internetseite beantragt werden, sondern man bekommt sie automatisch, sofern die 20 Anmietungen in einem Jahr vorhanden sind. Im Gegensatz zur Gold-Karte wird nur am Ende eines Kalenderjahres abgerechnet, d.h. im laufenden Jahr bekommt man keine Platinum-Karte ausgestellt. Vielflieger, die bei der Lufthansa den sog. Senator-Status erreicht haben, können über die Lufthansa-Seite jedoch eine Platinum-Karte beantragen.

Tabelle 35: Sixt Bonusprogramme (Fortsetzung)

Karten-name	Sixt Express Card	Sixt Gold Card	Sixt Platinum Card
Leis-tungen	Sixt Leasing: Sonderkonditionen bei Anschluss eines Online-Privatleasingsvertrag und 10.000 Bonuspunkte bei einem Partner	Sixt Leasing: Sonderkonditionen bei Anschluss eines Online-Privatleasingsvertrag und 10.000 Bonuspunkte bei einem Partner	Sixt Leasing: Sonderkonditionen bei Anschluss eines Online-Privatleasingsvertrag und 10.000 Bonuspunkte bei einem Partner
	Sixt Express am Sixt-Terminal: Mieten vor Abflug oder am Ankunftsort, an vielen europ. Flughäfen und Bahnhöfen	Sixt Express am Sixt-Terminal: Mieten vor Abflug oder am Ankunftsort, an vielen europ. Flughäfen und Bahnhöfen	Sixt Express am Sixt-Terminal: Mieten vor Abflug oder am Ankunftsort, an vielen europ. Flughäfen und Bahnhöfen
	24 h Sixt Assistance	24 h Sixt Assistance	24 h Sixt Assistance
		Mobilitätsgarantie: bei Anruf bis zu 12 h vor Anmietung, wird Fahrzeug zur Verfügung gestellt	Mobilitätsgarantie: bei Anruf bis zu 5 h vor Anmietung, wird Fahrzeug zur Verfügung gestellt
		Sixt Quick Check-in: mit Reservierung oder ohne – am Telefon Auto aussuchen und Vertrag schließen, bei Ankunft direkt zum Schlüsselsafe	Sixt Quick Check-in: mit Reservierung oder ohne – am Telefon Auto aussuchen und Vertrag schließen, bei Ankunft direkt zum Schlüsselsafe

Quelle: Sixt AG 2009e.

Darüber hinaus gibt es auch die sog. Sixt Ladies Card, bei der vom Partner und dessen Karte profitiert wird, sowie die Sixt CarAbo Card für vielreisende Manager, bei der der Karteninhaber eine konstante Monatsrate für eine festgelegte Fahrzeugkategorie erhält und die Vertragsdauer zwischen sechs und 24 Monate beträgt. Eine weitere Card der Sixt Autovermietung ist die **Sixt Diamond Card**, die nur auf Empfehlung des Vorstands der Sixt AG vergeben wird.

Häufiger kooperieren die Mietwagenunternehmen mit den Bonussystemen anderer Leistungsträger und branchenübergreifenden Bonussystemen. Dies ist für die Autovermieter jedoch kein Alleinstellungsmerkmal, denn inzwischen kooperieren die meisten Unternehmen mit etablierten Fluggesellschaften, Hotel oder Bonussystemen wie Payback. Im Gegenteil, die Kunden erwarten die Teilnahme an einem anderen Bonussystem geradezu, und kein Anbieter kann auf diese Kooperationen verzichten (vgl. Hammer/Naumann 2004, S. 59).

8.1.5 Anmietzyklus

Der Anmietzyklus soll die Vorgänge bei einem Mietvorgang aus Sicht der Kunden und des Mietwagenunternehmens darstellen. Bei allen Vorgängen des Anmietzyklus ergeben sich Ansatzpunkte für Serviceleistungen, mit denen sich Mietwagenunternehmen über das Mietfahrzeug hinaus bei den Kunden profilieren und vom Wettbewerb differenzieren können. Die einzelnen Aktivitäten von Mietwagenunternehmen und Kunden im Anmietzyklus stellt Abbildung 33 dar.[78]

Aus Sicht der **Mietwagenunternehmen** ergibt sich der Anmietzyklus aus Tätigkeiten, die für die Kunden nicht sichtbar sind, sich aber bei jedem Mietvorgang wiederholen. Dies sind die formelle Abwicklung der Mietvorgänge sowie die Fahrzeugbereitstellung und -rücknahme. Zur formellen Abwicklung gehören die Entgegennahme der Fahrzeug-Reservierung und der Sonderwünsche des Kunden und deren Weiterleitung an die entsprechende Station. Diese übernimmt die Auswahl des Fahrzeugs, bereitet alle Unterlagen für die Fahrzeugübergabe vor und übergibt dem Kunden das Fahrzeug. Aus Sicht des Unternehmens findet damit der Check-out statt. Während der Kunde das Fahrzeug nutzt, stellt das Mietwagenunternehmen beispielsweise Call Center bereit.

Nach der Fahrzeugrückgabe durch den Kunden (aus Sicht des Unternehmens: Check-in) übernimmt die Station die formelle Abwicklung der Rückgabe und die Rechnungsstellung an den Kunden.

Im Bereich der Fahrzeugbereitstellung erfolgen zuerst die Vorbereitung des Fahrzeugs und die Fahrzeugübergabe. Nach der Fahrzeugrückgabe kommt es zur Innen- und Außenpflege, der technischen Wartung und ggf. dem Betanken der Fahrzeuge. Außerdem werden Fahrzeuge für die nächste Anmietung vorbereitet.

---

[78] Grundlage der Erstellung des Anmietzyklus ist die Kontaktpunktanalyse des Blueprinting. „Das Ziel (des Blueprinting, Anm. d. Verf.) besteht darin, den gesamten Serviceprozess mit seinem zeitlichen Ablauf zu visualisieren und dabei direkte Interaktionen mit dem Kunden bzw. der Kundin von Hintergrund-Aktivitäten zu unterscheiden, welche diese/r gar nicht wahrnimmt." (Gelbrich 2009, S. 620) Dabei wird zwischen dem, was die Kunden wahrnehmen (Frontoffice), und dem, was sie nicht wahrnehmen (Backoffice) eine sog. ‚Line of Visibility' gezogen. Zur Erstellung des Blueprint müssen sämtliche Teilprozesse einer Dienstleistung erkannt werden um sie in einem Flussdiagramm darstellen zu können (vgl. ders. 2009, S. 619 ff.).

Abbildung 33: Anmietzyklus

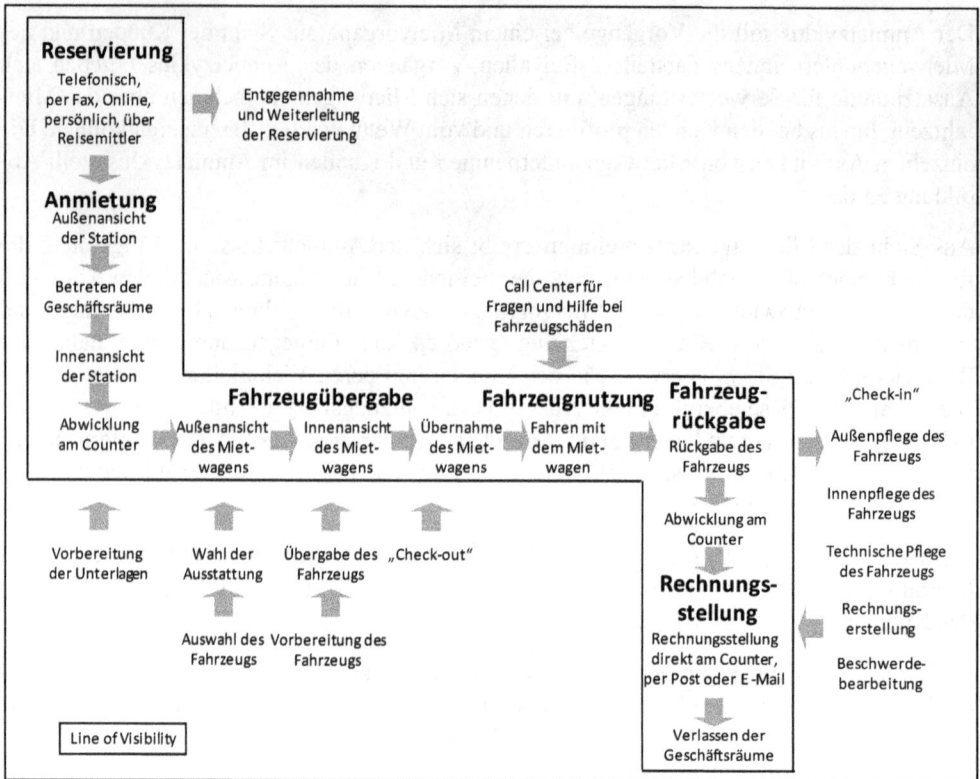

Reservierung
Telefonisch, per Fax, Online, persönlich, über Reisemittler

Entgegennahme und Weiterleitung der Reservierung

Anmietung
Außenansicht der Station

Betreten der Geschäftsräume

Call Center für Fragen und Hilfe bei Fahrzeugschäden

Innenansicht der Station

Abwicklung am Counter

Fahrzeugübergabe
Außenansicht des Miet-wagens — Innenansicht des Miet-wagens

Fahrzeugnutzung
Übernahme des Miet-wagens — Fahren mit dem Miet-wagen

Fahrzeug-rückgabe
Rückgabe des Fahrzeugs

„Check-in"
Außenpflege des Fahrzeugs

Innenpflege des Fahrzeugs

Vorbereitung der Unterlagen — Wahl der Ausstattung — Übergabe des Fahrzeugs — „Check-out"

Abwicklung am Counter

Technische Pflege des Fahrzeugs

Rechnungs-stellung
Rechnungsstellung direkt am Counter, per Post oder E-Mail

Rechnungs-erstellung

Auswahl des Fahrzeugs — Vorbereitung des Fahrzeugs

Beschwerde-bearbeitung

Line of Visibility

Verlassen der Geschäftsräume

Quelle: eigene Darstellung, in Anlehnung an Meffert/Bruhn 1997, S. 574.

Aus Sicht der **Kunden** schließt sich der Anmietzyklus zum Kreislauf, wenn diese am Anfang und am Ende eines Mietvorgangs zur Station des Mietwagenunternehmens kommen. Ein Mietvorgang besteht für Kunden aus den Teilprozessen Reservierung, Anmietung und Fahrzeugübergabe, der Fahrzeugnutzung sowie Fahrzeugrückgabe und Rechnungsstellung. Zu jedem dieser Teilprozesse gehören dabei noch zahlreiche Teilaktivitäten.

a) Reservierung
Die Reservierung ist die Bestellung eines bestimmten Fahrzeugs für einen bestimmten Termin an einen bestimmten Ort. Reservierungen können telefonisch und per Fax, in den Stationen, online im Internet und in Reisebüros getätigt werden. Online-Reservierungen können zum einen über die Webseiten der Mietwagenunternehmen erfolgen. Verstärkt etablieren sich aber auch mobile Online-Lösungen, bei denen über PDA, Blackberry, Smartphone und iPhone Fahrzeuge reserviert werden können. Bei der Fahrzeugreservierung sollte sich der Mieter vorab versichern, dass er das passende Fahrzeug (bzgl. Passagier- und Gepäckkapazität, sonstige Ausstattung) ausgewählt hat. Zusätzlich muss er sich mit den Mietbedingungen

vertraut machen, um Überraschungen bspw. bei Alter des Fahrers, Versicherungsbedingungen, Kilometerbegrenzung oder Extrakosten zu vermeiden.

b) Anmietung

Die Anmietung des Mietfahrzeugs erfolgt mit Unterzeichnung des Mietvertrags an der Station oder am Automat/Terminal. Der Mieter muss seinen Führerschein und ein gültiges Ausweisdokument vorlegen. Für evtl. auftretende Schäden am Fahrzeug muss eine Kaution entweder mittels Kreditkarte oder mit Bargeld hinterlegt werden. Im Mietvertrag müssen aus versicherungsrechtlichen Gründen alle Fahrer vermerkt sein.

Der Vorgang der Anmietung kann auch als Online-Check-in oder Mobile-Check-in vorgenommen werden. Hierbei meldet sich der Mieter über die Webseite oder das Call Center des Vermieters für die Fahrzeugübergabe an. Dieses Angebot steht Kunden mit einer Kundennummer und entsprechend bereits hinterlegten Daten zur Verfügung. Nach erfolgtem Check-in holen die Kunden die Fahrzeugschlüssel und Dokumente nur noch am Express-Schalter oder dem Schlüsselsafe ab. Sollte der Kunde noch etwas warten müssen oder noch Zeit haben, bieten viele Stationen auch hierzu die entsprechenden Serviceleistungen. Dies kann von kostenlosen Tageszeitungen bis zum kostenfreien Kaffee oder Softdrink reichen.

c) Fahrzeugübernahme

Bei der Fahrzeugübernahme sollte der Mieter das Fahrzeug innen und außen intensiv inspizieren. Eventuelle Mängel und Beschädigungen am Fahrzeug müssen im Übergabeprotokoll vermerkt werden. Ebenso sollte der Tankinhalt dokumentiert werden und eine Kontrolle erfolgen, ob die angeforderte Zusatzausstattung vorhanden ist.

d) Fahrzeugrückgabe

Die Rückgabe der Fahrzeuge erfolgt an den Stationen der Mietwagenunternehmen oder am Automaten. Dabei muss sichergestellt sein, dass der Zeitpunkt der Fahrzeugrückgabe dokumentiert und die Rückgabe bestätigt wird. Außerhalb der Öffnungszeiten erfolgt die Rückgabe durch das Abstellen des Fahrzeugs auf dem Parkplatz und durch Einwerfen der Fahrzeugschlüssel und -unterlagen in einen Briefkasten oder ein Schließfach. Damit hier der Zeitpunkt der Fahrzeugrückgabe verlässlich dokumentiert wird, gibt es die Möglichkeit des E-Return (Sixt), bei dem durch einen Chip im Fahrzeugschlüssel die Rückgabe erfasst wird. Auch bei der Rückgabe ist wieder ein Übergabeprotokoll aufzunehmen, welches bereits vorhandene und vom Mieter verursachte Schäden festhält.

e) Rechnungsstellung

Die Rechnungsstellung erfolgt bei Fahrzeugrückgabe direkt am Automat oder am Stationscounter. Die Rechnungen werden aber auch per Post oder E-Mail verschickt. Rechnungskopien können ebenso auf elektronischen Weg angefordert werden.

8.1.6   Produktqualität

Die Beurteilung der Produktqualität eines Mietwagens umfasst die verschiedenen Teilberei-
che der gesamten Produktleistung Mietwagen. Dazu gehört die Beurteilung der Kernleistung
Mietwagen (Beurteilung des Mietfahrzeugs und der Fahrzeugsicherheit) sowie die Beurteilung der wahrnehmbaren Zusatzleistungen und hier insbesondere der Servicequalität der
Mietwagenunternehmen.

Fahrzeugsicherheit
Die Sicherheit der Mietfahrzeuge stellt für die Kunden ein wichtiges Kriterium für die Zufriedenheit mit der Mietwagennutzung dar. Ein Fahrzeug wird hierbei als sicher angesehen,
wenn es sich in einem optisch guten Zustand befindet und regelmäßig gewartet wurde, was
durch entsprechende Nachweise belegt wird. In Abbildung 34 wird ersichtlich, dass für 91 %
der geschäftlich reisenden Mietwagennutzer der Zustand des Fahrzeugs besonders wichtig
ist. Tatsächlich zufrieden mit dem Zustand des Fahrzeugs sind in der Folge nur noch 83 %
der Befragten (vgl. Schneider 2008, S. 63).

Abbildung 34: Wichtigkeit von Merkmalen eines Mietwagens

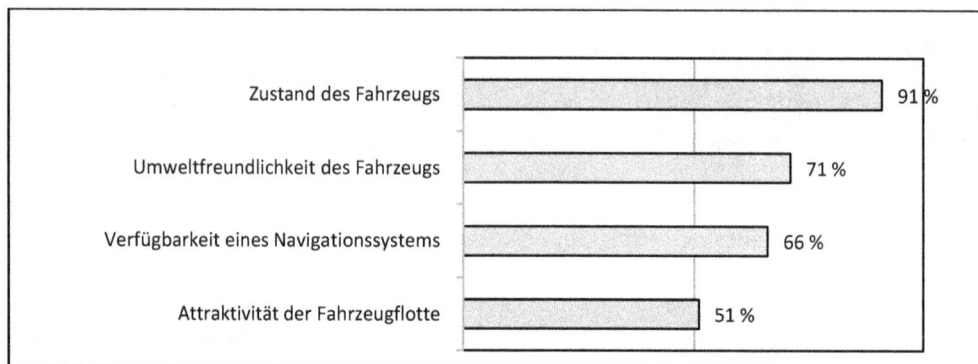

Quelle: Schneider 2008, S. 63.

Große Mietwagenunternehmen verwenden meist nur Neufahrzeuge, die mit einer entsprechend jungen Lebensdauer und geringen Laufleistung häufig in einem guten Zustand und
sicher sind. Kleinere Unternehmen und Anbieter in Ferienländern hingegen vermieten oftmals gebraucht beschaffte Fahrzeuge oder Fahrzeuge mit einer hohen Laufleistung. Bei diesen Fahrzeugen sind die Aspekte der Wartung und Sicherheit noch wichtiger einzuschätzen,
werden allerdings nicht immer gewährleistet.

Im **ADAC-Mietwagentest** 2009 wurden 60 Anbieter von Mietwagen in sieben Urlaubsländern in Bezug auf die Anmietung und den Zustand der Mietfahrzeuge getestet. Untersucht
wurden an den Fahrzeugen neben dem Allgemeinzustand auch der Motorraum, Fahrwerk,
Beleuchtung/Elektrik sowie die Ausrüstung und Insassensicherheit. Im Test stellte sich heraus, dass der Zustand jedes fünften Fahrzeugs als ‚mangelhaft' oder ‚bedenklich'

einzuordnen ist, während auf der anderen Seite aber auch mehr als die Hälfte alle untersuchten Fahrzeuge mit ‚gut' oder ‚sehr gut' abschnitten. Interessant ist dabei, dass bei den großen internationalen Mietwagenunternehmen die Gesamtbeurteilung der Fahrzeuge besser ausfiel als bei den kleinen lokalen Anbietern (vgl. ADAC e.V. 2009c und Tabelle 36).

Tabelle 36: Beurteilung der Mietfahrzeuge im Vergleich

Insgesamt 60 untersuchte Fahrzeuge	Anzahl der entsprechend beurteilten Fahrzeuge		
	sehr gut/gut	durchschnittlich	bedenklich/ mangelhaft
Große internationale Mietwagenunternehmen (insgesamt 25 untersuchte Fahrzeuge)	18	4	3
Kleine lokale Anbieter (insgesamt 35 untersuchte Fahrzeuge)	16	10	9

Quelle: ADAC e.V. 2009c.

Servicequalität

Die Servicequalität bezieht sich auf die Güte der Ausgestaltung der wahrnehmbaren Zusatzleistungen eines Mietwagenunternehmens. Eine besondere Serviceleistung stellen dabei die Kontaktwege und die Qualität der darüber erbrachten Serviceleistungen dar. Beim direkten Kontakt zum Leistungsträger, bspw. bei einer Frage zu einer Buchung, stellt sich die tatsächliche Güte der Interaktion zwischen Kunden und Unternehmen erst heraus.

Das Deutsche Institut für Service-Qualität (DISQ) hat im Rahmen seiner Studie ‚**Bester Autovermieter 2008**' neben einer Konditionenanalyse auch eine Serviceanalyse bei sechs großen Autovermietern für Privatkunden in Deutschland durchgeführt. Hier wurden der Internetauftritt der Anbieter, die telefonische und die E-Mail-Kontaktqualität betrachtet. Besonderer Fokus wurde in der Studie auf die telefonische Kontaktqualität gelegt. Teilaspekte dabei waren: Aktivitätsgrad (tatsächliche Erreichbarkeit), Zuverlässigkeit (der Aussagen), Kompetenzgrad (Individualität und Glaubwürdigkeit des Beratung) und Kommunikationsqualität (Freundlichkeit, Gesprächsatmosphäre, akustische Verständlichkeit des Gesprächs). Testsieger der Studie wurde im Teilsegment Service Sixt vor Budget und Hertz, wobei bei Sixt besonders die telefonische Beratung und die E-Mail-Beantwortung im Vergleich zu den anderen Anbietern positiver bewertet wurden (vgl. Tabelle 37). Besondere Defizite fanden die Tester bei der individuellen Beratung und der Gesprächsatmosphäre bei telefonischen Anfragen, sowie bei der Beantwortung von E-Mails, von denen die Hälfte gar nicht und die verbliebenen im Durchschnitt erst nach 35 Stunden beantwortet wurden (vgl. DISQ 2008; o.V. 2008c).

Tabelle 37: Ergebnisse der Serviceanalyse 2008

	Service gesamt	Note	Telefon 60%	E-Mail 20%	Internetauftritt 20%
	Punkte*		Punkte*	Punkte*	Punkte*
Sixt	70,9	Gut	73,3	76,0	58,4
Budget	67,8	Befriedigend	72,0	81,0	42,1
Hertz	64,8	Befriedigend	71,1	62,8	48,1
Europcar	62,6	Befriedigend	66,3	53,0	60,9
National	61,2	Befriedigend	61,6	63,1	58,3
Avis	57,9	Ausreichend	76,6	0,0	59,5

*Punkte: Bewertet auf einer Skala von 0 bis 100 (maximal 100 Punkte erreichbar).

Quelle: DISQ 2008.

Auszeichnungen für die Produktqualität von Mietwagenfirmen

Die Qualität der Leistungen von Mietwagenunternehmen wird beständig und von verschiedenen Institutionen überprüft. Dabei stellen die einzelnen Untersuchungen auf verschiedene geografische Räume und Nutzerkreise von Mietwagen ab. Untersuchungsschwerpunkte sind dabei meist: Preis-Leistungsverhältnis, Qualität der Fahrzeuge, Service und Ablauf der Vermietprozesse. In der folgenden Tabelle finden sich einige Auszeichnungen im Überblick:

Tabelle 38: Auszeichnungen für Produktqualität von Mietwagenfirmen

Auszeichnung, Titel		Kriterien	Preis-träger
‚2009 World's Best Award' (1)	Fachmagazin ‚Leisure + Travel'	• Bewertung internationaler Mietwagenanbieter • Kriterien: Angebot, Buchung und Verfügbarkeit von Fahrzeugen, Stationen, Service, Preis-Leistungsverhältnis • Leserbefragung der Fachzeitschrift ‚Leisure + Travel'	Sixt
‚Autoflotte Flotten-Award 2008' – Bester Autovermieter in Deutschland (3)	Fachzeitschrift ‚Autoflotte'	• Ausgezeichnet wird die beste Kombination aus Produkt und Dienstleistung • Wahl erfolgte durch 5.000 Leser	Sixt
‚Bester Autovermieter 2008' (5)	Deutsches Institut für Service-Qualität	• Untersuchung von sechs großen Autovermietern in Deutschland • Untersucht wurden der Service und Mietkonditionen	Avis
‚Bester Autovermieter 2009' (6)	Deutsches Institut für Service-Qualität	• Untersuchung von sechs großen Autovermietern in Deutschland • Untersucht wurden der Service und Mietkonditionen	Europcar
‚Europe's leading Car Hire Company 2008' (7)	World Travel Awards	• Ehrung als führende Autovermietung in Europa • Award wird von globalen Reisebürovertretern und ihren Kunden vergeben	Europcar

Tabelle 38: Auszeichnungen für Produktqualität von Mietwagenfirmen (Fortsetzung)

Auszeichnung, Titel		Kriterien	Preis-träger
‚World's leading Leisure Car Rental Company 2007' (7)	World Travel Awards	• Ehrung als bester Vermieter im Privatkundensegment • Award wird von globalen Reisebürovertretern und ihren Kunden vergeben	Europcar
‚World's Leading Business Car Rental Company 2008' (8)	World Travel Awards	• Ehrung als bester Vermieter im Geschäftskundenseg-ment • Award wird von globalen Reisebürovertretern und ihren Kunden vergeben	Avis
‚World's Leading Green Transport Solution Company 2008' (7)	World Travel Awards	• Ehrung als weltweites führendes ökologisches Trans-portunternehmen • Award wird von globalen Reisebürovertretern und ihren Kunden vergeben	Europcar
‚Business Traveller Award 2006' – ‚Bester Autovermieter in Deutschland' (7)	Fachzeitschrift ‚Business Traveller'	• Weltweite Befragung von 100.000 Geschäftsreisenden • Kriterien: Preis-Leistung, Buchungsablauf, Service, Fahr-zeugqualität, Modellvielfalt	Europcar
‚Business Traveller Award 2007' – ‚Bester Autovermieter in Deutschland' (7)	Fachzeitschrift ‚Business Traveller'	• Weltweite Befragung von 100.000 Geschäftsreisenden • Kriterien: Preis-Leistung, Buchungsablauf, Service, Fahr-zeugqualität, Modellvielfalt	Europcar
‚Business Traveller Award 2008' – ‚Bester Autovermieter in Deutschland' (9)	Fachzeitschrift ‚Business Traveller'	• Weltweite Befragung von 80.000 Geschäftsreisenden • Kriterien: Preis-Leistung, Buchungsablauf, Service, Fahr-zeugqualität, Modellvielfalt	Europcar
‚Business Traveller Award 2007' – ‚Bester Autovermieter in Europa' (2)	Fachzeitschrift ‚Business Traveller'	• Weltweite Befragung von 80.000 Geschäftsreisenden • Kriterien: Preis-Leistung, Buchungsablauf, Service, Fahr-zeugqualität, Modellvielfalt	Sixt
‚Business Traveller Award 2008' – ‚Bester Autovermieter in Europa' (4)	Fachzeitschrift ‚Business Traveller'	• Auswertung von 1.000 Fragebögen der Leser der Fach-zeitschrift • Kriterien: Preis-Leistung, Buchungsablauf, Service, Fahr-zeugqualität	Sixt

(1) Sixt GmbH & Co. Autovermietung AG 2009b
(2) Sixt GmbH & Co. Autovermietung AG 2008a
(3) Sixt GmbH & Co. Autovermietung AG 2008b
(4) Sixt GmbH & Co. Autovermietung AG 2009a
(5) DISQ 2008.

(6) o.V. 2009m
(7) EUROPCAR Autovermietung GmbH 2009c
(8) Avis Autovermietung GmbH & Co. KG 2009c
(9) o.V. 2009o.

Quelle: eigene Zusammenstellung.

8.2   Preispolitik

Der Preis stellt für Mietwagenunternehmen ein wichtiges Marketinginstrument dar, da man sich in einer Branche mit austauschbaren Produkten mit Hilfe des Preises für eine Leistung gegenüber den Wettbewerbern positionieren und differenzieren kann. Zudem ist das Preis-Leistungsverhältnis ein wichtiges Kriterium bei der Beurteilung eines Mietwagens. Für geschäftliche Mietwagennutzer ist das Preis-Leistungsverhältnis mit 79 % das zweitwichtigste Merkmal eines Mietwagens (vgl. Schneider 2008, S. 63 und Abbildung 19, S. 80). Dabei ist die Preisgestaltung der einzelnen Mietwagenanbieter sehr unterschiedlich und hängt von vielen verschiedenen Kriterien ab. Folgende Kriterien spielen bei der Preisfindung eine Rolle:

- Gebuchte Fahrzeugkategorie,
- Angewendeter Tarif,
- Zusatzleistungen und ihre Zusatzkosten,
- Sonderkonditionen,
- Individuelle Vereinbarungen.

Daraus wird ersichtlich, dass die Kriterien, die die tatsächliche Höhe des Mietpreises bestimmen, sehr vielfältig sind und damit eine Vergleichbarkeit von Mietpreisen kaum gegeben ist.

Die angebotenen Tarife werden vom BAV wie folgt unterschieden (vgl. BAV 2009a, S. 18): Wochenendtarif, Feiertagstarif, Ferien- oder Freizeittarif, Flughafen- oder Bahnhofstarif, Einzel- oder Volumentarif, Firmentarif, Unfallersatztarif, Internet- oder Frühbuchertarif, Schnäppchentarif, Hochzeitstarif, Tarife mit oder ohne Unfallselbstbeteiligung, mit oder ohne Kasko-/Teilkaskoversicherung, mit oder ohne Insassenversicherung oder Tarife inkl. Laufleistung, mit separat berechneter Laufleistung oder Leistungsbegrenzung (vgl. Abbildung 18, S. 79). Dabei ist diese Vielzahl an Tarifen noch längst nicht abschließend.

Diese Vielzahl der Tarife entspricht dabei einer Anwendung des preispolitischen Instruments der **Preisdifferenzierung**.[79] Eine perfekte Preisdifferenzierung würde vorliegen, wenn der Anbieter für jeden Nachfrager einen eigenen Tarif anbieten würde. Diese perfekte Preisdifferenzierung ist in der Realität jedoch nicht umsetzbar. Dennoch existieren wie gesehen verschiedenste Tarife, die jeweils auf sehr spezielle Nachfragergruppen ausgerichtet und zugeschnitten sind. Damit wird die Preisdifferenzierung zwar nicht perfekt, aber zumindest sehr verfeinert durchgeführt. Tabelle 39 gibt hierzu einen Überblick.

---

[79]   Preisdifferenzierung liegt vor, „(…) wenn ein Anbieter unterschiedlichen Kundensegmenten ein annähernd gleiches Produkt (…) zu verschiedenen Preisen offeriert." (Fassnacht 2003, S. 485)

Tabelle 39: Zuordnung von Tarifen zu Verbrauchern

Verbraucherzielgruppe	Marktübliche Tarifbezeichnungen
Einzelkunde	Langzeittarif, Kurzzeittarif, alle Einzelleistungstarife etc.
Freizeitanmieter	Wochenendtarif, Ferien-, Feiertagstarif, Hochzeitstarif, Stationstarif etc.
Urlauber	Ferien-Freizeittarif, Flughafen-, Bahnstationstarif, Langzeittarif etc.
Fun-Autofahrer	Wochenendtarif, Feiertagstarif, Einzeltarif, Schnäppchentarif etc.
Internet-User	Internet-Frühbuchertarif etc.
Reisender	Flughafentarife, Bahnstationstarife, Langzeit-Kurzzeittarif etc.
Unfallgeschädigter	Unfalltarif, Einzeltarif
Vertragshändler, Werkstätten	Werkstatt-Flottentarif, Volumentarif
Flottenabnehmer	Volumentarif, Flottentarif
Großkunde (Firma)	Firmentarif, Langzeittarif, Volumentarif, Flottentarif

Quelle: BAV 2009, S. 20.

8.2.1 Preisdifferenzierung

Preisdifferenzierungen sind ein wichtiges preispolitisches Instrument, welches eingesetzt wird, um einerseits die Konsumenten in ihrem Nachfrageverhalten zu beeinflussen, und um andererseits Preisbereitschaften, d. h. Marktpotentiale abzuschöpfen. Preisdifferenzierungen werden von Unternehmen sehr vielfältig eingesetzt. Sie können sich auf zeitliche, räumliche, personelle und mengenbezogene Kriterien beziehen. Die einzelnen Kriterien können dabei auch kombiniert angewendet werden (vgl. Meffert/Bruhn 2009, S. 317 ff.):

- **Mengenbezogene Preisdifferenzierung** setzt die Preise für eine Leistung in Abhängigkeit von der Zahl der in Anspruch genommenen Leistungen. Sie kommt insbesondere in Form von Mengenrabatten zum Einsatz, wenn der Kunde mit zunehmender Menge, d. h. Zahl der Miettage, pro Tag relativ gesehen weniger zahlen muss. Bspw. sind häufig bei Anmietung eines Fahrzeugs für eine Woche insgesamt nur fünf Tagesraten zu bezahlen oder bei Anmietung für ein Wochenende entsprechen die relativen Tagessätze nur noch einem Bruchteil des normalen Tagessatzes.
  Weiterhin wird eine mengenmäßige Preisdifferenzierung vorgenommen, wenn einem Kunden Mengenrabatte gewährt werden. Dies geschieht bspw. wenn Unternehmen eine große Nachfrage (Zahl der Miettage) beim Mietwagenunternehmen generieren. Hier gibt es entweder feste Rabattstaffeln oder die Unternehmen handeln eine an die erwartete Nachfrage ausgerichtete Firmenrate aus.
- **Personelle Preisdifferenzierung** setzt unterschiedliche Preise für verschiedene Kundensegmente, die die gleiche Leistung nachfragen, wobei sich die Kundensegmente anhand überprüfbarer Statusmerkmale unterscheiden müssen. Zweck der Differenzierung ist es, unterschiedliche Preisbereitschaften abzuschöpfen und eine Kundenbindung zu erzielen. Bspw. erhalten die Mitglieder des ADAC Vorteilspreise bei Anmietung von Pkw und Lkw bei Sixt und Hertz. Europcar bietet Mitgliedern von Automobilclubs bis zu 30 % Rabatt und verlangt teilweise einen Aufpreis von Fahrern die jünger als 25 Jahre sind.

Die meisten Fahrzeugvermieter bieten Studenten Specials, die besondere Preise und Inklusivleistungen bieten.

- **Räumliche Preisdifferenzierung** kommt zum Einsatz, wenn Mietwagen in den einzelnen Anmietstationen oder den einzelnen Ländern der Anmietung zu unterschiedlichen Preisen angeboten werden. Häufig werden Aufpreise auf die Mietpreise bei Anmietung in zentralen städtischen Stationen, auf Bahnhöfen oder Flughäfen verlangt. So erheben bspw. Avis, Europcar und Sixt einen Standortzuschlag von 20 % bei Anmietungen an Flughafen- oder Bahnhofsstationen auf den nicht rabattierten Mietpreis (vgl. Mietbedingungen von Avis, Sixt, Europcar).

- **Zeitliche Preisdifferenzierung** wird bei Mietwagenunternehmen in Abhängigkeit (1) vom Zeitpunkt der Reservierung bzw. Buchung, (2) des Zeitpunktes der Bezahlung der Leistung und (3) dem Zeitpunkt der Inanspruchnahme der Leistung vorgenommen. Bzgl. des (1) Zeitpunktes der Reservierung eines Mietwagens werden insbesondere Tarife mit und ohne vorherige Vereinbarung/Reservierung unterschieden. Für (2) den Zeitpunkt der Bezahlung existieren Tarife, die nach ‚Bezahlung bei Buchung‘ und ‚Bezahlung bei Anmietung‘ unterscheiden. Bei Avis bspw. zahlen Kunden die ‚Prepaid‘ zahlen bis zu 15 % weniger als bei Nutzung der Option ‚Später bezahlen‘ (vgl. o.V. 2009b). Die zeitliche Preisdifferenzierung (3) in Abhängigkeit von der Inanspruchnahme der Leistung, d. h. des Nutzungszeitpunktes, liegt bspw. bei saisonabhängigen Preisen vor.

Neben der **Preisdifferenzierung** arbeitet die **Preispolitik** aber auch mit weiteren preispolitischen Instrumenten wie Preiszuschlägen und Preisnachlässen. Preiszuschläge werden für Sonderleistungen verlangt. Dies können Aufpreise für Zubehör zu den Mietfahrzeugen sein. So sind Aufpreise für Kindersitze, Schneeketten, Dach- und Skiträger sowie Umzugszubehör in Lkw üblich und werden pro Miettag erhoben. Preisnachlässe werden aber bspw. auch in Form von Angebotstarifen gewährt. Diese tragen meist an das Angebot gekoppelte Bezeichnungen wie: Frühlingsspecial, Feiertagsspecial, BMW-Special, Tagesspecial, Studenten-Special, Frühbucher-Sommerspecial, Cabriospecial oder Auto des Monats.

Kilometerbegrenzung

Einen besonderen Punkt bei der Preisgestaltung stellt die Frage des Umgangs mit den Fahrleistungen der Fahrzeugmieter dar. Durch die gefahrenen Kilometer erfahren die Mietfahrzeuge den stärksten Wertverlust, was durch die Vermieter in die Tarife mit einkalkuliert werden muss. Für den Umgang mit den Fahrleistungen gibt es drei mögliche Ansätze:

- Alle gefahrenen Kilometer sind inklusive. Dazu sind alle gefahrenen Strecken mit dem Mietpreis abgegolten. Beispiele sind Avis, Sixt und viele Ferienmietwagenanbieter.

- Eine bestimmte Freigrenze ist im Tarif enthalten. Die Freigrenze gilt dabei üblicherweise für jeden Miettag. Möglich ist aber auch eine Freigrenze, die sich nur auf einen Anmietvorgang bezieht. Darüber hinaus gefahrene Kilometer werden jeweils mit einem bestimmten Betrag berechnet. Bspw. bietet Europcar je Miettag 200 km als Inklusiv-Fahrleistung an. Darüber hinaus gefahrene Strecken werden je km mit 0,19 Euro (Klasse Economy: Peugeot 207) bis 0,92 Euro (Luxusklasse: Audi TT Roadster) berechnet.

- Jeder gefahrene Kilometer ist zusätzlich zum Mietpreis zu bezahlen.

Die Kilometerbegrenzungen fallen zwischen den Mietwagenanbietern sehr unterschiedlich aus. Sie können je nach Tarif unterschiedliche Kilometerbegrenzungen an den jeweiligen regulären Tarif, die Wochenend- oder Feiertagsangebote gekoppelt sein. Oder die Kilometerbegrenzung ist an die Fahrzeugkategorie gebunden. Zudem können Kilometerpakete angeboten werden, mit denen weitere Kilometer zu vergleichsweise günstigeren Konditionen gefahren werden können.

Die Ansätze zur Inkludierung der Fahrleistungen werden von den Vermietern auch kombiniert angewendet. So hatte die Sixt AG 2009 eine Kilometerbegrenzung von 200 km eingeführt, diese aber Mitte 2009 wieder zurückgenommen. Derzeit sind alle gefahrenen Kilometer in den Kategorien Limousinen, Kombis und Minibusse inklusive, außer an Wochenenden, an denen eine Begrenzung von 900 km gilt (vgl. Jegimat 2009a). Für Fahrzeuge in den Kategorien Coupés, Cabrios, Offroader ist an Wochenenden eine Freikilometergrenze von 1.200 km inclusive. Zusatzkilometer werden zwischen 0,15 Euro je km (Kleinwagen: Smart Fourtwo) und 0,94 Euro je km (Luxusklasse: BMW 6er Coupé) veranschlagt.

8.2.2   Preiskalkulation

Eine Kalkulation der Tarife für ein Mietfahrzeug ist sehr komplex und erfolgt häufig auf Basis einer Gesamtkostenkalkulation. Bei einer solchen Gesamtkostenkalkulation werden alle regulären und außerordentlichen Betriebskosten inklusive einer Gewinnmarge erfasst.[80] Sie soll im Folgenden allgemein erläutert werden.

Bei den Gesamtkosten sind laut BAV die drei in Abbildung 35 dargestellten etwa gleich großen Kostengruppen zu erkennen, die je etwa ein Drittel der Kosten ausmachen: Fuhrparkkosten, Betriebskosten und Risiken aus der Vermietung. Hinzu kommen noch Standortkosten für die Stationen (ca. 1 % der Kosten) und ein kalkulatorischer Aufschlag (ca. 3-5 %) (vgl. BAV 2009a, S. 10 ff.).

---

[80] Weitere Möglichkeiten der Preisfestsetzung sind die nachfragerorientierte und die wettbewerbsorientierte Preisfindung. Vertiefend bei: Gelbrich/Wünschmann/Müller 2008, S. 102 ff.; Meffert/Bruhn 2009, S. 311 ff.

Abbildung 35: Aufteilung der Gesamtkosten eines Mietwagenunternehmens

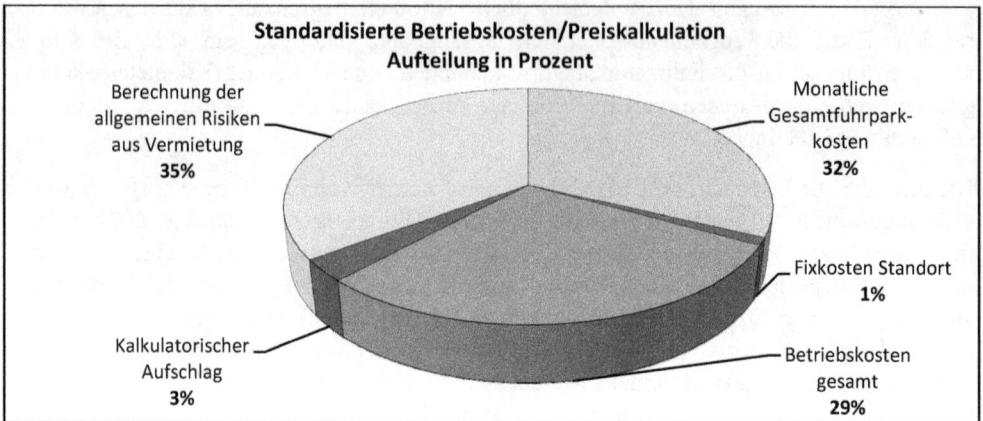

Quelle: BAV 2009a, S. 8.

(I) Fuhrparkkosten

- *Finanzierungsaufwand:*
  Der Finanzierungsaufwand setzt sich aus den Anschaffungskosten der Fahrzeuge und dem Verwertungsrisiko, d. h. dem möglichen Verwertungserlös zusammen. Der dabei entstehende Wertverlust wird maßgeblich durch die Nutzungsdauer und die Nutzungsintensität (km-Laufleistung) bestimmt. Auch wenn die Mietwagenunternehmen häufig sehr deutliche Rabatte auf die Anschaffungskosten durch die Fahrzeughersteller erhalten, übersteigt der Wertverlust diese Rabatte doch meistens. Dieser Wertverlust ist kalkulatorisch in den Tarifen zu berücksichtigen. Durch Rückkaufvereinbarungen mit den Fahrzeugherstellern, die Restwert, Rückgabezeitpunkt und Nutzungsintensität festlegen, erhalten Mietwagenunternehmen eine kalkulatorische Grundlage für den Finanzierungsaufwand. Die Finanzierung erfolgt über Eigen- und Fremdkapital.

- *Steuern, Überführung, Versicherung, Zulassung, GEZ:*
  Kfz-Steuern sind für alle in Deutschland zugelassenen Fahrzeuge zu entrichten. Ihre Höhe bestimmt sich aus der Art des Verbrennungsmotors und dem Hubraum des Motors. Überführungskosten entstehen bei der Ein- und Aussteuerung der Fahrzeuge in die und aus den Fahrzeugflotten. Der Abschluss einer Kfz-Haftpflichtversicherung ist für alle Fahrzeughalter obligatorisch (vgl. Kapitel 3.1, S. 37 ff.). Die dafür entstehenden Kosten werden von den Vermietern über die Tarife an die Fahrzeugnutzer weiter gegeben. Eine weitergehende Fahrzeugversicherung (Kasko-Versicherung) ist nicht verpflichtend. Diese wird von den Vermietern meist mit einer hohen Selbstbeteiligung im Miettarif angeboten (vgl. Kapitel 5.3, S. 85 ff.). Signifikante Reduzierungen dieser Selbstbeteiligungen für die Kunden sind durch Zuschläge auf die Tarife möglich. Für die Zulassung eines Fahrzeugs fallen Kosten an, die über Zulassungsgebühren an die Kunden weiter gegeben werden. Für die genutzten Autoradios werden zudem GEZ-Gebühren fällig. Zudem sollten

Mietwagenunternehmen auch für alle Fahrzeuge Umweltplaketten erwerben, die zur un-
beschränkten oder beschränkten Fahrt in innerstädtische Umweltzonen berechtigen.

(II) Betriebskosten

- *Transportkosten, Reisekosten:*
  Transportkosten entstehen während der Nutzungsdauer der Mietfahrzeuge, wenn diese
  zwischen den Stationen disponiert werden. Diese Disposition erfolgt durch spezielle
  Dienstleister oder durch Mitarbeiter des Unternehmens. Reisekosten sind Kosten, die im
  Rahmen der Disposition für die Überführung einzelner Fahrzeuge entstehen, wenn diese
  nicht durch einen Logistikdienstleister, sondern durch Mitarbeiter des Unternehmens
  durchgeführt werden.

- *Wartungskosten/Reparaturen/Technische Überprüfung:*
  Die Wartung, d.h. meist die Überprüfung der Flüssigkeitsstände der Mietfahrzeuge und
  die optische Kontrolle der Fahrzeuge auf einen einwandfreien Zustand muss regelmäßig
  erfolgen. Auch wenn die Fahrzeughersteller sehr lange Wartungsintervalle vorgeben, ist
  bei einer intensiven Fahrzeugnutzung wie im Mietwagengeschäft eine regelmäßige Kontrolle in kurzen Zeitabständen sinnvoll. Gegebenenfalls fallen bei den intensiv genutzten
  Mietfahrzeugen auch Reparaturen an den Fahrzeugen an. Regelmäßige technische
  Hauptuntersuchungen sollen sicherstellen, dass die eingesetzten Fahrzeuge frei von
  Sicherheitsmängeln sind. Diese werden bspw. von TÜV und Dekra durchgeführt. Mietfahrzeuge müssen in Deutschland alle zwölf Monate zu einer Hauptuntersuchung (vgl.
  Kapitel 3.1, S. 37 ff.). Diese ist insbesondere für kleinere Fahrzeugvermietungen ein Kos-
  tenfaktor, da diese ihre Fahrzeuge mitunter länger als zwölf Monate halten.

- *Fahrzeugpflege und -reinigung:*
  Eine Fahrzeugreinigung erfolgt nach jedem Mietvorgang innen und außen am Fahrzeug.

- *Personal, Verwaltung:*
  Das sind Kosten für das Personal an den Stationen und den Firmenzentralen sowie die
  Unternehmensführung und Geschäftsabsicherung im Backoffice der Unternehmen.

- *Werbung, Verkauf, Provisionen:*
  Die Kosten für Werbung entstehen für die Kommunikation mit allen Anspruchgruppen
  des Unternehmens. Die Kosten für Verkauf und Provisionen sind Ausgaben, die für die
  Aktivierung der Vertriebskanäle des Unternehmens aufgewendet werden müssen.

(III) Risiken aus der Vermietung

- *Unfallrisiken, Fahrzeugschaden, Fahrzeuguntergang:*
  Unfälle mit den Mietfahrzeugen können immer passieren und sind als Fahrzeugschaden
  mit Selbstbeteiligung oder Fahrzeugschaden durch Dritte einzuordnen. Fahrzeugschäden
  und Unfälle treten durchschnittlich einmal pro Jahr an jedem Mietwagen auf (vgl. o.V.
  2007, S. 17). Fahrzeugschäden können den Wert eines Fahrzeugs massiv beeinträchtigen.
  Diese Risiken werden über die von jedem Mieter abzuschließenden Haftpflicht- und Kfz-
  Versicherungen abgesichert. Aber auch der Totalverlust eines Fahrzeugs, bspw. durch

einen Fahrzeugschaden im Umfang des wirtschaftlichen oder technischen Totalschadens, ist abzusichern.

- *Kriminalität – Fahrzeugunterschlagungen und Forderungsausfall:*
  Durch Fahrzeugunterschlagungen entsteht den Vermietern regelmäßig ein Totalverlust von Fahrzeugen. Davon sind jährlich bis zu 1.400 Fahrzeuge in Deutschland betroffen (vgl. o.V. 2009c). Diese Kosten oder auch die Kosten für die Installation eines Fahrzeug-ortungssystems wie es von CCUniRent mit der CCUniRent-Ortungslösung angeboten wird, müssen mit einkalkuliert werden. Darüber hinaus müssen betrügerische Kunden, die Rechnungen nicht bezahlen oder mit gefälschten und gestohlenen Zahlungsmitteln die Rechnungen begleichen, einkalkuliert werden. Ein Instrument zur Bekämpfung dieser Kriminalität ist der Einsatz der Warndatei für Handel und Gewerbe (WANDA) des BAV (vgl. Kapitel 3.2.1, S. 42 ff).

- *Standzeiten:*
  Zeiten in denen die Fahrzeuge nicht genutzt werden.

- *Sonstige Risiken:*
  Personalausfall, höhere Gewalt, Mietausfall, notwendige Rechtsberatung, Bereitschafts-dienste.

(IV) Standortkosten
Diese Kosten setzen sich aus den Aufwendungen für die Station (Miete der Gebäude und Flächen), Versicherungen und der Technik zusammen.

(V) Kalkulatorischer Aufschlag
Ein solcher Aufschlag muss für den Unternehmerlohn, Abschreibungen, Mieten, Wagnisse und Zinsen eingerechnet werden (vertiefend: Steger 2006, S. 26). Eine zusammenfassende Darstellung der Gesamtkosten und deren anteiliger Höhe ist in Abbildung 36 zu sehen.

Abbildung 36: Gesamtkosten eines Miietwagenunternehmens

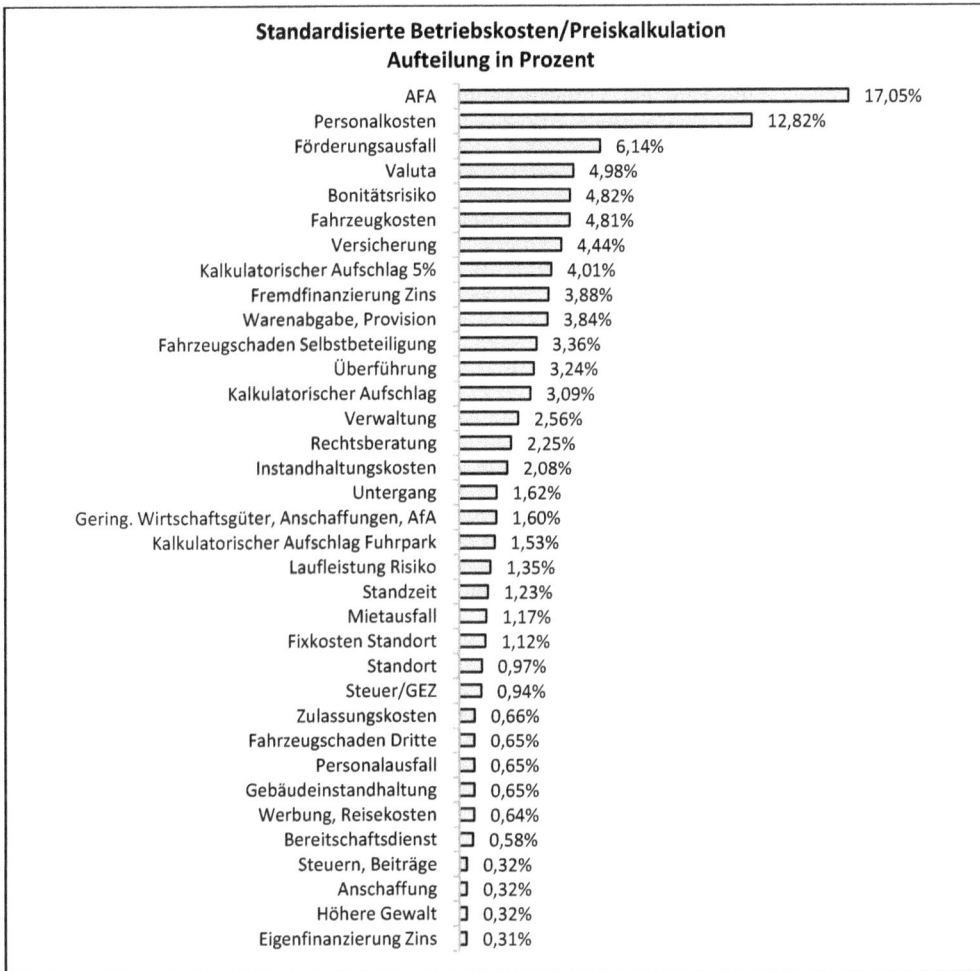

Standardisierte Betriebskosten/Preiskalkulation
Aufteilung in Prozent

Kategorie	Prozent
AFA	17,05%
Personalkosten	12,82%
Förderungsausfall	6,14%
Valuta	4,98%
Bonitätsrisiko	4,82%
Fahrzeugkosten	4,81%
Versicherung	4,44%
Kalkulatorischer Aufschlag 5%	4,01%
Fremdfinanzierung Zins	3,88%
Warenabgabe, Provision	3,84%
Fahrzeugschaden Selbstbeteiligung	3,36%
Überführung	3,24%
Kalkulatorischer Aufschlag	3,09%
Verwaltung	2,56%
Rechtsberatung	2,25%
Instandhaltungskosten	2,08%
Untergang	1,62%
Gering. Wirtschaftsgüter, Anschaffungen, AfA	1,60%
Kalkulatorischer Aufschlag Fuhrpark	1,53%
Laufleistung Risiko	1,35%
Standzeit	1,23%
Mietausfall	1,17%
Fixkosten Standort	1,12%
Standort	0,97%
Steuer/GEZ	0,94%
Zulassungskosten	0,66%
Fahrzeugschaden Dritte	0,65%
Personalausfall	0,65%
Gebäudeinstandhaltung	0,65%
Werbung, Reisekosten	0,64%
Bereitschaftsdienst	0,58%
Steuern, Beiträge	0,32%
Anschaffung	0,32%
Höhere Gewalt	0,32%
Eigenfinanzierung Zins	0,31%

Quelle: BAV 2009a, S. 14.

8.2.3   Preisgestaltung

Die Mietpreise für ein Mietfahrzeug können gemäß der zeitlichen Preisdifferenzierung in Abhängigkeit vom Zeitpunkt der Bezahlung der Leistung unterschiedlich sein. Hierzu werden von den Mietwagenunternehmen **Prepaid- und Standard-Tarife** angeboten. Prepaid-Tarife müssen bereits bei Buchung bezahlt werden, während beim Standard-Tarif die Bezahlung erst bei Abholung bzw. Rückgabe des Fahrzeugs zu leisten ist. Vorteil für die Kunden ist beim Prepaid-Tarif, dass dieser günstiger ist als der Standard-Tarif. Hingegen ist die Buchung des Standard-Tarifes für die Kunden flexibler, da Umbuchungen und rechtzeitige Stornierungen meist kostenfrei möglich sind. Mit Hilfe des Prepaid-Tarifes erreichen die

Mietwagenunternehmen eine größere Planungssicherheit bzgl. der Flottenauslastungen. Ebenso können mit Hilfe dieses Tarifes frühzeitig Dispositionsmaßnahmen angestimmt werden, um bestimmte Fahrzeuge an Stationen verfügbar zu halten oder an andere Stationen abzugeben. Zudem sind Buchungen des Prepaid-Tarifes mit einem geringeren Mietausfallrisiko verbunden, weil das Fahrzeug vorausbezahlt werden muss und nur vermietet wird, wenn diese Vorauszahlung auch tatsächlich geleistet wurde. Tabelle 40 fasst die Unterschiede der Tarife zusammen.

Tabelle 40: Vergleich von Prepaid- und Standard-Tarifen

	Prepaid-Tarif	Standard-Tarif
Zahlung	Zum Zeitpunkt der Buchung	Bei Abholung bzw. Rückgabe des Fahrzeugs
Buchungsanreiz	Preisvorteil gegenüber Standard-Tarif	Flexible Reservierung
Buchungsrestriktionen	Vorhanden	Nicht vorhanden
Umbuchung	Nicht möglich, ggf. möglich unter Zahlung einer Gebühr	Möglich
Stornierung	Möglich (unter Zahlung einer Gebühr)	Möglich

Quelle: eigene Zusammenstellung, in Anlehnung an Axthelm 2009, S. 13.

Die Preisgestaltung von Mietwagenunternehmen ist 2008 durch das Preisvergleichsportal billiger-mietwagen.de ausgewertet worden. Dazu hat billiger-mietwagen.de Buchungen und Suchanfragen von Januar bis August 2008 jeweils für Anmietungen im August 2008 ausgewertet. Dabei konnten räumliche und zeitliche Preisdifferenzierungen festgestellt werden. Verglichen wurden Preise für Mietwagen der Kategorie ‚Economy' (VW Polo, Opel Corsa o.ä.) in verschiedenen Ländern Europas und in verschiedenen Städten Spaniens. Hier zeigte sich die in Tabelle 41 und Tabelle 42 dargestellte räumliche Preisdifferenzierung mit unterschiedlichen Preisen für das jeweils selbe Fahrzeug der Kategorie ‚Economy' in unterschiedlichen geografischen Räumen.

Tabelle 41: Günstigster und durchschnittlicher Preis pro Tag in unterschiedlichen Ländern

Land	Günstigster Preis pro Tag	Durchschnittspreis pro Tag
Spanien	12 Euro	18,81 Euro
Griechenland	15 Euro	23,93 Euro
USA	16 Euro	17,53 Euro
Deutschland	17 Euro	24,80 Euro
Portugal	17 Euro	19,00 Euro
Italien	20 Euro	23,57 Euro
Frankreich	20 Euro	26,50 Euro

Quelle: o.V. 2009d.

Tabelle 42: Günstigste Preise pro Tag in unterschiedlichen Städten Europas

Stadt	Land	Preis pro Tag
Malaga	Spanien	12,00 Euro
Alicante	Spanien	12,00 Euro
Barcelona	Spanien	12,00 Euro
Las Palmas de Gran Canaria	Spanien	14,00 Euro
Palma de Mallorca	Spanien	14,00 Euro
Dublin	Irland	14,00 Euro

Quelle: o.V. 2009d.

Zeitliche Preisdifferenzierungen zeigen sich in unterschiedlichen Preisen jeweils für Fahrzeuge der Kategorie ‚Economy' in Abhängigkeit von der Vorausbuchungsfrist, d.h. des Zeitraumes zwischen Buchung und Anmietung. Dabei steigen die Preise, um so näher die Anmietung des Fahrzeugs kommt (vgl. Tabelle 43).

Tabelle 43: Preisdifferenzen bei kurzfristigen Buchungen im Vergleich zu Preisen bis sechs Wochen vor Anmietung

Ort	Land	Preise steigen ab	Maximale Preisdifferenz
München	Deutschland	6 Wochen vor Anmietung	7 %
Hamburg	Deutschland	6 Wochen vor Anmietung	14 %
Berlin	Deutschland	6 Wochen vor Anmietung	16 %
Olbia	Italien	6 Wochen vor Anmietung	17 %
Barcelona	Spanien	6 Wochen vor Anmietung	19 %

Quelle: o.V. 2009d.

8.2.4   Preisbeurteilung

Die Preisbeurteilung einer Leistung durch die Nachfrager kann in verschiedenen Urteilen gebildet werden. Die beiden wichtigsten Urteilsarten sind Urteile auf Basis der Preisgünstigkeit oder der Preiswürdigkeit eines Mietwagenangebotes.[81]

- **Preisgünstigkeit:** Bei der Beurteilung der Preisgünstigkeit wird lediglich der Preis einer Leistung zur Beurteilung herangezogen. Ein Preis wird als ‚niedrig/günstig' eingeordnet, wenn er aus Kundensicht unterhalb des eigenen Referenzpreises liegt. Er wird als ‚hoch/ungünstig' eingeschätzt, wenn er über dem eigenen Referenzpreis liegt. Der Referenzpreis ist die Preisvorstellung eines Kunden.

---

[81] Weitere Urteilsarten zur Preisbeurteilung sind zu finden in der Theorie des Ankerpreises, der Preisfairness, der Preisgerechtigkeit und den Preiserlebnissen (vgl. Meffert/Bruhn 2009, S. 309 f.).

- **Preiswürdigkeit:** Bei der Preiswürdigkeit werden sowohl der Preis als auch die Leistung und die Leistungsqualität eines Produktes in ein Verhältnis gesetzt und beurteilt. Hier werden bspw. eine hohe Qualität/überragender Service und ein hoher Preis mit einem günstigen Preis-Leistungsverhältnis beurteilt, während ein hoher Preis in Verbindung mit mangelhaftem Service als schlechtes Preis-Leistungsverhältnis empfunden wird. Eine solche Beurteilung ist bei Dienstleistungen wie der Vermietung von Fahrzeugen im Vorfeld der in Anspruchnahme der Leistung meist nur sehr schwer möglich. Dies liegt daran, dass die Immaterialität der Dienstleistung eine Beurteilung im Voraus nicht zulässt und daran, dass durch eine sehr komplexe und verschachtelte Preis-Konditionen-Festlegung der Fahrzeugvermieter eine transparente Vergleichbarkeit der Angebote nicht gegeben ist. Jedoch verbessert sich die Urteilsfähigkeit der Kunden mit steigender Erfahrung im Umgang mit Mietfahrzeugen und durch einen immer besseren Informationsstand, wie er bspw. durch Preisvergleichsportale zu erreichen ist (vgl. Gelbrich/Wünschmann/Müller 2008, S. 113 ff.; Meffert/Bruhn 2009, S. 309).

Das Deutsche Institut für Service-Qualität (DISQ) hat im Rahmen seiner Studie ‚Bester Autovermieter 2008' neben einer Serviceanalyse auch eine **Konditionenanalyse** der Mietwagenpreise bei sechs großen Fahrzeugvermietern in Deutschland durchgeführt. Die Konditionenanalyse bezog sich dabei auf die Basismietpreise der Mietfahrzeuge sowie auf die Preise für Zusatzleistungen (Reduktion des Selbstbehalts auf 100 Euro, Kindersitz, Navigationssystem, zusätzlicher Fahrer, Aufschlag junger Fahrer, Personeninsassenversicherung). Bei den Basismietpreisen ergaben sich nach der Studie durchschnittliche Preisunterschiede von 37,9 % über alle Fahrzeugklassen und Mietzeiträume. Als günstigster Anbieter der Basismiete wurde Avis gekürt, bei den Zusatzpreisen schnitt Hertz am besten ab. In der Gesamtbeurteilung beider Mietpreise wurde wiederum Avis zum Sieger gekürt, vor allem aufgrund der günstigen Basismieten (vgl. DISQ 2008).

Gemäß einem Urteil der Preisgünstigkeit, bei der allein der Preis einer Leistung ausschlaggebend ist, hat also Avis aufgrund der niedrigsten Mietpreise das beste Urteil erhalten. Bei einer Beurteilung der Preiswürdigkeit, der Einschätzung des Preis-Leistungsverhältnisses, obsiegte in der Gesamtbeurteilung ebenso Avis. Dabei beruht die Beurteilung jedoch auf unvollständigen Informationen bzgl. der Zusatzkosten, vor allem weil kein einziger der geprüften Mietwagenanbieter alle Zusatzpreise verfügbar machte. Damit ist ein lediglich unvollständiger Informationsstand der Tester gegeben und eine korrekte Beurteilung des Preis-Leistungsverhältnisses der Fahrzeugvermieter nicht möglich.

8.3   Vertriebspolitik

Die Vertriebspolitik befasst sich mit der Frage, wie die Leistungen eines Unternehmens zu seinen Konsumenten gelangen. Hierbei müssen Entscheidungen über die **Art und Anzahl der Vertriebswege** getroffen und auch eine **Vertriebswegesteuerung** festgelegt werden. Eine Besonderheit beim Vertrieb von Dienstleistungen und auch bei Mietwagen ist, dass über die Vertriebswege lediglich Leistungsversprechen und Leistungsanrechte in Form von Reservierungen oder Buchungen vertrieben werden. Die tatsächliche ‚physische' Lieferung, im Sinne von Erbringung der Leistung, erfolgt erst im Rahmen der Anmietung eines Mietfahrzeugs in den Stationen der Mietwagenunternehmen. Dies stellt an die Unternehmen die Anforderung, dass die Vertriebswege so gewählt und gestaltet werden müssen, dass diese den Kunden die richtigen Informationen bereitstellen, durch die richtige Beratung Vertrauen und Kaufbereitschaft bei den Kunden wecken und schließlich zu einer Mietwagenreservierung führen.

8.3.1   Vertriebswege

Mietwagenunternehmen nutzen für den Vertrieb ihrer Leistungen eine Vielzahl von Vertriebswegen. Diese werden in direkte und indirekte Vertriebswege unterschieden (vgl. Abbildung 37). Dabei handelt es sich um direkten Vertrieb (Eigenvertrieb), wenn dieser durch das Unternehmen selbst durchgeführt wird. Indirekter Vertrieb (Fremdvertrieb) liegt vor, wenn das Unternehmen ein wirtschaftlich und rechtlich selbstständiges Unternehmen als Absatzmittler einschaltet (vgl. Meffert/Bruhn 2009, S. 344 ff.).

Abbildung 37: Vertriebswege für Mietwagen

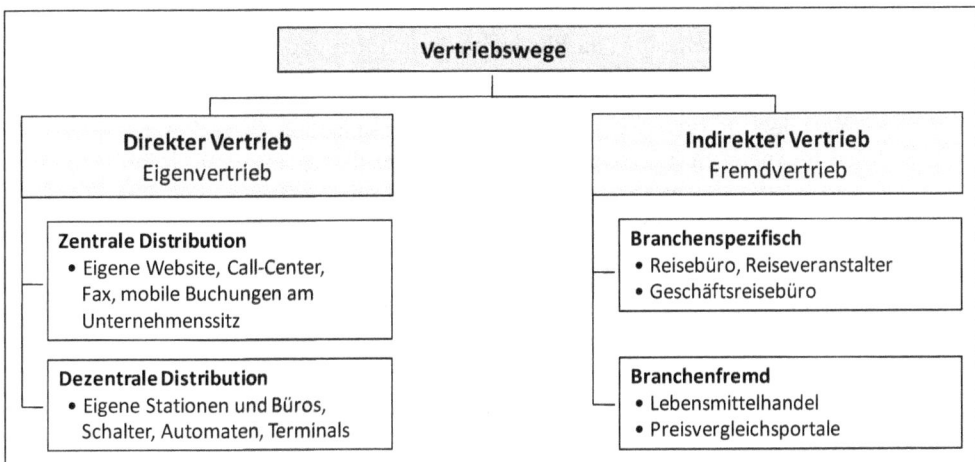

Quelle: eigene Darstellung, in Anlehnung an Roth 2003, S. 133.

Beim **direkten Vertrieb** unterscheidet man bei Mietwagenunternehmen zwischen den Möglichkeiten einer zentralen und einer dezentralen Distribution. Bei beiden Möglichkeiten wird auf die Einschaltung von Absatzmittlern verzichtet und das Unternehmen führt alle Vertriebsaktivitäten selbst durch. Die Vorteile des Einsatzes dieser Vertriebswege sind:

- Die Möglichkeit, Vertriebskosten (Provisionen) für Absatzmittler zu sparen,
- Einen direkten Kontakt zu Kunden zu haben und Informationen über diesen zu erhalten,
- Volle Kontrolle über die Vertriebsaktivitäten,
- Die Kontrolle der gesamten Kontakte des Kunden mit dem Unternehmen und seinen Leistungen.

Nachteilig ist zu sehen, dass für die Errichtung und den Unterhalt der Stationen und Stadtbüros hohe Kosten anfallen. Insbesondere an Flughafenstationen sind häufig hohe Mieten zu entrichten und teilweise auch Umsatzanteile an die Vermieter zu bezahlen (vgl. Schulz 2009, S. 294 und Kapitel 8.2.2, S. 145 ff.).

Zentral erfolgt die Distribution dann, wenn sie am Ort der Unternehmenszentrale selbst oder durch Vertriebswege durchgeführt wird, die vom Unternehmen kontrolliert, gestaltet und gesteuert werden. Dies sind bspw. Call Center, die Onlinebuchung über die Webseite des Unternehmens sowie Buchungen über mobile Vertriebswege.[82] Aber auch Buchungen, die direkt am Unternehmenssitz getätigt werden, zählen hierzu. Dies ist bei kleinen Vermietern ohne eigenes Stationsnetz üblich, wenn sie ihr Büro in einem Autohaus oder direkt in einem touristischen Zentrum unterhalten und die Kunden als ‚Walk-In‘ einen Mietwagen reservieren oder sofort buchen.

Die **dezentrale Distribution** erfolgt durch unternehmenseigene Kanäle, die sich nicht am Unternehmenssitz, sondern verteilt über den Quellmarkt näher am Kunden befinden und damit die räumliche Distanz zwischen Unternehmen und Kunden überbrücken. Dazu gehören eigene Vermietstationen bspw. an Flughäfen, Bahnhöfen und in Autohäusern, aber auch Automaten, Schalter und Terminals.

Indirekter Vertrieb als Fremdvertrieb arbeitet mit Einschaltung eines Absatzmittlers. Die Absatzmittler übernehmen weitestgehend alle Vertriebsfunktionen wie Information und Beratung, Verkauf, Sortimentierung, Beschwerde und Kommunikation gegenüber den Kunden. Darüber hinaus stellen sie die räumliche Nähe zwischen Mietwagenunternehmen und Kunden her.

Im indirekten Vertrieb wird zwischen branchenspezifischen und branchenfremden Vertriebswegen unterschieden. **Branchenspezifisch** sind die Vertriebswege, die typischerweise für den Vertrieb von Mietwagenfahrzeugen eingeschaltet werden. Hierzu zählen Reisebüros und -veranstalter, Mietwagenbroker, Internet-Reisebüros, Preisvergleichsportale und Geschäftsreisebüros.

---

[82] Z. B. sind bei Sixt Buchungen auch über mobile Internetanwendungen mittels iPhone, Handy, PDA und Blackberry möglich (vgl. Timpe 2009a, S. 9).

Branchenfremde Vertriebswege sind bspw. branchenübergreifende Preisvergleichsportale oder der Lebensmitteleinzelhandel. Vor allem Lebensmittelhändler führen die Rolle des Absatzmittlers für Mietwagenunternehmen häufig nur vorübergehend aus und stellen damit eine Besonderheit unter den Vertriebswegen dar. Hier sind in der Vergangenheit bspw. Mietwagen über den Lebensmitteleinzelhandel vertrieben worden. So hat z.B. das Mietwagenunternehmen Hertz im Jahr 2009 Mietwagengutscheine über den Discounter Aldi vertrieben (vgl. Jegimat 2009b). Jedoch ist hierbei anzumerken, dass es sich bei dieser Vertriebsaktion um einen Gutscheinverkauf gehandelt hat. Die Käufer mussten die tatsächliche Buchung des Mietwagens später noch an den Stationen des Unternehmens vornehmen.

Mietwagenunternehmen wenden den direkten und indirekten Vertrieb meist gleichzeitig als kombinierte Distribution als **Multi-Channel-Vertrieb** an. Sie entscheiden sich also nicht für oder gegen einen Vertriebsweg, sondern für so viele Vertriebswege wie nötig. Dadurch ist es möglich, das eigene Angebot in allen Teilen des relevanten Marktes verfügbar zu machen, die Kunden zielgenauer und entsprechend ihren Ansprüchen anzusprechen, sie über Angebote zu informieren und eine Buchung zu ermöglichen. Die Auswahl der aus Unternehmenssicht notwendigen Vertriebskanäle hängt stark mit dem Informations- und Buchungsverhalten der Kunden zusammen, die in den verschiedenen Phasen einer Buchungsentscheidung auf unterschiedliche Vertriebs- und Kommunikationskanäle des Unternehmens und des Unternehmensumfelds setzen. Die wichtigsten institutionellen und medialen Kanäle der Mietwagenunternehmen sind (vgl. Freyer 2009a, S. 524):

- Institutionelle Kanäle (schwerpunktmäßige Vertriebskanäle): stationäre Reisebüros, Online-Vermittler, Call Center, eigene Verkaufsstationen.
- Mediale Kanäle (schwerpunktmäßige Kommunikationskanäle): persönlich, Telefon/Fax, Online/Internet, PDA/Handy, Prospekte, Print-Medien, Direct Mailings.

Für die Mietwagenunternehmen sind mit dem Multi-Channel-Vertrieb zahlreiche Chancen und Risiken verbunden (vgl. Tabelle 44). **Chancen** des Multi-Channel-Vertriebs liegen in der größeren Marktabdeckung und damit verbunden der besseren Ansprache und Gewinnung möglicher Kunden. Aus Unternehmenssicht können damit die Wirtschaftlichkeit der Distribution und ein Risikoausgleich der einzelnen Vertriebswege erfolgen. **Risiken** des Multi-Channel-Vertriebs liegen in einer möglichen Kannibalisierung und auftretenden Konkurrenzkonflikten der Vertriebswege. Die Kunden können durch eine zu vielfältige Ansprache verwirrt werden. Zudem erhöhen sich beim Einsatz mehrerer Vertriebswege der Abstimmungsbedarf zwischen den Kanälen und damit auch die Komplexitätskosten.

Tabelle 44: Chancen und Risiken des Multi-Channel-Vertriebs

Chancen	Risiken
Höhere Marktabdeckung	Kanalkonflikte, Kannibalisierung
Umfassende Kundenbetreuung	Verwirrung der Kunden
Wirtschaftlichkeit der Distribution und Risikoausgleich	Koordinierungsaufwand, Komplexität
Cross Selling möglich	Set-up-Kosten bei Neu- und Eigenaufbau
Wettbewerbsvorteil bei positivem Image- und Markenaufbau	Kontrollverlust, Suboptimierung

Quelle: Freyer/Molina 2008, S. 130.

Eine besondere Rolle im Vertrieb von Mietwagenunternehmen stellen internetbasierte Vertriebswege dar. Diese können wie aus Abbildung 37 ersichtlich ist, sowohl als direkter Vertrieb (zentrale Distribution über die eigene Webseite) als auch als indirekter Vertrieb (branchenspezifische und branchenfremde Distribution über Internet-Reisebüros und Preisvergleichsportale) ausgeprägt sein.

Gerade die eigene Webseite stellt für viele große Mietwagenunternehmen bereits heute den wichtigsten Vertriebsweg bzw. Buchungsweg dar (vgl. Kapitel 8.3.2, S. 157 ff.). Dabei werden Buchungen auf der eigenen Webseite generiert, indem die Kunden einerseits direkt auf die Webseite gelangen oder indem sie auf Werbematerialien (z. B. Banner, Buttons, Pop-ups, Suchformulare, Buchungsmasken, Textlinks) bei Affiliate-Partnern der Mietwagenunternehmen klicken und über einen dahinter liegenden Link zur Unternehmenswebseite des Mietwagenunternehmens gelangen. Dieses **Affiliate-Marketing** unterstützt die Mietwagenunternehmen im Vertrieb ihrer Leistungen, indem es potentielle Kunden anspricht und zur Webseite führt. Gleichzeitig ist es auch ein kommunikationspolitisches Instrument, da auf den Werbehinweisen häufig Werbung für das Unternehmen selbst oder verkaufsfördernde Maßnahmen des Unternehmens zu finden sind.

Die Affiliate-Partner binden die Werbematerialien der Mietwagenunternehmen in ihre Webseiten ein und erhalten dafür eine meist erfolgsabhängige Vergütung. Die Abwicklung dieses Affiliate-Marketings erfolgt häufig über Betreiber von Partnerprogrammen, die die Werbemittel erstellen, Konditionen mit den Mietwagenunternehmen aushandeln und die Bezahlung abwickeln. Vergütungsmodelle sind hierbei z. B. pay-per-click (Bezahlung eines festen Betrages pro Seitenaufruf) und pay-per-sale (Bezahlung pro Verkauf) (vgl. Lammenett 2009, S. 21 ff.).

Das Affiliate-Marketing wird mit branchenspezifischen indirekten Vertriebswegen wie Internet-Reisebüros und Preisvergleichsportalen, aber auch mit branchenübergreifenden Preisvergleichsportalen durchgeführt.[83] Internet-Reisebüros haben dazu die Mietwagenunternehmen auf ihren Webseiten in Internet Booking Engines (IBEs) integriert.

---

[83] Beispiele für branchenspezifische Preisvergleichsportale sind z. B. billiger-mietwagen.de (SilverTours GmbH) oder mietwagen-check.de (HolidayCheck AG). Ein branchenübergreifendes Preisvergleichsportal ist erento.com (erento GmbH). Erento bezeichnet sich selbst als den größten Online-Marktplatz für Mietartikel.

Preisvergleichsportale stellen auf ihren Webseiten mehrere Mietwagenunternehmen gemäß einer Kundenanfrage vergleichend dar, wobei häufig eine Sortierung nach Mietpreisen und untergeordneter Angabe der Leistungsumfänge vorgenommen wird. In beiden Fällen können die Kunden die Leistungen der Mietwagenunternehmen buchen, wofür die Webseiten eine Affiliate-Vergütung erhalten.

8.3.2 Buchungswege

Wie in Kapitel 8.3.1 gezeigt, verlassen sich die Mietwagenunternehmen auf mehrere Vertriebswege – d.h. eine kombinierte Distribution. Dabei werden den Kunden verschiedene Vertriebswege des Produktes Mietwagen angeboten, weil die Kunden je nach Nachfragergruppe und -präferenzen auf unterschiedlichen Vertriebswegen buchen.

Am augenscheinlichsten ist dieser Unterschied zwischen den Firmenkunden (Geschäftsfeld: Firmengeschäft) und den Nachfragern von Ferienmietwagen (Geschäftsfeld: Touristik- und Privatgeschäft). Während Ferienmietwagen zu einem großen Teil über indirekte Vertriebskanäle wie Reisebüros, Hotels/Zielgebiet und Reiseleiter gebucht werden, konzentrieren sich Firmenkunden viel stärker auf die direkten Buchungswege der Mietwagenunternehmen (vgl. Abbildung 38). Direkt beim Anbieter buchen 57% der Kunden (online (18%) und telefonisch beim Anbieter (39%)). Einen weiteren Schwerpunkt bilden die Buchungen über Online-Kanäle. Hierüber werden noch 36% der Buchungen realisiert. Die Nutzung dieser direkten Buchungswege kann mit der häufig stärker vorhandenen Erfahrung der Firmenkunden mit der Anmietung von Mietwagen und den Unternehmen erklärt werden. Damit gehen eine geringere Erklärungsbedürftigkeit der Buchung und des Produktes einher und damit auch die Nutzung von direkten Buchungswegen.

Abbildung 38: Buchungswege für Mietwagen

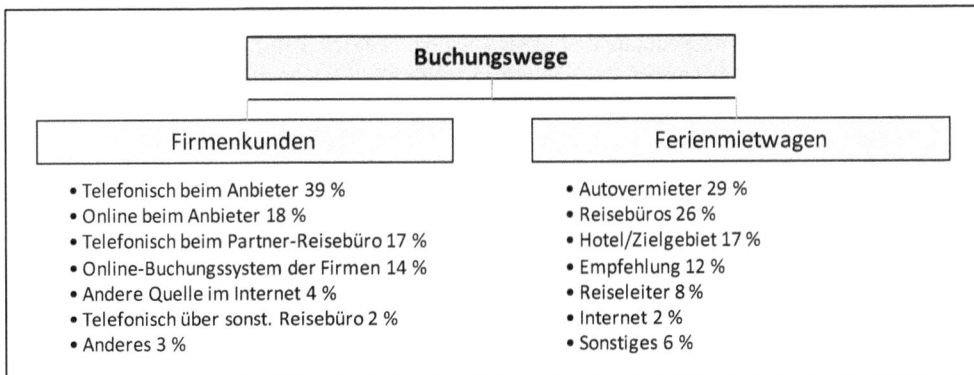

Buchungswege	
Firmenkunden	**Ferienmietwagen**
• Telefonisch beim Anbieter 39 %	• Autovermieter 29 %
• Online beim Anbieter 18 %	• Reisebüros 26 %
• Telefonisch beim Partner-Reisebüro 17 %	• Hotel/Zielgebiet 17 %
• Online-Buchungssystem der Firmen 14 %	• Empfehlung 12 %
• Andere Quelle im Internet 4 %	• Reiseleiter 8 %
• Telefonisch über sonst. Reisebüro 2 %	• Internet 2 %
• Anderes 3 %	• Sonstiges 6 %

Quelle: vgl. HolidayAutos 2006; Schneider 2008, S. 51.

Die Nutzung der einzelnen Vertriebswege ist bei den einzelnen Mietwagenunternehmen sehr unterschiedlich ausgeprägt. So vermittelt Avis nur noch 30% seines Buchungsaufkommens über Geschäfts- oder Touristikreisebüros, während der größte Anteil der Buchungen über andere, vorwiegend Online-Kanäle erzielt wird (vgl. Reuter 2009, S. 14). Sixt bezifferte seinen Anteil an Online-Buchungen im Jahr 2006 auf 30%, während es 2009 bereits 40-50% sein sollen (vgl. Münck 2009c, S. 82). Die Verteilung der Buchungen bei Hertz gibt Abbildung 39 wieder.

Abbildung 39: Buchungswege bei Hertz (2008)

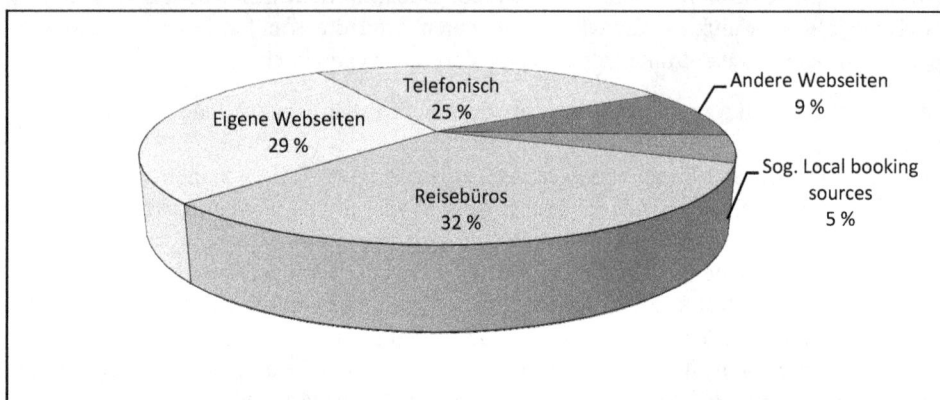

Quelle: vgl. Hertz Autovermietung GmbH 2009c, S. 14.

Zur Unterstützung des Vertriebs- und Buchungsweges Reisebüro setzen Mietwagenunternehmen auch Computerreservierungssysteme (CRS) ein.[84] CRS sind in Reisebüros das wichtigste Instrument zur Information, Reservierung und Buchung von touristischen Leistungen und Reisen. Entsprechend bedeutend sind sie für den Vertrieb von Leistungen im Reisebüro und deshalb sind die meisten (großen) Mietwagenunternehmen auch über die gängigen CRS buchbar.[85]

8.3.3   Vertriebswegesteuerung

Ein weiterer Aspekt der Vertriebspolitik ist auch die Steuerung der Vertriebswege. Bei den direkten Vertriebswegen wie den Call Centern, Unternehmenswebseiten und Stationen haben die Mietwagenunternehmen die volle Kontrolle über den gesamten Vermietvorgang und den Kundenkontakt. Eine Steuerung, d. h. Lenkung des Vertriebsweges ist deshalb hier nicht

---

[84] „CRS sind elektronische Medien zum Vertrieb von Reiseleistungen, die den Benutzer über Leistungen, Preise und Vakanzen informieren und ihm den Kauf (Buchung, Reservierung) über ein Terminal ermöglichen." (Freyer 2009b, S. 282)

[85] Zu den in Deutschland wichtigsten CRS zählen Amadeus Toma, Sabre, Galileo und Worldspan (vgl. ders., S. 283 ff.).

nötig. Beim Einsatz der indirekten Vertriebswege, und hier insbesondere den Reisebüros und den Online-Portalen, kann diese volle Kontrolle nur schwer erfolgen. Um jedoch den indirekten Vertriebswegen eine Motivation zum Vertrieb der Leistungen des Mietwagenunternehmens zu geben, erfolgt der Einsatz eines Außendienstes zur Betreuung und Kontrolle, von Schulungen zum Vertiefen der Produktkenntnis sowie von materiellen Anreizen – Provisionen, Bonussysteme und Expedientenrarife – die eine Steuerung und Motivation der Vertriebswege ermöglichen sollen.

a) Außendienst

Mit Hilfe eines Außendienstes versuchen Mietwagenanbieter die Reisemittler zum offensiven Verkauf ihrer Fahrzeuge zu motivieren. Meist besuchen die Außendienstmitarbeiter die Reisebüros ein- bis mehrmals im Jahr. Dabei werden Produktinformationen zu Buchung, Mietbedingungen und Ausstattung der Fahrzeuge vorgestellt und Verkaufsmaterialien wie Poster, Flyer und Prospekte verteilt. Eine Verkaufsberatung schult die Mitarbeiter zu Gesprächs- und Verkaufsführung, gibt Verkaufsargumente und Destinationsinformationen. Häufig werden bei den Besuchen auch Verkaufsincentives vereinbart. Dies können spezielle Angebote für Expedienten oder auch Zielvereinbarungen für Zusatzprovisionen und sonstige Boni sein. Im Rahmen der Betreuung nach der Reise nehmen die Außendienstmitarbeiter auch Kundenbeschwerden und sonstige Anregungen auf (vgl. Münck 2007b, S. 80 ff.).

b) Schulungen

Um die Reisebüros über Produkt und Angebote der Mietwagenfirmen zu informieren, werden neben dem Außendiensteinsatz auch Online-Schulungen durchgeführt, wie dies bspw. Avis für Expedienten anbietet. In einer Trainingsakademie im Agenturbereich der Avis-Webseite können Expedienten ihre Produktkenntnisse zum Thema Autovermietung verbessern, Informationen zu Avis sammeln und Verkaufstechniken kennenlernen. Auf der Webseite werden auch das Expedienten-Bonusprogramm ‚Club Red' sowie Expedientenrarife von Avis präsentiert. Die Schulung dauert laut Avis ca. eine Stunde und kann mit einem Wissenstest abgeschlossen werden, für den die Teilnehmer auch ein Diplom erhalten (vgl. Reuter 2009, S. 14).

c) Materielle Anreize (I): Provisionen

Die Buchung von Mietwagen erfolgt teilweise über Reisebüros, die meist als Handelsvertreter für die Mietwagenunternehmen deren Leistungen verkaufen. Diese erhalten dafür eine an den Verkaufserfolg gekoppelte Entlohnung in Form von Provisionen. Die Provisionen werden als Prozentwerte auf gebuchte Umsätze gezahlt, wobei die Provisionen auch an Umsatzstufen gekoppelt sein können. Die Tabelle zeigt die Provisionen einzelner Mietwagenanbieter/Ferienmietwagenanbieter.

Mietwagenbuchungen über internetbasierte Vertriebswege, die unter Mithilfe eines Affiliate-Partners zustande kommen, werden ebenfalls erfolgsabhängig, häufig nach realisierten Buchungen vergütet. Dabei hat sich die Vergütung nach Pay-per-sale etabliert. Anwendung finden hierbei Vergütungen, die entweder absolute Erfolgsprovisionen ausschütten (z.B. 8,00 Euro für eine Buchung bei Starcar über das Affiliate-Programm von belboon® oder 7,00 Euro für eine Buchung bei Sixt (Stand: September 2009)) oder relativ vom Buchungswert (z.B. 5% vom Umsatz bei Europcar über das Affiliate-Programm von Commission Junction (Stand: September 2009)) sind (vgl. Lammenett 2009, S. 35 ff.).

Tabelle 45: Provisionen einzelner Mietwagenanbieter/Ferienmietwagenanbieter (Stand: November 2009)

Vermieter	Umsatz im Reisebüro	Provision	Quelle
Alamo	K. A.	Ab 15%	(1)
Avis	K. A.	15%	(5)
Auto Europe	K. A.	Ab 12%	(1)
Car del Mar	12%	12-17%	(2)
Dertour	93%	15%	(2)
Drive FTI	Mehr als 50%	17%	(2)
Europcar	Weniger als 10%	5-15%	(4)
Holiday Autos	K. A.	14,5%	(2)
Sixt*	K. A.	12-15%	(3)
Sixt Holiday Cars	K. A.	10-20%	(2)
Sunny Cars	88%	13-17%	(2)
TUI Cars	90%	15%	(2)

* klassische Vermieter

Quelle: (1) vgl. Münck/Stirm 2006b, S. 80; (2) vgl. Münck 2008b, S. 74 f.; (3) vgl. Münck 2007a, S. 86; (4) vgl. Münck 2009h; (5) o.V. 2009m.

d) Materielle Anreize (II): Bonussysteme für Reisebüros

Einige Mietwagenunternehmen bieten den Reisebüros auch Bonussysteme, bei denen die Expedienten für die Buchung eines Mietwagens bei einem bestimmten Anbieter einen Bonus erhalten. Ein Bonus ist hierbei ein Nachlass oder eine Gutschrift, die das Reisebüro oder der einzelne Expedient für die getätigten Buchungen erhält. Die Boni dienen als Anreiz, die Mietwagenbuchungen auf einen bestimmten Anbieter zu konzentrieren, wodurch die Vermittlung der Fahrzeuge anderer Anbieter erschwert werden soll (vgl. Nieschlag/Dichtl/ Hörschgen 2002, S. 753). Der Einsatz von Bonusprogrammen wurde den Autovermietern 2003 vom Landgericht München untersagt, weil dadurch eine objektive und bedarfsorientierte Beratung der Kunden nicht gewährleistet sei. Das Urteil richtete sich in erster Line gegen die Anbieter Holiday Autos und Sunny Cars, da die in deren Bonusprogrammen gesammelten Punkte als verhaltensabhängige geldwerte Vorteile direkt an die Expedienten ausgezahlt werden (vgl. Ramm 2003). Bereits 2004 führte Holiday Autos sein Bonusprogramm mit der ‚Holiday Card‘ wieder ein. Im neuen Bonussystem wurden die Punkte ‚Holis‘ über ein Jahr gesammelt und als Zusatzprovision ausgeschüttet (vgl. o.V. 2003). Tabelle 46 gibt einen Überblick über aktuelle Bonusprogramme der Mietwagenunternehmen.

Tabelle 46: Bonusprogramme der Mietwagenunternehmen (Auswahl)

Mietwagen-unternehmen	Bonusprogramm	Prämie und Prinzip
Avis	Avis Club Red	Der Expedient sammelt für jede Buchung Punkte (,Reds'). Ab 25 Buchungen erhält der Expedient einen Universalgutschein für diverse Einzelhandelsketten.
Holiday Autos	Rabatte Tanken	Expedienten können durch Buchungen den Rabatt für eigene Mietwagenbuchungen über den üblichen Expedientenrabatt hinaus bis auf 40% steigern.
Sixt	Sixtperts	Expedienten sammeln bei jeder Buchung 50 Happy Digits, die beim gleichnamigen Bonusprogramm gegen Prämien einge-tauscht werden können.

Quelle: eigene Darstellung nach Unternehmensangaben.

e) Materielle Anreize (III): Expediententarife

Darüber hinaus bieten Mietwagenunternehmen den Reisebüromitarbeitern Expediententarife. Diese Tarife gewähren den Reisebüromitarbeitern einen Rabatt von bis zu 20 % auf die Standardtarife der gemieteten Fahrzeuge. Um die Tarife in Anspruch nehmen zu können, müssen die Mitarbeiter bei Buchung bspw. eine ‚Hertz Travel Partner Card' (Hertz), ‚Holiday Card' (Holiday Autos), ‚Plus Card' (Sunny Cars) oder eine Agenturnummer (Alamo) vorweisen können. Ziel der Expediententarife ist es dabei auch, die Expedienten zur Mietwagennutzung zu bewegen, dadurch eigene Erfahrungen mit den Mietwagenleistungen zu sammeln und deren Verkauf besser durchführen zu können.

8.4   Kommunikationspolitik

Die Kommunikationspolitik hat die Aufgabe (potentielle) Kunden über die angebotenen Leistungen eines Unternehmens zu informieren, eine Beziehung zur Öffentlichkeit herzustellen und zum Kauf anzuregen. Sie beschäftigt sich mit der Gestaltung der Informationen eines Unternehmens an seine Kunden zur Verhaltenssteuerung (vgl. Freyer 2009a, S. 552 f.).

Im Falle der Mietwagen handelt es sich um eine Dienstleistung, d. h. dass die Kommunikationspolitik den Kunden eine immaterielle Leistung sichtbar machen muss und dann zu deren Buchung anregen soll. Es muss also der Mietwagen und das bereitstellende Mietwagenunternehmen erlebbar und erfassbar gemacht werden. Dabei sind die vielfältigen Verflechtungen von Kommunikationspolitik mit den anderen Marketingfeldern zu beachten und in ein stimmiges Gesamtbild zu bringen. Gerade in einer wettbewerbsintensiven Branche wie der Fahrzeugvermietung, die durch gleiche Kernprodukte und sehr ähnliche Zusatzleistungen geprägt ist und deren Marktteilnehmer sich in einem permanenten Preiskampf befinden, kann über kommunikationspolitische Instrumente eine Abgrenzung vom Wettbewerb erfolgen.

Wichtiges Instrument ist hierbei die Werbung, über die ein kommunikativer Wettbewerb ausgetragen wird. Aber auch andere Instrumente finden Verwendung. Die wichtigsten

Instrumente der Kommunikationspolitik von Mietwagenunternehmen sind in Abbildung 40 dargestellt und sollen im Folgenden vorgestellt werden.

Abbildung 40: Instrumente der Kommunikationspolitik von Mietwagenunternehmen

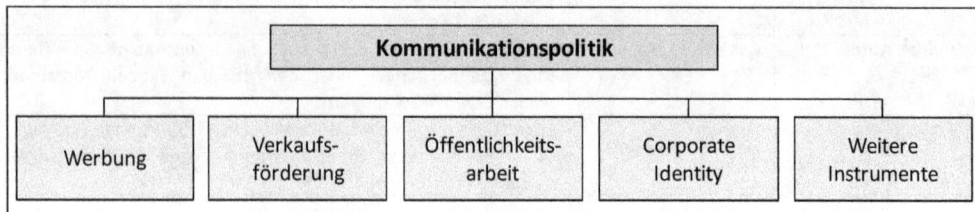

Kommunikationspolitik				
Werbung	Verkaufs-förderung	Öffentlichkeits-arbeit	Corporate Identity	Weitere Instrumente

Quelle: eigene Darstellung.

8.4.1   Werbung

Die Werbung befasst sich mit dem Transport von werblichen Informationen über Werbeträger. Konkrete Aufgabe der Werbung ist es, die Leistungen eines Anbieters bei den Zielgruppen bekannt zu machen und diese zum Erwerb, im Falle von Mietwagen zur Buchung dieser Leistungen, zu bewegen.

Die wichtigsten Werbeziele sind:

- Bekanntmachen: Wahrnehmen eines Mietwagenunternehmens durch Aufmerksamkeitserregung und Markenbildung,
- Anregen zur Informationssuche durch Kunden, Informieren über das Leistungsangebot (Kern- und Zusatzleistungen) der Mietwagenunternehmen und Sicherstellen eines Informationsstandes (Kenntnis von Produkteigenschaften),
- Kaufimpulse geben, damit Kaufabsichten zu Buchungen werden,
- Imagebildung zu betreiben, indem Einstellungen gebildet und Emotionen erlebbar gemacht werden (vgl. Freyer 2009a, S. 603 ff.).

Damit diese Webeziele erreicht werden, muss eine Werbebotschaft mit den entsprechenden Werbeaussagen formuliert werden. Dabei wenden die Unternehmen sehr unterschiedliche Gestaltungen der Werbebotschaften an, mit deren Hilfe beim Rezipienten Reize erzeugt werden sollen, die bei ihm zur Erreichung der Werbeziele führen sollen. Hierbei werden Texte, Bilder und Lautbilder, d.h. akustische Signale, eingesetzt. Deren Kombination führt dann zu den verschiedenen Reizen: Physische Reize (visuell und akustisch), emotionale Reize (u.a. Kindchenschema, Humor und Furchtappell) und kognitive Reize (u.a. Wortschöpfungen und absurde Bilder) (vgl. Gelbrich/Wünschmann/Müller 2008, S. 168 ff.).

Bei den Zielen der Werbung geht es häufig zuerst darum, ein Unternehmen bzw. ein Angebot bekannt zu machen. Dabei werden aufmerksamkeitsstarke, aktivierende Reize eingesetzt, zu denen große Werbeformate und kräftige Farben, aber auch humorvolle und erotische Werbung zählen. Vor allem Sixt setzt auf derartig humorig-provokante Werbung, bei der

Prominente und Politiker in Verbindung mit einem aktuellen Ereignis, angereichert mit Wort- oder Bildwitz, verwendet werden. Sixt verarbeitet aber auch provokante Themen, die mit gängigen Vorurteilen arbeiten und dabei kognitive Reize (kognitive Dissonanzen) auslösen. Im Ergebnis stehen für Sixt eine große Markenbekanntheit (,spontane Bekanntheit von 84% bei Geschäftsreisenden', vgl. Sixt AG 2009b, S. 6) und die Besetzung mit einem frechen und provokanten Image (vgl. Zenk/Knieper 2005, S. 8 ff.).

Andere Mietwagenunternehmen wie bspw. Avis, CCUniRent und Europcar stellen bei ihrer Werbung mehr das Produkt und die Leistungen für die Kunden in den Mittelpunkt. Sie arbeiten dabei häufig mit einer seriösen ernsten Sprache und freundlichen, nicht-provokanten Bildern (vgl. Abbildung 41).

Abbildung 41: Plakat- und Anzeigenwerbung von Europcar

Quelle: Europcar.

Das Image der vier großen Mietwagenunternehmen in Deutschland wurde im Sommer 2009 durch den Markenmonitor YouGov BrandIndex analysiert. Auf das beste Image kann der Studie zufolge der Autovermieter Europcar verweisen. Europcar wurde in dieser

Untersuchung Sieger mit 46 BrandIndex-Punkten. Sixt erreichte mit 39 BrandIndex-Punkten die zweitbeste Wertung. Hertz (32 BrandIndex-Punkte) und Avis (21 BrandIndex-Punkte) folgen dahinter (vgl. Hedde 2009).[86]

Werbemedien

Mit Mediawerbung soll ein Massenpublikum erreicht und beeinflusst werden. Um dieses Publikum zu erreichen, werden Werbeträger in den drei Formen Print-, Außenmedien und elektronische Medien eingesetzt, die sich durch spezifische Eigenschaften auszeichnen (vgl. Tabelle 47). Um einzelne Vor- und Nachteile auszunutzen bzw. zu kompensieren, und um die Rezipienten ggf. mehrmals zu erreichen, werden die Medien häufig kombiniert eingesetzt (vgl. Gelbrich/Wünschmann/Müller 2008, S. 170 ff.).

Tabelle 47: Werbeträger im Überblick

Werbeträger		Vorteile	Nachteile
Printmedien	Publikumszeitschrif-ten/Fachzeitschriften	Gestaltung, Reichweite, passendes Umfeld	Streuverluste
	Zeitungen	Aktualität, Regionalität	Gestaltung, Wahrnehmung, Streuverluste
Elektronische Medien	Fernsehen	Gestaltung, Reichweite, passendes Umfeld	Streuverluste, Zapping
	Hörfunk	Aktualität, Regionalität, Reichweite	Gestaltung, Flüchtigkeit
	Internet	Aktualität, Reichweite, Interaktivität, Gestaltung	Umfeld, Technikabhängigkeit, internetferne Zielgruppen
Außenmedien	Plakat	Kaufnähe, Reichweite, geringe Vermeidbarkeit	Streuverluste, Wahrnehmung, unpassendes/kein Umfeld

Quelle: Gelbrich/Wünschmann/Müller 2008, S. 170.

Die Auswahl eines oder mehrerer eingesetzter Werbemedien entscheidet sich nach verschiedenen Kriterien:

(1) Was sind Vor- und Nachteile des Werbemediums und dessen Eignung für das Produkt Mietwagen?

(2) Kosten-Nutzen-Vergleich: Hier werden die Kosten des Werbeträgers seinem Nutzen gegenüber gestellt.

Die Kosten sind die Belegungskosten des Werbeträgers, z. B. der zu zahlende Preis für das Schalten einer Anzeige in einer Zeitschrift. Der Nutzen des Werbeträgers ist seine qualitative

---

[86] Der BrandIndex ist ein Markenmonitor. Auf der Basis einer täglichen Befragung von 1.000 Personen ermöglicht dieses forschungsbasierte Tool zur Markenführung tagesaktuelle Imageanalysen von über 500 Marken aus 20 Branchen.

Reichweite, die ‚Zahl der Kontakte des Mediums mit der Zielgruppe'.[87] Mit Hilfe des (gewichteten) Tausend-Kontakte-Preises werden Werbeträger hinsichtlich ihres Kosten-Nutzen-Verhältnisses verglichen. Der TKP gib dabei an, wie viel es kostet, 1.000 Vertreter der Zielgruppe zu erreichen. Die Auswahl der Medien erfolgt dann anhand des TKP (vgl. Gelbrich/Wünschmann/Müller 2008, S. 170 ff.).

Werbeaufwendungen
Wichtigster Werbeträger für Mietwagenunternehmen, gemessen an den Ausgaben für Werbung, sind die Printmedien. In Publikumszeitschriften, Fachzeitschriften und Zeitungen flossen 2008 mehr als drei Viertel aller Werbeausgaben. Beachtlich ist, dass der Anteil der Online-Werbeausgaben bereits 13 % beträgt, während für Fernsehen und Hörfunk nur ein geringer Anteil der Werbeausgaben verwendet wird (vgl. Tabelle 48). Dabei variiert der Anteil der Werbeträger bei den einzelnen Mietwagenunternehmen und das Internet wird als Werbeträger der Mietwagenunternehmen einen weiteren Bedeutungszuwachs erfahren. So verwendet Sixt 2009 2/3 seiner Werbegelder im Internet und Avis will seine Werbeausgaben an den gestiegenen Anteil der Internetbuchungen anpassen (vgl. Reuter 2009, S. 14).

Tabelle 48: Werbeaufwendungen von Mietwagenunternehmen 2008 im Überblick

Werbeträger		Gesamtausgaben (2008): 12,902 Mio. Euro	
		Anteile in %	Ausgaben in 1.000 Euro
Printmedien	Publikumszeitschriften	29	3.742
	Fachzeitschriften	24	3.096
	Zeitungen	23	2.967
Elektronische Medien	Fernsehen	1	129
	Hörfunk	5	645
	Online	13	1.677
Außenmedien	Plakat	4	516

Quelle: G+J 2009, S. 6.

Die Gründe für die Verteilung der Werbeausgaben sind vielfältig. So sind Werbespots für TV recht aufwendig zu produzieren und vergleichsweise teuer. Ebenso sind die Kosten der Werbezeiten vergleichsweise teuer, bei gleichzeitig großer Reichweite des Mediums. Dabei bietet das TV häufig keinen regionalen Bezug und Zapping beeinträchtigt die Wahrnehmung der Spots. Werbung im Internet passt als Werbeträger zu einem der wichtigsten Buchungswege für Mietwagen. Zeitungen zeichnen sich durch eine sehr hohe überregionale Reichweite bzw. starke regionale Durchdringung aus und sind täglich aktuell und vergleichsweise kostengünstig. Zeitschriftenwerbung kann spezieller auf die Leserschaft zugeschnitten sowie

---

[87] Demgegenüber ist die quantitative Reichweite die Zahl aller Leser, Seher und Hörer, die in einem bestimmten Zeitraum mit einem Medium Kontakt haben.

hochwertiger und außergewöhnlicher (z. B. als Supplement zum herausnehmen oder aus-
klappen, mit speziellem Papier) gestaltet werden.

8.4.2   Verkaufsförderung

Die Verkaufsförderung zielt auf die Aktivierung der eigenen und fremden Vertriebswege
sowie der Endverbraucher und soll den Absatz der Leistungen kurzfristig steigern. Die Maßnahmen der Verkaufsförderung sind zeitlich befristet ausgerichtet und zeichnen sich durch
einen Aktionscharakter aus. Dabei sind Verkaufsförderungsmaßnahmen nicht isoliert zu
sehen, sondern stehen in Wechselwirkung zu anderen Elementen des Marketings und sollten
sinnvoll darauf abgestimmt werden. Wird die zeitliche Begrenzung der Maßnahmen oder
deren Einmaligkeit nicht eingehalten, besteht die Gefahr, dass sich seitens der Empfänger der
Maßnahmen ein Gewöhnungs- und Erwartungseffekt einstellen kann. Hinsichtlich der Verkaufsförderung sind drei Zielgruppen zu unterscheiden (vgl. Freyer 2009a, S. 680 ff.):

I) Staff-Promotion umfasst Maßnahmen, die sich an die eigenen Mitarbeiter richten. Meist
handelt es sich hierbei um Maßnahmen zur Verkaufsqualifikation und um Anreizsysteme zur
Verkaufsintensivierung. Ziel der Staff-Promotion bei Mietwagenunternehmen sind hauptsächlich die eigenen Mitarbeiter an den Stationen. Diese sollen mit Maßnahmen der Verkaufsqualifikation gefördert und mit Hilfe von Anreizsystemen motiviert werden. Zur Verkaufsqualifikation gehören z. B.: Schulungsprogramme (Gruppentraining und Rollenspiele
zum Verkauf), Verkäufertreffs und Info-Abende, Bereitstellung von Verkaufsunterlagen und
Präsentationsmappen. Zu den Anreizsystemen zählen z. B.: Bonussysteme, Incentives und
interne Wettbewerbe (vgl. ebd.).

II) Handels-Promotion wendet sich an Absatzmittler des Unternehmens und deren Ver-
kaufseinrichtungen. Die Absatzmittler sollen so motiviert werden, die Leistungen eines Anbieters verstärkt anzubieten und zu buchen. Dazu gehören Verkaufswettbewerbe, Geschenke,
Sonderprovisionen, Prospekte und begleitende Co-Marketingaktionen für die Absatzmittler.
Für die Verkaufsräume stellt die Verkaufsförderung hauptsächlich Dekorationsmaterial und
Displays zur Verfügung. Mit Hilfe dieser Maßnahmen sollen die beworbenen Leistungen
von den Absatzmittlern stärker angeboten und damit der Absatz gesteigert werden (vgl.
ebd.).

Oft angewendete Formen der Verkaufsförderung von Mietwagenunternehmen sind Verkaufswettbewerbe, Rabatte und Verlosungen unter den teilnehmenden (buchenden) Agenturen. Beispiele dafür sind:

- Sunny Cars verteilte 25 Motorroller an die Agenturen mit den besten Buchungen im
  Zeitraum Juni bis Dezember 2008 (vgl. o.V. 2009k).
- Sunny Cars bot Expedienten 30 % Rabatt auf alle Buchungen in Italien (Buchungszeit-
  raum: Ende Januar bis 15.02.2009; Anmietzeitraum: bis 31.03.2009) (vgl. o.V. 2009j).
- Drive FTI verloste unter den teilnehmenden Agenturen im Rahmen eines Gewinnspiels
  zum zehnjährigen Geburtstag u. a. ein Cabrio zur einmonatigen Nutzung (vgl. o.V.
  2009h).

III) Verbraucher-Promotion richtet sich an Endverbraucher. Das sind bspw. die Preisaktionen in Form von Rabatten (z. B. BMW-Spezial, Tagesspecial, Feiertags-Spezial) oder Zugaben zur regulären Leistung durch eine kurzfristige Ausweitung des Leistungsangebotes (Inkludierung von Treibstoff, Versicherungen, Navigationsgeräten in den Mietpreis) durch die Mietwagenunternehmen. So hat Hertz 2008 seinen Kunden eine Gratis-Tankfüllung angeboten. Die Kunden mussten dazu über einen ADAC-Mitgliedsausweis verfügen und eine Anmietungen von mindestens fünf Tagen bis zum 31. März 2008 vornehmen (vgl. o.V. 2009i). Der Mietwagenbroker TUI Cars hatte für Buchungen von Mitte Februar bis 31. März 2009 und den Anmietzeitraum 13. April bis 31. Juli 2009 auf den Kanarischen Inseln Ermäßigungen von 24 % für Endkunden gewährt (vgl. Riebesehl 2009a, S. 30).

8.4.3 Öffentlichkeitsarbeit

Die Öffentlichkeitsarbeit soll eine Beziehung zu den relevanten Anspruchsgruppen des Unternehmens aufbauen und unterhalten. Dazu wird die Kommunikation mit internen (im Unternehmen) und externen Teilöffentlichkeiten (Medienkontakte, Meinungsführer, Behörden und Ämter, Finanzkontakte, Kunden, Lieferanten, Kooperationspartner, Konkurrenten, Multiplikatoren, allgemeine Öffentlichkeit) unterschieden. Ziel ist es, Vertrauen und Verständnis in den Teilöffentlichkeiten zu gewinnen und ein Image aufzubauen bzw. zu pflegen. Eingesetzte Instrumente hierbei sind die Presse- und Medienarbeit sowie die Kontaktpflege und -kommunikation (vgl. Freyer 2009a, S. 587 ff.).

Erscheinungsformen, Themen und Instrumente der extern gerichteten Öffentlichkeitsarbeit von Mietwagenunternehmen sind:

I) Leistungsbezogene Öffentlichkeitsarbeit: Vorstellung neuer Angebote (Leistungen, Fahrzeuge, Stationen) oder von Veränderungen der Angebote (Preisveränderungen, Leistungsänderungen). Hierbei kommen bspw. bei Sixt der SixtFlash-Newsletter, die Kundenzeitschrift Go Sixt oder kurze Nachrichten in der Web 2.0-Anwendung Twitter zum Einsatz.

II) Unternehmensbezogene Öffentlichkeitsarbeit: Quartals-, Jahresberichte, Finanzberichte, Aktionärsversammlungen. Dazu veranstaltet bspw. Sixt regelmäßig Telefon- und Pressekonferenzen mit Investoren und Pressevertretern.

III) Gesellschaftsbezogene Öffentlichkeitsarbeit: Stellungnahmen zu gesellschaftlichen Themen (Umweltschutz, Nachhaltigkeit, Corporate-Social-Responsibility) (vgl. Meffert/Bruhn 2009, S. 289). Hierzu zählt die Zertifizierung des Umweltmanagementsystems von Europcar durch das Bureau Veritas mit der Umweltnorm ISO 14001 (vgl. EUROPCAR Autovermietung GmbH 2009i). Aber auch Aktivitäten von Sixt können hierzu gezählt werden. Beispielsweise hat Sixt Rent a car ein integriertes Qualitäts- und Umweltmanagementsystem nach ISO 9001:2000 (Qualität) und ISO 14001:2004 (Umwelt) eingeführt und ist deshalb im Dezember 2008 von der DEKRA zertifiziert worden. Des Weiteren unterstützen Regine Sixt und Sixt rent a car mit ihren Mitarbeitern die ‚Aktion Deutschland Hilft' und v. a. Kinder und haben deshalb die Regine Sixt Kinderhilfe e.V. gegründet (vgl. Sixt GmbH & Co. Autovermietung AG 2009c).

Die Erscheinungsformen und Themen der internen und externen Öffentlichkeitsarbeit sind relativ identisch. Unternehmensbezogen werden jedoch für die Organisation und die Abläufe im Unternehmen relevante Themen angesprochen. Darüber hinaus soll auch die Ansprache interner Teilöffentlichkeiten Vertrauen und Verständnis für Unternehmensentwicklung aufbauen und die Mitarbeiter durch Information motivieren. Ein wichtiges Instrument ist hierbei in vielen Unternehmen eine Mitarbeiterzeitschrift, wie z. B. ‚VisAVIS' – Die Mitarbeiterzeitung von Avis.

8.4.4   Corporate Identity

Die Corporate Identity (CI) wird als das ‚Dach der Kommunikation' bezeichnet. Sie fasst mit dem **Corporate Design**, den **Corporate Communications** und dem **Corporate Behaviour** das Selbstverständnis und Erscheinungsbild eines Unternehmens zusammen. Dazu gehört neben dem Verhalten des Unternehmens und seiner Mitarbeiter und der Kommunikation der Identity auch das äußere Erscheinungsbild. Alle drei Bestandteile der CI müssen in der Kommunikationspolitik umgesetzt werden und führen bei gelungener Umsetzung zu einer vom Unternehmensumfeld wahrgenommenen Identität. Das Unternehmen kann durch diese Identity eine ‚Persönlichkeit' erhalten (vgl. Freyer 2009a, S. 563 ff.).

Ausdruck des Corporate Behaviour des Mietwagenunternehmens Avis ist z. B. der Slogan „We try harder." Darin kommt das Verhalten des Unternehmens und der Mitarbeiter zum Ausdruck. Auch Europcar misst einer unternehmensweit einheitlichen Corporate Identity einen hohen Stellenwert bei. So wurden ab März 2009 interne und externe Kommunikationsmedien umgestellt und für alle Europcar Ländergesellschaften vereinheitlicht. Dies „(…) soll den Wiedererkennungswert der Marke Europcar steigern, den Premiumanspruch der Autovermietung reflektieren und Europcar sichtbar und prägnant von Wettbewerbern abgrenzen." (EUROPCAR Autovermietung GmbH 2009h)

Wichtiges Element der Corporate Identity ist das Erscheinungsbild der Kommunikationsmittel und für Mietwagenunternehmen besonders die Gestaltung der Mietwagenstationen. Die Kommunikationsmittel, von der Webseite, über Briefpapier, Präsentationsvorlagen bis zu Werbeanzeigen sollten wiederkehrende, unverwechselbare Elemente aufzeigen.[88] Die Mietwagenstationen sind die wichtigsten Kontaktpunkte von Kunden und Mietwagenunternehmen und sollten entsprechend wiedererkennbar gestaltet sein und die Unternehmenspersönlichkeit mit zum Ausdruck bringen. Diese Wiedererkennbarkeit sollte sich kundenbezogen auf alle Ausstattungsmerkmale beziehen, mit denen der Kunde direkten Kontakt hat. Für den Kunden können dies z. B. die folgenden sichtbaren Ausstattungsmerkmale sein: Vermietstationen, Kleidung der Mitarbeiter, Schlüsselanhänger, Informationsmaterialien und die Kundenzeitschrift (vgl. Abbildung 42). Um die Unternehmenspersönlichkeit aber auch nach innen, innerhalb des Unternehmens weiterzugeben und zu leben, sollten sich auch alle für den Kunden nicht sichtbaren Bereiche der Corporate Identity fügen.

---

[88]   Bei Sixt gibt es bzgl. der grafischen Darstellung und lithografischen Darstellung der Fahrzeuge in allen Medien einheitliche Vorgaben und Bearbeitungsstandards (vgl. Axthelm 2009, S. 16).

*Abbildung 42: Corporate Identity bei Europcar: Stationsdesign außen und innen, Schlüssel-
anhänger und Terminal*

Quelle: Europcar.

8.4.5 Weitere kommunikationspolitische Instrumente: Virales Marketing, Guerilla-Marketing und Web 2.0-Anwendungen

Zum erweiterten Set der Kommunikationsinstrumente gehören das virale Marketing, das Guerilla-Marketing und viele Anwendungen des Web 2.0. Diese Instrumente werden als Ergänzung zu den klassischen Instrumenten eingesetzt, wobei ihre Funktionen in den Bereichen Werbung, Öffentlichkeitsarbeit und auch Verkaufsförderung angesiedelt sind. Begleitet werden müssen die Instrumente durch die Abstimmung mit der Corporate Identity der Unternehmen.

Virales Marketing setzt auf das „(…) gezielte Auslösen von Mundpropaganda zum Zwecke der Vermarktung von Unternehmen und deren Leistungen." (Langner 2007, S. 27) Werbebotschaften und Unternehmensnachrichten sollen dabei wie ein Virus in kurzer Zeit von Mensch zu Mensch weitergetragen werden. Dabei setzt das virale Marketing oft auf einen Aha-Effekt, der die Menschen aktiviert und zur Weitergabe einer Nachricht an andere Menschen animiert. Häufig wird dabei auf humoristische Effekte gesetzt. Sixt hat diese Virus-Kommunikation bspw. in seiner Werbekampagne mit dem Sänger Matthias Reim eingesetzt. Kern der Kampagne war ein überraschendes Musikvideo mit dem Sänger. Unterstützt wurde die Kampagne durch Anzeigen in Zeitschriften, überregionalen Tageszeitungen und auf reichweitenstarken Webseiten.

Guerilla Marketing ist das Marketing mit ungewöhnlichen Aktionen. Meist steht dafür nur ein kleiner Etat zur Verfügung und es erfolgt eine überraschende und originelle Kundenkommunikation. Charakteristisch für das Guerilla-Marketing ist, dass die Ansprache der Kunden an ungewöhnlichen Orten erfolgt, diese Orte häufig nur kurzzeitig genutzt werden und ein direkter Bezug zwischen Kunden und Leistungen bzw. zu einem aktuellen Ereignis hergestellt wird. Es handelt sich dabei um Maßnahmen, die fernab der klassischen Kommunikationskanäle ablaufen (vgl. Schulte 2007, S. 15 ff.).

Die **Web 2.0-Anwendungen**[89] verändern die Nutzung des Internets, indem sie darauf aufbauen, dass sich die Nutzer aktiv an der Gestaltung der Inhalte beteiligen und diese mitgestalten. Diese Anwendungen werden sowohl von Mietwagenunternehmen als auch von den Mietwagennutzern verwendet. Für die Kunden von Mietwagenunternehmen bietet sich hiermit in erster Linie eine Vielzahl von Informationsmöglichkeiten. Diese Informationen können Erfahrungen der Kunden sein, die als Inhalte im Internet erscheinen und Erfahrungen und Meinungen weitergeben. Die Kunden können sich aber auch Informationen zu Anbietern beschaffen, indem sie die Qualität von Leistungsangeboten und Preise vergleichen und beurteilen können oder Fragen zur Mietwagennutzung beantwortet bekommen. Für die Mietwagenunternehmen bieten sich mit Web 2.0-Anwendungen Möglichkeiten zur Kommunikation mit den Kunden (vgl. Bastian/Kauley/Wilmsmeyer 2009, S. 80 ff.). Die wichtigsten Anwendungen sind die folgenden:

- Bewertungsportale geben den Nutzern die Möglichkeit ihre Erfahrungen mit Produkten mitzuteilen und eine Bewertung vorzunehmen. Bspw. können auf der Webseite www.billiger-mietwagen.de Erfahrungsberichte und Beurteilungen für Mietvorgänge vorgenommen werden.
- Blogs/Webblogs sind Webseiten auf denen regelmäßig Artikel veröffentlicht werden. Bspw. berichtet der Sixtblog (www.sixtblog.de) regelmäßig über das Unternehmen Sixt und Ereignisse rund um das Unternehmen.
- Communities sind eine Gruppe von Personen, die sich zu einem bestimmten Thema austauschen. So können auf der Webseite www.billiger-mietwagen.de Reiseberichte und Empfehlungen zu Mietwagentouren erstellt und eingesehen werden. Auf der Webseite Mietwagen-Talk.de (http://mietwagen-talk.de) tauschen sich Nutzer zu allgemeinen Themen (Ablauf von Mietvorgängen, Hilfe bei Problemen) der Mietwagenbranche aus.
- Wikis[90] bilden ein gemeinsames Wissen ab und können von allen Besuchern der Webseite gelesen, erstellt und verändert werden. Die Webseite Mietwagen-Talk.de (http://mietwagen-talk.de) erstellt ein Mietwagen-Wiki mit den wichtigsten Begriffen und Abkürzungen der Mietwagenbranche.

---

[89] Web 2.0 steht für eine veränderte Nutzung des Internets und wird durch die Schlagworte Partizipation, Interaktion und Kooperation charakterisiert. Der Begriff des Web 2.0 wurde von Tim O'Reilly und Dale Dougherty erfunden und ist 2005 durch O'Reilly beschrieben worden (vgl. O'Reilly 2005).

[90] Wikis bieten als Web-basiertes Autorenwerkzeug die Basis für ein kollektives Wissensmanagement. Es handelt sich um eine Sammlung von Webseiten, die nach Themen und Namen gruppiert online bearbeitet und automatisch verlinkt werden können, um das Fachwissen mehrerer Nutzer zu bestimmten Themen zu konsolidieren und eine dynamische Wissensbasis aufzubauen.

- Soziale Netzwerke sind private und berufliche Kontaktgeflechte. Über die Anwendung Twitter, ein öffentliches Tagebuch mit maximal 140 Zeichen pro Nachricht, geben z. B. Holiday Autos, Hertz und Sixt Informationen über die Unternehmen, Angebote, kuriose Neuigkeiten oder Mietinformationen an ihre ‚Follower' weiter.

Weitere Web 2.0-Anwendungen sind z. B. das sog. Podcasting[91] und Mashup[92], RSS Newsfeed Reader[93], Tagging[94], Fotocommunities/Videocommunities[95] und Geolocation[96]. Sixt und Avis (in englischer Sprache) bieten bspw. einen RSS Newsfeed an und Sixt arbeitet mit Tags. Die weiteren angeführten Web 2.0-Anwendungen wurden Ende 2009 bei den vier großen Autovermietern Avis, Europcar, Hertz und Sixt (noch) nicht gefunden.

---

[91] Podcasting bezeichnet das Bereitstellen von selbst produzierten Audiodateien über das Internet im Format eines Weblogs. Meistens handelt es sich bei Podcasts um private Sendungen, ähnlich Radioshows, die sich einem bestimmten Thema widmen.

[92] Vom Englischen für Vermischen bezeichnet Mashup die Erstellung neuer Inhalte durch die Kombination bereits bestehender Inhalte. So können z. B. Anbieter von Webseiten bspw. durch Google Earth Landkarten und Satellitenfotos auf der eigenen Webseite einbinden und zusätzlich mit individuellen Markierungen versehen und mit anderen Inhalten wie Fotos oder Kleinanzeigen verbinden.

[93] Newsfeeds werden meist von den Betreibern von Nachrichtenseiten, Weblogs und Foren angeboten, um über neue Artikel und Beiträge auf dieser Website zu informieren. So kann der Besucher, auch ohne die Website explizit aufzusuchen, erkennen, ob für ihn interessante Beiträge vorliegen.

[94] Unter Tagging versteht man das Markieren von eigenen Medien und Texten mit einem Sammelbegriff.

[95] Auf Fotocommunities können Nutzer Bilder oder Videos einstellen, mit Schlagworten versehen und somit zu einem bestimmten Thema zuordnen. Hierdurch können Nutzer untereinander Bilder oder Videos zum selben Thema finden und untereinander tauschen, gegenseitig bewerten und kommentieren.

[96] Geolocation oder auch Geotargeting ermöglicht es, Personen durch gezielte Ortung von Mobiltelefonen oder Internetnutzung ausfindig zu machen.

Wiederholungsfragen

Produktpolitik

1. Grenzen Sie die unterschiedlichen Leistungsebenen des Gesamtprodukts Mietwagen voneinander ab!

2. Nennen Sie jeweils drei Beispiele pro Leistungsebene!

3. Definieren Sie das Kernprodukt von Autovermietern aus den unterschiedlichen Sichtweisen des Unternehmens, der Kunden und der Wettbewerber!

4. In welche Kategorien werden Mietfahrzeuge von Vermietern eingeteilt?

   Finden Sie zugehörige Beispiele!

5. Was wird unter der sog. Mallorca-Police verstanden?

6. Wie können Mietwagenstationen unterschieden werden?

7. Begründen Sie, warum Mietwagenstationen besonders häufig an Verkehrsstationen zu finden sind!

8. Was wird unter sog. Implants im Mietwagenmarkt verstanden?

9. Wie unterscheidet sich der Anmietzyklus aus Sicht der Mietwagenunternehmen von der Sicht der Kunden?

10. Nennen Sie Kriterien der Produkt- und Servicequalität von Mietwagenunternehmen!

Preispolitik

1. Begründen Sie, warum der Preis ein wichtiges Marketing-Instrument für Mietwagenunternehmen ist!

2. Welche Kriterien werden bei der Preisfindung berücksichtigt?

3. Nennen Sie fünf typische Verbraucherzielgruppen und die dazugehörigen Tarifange-bote der Autovermieter!

4. Erläutern Sie unterschiedliche Kriterien zur Preisdifferenzierung! Nennen Sie jeweils ein Beispiel!

5. Welche weiteren Instrumente zur Preisgestaltung verwenden Mietwagenunternehmen neben den verschiedenen Preisdifferenzierungsmethoden? Nennen Sie je drei Beispiele!

6. Erläutern Sie die unterschiedlichen Methoden der Mietwagenunternehmen zum Umgang mit dem Wertverlust der Fahrzeuge durch die Fahrleistung!

7. Welche Teile der Gesamtkosten stellen bei der Preiskalkulation von Mietwagen die größten Kostenblöcke dar und wie setzen sich diese zusammen?

8. Welche Kosten entstehen Unternehmen durch die Anschaffung eines Mietwagenfuhrparks?

9. Beschreiben Sie die unterschiedlichen Kategorien von Risiken, die für Autovermieter bestehen!

10. Auf welche Art und Weise können Preise von Kunden beurteilt werden?

Vertriebspolitik

1. Erläutern Sie mögliche Vertriebswege für Mietwagenunternehmen!
2. Grenzen Sie die Begriffe zentrale und dezentrale Distribution von einander ab!
3. Was wird unter branchentypischen und branchenfremden Vertriebswegen verstanden?
4. Wie ist der von Mietwagenunternehmen angewandte Multi-Channel-Vertrieb zu beurteilen?
5. Was wird unter der sog. Kannibalisierung im Hinblick auf den Multi-Channel-Vertrieb verstanden?
6. Nennen Sie die wichtigsten Buchungswege für Firmenkunden und Ferienmietwagen!
7. Welche Instrumente der Vertriebswegesteuerung werden unterschieden?
8. Welche Vorteile bieten Expedententarife dem Mietwagenunternehmen und den Nutzern?
9. Erläutern Sie den Begriff Verkaufsincentive!
10. Beschreiben Sie die Wirkungsweise von Bonussystemen, die Mietwagenunternehmen Expedienten gewähren!

Kommunikationspolitik

1. Begründen Sie, warum der Kommunikationspolitik im Mietwagenmarkt eine besondere Bedeutung zukommt!
2. Welche Ziele verfolgen Mietwagenunternehmen mit werblichen Maßnahmen?
3. Erläutern Sie unterschiedliche Werbeträger von Mietwagenunternehmen! Gehen Sie dabei auf die Vor- und Nachteile ein!
4. Stellen Sie kurz dar, wie sich die Gesamtwerbeausgaben auf einzelne Werbeträge verteilen!
5. Welche Formen der Verkaufsförderung werden von Mietwagenunternehmen eingesetzt? Finden Sie jeweils aktuelle Beispiele!
6. Nennen und erläutern Sie die drei Erscheinungsformen der extern gerichteten Öffentlichkeitsarbeit!
7. Was wird unter Corporate Identity verstanden?
8. Begründen Sie, warum dem Corporate Identity eine besonders hohe Bedeutung in der Kommunikation zukommt!
9. Grenzen Sie das Virale Marketing, Guerilla Marketings und Web 2.0 Maßnahmen voneinander ab!
10. Finden Sie aktuelle Beispiele, wie Mietwagenunternehmen die neueren Kommunikationsinstrumente Virales Marketing und Guerilla Marketing einsetzen!

9 Weitere Straßenverkehrsmittel in der Vermietung

9.1 Grundlagen des Caravaning

9.1.1 Definitionen

Caravaning zählt zum Campingtourismus, so ist es aus verschiedenen Definitionen in der wissenschaftlichen Literatur zu entnehmen (z.B. DFV 1985, S.1, Leser et al. 1993, S.96, Mundt 2008, S.136).[97] In Bezug auf die Art der mitgeführten Unterkunft wird Camping nach Zelt, Wohnmobil und Wohnwagen unterschieden, wobei als Überbegriff für Wohnmobile und Wohnwagen der Begriff ‚Caravaning' genutzt wird (vgl. Abbildung 43).[98] Ein Wohnmobil ist dabei ein „Kraftfahrzeug, das nach Einrichtung und Ausstattung zum Wohnen geeignet und bestimmt ist. Nicht nur im Führerhaus, sondern auch im Wohnbereich dient es der Personenbeförderung im Gegensatz zum Wohnanhänger, der fast ausschließlich dem Wohnzweck dient." (Schroeder 2007, S.346)

---

[97] Camping ist „(...) ein zum Zweck der Erholung im Freien geführtes Leben (Urlaub und Naherholung) mit zeitweiligem Aufenthalt in einer transportablen Unterkunft (Zelt, Wohnwagen, Reisemobil)." (DFV 1985, S.1) Camping wird betrachtet als „(...) die hausungebundene, mobile Form des Freizeitwohnens in selbst mitgeführten Unterkünften. Camping wird in der Regel auf dafür eingerichteten und mit einer gewissen Sanitär- und Versorgungsinfrastruktur ausgestatteten Plätzen ausgeübt, wobei als Unterkünfte Zelte, Wohnwagen als Anhänger oder mit eigenem Antrieb dienen können. Nicht zum Camping im eigentlichen Sinne gehört das Dauercamping." (Leser et al. 1993, S.96) Hiernach ist Camping eine „Übernachtung in mobilen Unterkünften wie Zelten, Wohnwagen oder Wohnmobilen." (Mundt 2008, S.136)

[98] Im Tourismus-Lexikon von Schroeder (2007, S.61) wird Caravan als „Sammelbezeichnung für mobile Unterkünfte, die entweder von Automobilen gezogen werden oder selbst über einen Motor verfügen" verstanden. Der Begriff ‚Caravan' soll seinen Ursprung im persischen ‚karwan' haben, das eine Gruppe von Händlern, Pilgern oder anderen bezeichnet, die aus Sicherheitsgründen gemeinsam in Ost- oder Nordostafrika reist, oder vom italienischen ‚caravana' – was wiederum Karawane bedeutet – abgeleitet sein (vgl. Hierhammer 1996, S.83; Schukking 1990, S.13).

Abbildung 43: Einordnung der Wohnmobile in den Campingbegriff

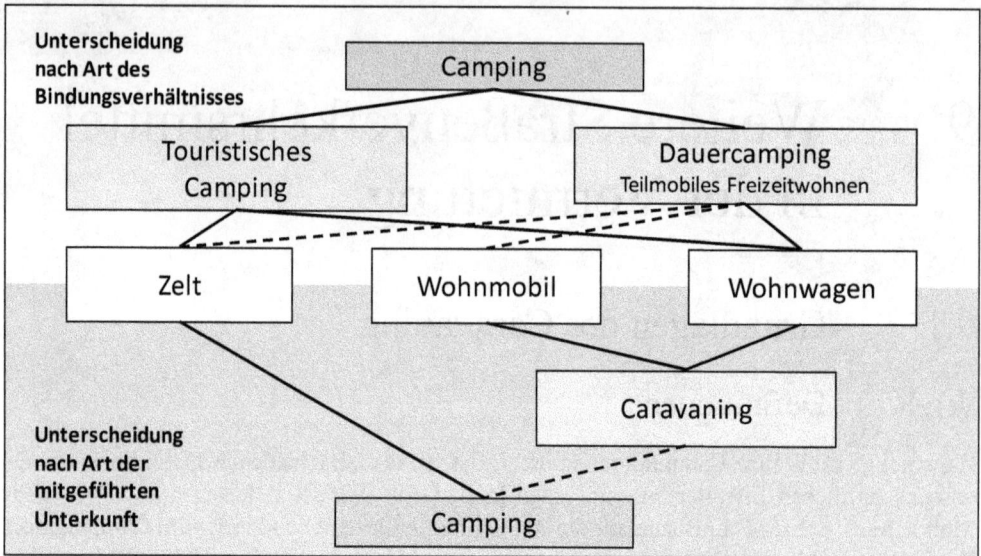

Quelle: Widmann 2006, S. 42.

9.1.2   Historische Entwicklung des Caravaning

Die Anfänge des Caravaning reichen bis weit vor unsere Zeitrechnung, wobei lediglich einzelne Etappen noch durch Aufzeichnungen nachzuweisen sind. Sicher ist allerdings, dass die Menschen schon vor vielen Jahrhunderten auf die Idee kamen einen Wagen nicht nur zum Reisen, sondern auch zum Wohnen zu nutzen (vgl. Kubisch 1998, S. 10). Erste Wohnwagen werden der Kultur der Hethiter in Kleinasien (ca. 1.500 Jahre v. Chr.) zugerechnet. Aber auch während der Chin-Dynastie in China (221 v. Chr.) soll es bereits Reisewagen gegeben haben. Sowohl in Aufzeichnungen aus dem römischen Reiseverkehr als auch im Mittelalter werden in mehreren historischen Quellen verschiedene Formen von Reisewagen erwähnt. So erwähnte bspw. bereits Marco Polo – als einer der bedeutendsten Reisenden des Mittelalters – in seinen Beschreibungen des Inneren Asiens und Chinas einen Wagen der Tataren, der von Ochsen gezogen wurde und sich mit Zeltplanen bedeckt zu einer Lagerstatt erweitern ließ (vgl. Hierhammer 1996, S. 84 f.; Widmann 2006, S. 43).

„Aus dem 17. Jahrhundert ist überliefert, daß der französische Staatsmann und Kardinal Richelieu (1585-1642) einen Pferdewagen benutzte, der ihm als Schlafstätte wie zu Studienzwecken diente. Genau dokumentieren läßt sich der Gebrauch eines Reisewagens durch den Kaiser der Franzosen, Napoleon Bonaparte (1769-1821)." (Kubisch 1998, S. 12)

Aus dem 18. Jahrhundert werden ebenso Reisewagen junger Adliger auf Bildungsreise (sog. ‚Grand Tour') und ein zweiachsiges Wohnchaise von Johann Wolfgang von Goethe dokumentiert (vgl. Kubisch 1998, S. 13; Widmann 2006, S. 44). Als Entwicklungshelfer des modernen Caravans werden v. a. die Schausteller und Artisten angesehen, da sie zur Ausübung ihres Berufes beweglich sein mussten, aber nicht so gerne auf die Annehmlichkeiten einer festen Behausung verzichten wollten. Während zunächst die Wohnwagen von Pferden gezogen wurden, wurde mit stärkerer Verbreitung von Kfz dieses auch hierfür nutzbar gemacht (vgl. Bues/Schwarz/Sempter 2008, S.9). „Die Reisegeschwindigkeiten der ersten pferdegezogenen Caravans war noch schneckengleich. Die Gangart der Pferde war Schritt, und dies hatte wenig mit dem Gewicht des Wagens zu tun; die Mehrzahl aller Straßen erlaubte Trab oder Galopp nur für Reiter. (…) Verständlich, daß ein Reisetagesmittel von 25 km/h das Maximum war. Zudem: Tagesetappen von 30 Kilometern und mehr galten als ein verwerflicher Streß." (Kubisch 1998, S. 15 f.)

Auch wenn man den ersten Wohnwagen in Deutschland nicht mit Sicherheit belegen kann, war Arist Dethleffs einer der Pioniere. Er zeichnete im Jahre 1931 das sog. ‚Wohnauto' als Entwurf, machte zu Ostern 1932 die Jungfernfahrt und die Gebr. Dethleffs OHG baut seit 1934 Caravans auf Bestellung (vgl. Dethleffs 2006, S.6 f.). Der Beginn der Serienproduktion von Wohnwagen ist aber auch eng mit dem oberbayrischem Sportartikelhändler und Faltbootbauer Hans Berger verbunden. Er brachte im Sommer 1935 einen Faltdach-Klappanhänger ‚Hausdabei' auf den Markt, der die Wohnwagenbewegung weiter in Schwung brachte. Weitere Pioniere, die sich mit dem Wohnwagenbau beschäftigten, waren z.B. die Hersteller Schweikert, die Westfalia-Werke, Jürgen Nöring und Heinrich Hauser[99]. Ende der 1930er Jahre gab es bereits mehrere Caravanhersteller in Deutschland, aber auch in England und den USA, wo die Serienproduktion bereits in den 1920er Jahren begann und bis Ende 1936 ca. 250.000 Caravans produziert wurden. Die genauen Produktionszahlen der einzelnen Hersteller sind nicht bekannt, aber es lassen sich Hinweise auf die Bedeutung des Caravanbaus in Deutschland finden. So ist belegt, dass vom Model ‚Karawane' (seit 1938 vom Unternehmen ‚Sportberger' hergestellt) mehr als 500 Exemplare produziert wurden (vgl. Kubisch 1998, S. 36 ff., S. 44 f.; Widmann 2006, S. 47 f.). Und bei Dethleffs waren 1936 bereits sechs feste Mitarbeiter für die Betriebsabteilung ‚Wohnautobau' beschäftigt (vgl. Dethleffs 2006, S.9).

Während des Zweiten Weltkrieges wurden zwar weiterhin Caravans produziert, sie wurden jedoch nur noch militärisch als Befehlsanhänger, Funkwagen, Truppenbetreuer-/Kriegsberichterstatter-Unterkunft oder Büro für Vermessungsingenieure genutzt (vgl. Kubisch 1998, S. 100). Dethleffs baute 1941 bspw. für das deutsche Afrikacorps eine Wohnwagenserie (Dethleffs 2006, S.9). Insbesondere Dethleffs und Berger konnten ihre Wohnwagen-Produktion während des Zweiten Weltkrieges aufrechterhalten. „Während Dethleffs und Berger ihre Produktion noch einige Zeit fortsetzen durften, mußte man bei Schweikert in Ebingen die Arbeit bald einstellen. Lt. einer Verfügung der ‚Überwachungsstelle für Kautschuk und Asbest' in Berlin wurde dem schwäbischen Wohnwagenhersteller Ende 1939 monatlich nur noch der Einkauf eines einzigen Paares ‚Kraftfahrzeugreifen' für ein einachsiges Fahrzeug gestattet. Unter diesen Bedingungen war die Fortführung des Betriebes illusorisch. Zu allem Überfluß wurde die Schweikert-Fabrik in den letzten Kriegstagen durch

---

[99] Heinrich Hause baute im Jahre 1934 eine Einzelanfertigung mit dem Namen ‚Arche' und hielt seine auf einer 143-tägigen Fahrt durch Deutschland gemachten Erfahrungen in einem 1935 erschienenen Buch (‚Fahrten und Abenteuer im Wohnwagen') fest.

einen brennenden Munitionszug völlig dem Erdboden gleichgemacht. Nichts anders erging es den Westfalia-Werken in Rheda-Wiederbrück, wo ebenfalls große Teile der Werkanlagen den Kampfhandlungen zum Opfer fielen." (Kubisch 1998, S. 107)

Nach dem Zweiten Weltkrieg gab es in Deutschland erst einmal keine Caravanproduktion mehr. Nach der Währungsreform 1948 wurde in Westdeutschland versucht an die Vorkriegs- entwicklung anzuknüpfen. „Zwar wurde wieder mit dem Wohnwagenbau begonnen, aber die Stückzahlen blieben gering. Die Zielgruppen der Caravanhersteller waren nicht Urlauber, sondern aufgrund der schlechten Beherbergungssituation Handlungsreisende und Ingenieure, die im Wiederaufbau beschäftigt waren, sowie Theatergruppen." (Widmann 2006, S. 49) In den sechziger Jahren des 20. Jahrhunderts folgte dank des Wirtschaftswunders ein ‚kometen- hafter Siegeszug' der Wohnwagen. Zunehmende Freizeit durch Kürzung der Wochenarbeits- zeit, erhöhter Mobilisierungsgrad und steigendes Einkommen bewirkten einen enormen Anstieg der Wohnwagen. Im Jahre 1954 hatte der Caravan-Bestand nur knapp 1.000 Fahr- zeuge und im Jahre 1965 dagegen bereits mehr als 48.000 (vgl. Hierhammer 1996, S. 171 f.).

Auch der genaue Beginn des modernen Wohnmobiltourismus lässt sich nicht 100%-ig fest- legen. Die deutsche Automobilpresse berichtete jedoch bereits vor dem 1. Weltkrieg von ersten Versuchen. So wurde in der Fachzeitschrift ‚Allgemeine Automobil-Zeitung' (AAZ) im Jahre 1910 erstmals eine Aufnahme des Hauswagens eines ‚Herrn Kunstmalers Kniekebusch' aus Coburg abgedruckt. Dieser Wagen steht sicherlich mit am Beginn der Ahnengalerie von modernen Reisemobilen. Auch in den USA lassen sich die Anfänge bis in die 1910er Jahre zurückdatieren. Ebenfalls in der AAZ wurde in Wort und Bild von einem ‚Motor-Hauswagen' berichtet, mit dem ein Mister Conklin quer durch Nordamerika (von New York nach San Francisco) gefahren ist (vgl. Kubisch 1998, S. 212). „Allerdings gelang- te diese Reiseform zu jener Zeit nicht über das Experimentierstadium hinaus. Zwar wurde in den 1920er Jahren ein wohnmobilähnlicher Aufbau für das Ford Modell T angeboten, den- noch blieben Wohnmobile meist Einzelanfertigungen, von Reisepionieren selbst erbaut oder für diese auf Grundlage der vorhandenen Fahrzeuge von auf Wagen spezialisierten Firmen umgebaut." (Widmann 2006, S. 49)

Nach dem 2. Weltkrieg begann die serienmäßige Entwicklung von Wohnmobilen.[100] Firmen, die die Entwicklung in Deutschland v. a. mit vorantrieben, waren Mikafa (Minden), Lloyd Motoren Werke (Bremen), Hymer (Bad Waldsee), Westfalia (Wiedenbrück) und Volkswa- gen (Wolfsburg), die mit dem Volkswagen-Transporter (ab 1950 als Kleinbus gebaut) ein beliebtes Basisfahrzeug entwickelten. „Die Bezeichnung ‚Reisemobil' für ein motorisiertes und damit selbstbewegliches Wohnfahrzeug war eng verbunden mit der Firma Mikafa (Min- den). Ab 1951 zählten derartige Fahrzeuge zum serienmäßigen Lieferprogramm dieses west- fälischen Unternehmens (…) Drei Nummern kleiner als die ‚Dinosaurier' von Mikafa waren die Lloyd-Wohnmobile. Auf Basis des Lloyd LT-Transporters boten die Bremer Lloyd Mo- toren Werke einen ‚Großraum-Personenwagen' mit 600-cm³-Zweitaktaggregat ab 1959 als Freizeitmobil an – mit verlängertem Radstand. (…) Im Sommer 1961 gingen in der Bremer

---

[100] Der Bestand an Motorcaravans steig in der Bundesrepublik Deutschland bis 1965 auf gerade einmal 2.169 Einheiten an (1960: 209, 1961: 528, 1962: 677, 1963: 1.018, 1964: 2.016 Einheiten) (vgl. Kubisch 1998, S. 212).

Neustadt im Rahmen des Borgward-Konkurses die Lichter aus. In den Strudel dieser Firmenpleite gerieten auch die ehrgeizigen Pläne von Erwin Hymer aus Bad Waldsee. (…) Erst 1972 wandten sich die oberbayrischen Konstrukteure wieder dem Motorcaravan zu." (Kubisch 1998, S. 214 f.)

Der VW-Bus ist bis heute ein Dauerbrenner in Sachen Motorcaravan. Zu Beginn produzierte die Firma Westfalia – erstmals auf Wunsch eines in Deutschland stationierten britischen Offiziers – eine herausnehmbare ‚Camping-Box', die verschiedene Campingeinrichtungsgegenstände beinhalte und dazu führte, dass der VW-Bus bei Bedarf in ein Wohnmobil umgebaut werden konnte, im Alltag der Bus aber auch als ‚normales' Fahrzeug genutzt werden konnte. Im Jahre 1957 übernahm Volkswagen die komplette Montage des VW Campingwagens mit Westfalia-Ausstattung in eigener Regie und schon zwei Jahre später lief der tausendste Camper vom Band. Zu Beginn der 1960er-Jahre stand die Tagesproduktion bereits bei zehn Campingwagen pro Tag (vgl. eba Pressebüro & Verlag 2009).

Auf Grund der immer knapper werdenden Stellplätze im Zuge der Expansion, wurde 1974 eine Campingplatzverordnung erlassen. Als Folge dieser Regulierungen sowie der Ölkrise, entstand erstmals ein Rückgang von 15 % der jährlichen Zuwachsraten neu zugelassener Reisewagen. Motorcaravans hingegen profitierten von den Regulierungen. Sie zählten lt. Verordnung zu den Pkw und unterlagen daher nicht dem Verbot des Stehens außerhalb von Campingplätzen. Trotz wachsendem Bestand spielten sie in den siebziger Jahren allerdings noch eine untergeordnete Rolle (vgl. Widmann 2006, S. 52 ff.). Der Wandel im Campingtourismus setzte sich auch in den achtziger Jahren fort. Investitionshemmende Auflagen für Campingplatzbetreiber führten zu einer weiteren Verknappung der Stellplätze. Dauercampen und Vorausbuchungen der Campingplätze entsprachen nicht mehr dem Gedanken der Freiheit und so wendete sich die spontane Campinggesellschaft den Campingplatz-unabhängigen Motorcaravans zu. Zusätzlich begünstigten neue Freizeitsportarten die Ausbreitung. Die beispielhafte jährliche Steigerungsraten der Neuzulassungen aus 1989 mit 40 % zeigen die damalige Etablierung des Motorcaravaning als eigenständige Tourismusform (vgl. Widmann 2006, S. 55 ff.).

9.1.3 Verbände und rechtliche Rahmenbedingungen

Folgen der im vorangegangenen Kapitel beschriebenen Entwicklungen im Caravantourismus und aufgrund der zunehmenden Komplexität waren die Herausbildung von Interessenverbänden und ein Anstieg an die Anforderungen an die rechtliche Rahmenbedingung für das Caravaning. So gibt es heute für die Betreiber von Camping- und Wohnmobilplätzen, für die Hersteller von Campingfahrzeugen, als auch für alle anderen beteiligten Akteure eine Vielzahl von Gesetzen und Bestimmungen die es zu beachten gilt. Im Folgenden werden ausgewählte rechtliche Rahmenbedingungen für den Wohnmobil- und Caravan-Tourismus sowie ausgewählte Verbände vorgestellt.

9.1.3.1   Verbraucherverbände

Der **Deutsche Camping-Club e.V.** (DCC) mit Sitz in München hat sich seit seiner Gründung im Jahre 1948 zu einem der größten Camping-Fachverbände für Caravan-, Motorcara-
van- und Zelttouristen in Deutschland entwickelt. Mit dem Ziel die Campingbewegung in
Deutschland und Europa zu fördern, ist der Verein ein Zusammenschluss von Campern,
deren Aufgabe die gemeinsame Interessenvertretung gegenüber Behörden und Verbänden
darstellt. Den Handlungsschwerpunkt der Campingorganisation bildet die touristische Beratung sowie Kauf- und Rechtsberatung (vgl. Deutscher Camping-Club e.V. 2009).

Der im Jahre 1903 gegründete **Allgemeine Deutsche Automobil-Club e.V.** (ADAC) mit
Sitz in München ist europaweit der größte und weltweit der drittgrößte Automobilclub. Als
einer der bekanntesten Verbraucherverbände ist er auf die Wahrnehmung und Förderung der
Interessen des Kraftfahrtwesens, des Motorsports und des Tourismus bedacht. Unter Beachtung des Natur- und Umweltschutzes tritt er für die Fortschritte im Straßenverkehr, der Verkehrssicherheit und der Verkehrserziehung ein. Der jährlich erscheinende ‚Camping Cara-
ning Führer' ist einer der anerkanntesten Campingführer in Deutschland (vgl. ADAC e.V.
2009a; ADAC Verlag GmbH 2009a).

9.1.3.2   Unternehmerverbände

Der **Caravaning Industrie Verband e.V.** (CIVD), gegründet 1962 mit Sitz in Frankfurt, ist
ein Zusammenschluss von Vertretern der Caravanindustrie. Zu seinen mehr als 120 Mitgliedern gehören Hersteller von Caravans und Wohnmobilen, Unternehmen der Zulieferindust-
rie, Dienstleister sowie öffentliche Institutionen und Verbände. Im Mittelpunkt seines Enga-
gements steht die Interessenvertretung gegenüber der nationalen und europäischen Politik
(z.B. gegenüber der EU-Kommission, der Bundesregierung, Behörden und anderen Institutionen), insbesondere auf dem Gebiet der Technik und Normung im Fahrzeugbau, der Ver-
brauchersicherheit und in zunehmendem Maße auch Umwelt- und Gesundheitsaspekten. Die
Veröffentlichung von aktuellen Studien und Statistiken zur Caravanindustrie sowie vielfältige Marketingaktivitäten gehören zu den weiteren Aufgaben des CIVD. Des Weiteren ist die
Trägerschaft für den ‚Internationalen Caravan Salon' in Düsseldorf – der weltgrößten Frei-
zeitfahrzeugmesse – und Wahrnehmung der Geschäftsführung des europäischen Caravaning
Industrie Verbandes (European Caravan Federation, ECF) hervorzuheben (vgl. CIVD
2009b).

Der **Deutsche Caravaning Handels-Verband DCHV e.V.** mit Sitz in Stuttgart ist der Bundesverband für Caravan- und Reisemobil-Händler und sowie Vermieter in Deutschland. Als
Fördermitglieder sind Automobil-, Caravan-, Reisemobilhersteller, Zulieferer, Banken,
Großhändler, Zelthersteller und Dienstleistungsanbieter der Caravanbranche mit dem DCHV
partnerschaftlich verbunden. Der DCHV ist für Mitglieder beratend tätig in rechtlichen, be-
trieblichen sowie betriebswirtschaftlichen (inklusive Marketing) und technischen Fragen.
Nicht nur für seine Mitglieder, sondern auch dem Endverbraucher steht der DCHV als An-
sprechpartner zur Verfügung, bspw. bei der Suche nach dem richtigen Caravan-Fachhändler
oder -Vermieter vor Ort, der Suche nach einer Caravan-Werkstatt im Ausland, bei Fragen der

Gebrauchtwagen-Bewertung oder bei der Klärung möglicher strittiger Fragen mit einem der Mitgliedsbetriebe (vgl. DCHV 2009).

Der im Jahre 2000 gegründete **Bundesverband der Campingwirtschaft in Deutschland e.V.** (BVCD) mit Sitz in Berlin gilt als Dachverband für Campingunternehmen in Deutschland. Sein Ziel ist die Interessenvertretung von mehr als 1.200 Campingplätzen in Deutschland gegenüber Behörden und Verbänden sowie die Etablierung des Campingtourismus als hochwertige Form der Urlaubs- und Freizeitgestaltung. Handlungsschwerpunkte bilden die Lobbyarbeit, die Qualitätssicherung und -förderung (u. a. bzgl. des Reisemobiltourismus) sowie das Marketing. Eine Vielzahl von Kooperationspartnern wie der Deutsche Tourismusverband e.V. (DTV), der Caravaning Industrie Verband e.V. oder der Deutsche Caravaning Handelsverband e.V. (DCHV) unterstützen den Bundesverband bei seinen Aktivitäten (vgl. BVCD 2009).

Auf europäischer Ebene gibt es mehrere Verbände, so z. B. die **European Federation of Campingsite Organisations and Holiday Park Associations** (EFCO&HPA) und die bereits erwähnte **European Caravan Federation** (ECF). „EFCO&HPA brings together the national trade associations of the camping and caravanning parks sector in 23 European countries, including 19 EU member states and four non-EU countries. All the associations of holidaypark operators together represent an industry of over 20,000 holiday parks across Europe." (EFCO & HPA 2009)

Die **Fédération Internationale de Camping et de Caravanning** (F.I.C.C.) ist die einzige weltweite Organisation, die sich ausschließlich dem Camping und Caravaning widmet und die Interessen aller Camper weltweit wahren will. Beispielsweise vertritt, sichert und verbessert der Verband über seine technischen Kommissionen, Camping und Caravaning bei den nationalen und internationalen Ämtern und Behörden. Die Vereinigung wurde im Jahre 1933 gegründet und vertritt heute 56 Mitgliedclubs und -verbände in 32 Ländern auf vier Kontinenten (vgl. F.I.C.C. 2009).

9.1.3.3   Ausgewählte rechtliche Rahmenbedingungen

(a) Normungen
Europäische Normen und nationale technische Standards für Freizeitfahrzeuge sollen die Qualität sichern und zur Erhöhung der Fahrzeug- und Verkehrssicherheit beitragen. Neben DIN und ISO Normen, werden die meisten dieser Normen dabei durch das Europäische Normungsinstitut CEN herausgegeben. So wird in Deutschland seit Mitte 2004 an einer deutschen Norm zur Trinkwasserinstallation in nicht ortsfesten Anlagen gearbeitet. Grundlage hierfür ist die EG-Richtlinie 98/83/EG über die Qualität von Wasser sowie deren deutsche Umsetzung, die Trinkwasserverordnung. Die deutschen Hersteller von Caravans und Reisemobilen werden die Anforderungen der neuen Norm so schnell wie möglich umsetzen müssen (vgl. CIVD 2009a, S. 26).

(b) Besteuerung und Versicherung

Ebenso wie für Kfz muss auch für Wohnmobile[101] in Deutschland eine Kraftfahrzeugsteuer bezahlt werden. Seit dem 01.01.2006 werden Wohnmobile nach dem verkehrsrechtlich zulässigen Gesamtgewicht und zusätzlich nach Schadstoffklassen besteuert. Hierbei kommen drei abgestufte Steuertarife zur Anwendung, die sich an den verkehrsrechtlichen Schadstoffklassen für Nutzfahrzeuge orientieren (vgl. Bayerisches Staatsministerium der Finanzen 2007, S. 15 ff.). Die Jahressteuer beträgt nach § 9 Absatz 2a KraftStG für Wohnmobile für je 200 Kilogramm Gesamtgewicht oder einem Teil davon, wenn sie

- Mindestens der Schadstoffklasse S 4 entsprechen (Gesamtgewicht bis zu 2.000 kg 16 Euro, über 2.000 kg 10 Euro, insgesamt jedoch nicht mehr als 800 Euro),
- Der Schadstoffklasse S 3, S 2 oder S 1 entsprechen (Gesamtgewicht bis zu 2.000 kg 24 Euro, über 2.000 kg 10 Euro, insgesamt jedoch nicht mehr als 1.000 Euro),
- Die Voraussetzungen nach Buchstabe a oder b nicht erfüllen (Gesamtgewicht bis zu 2.000 kg 40 Euro, über 2.000 kg bis zu 5.000 kg 10 Euro, über 5.000 kg bis zu 12.000 kg 15 Euro, über 12.000 kg 25 Euro; ab dem 1. Januar 2010 auch für die Schadstoffklasse S 1),
- Kraftfahrzeuganhänger, worunter auch Wohnwagen fallen, werden laut § 9 Absatz 5 KraftStG nach dem Gewicht besteuert (je 200 kg Gesamtgewicht oder einen Teil davon 7,46 Euro, jedoch nicht mehr als 373,24 Euro).

Wohnmobile müssen wie alle anderen Kraftfahrzeuge laut ‚Gesetz über die Pflichtversicherung für Kraftfahrzeughalter' (Pflichtversicherungsgesetz) haftpflichtversichert werden. Aufgrund der durchschnittlich sehr niedrigen Jahreskilometerleistung und geringen Schadensquoten bei Privatnutzung kommen meist spezielle Wohnmobiltarife zur Anwendung.

(c) EU-Führerschein

Mit Einführung des EU-Führerscheins im Jahr 1999 wurde die Führerscheinklasse B neu definiert. Während man bis dahin in dieser Führerscheinklasse fast alle Caravans und Wohnmobile fahren durfte, wurde mit dem neuen EU-Führerschein das Gesamtgewicht von Wohnmobil oder Pkw-Caravan-Kombination auf 3,5 t begrenzt. Der Caravan darf dabei nicht mehr als 0,75 t wiegen (vgl. o.V. 2008a, S. 44). Diese Neuregelung wurde notwendig, da seit Ende der 1990er Jahre deutlich wurde, dass v. a. Reisemobile durch den Einbau von gesetzlich vorgeschriebenen Sicherheits- und Umweltausstattungen immer schwerer werden. Diese Neuregelung hat einen nachteiligen Effekt für die Caravaningbranche, da es den Zugang von Führerscheinneulingen zu Freizeitfahrzeugen einschränkt. Die im Dezember 2006 verabschiedete 3. Führerscheinrichtlinie sieht für Pkw-Caravan-Kombinationen von über 3,5 t bis 4,25 t vor, dass diese dann mit einem B-Führerschein gefahren werden können, wenn ein Training, ein Test oder beides – abhängig von der Umsetzung in den Mitgliedsstaaten –

---

[101] Als Wohnmobile gelten nach dem Kraftfahrzeugsteuergesetz Fahrzeuge der Klasse M mit besonderer grundsätzlich fest eingebauter Ausrüstung nach Anhang II Abschnitt A Nr. 5.1 der Richtlinie 70/156/EWG, wenn sie auch zum vorübergehenden Wohnen ausgelegt und gebaut sind, die Bodenfläche des Wohnteils den überwiegenden Teil der gesamten Nutzfläche des Fahrzeugs einnimmt und der Wohnteil eine Stehhöhe von mindestens 170 cm sowohl an der Kochgelegenheit als auch an der Spüle aufweist.

absolviert wurde. Die Möglichkeiten der Umsetzung werden in Deutschland seit dem Frühsommer 2009 mit den beteiligten Kreisen diskutiert und nach der Bundestagswahl voraussichtlich im Verlauf des Jahres 2010 endgültig abgestimmt. Bis zum 19. Januar 2013 müssen die neuen Regelungen national anwendbar sein (vgl. CIVD 2009a, S. 25).

(d) Umweltzonen

Mit der Kennzeichnungsverordnung vom März 2007 kam es bundesweit zu einer einheitlichen emissionsorientierten Klassifizierung aller Kraftfahrzeuge. Den Städten und Gemeinden ist es seither möglich, Fahrverbote in ausgewiesenen Umweltzonen auszusprechen. Ende 2007 wurden in Berlin erstmals Umweltzonen eingerichtet. Im Lauf des Jahres 2008 wurden in insgesamt 23 weiteren Städten Umweltzonen zur Eindämmung der hohen Feinstaubbelastungen eingerichtet (vgl. ders. 2009a, S. 27). Durch den Kauf einer Umweltplakette für verschiedene Emissionseinstufungen je nach Fahrzeug, ist man berechtigt in diese Umweltzonen hineinzufahren. Jedoch verfügt mehr als die Hälfte des Wohnmobilbestandes in Deutschland über eine Schadstoffklasse deren Abgaswerte es den Besitzer nicht erlauben, eine solche Plakette zu erwerben (vgl. ADAC e.V. 2007). Der Umbau der Abgasanlage ist oft sehr teuer und die Entwicklung für die Hersteller meist nicht rentabel. Da es bereits in vielen deutschen Großstädten und Ballungsräumen Umweltzonen gibt, versuchen die Verbände daher sehr stark Lobbyarbeit zu leisten und mit Möglichkeit Ausnahmen durchzusetzen (vgl. CIVD 2009a, S. 27).

(e) Verkehrsbestimmungen für Wohnmobile und Anhänger

Außerhalb geschlossener Ortschaften dürfen Wohnmobile über 3,5 t zulässiges Gesamtgewicht in Deutschland bis zu 80 km/h fahren. Übersteigen sie allerdings die Grenze von 7,5 Tonnen, so ist es ihnen nur noch erlaubt, 60 km/h zu fahren. Auf der Autobahn dürfen Reisemobile mit mehr als 3,5 t eine Höchstgeschwindigkeit von 100 km/h erreichen. Auch hier gilt eine verminderte Geschwindigkeit in Höhe von 80 km/h für Reisemobile über 7,5 t. Reisemobile bis 3,5 t zulässigem Gesamtgewicht dürfen außerhalb geschlossener Orte 100 km/h fahren und auf Autobahnen gilt die Richtgeschwindigkeit von 130 km/h. Für Caravankombinationen, d.h. Pkw mit angeschlossenem Wohnwagen, gilt auf der Autobahn eine Höchstgeschwindigkeit von 80 km/h. Unter bestimmten Voraussetzungen dürfen sie auch mit 100 km/h unterwegs sein. Dazu zählen unter anderem, dass die zulässige Gesamtmasse des Zugfahrzeugs (= Pkw) nicht 3,5 t überschreitet und dass einige Faktoren erfüllt sind, die die Stabilität des Gespanns verstärken. Innerorts dürfen alle genannten Fahrzeuge 50 km/h fahren.[102]

Die Hauptuntersuchung findet für Motorcaravans und Anhänger alle 24 Monate statt. Allerdings verringert sich das Intervall bei Wohnmobilen ab dem 7. Zulassungsjahr auf alle zwölf Monate. Darüber hinaus muss die Flüssiggasanlage – sofern vorhanden – alle 24 Monate geprüft werden (vgl. ADAC Verlag GmbH 2009b).

---

[102] Tempolimits in anderen europäischen Ländern weichen von den deutschen Regelungen teilweise erheblich ab; sie können aufgrund ihrer Vielschichtigkeit hier jedoch nicht im Detail vorgestellt werden. Hierfür sei bspw. auf eine Übersicht in der Caravaning Welt, Ausgabe 2008, S. 26 f. verwiesen.

9.1.4　　　Angebotsseite

Im Folgenden wird auf die verschiedenen Fahrzeugtypen und Hersteller sowie das Angebot an Wohnmobil- und Caravanstellplätzen eingegangen.

9.1.4.1　　Fahrzeugtypen

Wohnmobile und Caravans sind eine Untergruppe der sog. Freizeitfahrzeuge und werden definiert als „(…) alle Fahrzeuge und Anhänger, die in der Freizeit genutzt werden und die eine Übernachtung durch spezielle Einrichtungen ermöglichen." (Thrun 1990, zitiert nach Hierhammer 1996, S. 37) Einen Versuch, die auf dem Markt vorhandenen Fahrzeuge zu systematisieren, stellt die nachfolgende Typologie von Freizeitfahrzeugen dar (vgl. Abbildung 44).

Abbildung 44: Typologie von Freizeitfahrzeugen

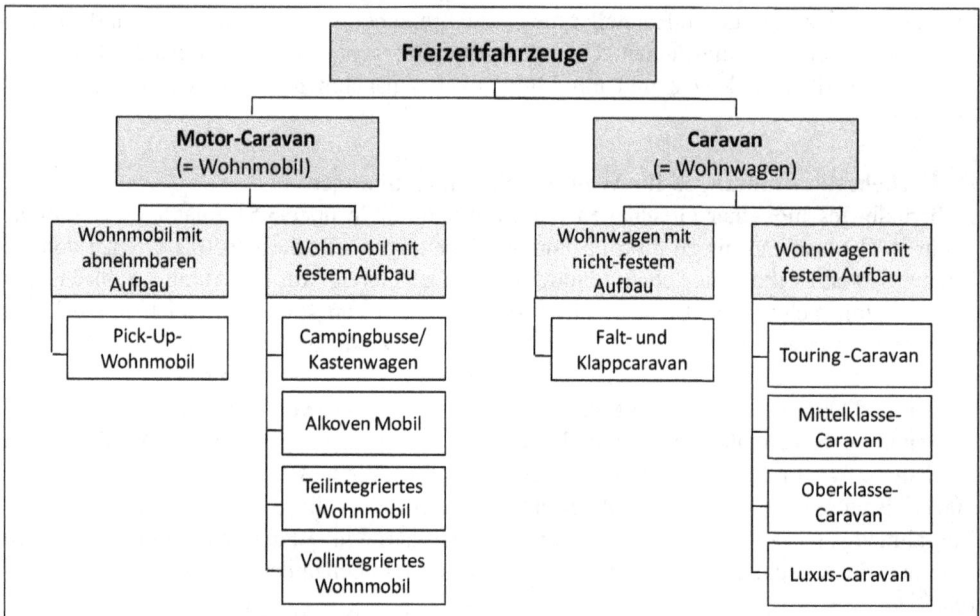

Quelle: vgl. Widmann 2006, S. 63.

Bei der Typologie von Caravans unterscheidet der Herstellerverband CIVD in Wohnwagen mit nicht-festem Aufbau und in Wohnwagen mit festem Aufbau. Neben Größe und Gewicht unterscheiden sich Wohnmobile v. a. hinsichtlich ihres Wohnauf- bzw. -ausbaus. Man unterscheidet sie daher zunächst in Wohnmobile mit abnehmbarem Aufbau und in Wohnmobile mit festem Aufbau (vgl. Widmann 2006, S. 64 ff.).[103]

Abbildung 45: Typologie der Wohnmobile

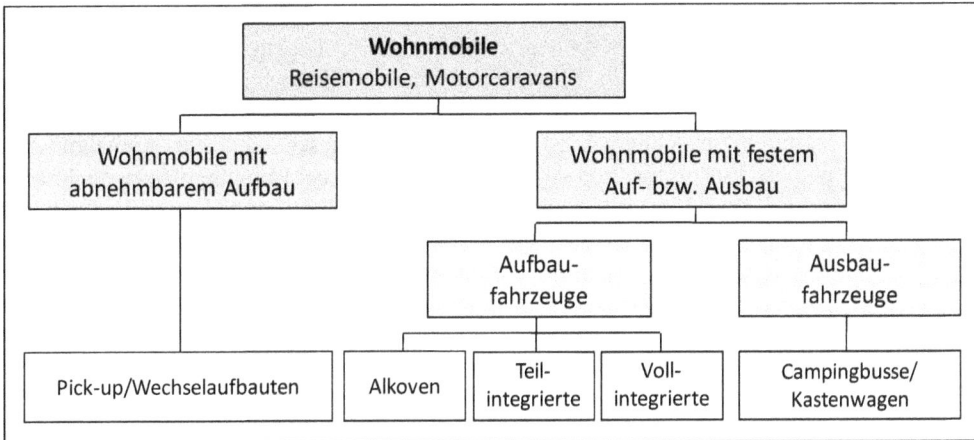

Quelle: Widmann 2006, S. 70.

9.1.4.2 Stellplätze

Im Folgenden sollen die Charakteristika von und das Angebot an Camping- und Wohnmobilplätzen in Deutschland näher betrachtet werden.

9.1.4.2.1 Wohnmobilplätze

Wohnmobilplätze grenzen sich durch eine andersartige Ausstattung für die Nutzer von Campingplätzen ab. Sie sind nach einer Definition des Deutschen Tourismusverbandes e.V. (DTV) „(...) eigens für die spezifischen Anforderungen von Wohnmobilen und ihren Nutzern ausgestattete Übernachtungsplätze beziehungsweise Standplätze, deren Benutzung direkt oder indirekt entgeltpflichtig ist." (DTV o.J., S. 2)

Rechtlich gesehen sind Wohnmobilstellplätze ‚bauliche Anlagen', die der Genehmigung durch die jeweils zuständige Baubehörde bedürfen. Bundesweit gibt es keine einheitliche rechtliche Richtlinie zur Anlage von Wohnmobilplätzen, in der Mehrzahl der Bundesländer ist die Errichtung von Wohnmobilstellplätzen in Landesbauordnungen bzw. Sonderbauvorschriften wie den Campingplatzverordnungen entweder ausdrücklich oder allgemein geregelt. Darin sind z.T. Festlegungen getroffen, die auch bei der Errichtung von Wohnmobilstellplätzen beachten finden müssen, z.B. allgemeine Gestaltung/Umweltschutz (Begrünung, Mindestparzellengröße, Versiegelungsgrad etc.), Brandschutz (Dimensionierung der

---

[103] Die genauen Beschreibungen der einzelnen Fahrzeugtypen und Bilder befinden sich in Anlage 7, S. 249.

Zufahrt- und Fahrwege, Mindestsicherheitsabstände, Brandgassen, Vorhalten von Feuerlöschern etc.), Unfallverhütung/Verkehrssicherung (Platzbeleuchtung etc.), Sicherheit und Ordnung (Notruf-Informationen, Einfriedung der Anlage, Platzaufsicht etc.), Hygiene (Trinkwasserversorgung, Abwasser- sowie Müllentsorgung, sanitäre Einrichtungen), besondere Einrichtungen für Mobilitätseingeschränkte (vgl. DTV o.J., S. 2). Durch Ausnahmeregelungen kann die in den Verordnungen geforderte quantitative Ausstattung an Wascheinrichtungen, Geschirrspül- und Wäschespüleinrichtungen sowie Toilettenanlagen unterschritten werden (vgl. Widmann 2006, S. 86). Charakteristisch für Wohnmobilplätze ist, dass sie über Ver- und Entsorgungseinrichtungen und Stromanschlüsse für die Fahrzeuge verfügen. Das Angebot an sanitären Einrichtungen ist jedoch meist eingeschränkt. Zur Aufnahme von Frischwasser und zur Entsorgung von Abwasser gibt es, wie bei Campingplätzen auch, zwei Möglichkeiten. Zum einen existieren Sani-Stationen als solitär stehende Servicestationen zur entgeltlichen Benutzung und zum anderen in der Fahrbahn befindliche Servicestationen. Stromanschlüsse werden auf Wohnmobilplätzen in Form von Stromsäulen zur Verfügung gestellt (vgl. L.A.S.-GmbH 2009).

Wohnmobilplätze befinden sich oft in der Nähe von Bauernhöfen, Freizeitparks, Parkplätzen oder Weingütern. Parkplätze können durch das Anbringen des in Abbildung 46 dargestellten Schildes von Gemeinden als Wohnmobilplätze genutzt werden. Zur Refinanzierung der Einrichtung kommunaler Wohnmobilstellplätze darf die Gemeinde dabei Sondernutzungsgebühren erheben (vgl. Widmann 2006, S. 88).

Abbildung 46: Verkehrszeichen 314 ‚Parkplatz' mit Zusatzzeichen 1048-17 ‚nur Wohnmobile'

Quelle: ADAC e.V. 2009b.

Das Angebot an Wohnmobilplätzen hat sich in Deutschland in den letzten Jahren rasant entwickelt. Während es im Jahr 1997 lediglich 700 solcher Plätze in der gesamten Bundesrepublik gab, waren es im Jahr 2004 nach einer Erhebung der Zeitschrift ‚promobil' bereits ca. 2.300. Die meisten Wohnmobilplätze befinden sich dabei – wie der folgenden Abbildung zu entnehmen ist – in den westlichen Bundesländern, insbesondere Niedersachen/Bremen, Nordrhein-Westfalen und Bayern (vgl. Obier/Peters 2003, S. 12).

Abbildung 47: Anzahl und Verteilung der deutschen Reisemobilstellplätze (Stand 2003)

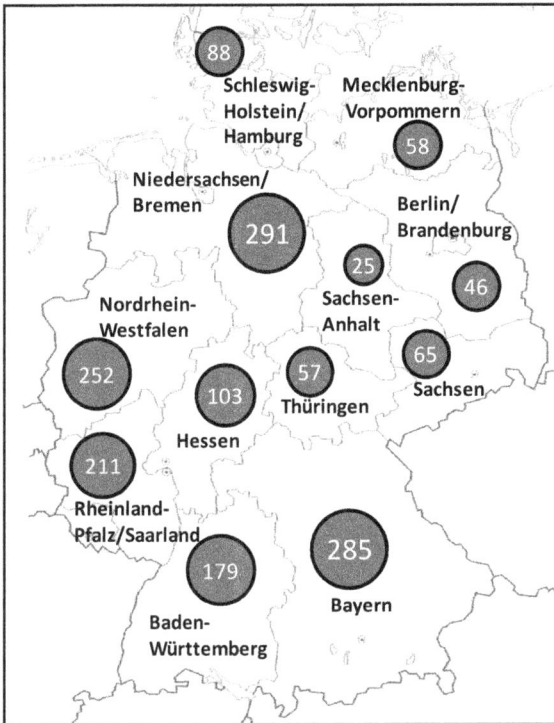

Quelle: vgl. Obier/Peters 2003.

9.1.4.2.2 Campingplätze

In Deutschland definiert das Statistische Bundesamt Campingplätze als abgegrenztes Gelände, das jedermann zum vorübergehenden Aufstellen von mitgebrachten Wohnwagen oder Zelten zugänglich ist. Vergleich zu Wohnmobilplätzen sind die Einrichtungen auf Campingplätzen komplexer. Neben Stromanschlüssen und Ver- und Entsorgungsanlagen existieren auch umfangreiche Sanitärgebäude. Zur Aufnahme von Frischwasser und zur Entsorgung von Abwasser gibt es die gleichen Möglichkeiten wie bereits im vorangegangen Kapitel beschrieben. Der ADAC empfiehlt eine funktionale Gliederung der Campingplätze in Stellflächen für Zelte, Wohnmobile und Caravans. Je nach Kategorie existieren unterschiedliche Bedürfnisse hinsichtlich der Versorgung mit Strom, der Wasserversorgung und der Abfallentsorgung. Es sollte ebenfalls möglichst eine Trennung von Touristikstellplätzen und Dauerstellplätzen erfolgen. Durch ein möglichst komplexes Angebot (Innenorientiertheit des Betriebskonzeptes) sollte der Gast an den Campingplatz gebunden werden (vgl. Widmann 2006, S. 95 ff.).

Im Jahre 2003 existierten in Deutschland 2.549 Campingplätze mit Urlaubscamping mit einer Kapazität von 203.280 Stellplätzen. Da es jedoch sehr viele kleine Campingplätze gibt, die bei der statistischen Erfassung durch das Raster fallen, ist das eigentliche Angebot Schätzungen zufolge um einiges höher. Die Verteilung der Campingplätze ist ähnlich wie bei den Wohnmobilplätzen mit einer hohen Dichte an den Küstengebieten und in der Voralpenregion (vgl. DTV 2004, S. 18 ff.). Des Weiteren gibt es einen hohen Bestand in den Mittelgebirgen und Flusslandschaften Deutschlands und eine Vielzahl von Dauerstellplätzen im Umfeld städtischer Agglomerationen die als Garten- und Ferienwohnungsersatz dienen (vgl. Wiedmann 2006, S. 180 ff.).

Aufgrund der Vielzahl an angebotenen Campingplätzen in Deutschland bedarf es einer entsprechenden Orientierungshilfe für Campinggäste. Klassifizierungen gehören zu den bekanntesten Qualitätsmaßnahmen im Campingtourismus, wobei sich in den letzten Jahren verschiedene dieser Systeme etabliert haben.[104] Im Sommer 2000 hat der DTV in Kooperation mit dem ADAC und dem Bundesverband der Campingwirtschaft in Deutschland eine bundesweite Campingplatzklassifizierung eingeführt, die der Sternevergabe im Hotelsektor ähnelt. Hiernach wurden die Kriterien Rezeption und Service, Sanitäranlagen sowie Standplätze entwickelt. Nach einer Auswertung der seit Frühjahr 2000 mit der Klassifizierung gesammelten Erfahrungen wurden im Herbst 2002 überarbeitete Bewertungskriterien samt Erläuterungen verabschiedet. Über 500 Campingplätze haben sich bis Mitte 2009 freiwillig nach den Klassifizierungskriterien einstufen lassen. Ihnen hilft das Fünf-Sterne-System, sich im Wettbewerb auf nationaler und internationaler Ebene besser einschätzen und behaupten zu können (vgl. DTV 2009).

Die Bewertung erfolgt anhand eines Fünf-Sterne-Systems mit folgender Bedeutung:

- Einfach*:   Einfache und zweckmäßige Gesamtausstattung des Objektes mit einfachem Komfort

- Zweckmäßig**:   Zweckmäßige und gute Gesamtausstattung mit mittlerem Komfort

- Komfortabel***:   Gute Gesamtausstattung mit gutem Komfort

- Erstklassig****:   Hochwertige Gesamtausstattung mit gehobenem Komfort

- Exklusiv*****:   Erstklassige Gesamtausstattung mit besonderen Zusatzleistungen im Servicebereich und herausragende Infrastruktur des Objektes

9.1.4.3   Hersteller und Produktions-Zulassungszahlen

Um den deutschen Markt besser einschätzen zu können, werden zunächst Daten aus Europa und anderen Regionen der Welt kurz vorgestellt. Die erste Caravaning-Weltkonferenz im Rahmen des Caravan Salon in Düsseldorf im September 2008 ermöglichte den Zugriff auf statistische Informationen über die bisher bekannten Zahlen aus Nordamerika und Europa hinaus. Trotz starker Rückgänge in den vergangenen Jahren ist Nordamerika nach wie vor der weltweit größte Markt für Freizeitfahrzeuge und Westeuropa belegt Platz zwei. In den

---

[104] Siehe auch Bundeswettbewerb ‚Vorbildliche Campingplätze in Deutschland 2006‘.

übrigen Regionen der Welt spielen Freizeitfahrzeuge (noch) eine geringere Rolle, wie aus Tabelle 49 ersichtlich wird.

Tabelle 49: Freizeitfahrzeugzulassungen weltweit 2007

Land/Region	USA	Kanada	China	Süd-afrika	Austra-lien	Japan	Europa
Industrielle Freizeitfahrzeug-hersteller	101	12	30	8	105	43	86
Professionelle Freizeitfahrzeug-händler	2.780	425	20	60	250	40	2.500
Campingplätze	16.500	3.000	20	900	2.700	1.300	25.000
Zugelassene Caravans	2.050.000	684.000	Zusam-men: 2.000 Einheiten	105.000	360.000	Zusam-men: 59.000 Einheiten	4.100.000
Zugelassene Wohnmobile	6.150.000	216.000		1.900	30.000		1.300.000
Neuzulassungen Caravans	298.000	66.000	Zusam-men: 700 Einheiten	2.500	20.000	1	118.000
Neuzulassungen Wohnmobile	55.400	4.750		120	2.000	4.223	90.900

Quelle: CIVD 2009a, S. 21.

a) Der Europäische Markt

Die European Caravan Federation (ECF) erhebt als Dachorganisation der nationalen Vertretungen der europäischen Freizeitfahrzeugindustrie Marktdaten über den Absatz von Caravans und Reisemobilen.[105] Die Freizeitfahrzeug-Neuzulassungen im Jahre 2008 verfehlten mit 191.000 Fahrzeugen das Vorjahresergebnis um 8,6 %. Am 01.01.2009 waren nach den Erhebungen der ECF insgesamt 5,42 Mio. Freizeitfahrzeuge in Gebrauch. Der Reisemobilbereich hatte hieran einen Anteil von 24,5 %. Dementsprechend lag der Bestandsanteil bei den Caravans bei 75,5 %. Während der Reisemobilbestand in Europa seit 1998 um 68,3 % gestiegen ist, ist beim Caravanbestand eine leicht gegenläufige Entwicklung zu beobachten. Der Rückgang des Caravanbestands in Europa belief sich für die letzten zehn Jahre auf insgesamt 3,4 %. Anhand der Meldungen der ECF-Mitglieder und Erhebungen wurden im Kalenderjahr 2008 insgesamt 105.491 Caravans in Europa neu zugelassen. Im Vorjahr wurden noch 117.969 Neuzulassungen registriert, so dass sich für 2008 ein Rückgang von 10,6 % ergibt (vgl. Tabelle 50). Seit 2004 ist eine rückläufige Zulassungsentwicklung auf dem europäischen Markt zu beobachten, allerdings bewegen sich die Zulassungszahlen nach wie vor auf

---

[105] Hierbei ist zu beachten, dass die Erfassung bzw. Registrierung von Freizeitfahrzeugen für die Bestandswerte in den einzelnen EU-Staaten unterschiedlich erfolgt. So zählen einige Länder Falt- und Klappcaravaner ebenso zum Caravanbestand wie zum Dauercamping genutzte Fahrzeuge. Auch bei den Reisemobilherstellern werden z. T. Büromobile, selbst ausgebaute/umgebaute Reisemobile und als Lkw zugelassene Reisemobile im Bestand registriert. Dementsprechend lassen sich die Bestandsangaben der Länder nicht immer vergleichen.

hohem Niveau – das Jahr 2004 war das beste Ergebnis seit 1993. Bei den Reisemobilen wurden durch die ECF-Mitglieder in Europa für das Kalenderjahr 2008 insgesamt 85.459 Neuzulassungen registriert. Dies entspricht im Vergleich zum Vorjahresergebnis (90.900 Einheiten) einem Rückgang von 6,0 %. Seit 1994 ist der Reisemobilmarkt in Europa stetig gestiegen und er hat sich in diesem Zeitraum fast verdreifacht. In zahlreichen europäischen Ländern haben in dieser Zeit die Reisemobil-Neuzulassungen die Caravan-Neuzulassungen überholt (vgl. CIVD 2009a, S. 17 ff.).

Tabelle 50: Caravan-Neuzulassungen und Wohnmobilzulassungen

Land	2007	2008	Änderungen in %
Großbritannien	35.763**	30.348*/**	-15,1
Deutschland	19.067	19.278	+1,1
Niederlande	14.629	12.928	-11,6
Frankreich	12.129	11.076	-8,7
Dänemark	8.251	6.916	-16,2
Schweden	6.323	5.656	-10,5
Norwegen	5.462	4.851	-11,2
Spanien	4.132*	3.564*	-13,7
Italien	2.902	2.550	-12,1
Schweiz	1.605*	1.570*	-2,2
Finnland	1.830	1.523	-16,8
Belgien	1.601	1.422	-11,2
Österreich	905	832	-8,1
Portugal	671	470*	-30,0
Slowenien	146	209	+43,2
Sonstige	2.553*	2.298*	-10,0
Gesamt	117.969	105.491	-10,6

Hinweise: *enthält CIVD Schätzungen/** Verkauf und geschätzte Importe

Quelle: CIVD 2009a, S. 18.

Eine Betrachtung der Dichte an Reisemobilen und Caravans innerhalb Europas zeigt, dass Schweden vorne liegt. Dort gibt es pro 10.000 Einwohner 294 Wohnwagen und 48 Reisemobile. In den Niederlanden sind es 285 bzw. 32, wie die Statistik des Caravaning Industrie Verbandes (CIVD) in Frankfurt zeigt. An dritter Stelle folgen die Dänen (263 Wohnwagen/13 Reisemobile pro 10.000 Einwohner). Mit 116 Caravans pro 10.000 Einwohner belegt Deutschland bei den Wohnwagen den siebten Rang gemeinsam mit Finnland. Insgesamt liegen die Finnen jedoch leicht vor den Deutschen, da die Reisemobildichte mit 62 Fahrzeugen pro 10 000 Einwohner etwas höher als in Deutschland (54) ist (vgl. CIVD 2009e).

b) Der deutsche Markt[106]

Das Kraftfahrt-Bundesamt (KBA) verzeichnete zum 01.01.2008 einen Reisemobil-Bestand von 326.374 und einen Caravan-Bestand von 554.179 Fahrzeugen. Im Jahr 2007 waren dagegen 336.739 Reisemobile (-3,1 %) und 553.792 Caravans zugelassen (+0,1 %).[107] Den höchsten Bestand an Reisemobilen wies Nordrhein-Westfalen mit 68.681 registrierten Fahrzeugen aus, gefolgt von Bayern (64.226 Einheiten) und Baden-Württemberg (52.290 Einheiten). Ähnlich verhält es sich beim Caravanbestand: 130.046 Fahrzeuge in NRW, 85.952 Einheiten in Bayern und 80.633 Einheiten in Baden-Württemberg. Nach Schätzung des Caravaning Industrie Verbandes befinden sich mehr Fahrzeuge im Gebrauch als in der Statistik ausgewiesen. Es wird geschätzt, dass 2008 insgesamt 445.000 Reisemobile und rund 950.000 Caravans (inklusive der für Dauercamping genutzten Caravans ohne Straßenzulassung) in Gebrauch sind (vgl. CIVD 2009a, S. 12 ff.). Das Kraftfahrtbundesamt weist für 2008 etwas mehr als 400 Wohnmobile (433) und 104 Wohnwagen als Mietwagen für Selbstfahrer aus. Es ist jedoch unbekannt, wie viele Fahrzeuge von Privatpersonen verliehen werden, die in der amtlichen Statistik nicht mit erfasst sind (vgl. KBA 2008, S. 6).[108]

Der deutsche Caravanmarkt verzeichnete nach dem Absatzrückgang im Vorjahr (-14,9 %) im Jahr 2008 einen leichten Zuwachs von 1,1 %. Damit wurden in Deutschland im vergangenen Jahr insgesamt 19.292 Caravans registriert. Ebenso wurden mehr Reisemobile zugelassen: insgesamt 20.921 Reisemobile ließ das KBA im Jahr 2008 neu zu (+6,4 %).[109] Damit verbuchte der deutsche Markt als einziger Freizeitfahrzeugmarkt in Europa im Jahr 2008 ein Zulassungswachstum (vgl. KBA 2009a, S. 5 und S. 11 und Abbildung 48).

---

[106] Die folgenden Informationen sind der Internetseite und dem Jahresbericht des CIVD entnommen (vgl. CIVD 2009a, S. 12 ff.).

[107] Beim KBA werden als Reisemobile nur Fahrzeuge erfasst, die als Sonder-Kfz-Wohnmobil zugelassen sind. Ausgebaute Kastenwagen, die als Pkw, als Büromobil oder Lkw zugelassen werden, sind in den Bestandszahlen nicht enthalten. Außerdem enthält nach der neuen Zulassungsverordnung vom 01.03.2007 der Fahrzeugbestand lediglich die im fließenden Verkehr befindlichen Reisemobile einschließlich der mit Saisonkennzeichen angemeldeten Fahrzeuge. Gleiches gilt für den Caravanbestand, d. h. er umfasst nur die im fließenden Verkehr befindlichen Caravans einschließlich der Saisonkennzeichen. Saisonal begrenzte Anmeldungen mit normalen Kennzeichen, wie sie von Caravanern oft genutzt werden, fallen somit aus der Statistik.

[108] Im Jahr 2007 wurden noch 338 Wohnwagen und 1.520 Wohnmobile als Mietwagen für Selbstfahrer ausgewiesen. Darüber hinaus können Privatpersonen ihre Wohnmobile vermieten, die jedoch nicht speziell beim KBA erfasst bzw. ausgewiesen werden.

[109] Unberücksichtigt blieben bei diesen vom KBA erfassten Neuzulassungen die Reisemobile, die als Pkw registriert wurden. Insgesamt beläuft sich das Neuzulassungsvolumen im Jahr 2008 daher auf rund 24.500 Fahrzeuge.

Abbildung 48: Neuzulassungen von Wohnmobilen/-wagen nach Herstellern

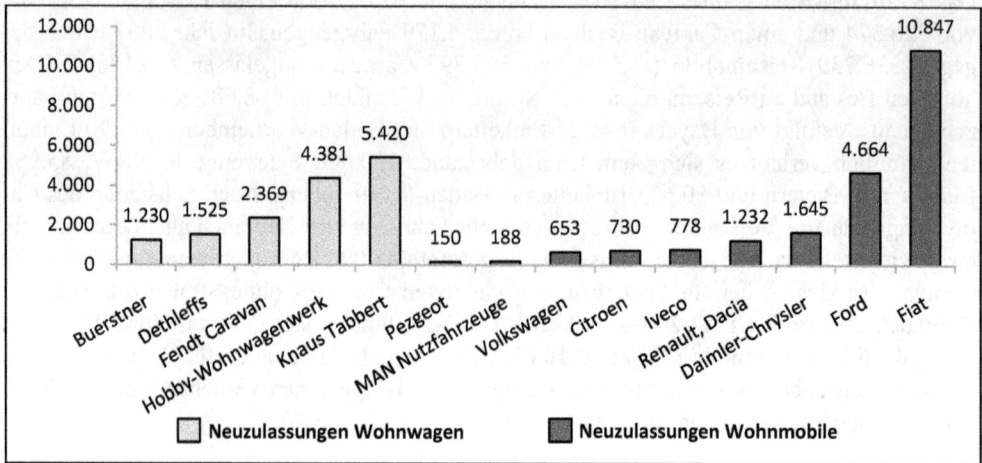

Quelle: KBA 2009a, S. 5 und S. 11.

Aufgrund des Rückganges der europäischen Exportmärkte mussten die derzeit 29 deutschen Produzenten von Wohnmobilen und Caravans, wie die Hymer AG, die Knaus Tabbert GmbH, Hobby und Westfalia, im Jahr 2008 die Produktion der Freizeitfahrzeuge (Caravans und Reisemobile) um 13,6 % bzw. um 13.990 Stück auf 89.182 Einheiten reduzieren. Während die Produktion von Caravans mit 50.586 Stück um 17,7 % geringer ausfiel als im Vorjahr, sank die Reisemobilproduktion um 7,4 % auf 38.596 Fahrzeuge. Der Exportanteil an allen produzierten Caravans betrug 63,6 %, während bei den Reisemobilen 47,3 % der Jahresproduktion für das Ausland bestimmt waren (vgl. CIVD 2009a, S. 12 ff. und Abbildung 49).

Abbildung 49: Produktion und Neuzulassungen von Caravans und Wohnmobilen in Deutschland 1999-2008

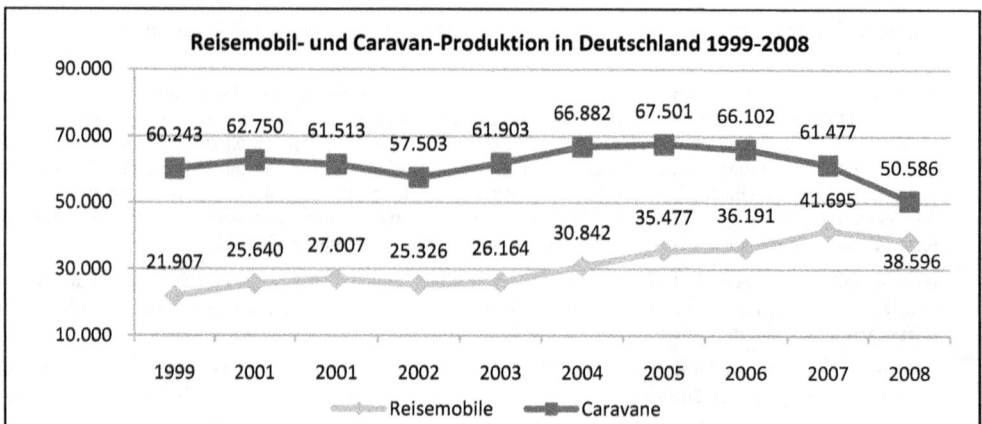

Neuzulassungen Reisemobile und Caravans in Deutschland 1999-2008

	1999	2001	2001	2002	2003	2004	2005	2006	2007	2008
Caravane	25.646	26.189	24.570	22.656	22.595	21.562	21.665	22.413	19.067	20.920
Reisemobile	15.665	18.345	18.946	17.733	17.802	19.363	20.606	21.235	19.655	19.278

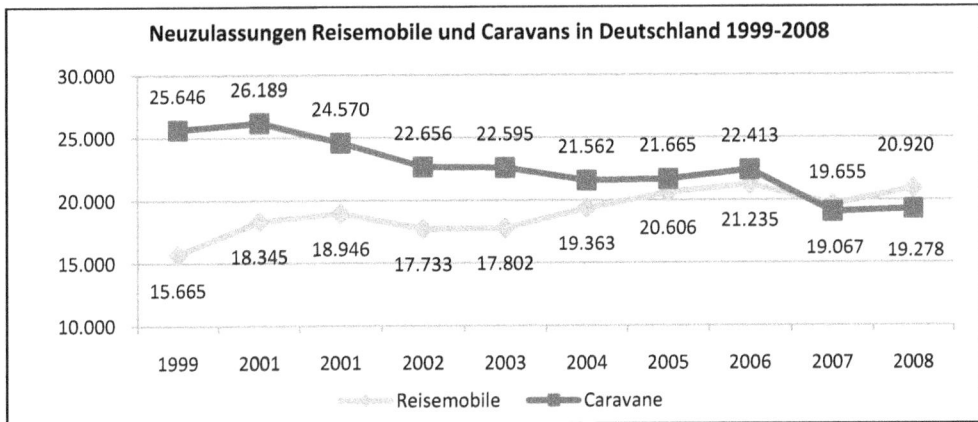

Quelle: CIVD 2009d.

9.1.4.4 Vermieter von Caravans und Wohnmobilen

Nicht jeder Nutzer eines Wohnmobils oder Caravans möchte sich ein eigenes Fahrzeug kaufen. Es besteht daher auch die Möglichkeit, sich ein Fahrzeug für eine bestimmte Zeit zu mieten. Dies ist v. a. dann sinnvoll, wenn man einen Wohnwagen oder -mobil bspw. nur einmal im Jahr benötigt und die Investitionen, die bei einem Kauf anfallen würden, nicht tätigen möchte. Auch für Einsteiger ins Caravaning ist das Mieten eine gute Möglichkeit, um erste Eindrücke zu erlangen. Außerdem kann ein bestimmtes Modell getestet werden, sodass man bei einem eventuellen späteren Kauf weiß, welche individuellen Ausstattungsmerkmale besonders wichtig sind. Somit bietet die Vermietung auch für die Hersteller eine gute Möglichkeit, späteren Käufern eine Entscheidungshilfe zu geben. Für Mieter gibt es verschiedene Arten von Anmietungen, die sie in Anspruch nehmen können. So kann ein Caravan/Wohnwagen direkt am Zielort gemietet werden, der dann wie ein normales Ferienhaus genutzt wird. Vorteil dabei ist, dass die Fahrt mit dem ungewohnten Gespann von Fahrzeug und Anhänger wegfällt. Allerdings gibt es keine Möglichkeit, mit dem Caravan flexibel den Ort zu wechseln oder ihn eventuell während einer längeren Anreise als Übernachtungsmöglichkeit zu nutzen. Es können auch Wohnanhänger und -mobile, die keinen festen Standort haben, angemietet werden. Hierbei lassen sich Reisende finden, die ihren Wohnanhänger oder -mobil im Heimatort oder in der Nähe des Heimatortes anmieten und von dort aus in den Urlaub starten. Zum anderen gibt es Reisende, die mit einem anderen Verkehrsmittel anreisen und den Wohnanhänger oder das Wohnmobil im Zielgebiet in Empfang nehmen und vor Ort meist eine Rundreise absolvieren (vgl. Bues/Schwarz/Semper 2008, S. 128 f.).

Vermieter von Caravans und Wohnmobilen finden sich im **privatwirtschaftlichen** und **privaten Bereich**. Zu ersteren Vermietern zählen Hersteller wie Dethleffs McRent Holding und Hymer-rent und klassische Autovermieter, wie z. B. Auto Europe. Weitere privatwirtschaftliche Anbieter sind bei den Automobilclubs (z. B. die ADAC-Autovermietung), bei spezialisierten Vermietern (z. B. Deutsche Reisemobil-Vermietung (DRM), Rentmobil, Camper Tour & Touristik, Merkenmobile, Reisemobile Jürgen Federau) und bei Reiseveranstaltern

(z. B. FTI Touristik, Dertour) zu finden. Letztere bieten vornehmlich Fahrzeuge in stark nachgefragten Zielgebieten von deutschen Urlaubern an, wie z. B. USA, Kanada, Australien oder Neuseeland. Private Vermieter sind Privatpersonen, die ein Wohnmobil und/oder -anhänger besitzen und dieses/n in den Zeiten, in denen sie selbst das Fahrzeug nicht nutzen, an interessierte Personen vermieten.

Alle Anbieter bieten ihre Fahrzeuge vermehrt auch über das Internet an. Hierbei werden sowohl eigene Homepages als auch Internetplattformen genutzt. Einzelne Unternehmen haben sogar ein eigenes Internetunternehmen gegründet, wie bspw. Dertour im Jahre 2002 mit Camperboerse.de. Mit der Tochterfirma Motorhome Bookers Ltd zählt Camperboerse.de – nach eigenen Angaben – zu den umsatzstärksten Vermittlern von Wohnmobilen in Europa. Bekannte Internet-Plattformen stellen erento.com, miet24.de, traveltopia.de, mietcaravan.com oder reisemobil-vermietung.eu dar. Bei Erento handelt es sich um den – nach eigenen Angaben – weltweit größten Online-Marktplatz für Mietartikel, bei dem der Nutzer aus einem Pool von über 3.500 Wohnmobilen auswählen kann.

Neben den genannten Vermietern gibt es auch die Möglichkeit mit einem eigenen oder gemieteten Wohnmobil an Gruppenreisen teilzunehmen, wie sie z. B. der ADAC Hessen-Thüringen anbietet. Seit mehr als 25 Jahren werden derartige Reisen in deutschen und europäischen Urlaubsregionen (z. B. Baltikum, Griechenland, Kroatien, Golf von Neapel & Sizilien, Portugal, Provence, Usedom & Rügen, Passionsfestspiele Oberammergau, Schottland, Nordpolen, Savoie – Ardèche – Lyon, Piemont & Aostatal und Paris) angeboten. Pro Jahr buchen diesen ca. 450 Kunden beim ADAC Hessen-Thüringen (vgl. Riebesehl 2009b, S. 14).

9.1.5 Nachfrageseite

Es gibt eine Reihe von Studien zum Nachfrageverhalten von Caravan- und Wohnmobiltouristen (z. B. Völksen 1986, DWIF 1990, Kleinjohann 1992, DWIF 1997, CC-Bank AG 2000, Krüger 2002, Obier/Peters 2003, DTV 2004, Dambacher 2006, Thurn 2006, CIVD 2009), wobei sich der Großteil der Untersuchungen v. a. mit allen Nutzern auseinandersetzt – und nicht speziell mit den Reisenden, die ihren Wohnwagen oder ihr Wohnmobil anmieten. Im Folgenden sollen daher ausgewählte Ergebnisse der aktuellsten Studien dargestellt und immer wieder der Bezug zu Mietern herausgearbeitet werden. Die Darstellungen beziehen sich soweit möglich sowohl auf Caravan- als auch auf Wohnmobilreisende, aufgrund fehlender Informationsquellen ist dies jedoch nicht immer möglich.[110]

9.1.5.1 Soziodemographie

Aus folgender Tabelle wird deutlich, dass v. a. Reisende ab 40 Jahren mit dem eigenen Reisemobil oder Caravan unterwegs sind. Weiterhin wird ersichtlich, dass auch jüngere Leute Interesse an einem Urlaub mit Reisemobil oder Caravan haben, jedoch nicht über die entsprechende eigene Ausrüstung verfügen und dementsprechend für Vermieter von besonderer

---

[110] Bei der Untersuchung von Widmann (2006, S. 109 ff.) werden die wichtigsten Ergebnisse der meisten der genannten Studien dargestellt und diskutiert.

Bedeutung sind. Das Durchschnittsalter ist bei Mietinteressenten fast zehn Jahre geringer als bei Besitzern (vgl. Tabelle 51).

Tabelle 51: Caravaning nach Altersgruppen

	Bevölkerung	Caravan-Besitzer	Wohnmobil-Besitzer	Mietinteresse Caravan	Mietinteresse Wohnmobil
14-29 Jahre	20%	15%	15%	32%	29%
30-39 Jahre	17%	14%	17%	24%	25%
40-49 Jahre	18%	27%	23%	20%	24%
50-59 Jahre	14%	20%	24%	14%	12%
älter als 60 Jahre	31%	25%	22%	11%	11%
Durchschnittsalter	47,5	47,4	47,3	38,4	39,2

Quelle: CIVD 2009c.

Das durchschnittliche Einkommen von Campingtouristen liegt über dem Durchschnittseinkommen der Gesamtbevölkerung, wie in der folgenden Graphik deutlich wird. Demnach fällt der Großteil der Caravan- und Reisemobil-Besitzer in die Einkommensklasse von 1.500 Euro bis 2.499 Euro. Weiterhin wird deutlich, dass sie im Vergleich zur Gesamtbevölkerung übermäßig stark in der Einkommensklasse von 2.500 Euro bis 3.499 Euro vertreten sind. Mietinteressenten sind dagegen vornehmlich in den unteren Einkommensklassen vertreten (vgl. Tabelle 52).

Tabelle 52: Caravaning-Haushaltsnetto-Einkommen

	Bevölkerung	Caravan-Besitzer	Wohnmobil-Besitzer	Mietinteresse Caravan	Mietinteresse Wohnmobil
bis 1.499 Euro	30%	21%	15%	26%	23%
1.500-2.499 Euro	42%	41%	45%	45%	39%
2.500-3.499 Euro	19%	27%	28%	20%	25%
mehr als 3.500 Euro	10%	11%	12%	9%	13%

Quelle: CIVD 2009c.

Der Besitz eines Caravans nimmt mit zunehmender Schulbildung ab, sofern man den Anteil der Caravan-Besitzer in den einzelnen Schulbildungsklassen ins Verhältnis zum Anteil der einzelnen Klassen an der Gesamtbevölkerung setzt. Personen mit überdurchschnittlicher formaler Schulbildung besitzen eher ein Wohnmobil und haben auch eher Interesse an einer Anmietung (vgl. Tabelle 53).

Tabelle 53: Caravaning nach Schulbildung

	Bevölkerung	Caravan-Besitzer	Wohnmobil-Besitzer	Mietinteresse Caravan	Mietinteresse Wohnmobil
Hauptschule	48%	52%	46%	39%	35%
Mittlere Reife	35%	33%	32%	43%	42%
Abitur	17%	15%	22%	18%	23%

Quelle: CIVD 2009c.

9.1.5.2   Motive von Caravan- und Wohnmobiltouristen

Lange galt Camping als Billig-Urlaub und es hat sich die Annahme gehalten, dass Camping primär aus finanziellen Gründen unternommen wird. Erst Mitte der 1980er Jahre wurde erkannt, dass diese Motive nicht zwangsweise im Vordergrund stehen. Gerade die Verschiebung hin zu Reisemobil und Caravan hat im Gegenteil sogar dazu geführt, dass ein Campingurlaub u.U. hohe Investitionen mit sich bringt und von den Kosten her durchaus mit einem Urlaub im Hotel vergleichbar ist (vgl. Widmann 2006, S. 18 f.).

Caravans werden sowohl für private Reisen als auch für geschäftliche Zwecke, wie z.B. Messen, Ausstellungen oder Sport-Events angemietet. Grundsätzlich treffen für den Campingurlaub viele allgemeine Motive zu, die ebenfalls bei anderen Urlaubsformen gelten, z.B. sich zu erholen, vom Alltag zu entspannen, Neues zu erleben und das schöne Wetter zu genießen. Daneben bietet ein Campingurlaub aber auch eine Vielzahl weiterer Vorteile. So steht der eigene Caravan oder das eigene Reisemobil für ‚ein Stück Heimat', sowie für Vertrautheit und Privatsphäre. Weitere Vorteile liegen in der Flexibilität und Mobilität. Der Urlaub kann individuell gestaltet werden, es ist möglich spontan in den Urlaub zu fahren, es kann frei entschieden werden, welche Orte angefahren werden, ob z.B. eine Kultur- und Städtereise gemacht wird oder doch lieber ein Sport- und Wellnessurlaub, wie der Urlaub zeitlich gestaltet wird und zudem gibt es z.B. keine festen Essenszeiten oder auch Kleidungsvorschriften. Außerdem zeichnen sich Caravan- und Wohnmobilurlauber dadurch aus, dass sie die Natur erleben wollen und Wert auf eine schöne Landschaft legen. Oftmals besteht der Wunsch möglichst viel zu sehen und zu erleben und dabei weitestgehend unabhängig und frei zu sein. Weiterhin steht ein Campingurlaub für Geselligkeit, da es leicht ist auf den Campingplätzen in Kontakt mit Gleichgesinnten verschiedenster Nationalitäten zu treten (vgl. Bues/Schwarz/Semper 2008, S. 128 ff.; DWIF 1990, S. 154 ff.; Widmann 2006, S. 123 f.).

Werden Caravaner und Reisemobilisten miteinander verglichen, dann lassen sich verschiedene Wertigkeiten feststellen. Caravaner wollen ihren Urlaub in Ruhe genießen, bei ihnen spielt der Aufenthalt auf dem Campingplatz eine wesentlich größere Rolle als bei den Wohnmobilreisenden. Dementsprechend legen sie auch mehr Wert auf einen gemütlichen Caravan und auf gute Beziehungen zu den Nachbarn auf dem Campingplatz. Bei den Wohnmobilreisenden dagegen steht das Reisen an sich im Mittelpunkt, der Campingplatz stellt nur einen notwendigen Zwischenstopp dar. Sie wollen während des Urlaubs möglichst viel sehen und erleben und das Reisemobil bietet in dafür die notwendige Mobilität und Flexibilität (vgl. Widmann 2006, S. 125).

9.1.5.3   Reiseziele von Caravan- und Wohnmobiltouristen

Innerhalb Deutschland ist das beliebteste Ziel von Campingtouristen Bayern mit fast 4,7 Mio. Übernachtungen, gefolgt von Mecklenburg-Vorpommern mit 3,8 Mio. Übernachtungen und Niedersachsen mit 3,1 Mio. Übernachtungen. Nach der Zahl der Ankünfte liegt Bayern ebenfalls auf dem ersten Platz, gefolgt von Mecklenburg-Vorpommern und Baden-Württemberg (vgl. DTV 2009, S. 17 ff.). Genaue Aussagen zu den Reisezielen von Caravanreisenden können aufgrund fehlender vorliegender Untersuchungen nicht getätigt werden, jedoch zu den beliebtesten Reisezielen der Wohnmobilreisenden. Deutschland stellt auch für sie das beliebteste Reiseziel dar, gefolgt von den Nachbarländern Frankreich und Italien. Die Mehrheit der Wohnmobilreisenden reist sowohl im In- und Ausland und kombiniert so z. B. eine Auslandsreise nach Südeuropa mit einem Zwischenstopp in Süddeutschland oder analog in Norddeutschland für eine Skandinavienreise. Lieblingsziele innerhalb Deutschlands sind demzufolge Regionen wie Mosel, Nord- und Ostsee und Bayern (vgl. Obier/Peters 2003, S. 16 f. und Tabelle 54).

Tabelle 54: TOP 10 Lieblingsziele von Wohnmobilreisenden

TOP 10 insgesamt	Anteil in %	TOP 10 in Deutschland	Anteil in %
Deutschland	89	Mosel	28
Frankreich	45	Nordsee	26
Italien	42	Ostsee	24
Skandinavien	28	Bayern	16
Spanien	20	Schwarzwald	11
Kroatien	8	Pfalz	10
Österreich	7	Allgäu	10
Ungarn	6	Bodensee	8
Griechenland	5	Rhein	8
Niederlande	4	Franken	7
Sonstige	18		
K. A.	1		

Quelle: Obier/Peters 2003, S. 13.

9.1.5.4   Reiseverhalten von Wohnmobilreisenden

Reisemobiltouristen sind durchschnittlich ca. 12.400 km pro Jahr unterwegs, wobei dies v. a. Wohnmobilbesitzer betrifft. Sie verreisen zudem häufiger als Nichtcamper. Mehr als 90 % verreisen zweimal und mehr pro Jahr für eine lange Urlaubsreise (fünf Tage und mehr) und fast 40 % unternehmen vier und mehr lange Urlaubsreisen pro Jahr. Zudem ist die Reisedauer im Schnitt länger als bei dem durchschnittlichen deutschen Urlauber. Mehr als die Hälfte

geben an, drei Wochen und länger bei Urlaubsreisen verreist zu sein. Zu den Haupturlaubs-
reisen kommen noch Kurzreisen und Tagesausflüge. Knapp 40 % unternehmen fünf oder
mehr Kurzreisen. Um zu ihrem Kurzreiseziel zu gelangen, fahren die Reisemobiltouristen
durchschnittlich drei Stunden. Die Reisezeiten der Wohnmobilreisenden verteilen sich auf
die Haupt- sowie Vor- und Nachsaison. Mit einer annähernd gleichbleibenden Verteilung auf
die Monate April bis Oktober tragen sie zu einer gleichmäßigeren Auslastung der Regionen
bei (vgl. Obier/Peters 2003, S. 24 ff.).

Zudem sind Reisemobiltouristen auch während ihres Aufenthaltes eine aktive Urlaubergrup-
pe. Knapp drei Viertel geben an, im Urlaub zu wandern oder Rad zu fahren. Annähernd zwei
Drittel gibt an zu bummeln bzw. einzukaufen und die Hälfte besucht neben der Selbstversor-
gung auch lokale Gastronomiebetriebe. Weitere Aktivitäten, die von ca. der Hälfte durchgeführt werden, sind ‚baden/schwimmen', ‚Bekanntschaften machen' und der Besuch von
‚kulturellen und historischen Sehenswürdigkeiten/Museen' (vgl. ders., S. 32 ff.).

9.1.5.5   Anmietungen von Wohnmobilen

Die Internetplattform erento hat die Mietanfragen in der Kategorie Wohnmobile genauer
analysiert und Daten zu den Mietern von Wohnmobilen, zu den gewünschten Fahrzeuge der
Interessenten und das Mietverhalten öffentlich gemacht, um Erkenntnisse für das Mieten von
Wohnmobilen über das Internet und die Veränderung der Mieterstruktur zu analysieren.
Insgesamt 71.879 Anfragen an Wohnmobilvermieter wurden im Jahr 2008 von erento ver-
mittelt, was ein Wachstum der Anfragen von 45 % gegenüber dem Vorjahr darstellt.

Am häufigsten wurden Wohnmobile der Marke Knaus, gefolgt von Dethleffs, Rimor, LMC
und Hymer angefragt (vgl. Abbildung 50). Anhand der getätigten Anfragen kann ein Mittel-
wert für den Tagesmietpreis berechnet werden. Mit Abstand am teuersten sind Wohnmobile
der Marken, Niesmann & Bischoff, Bürstner und Rapido. Dethleffs und LMC, die Marken,
die mit am meisten angefragt werden, liegen mit einem Tagesmietpreis von 124 Euro im
Durchschnitt. Die günstigsten Reisemobile sind bei Ford und Pössl zu mieten (vgl. Abbildung 51).

Abbildung 50: Mietanfragen nach Marken über die Internetplattform erento.com

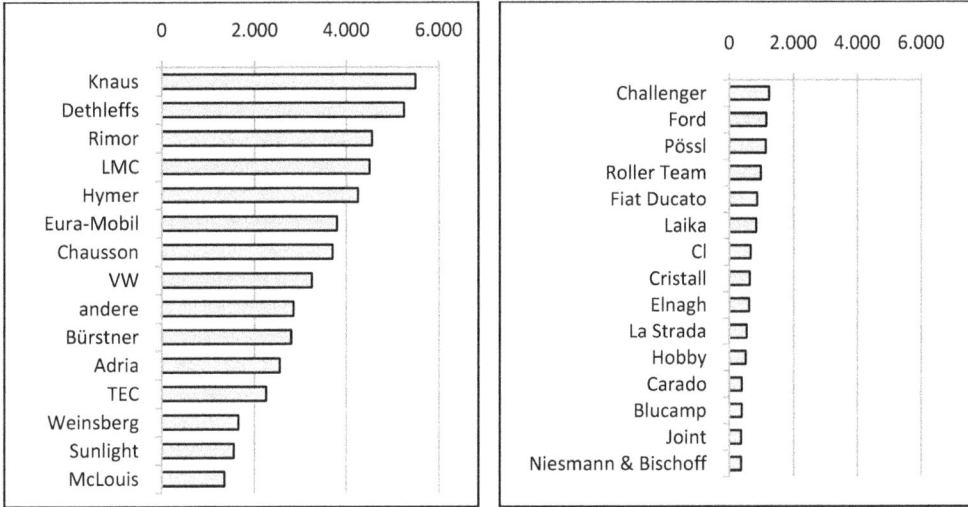

Quelle: erento GmbH 2009, S. 3.

Abbildung 51: Tagesmietpreise nach Marken über die Internetplattform erento.com

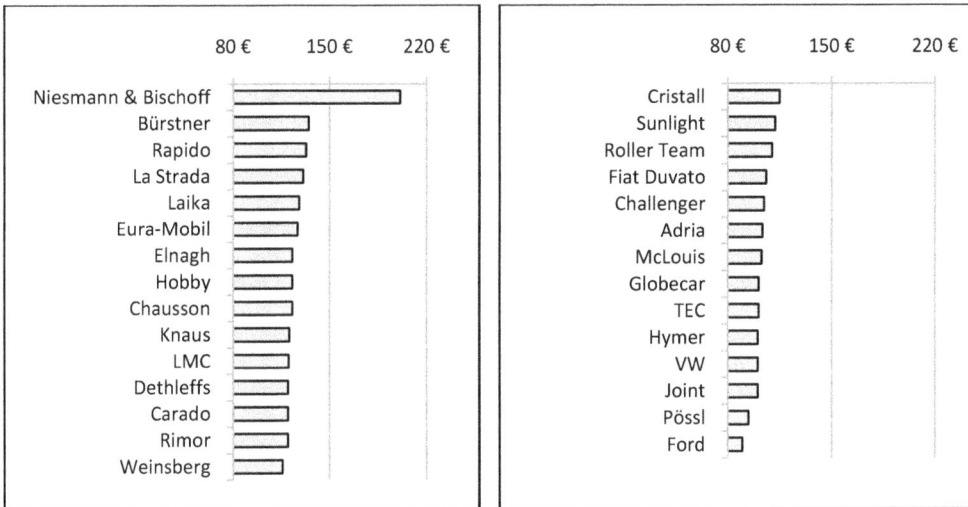

Quelle: erento GmbH 2009, S. 4.

Die angefragten Fahrzeugtypen zeigen deutlich, dass das klassische Alkoven-Wohnmobil bei den Mietern am beliebtesten ist. Drei von fünf Wohnmobilanfragen beziehen sich auf diesen Typ. Fast gleich auf waren in 2008 der kompakte Reisemobiltyp ‚Kastenwagen‘ mit 14,6 % und das ‚teilintegrierte Wohnmobil‘ mit 16,5 %. Wurde in der Saison 2006 der teilintegrierte

Fahrzeugtyp noch mit 11,9 % angefragt, erhöhte sich die Nachfrage in 2008 um mehr als 30 %. Luxuriöse ‚vollintegrierte Fahrzeuge' werden mit 8,1 % noch immer am wenigsten angefragt, konnten aber im Vergleich zur Saison 2006 um einen Prozentpunkt zulegen.

Knapp 10 % der Mietanfragen haben eine Mietdauer von 21 oder mehr Tagen. Die klassischen Urlaubsperioden wie sieben Tage und die zweiwöchige Reise sind bei den Wohnmobilurlaubern noch immer sehr beliebt (15 % leihen für 7-8 Tage, 14,3 % bevorzugen die 14-tägige Anmietung). Der größte Anteil plante in 2008 allerdings gern einen Kurztrip oder ein verlängertes Wochenende für drei oder vier Tage (18,5 % der Mieter fragten nach einem Wohnmobil für diesen Zeitraum an).

Der Großteil der Anfragen bezieht sich auf die Hauptsaison. So sind die Starttermine für den Wohnmobilurlaub größtenteils im Juli und August sowie Mai, Juni und September. Die Anfragen dafür werden mehrheitlich von Januar bis Juli gestellt, wobei der größte Teil der Mietanfragen von April bis Juni getätigt wird. Die meisten Anfragen erfolgen aber immer sehr kurzfristig im Juli. Von diesem Zeitpunkt an nehmen die Anfragen kontinuierlich bis November ab und steigen erst im Dezember wieder mit Anfragen für das kommende Jahr leicht an (vgl. erento GmbH 2009, S. 10).

Abbildung 52: Zeitpunkt der Anfragen und Starttermin von Wohnmobilreisenden über die Internetplattform erento.com

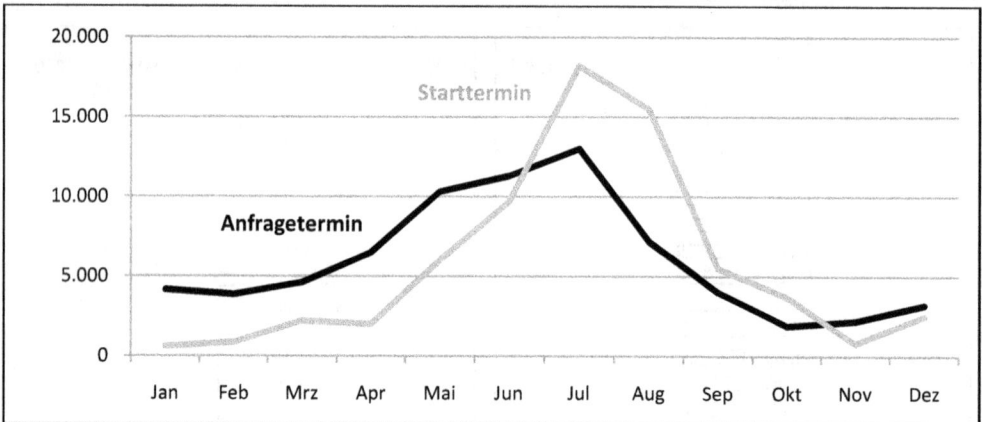

Quelle: erento GmbH 2009, S. 10.

9.2 Vermietung von Fahrrädern

9.2.1 Abgrenzung

Fahrräder können von den unterschiedlichsten Unternehmen verliehen werden. Hierzu zählen zum einen spezialisierte Verleihfirmen bzw. Dienstleister (z.B. DB Rent, next bike, JC Decaux) und zum anderen Unternehmen, deren Hauptzweck ein anderer ist (z.B. Sportgeschäfte, Fahrradhändler, Tourismus-Organisationen). Im Folgenden liegt der Schwerpunkt der Betrachtungen auf den sog. **Fahrradverleihsystemen**, da hierzu am meisten verallgemeinerbare Informationen vorliegen. Da der Markt der Vermietung von Fahrrädern kontinuierlichen Veränderungen unterliegt, ist eine abschließende und allen aktuellen Entwicklungen gerecht werdende Darstellung kaum möglich.

9.2.2 Entwicklung

Fahrradverleihsysteme gibt es in Europa bereits seit mehreren Jahrzehnten. Monheim et al. (2009, S.9) sprechen von einem verhaltenen Experimentieren mit den Varianten der sog. ersten Generation in den 1970er und 1980er Jahren sowie zweiten Generation in den 1990er Jahren. Seit 2005 ist nach ihrer Einteilung von den Systemen der dritten Generation zu sprechen, die v.a. durch technologische Entwicklungen in der Fahrzeugsicherung und -ortung sowie in der Betriebslogistik und durch die zunehmende Bereitschaft der Werbewirtschaft und Kommunen großvolumige Investitionen zu tätigen stark ausgebaut wurden.

Als eines der ersten Projekte der **ersten Generation** gilt das 1965 ins Leben gerufene Projekt ‚Weiße Fahrräder' in Amsterdam (Niederlande), bei dem herkömmliche Räder, weiß bemalt wurden, ohne Schloss ausgestattet wurden und eine Identifizierungsmöglichkeit des Benutzers nicht möglich war. In den 1970er Jahre gab es in Bremen die ‚Aktion kommunales Fahrrad', ähnliche Projekte fanden bspw. auch in Bern, Wedel und Koblenz statt. Derartige Projekte wurden oft als Arbeitsbeschaffungsmaßnahme (ABM) bzw. soziale Projekte angelegt, die sinnvolle Arbeit, Aus- und Weiterbildung, nachhaltigen Verkehr und Altfahrradrecycling/-reparatur verbinden sollten (vgl. Eric Britton & Associates 2008, S.6).

Ein typisches Beispiel der **zweiten Generation** ist ein im Mai 1995 in Kopenhagen gestartete Projekt. Hierbei wird mit einem Pfandprinzip (wie bei einem Einkaufswagen, ca. 2 Euro) gearbeitet, aber immer noch ohne automatische Identifizierung der Benutzer. Der Verleih wird z.T. über Werbung finanziert und die verliehenen Fahrräder sind eine Spezialanfertigung, um einem Diebstahl bzw. Missbrauch (z.B. ‚Ersatzteillager' für private Räder) der Räder zu verhindern. Ähnliche Modelle sind auch in Helsinki (Finnland, nur in der warmen Jahreszeit) und Aveiro (Portugal) bis heute im Einsatz (vgl. Câmara Municipal de Aveiro 2009; City of Helsinki 2009). In Wien hatte dieses Modell dagegen keinen Erfolg und wurde wegen hoher Diebstahlquote mangels Identifizierung der Benutzer gegen ein Modell der dritten Generation ausgetauscht (vgl. GEWISTA Werbegesellschaft mbH 2009; Stadt Wien 2009). In Chemnitz wurde 1998 das Fahrradausleihsystem ‚Blaues Fahrrad' entwickelt und mit Unterstützung der Agentur für Arbeit Chemnitz erfolgreich umgesetzt. Nach guten Nutzungsquoten in den ersten Jahren zeichnete sich seit dem Jahr 2001 eine rückgängige

Fahrradausleihe ab. Gründe dafür wurden v. a. in einem komplizierten Vertragswesen, dem umständlichen Erwerb einer KeyCard und den inzwischen nicht mehr zeitgemäßen, unattraktiven Leihfahrrädern gesehen. Der Verein Chemnitzer Gewölbegänge e.V. entwickelte in Zusammenarbeit mit der Stadt Chemnitz und weiteren Partnern das kostenlose Fahrradausleihsystem ‚Chemnitzer Stadtfahrrad'. Im Mai 2006 startete das Projekt mit 18 Leihfahrrädern, vier Ausleihstationen und zehn kompatiblen Ausleihstationen des ursprünglichen ‚Blauen Fahrrades'. Mit einem Euro Pfand konnte das Fahrrad ausgeliehen werden. Auf Grund der großen Nachfrage wurde in der Radsaison 2006 der Bestand der Leihfahrräder kurzfristig auf 33 Räder aufgestockt. Aufgrund der hohen Akzeptanz gingen in der zweiten Radsaison 60 zusätzliche ‚Chemnitzer Stadtfahrräder' an den Start. Seit August 2007 kann das ‚Chemnitzer Stadtfahrrad' auch im Hauptbahnhof Chemnitz ausgeliehen werden (vgl. BMVBS 2009a).

Ein typisches Kennzeichen der **dritten Generation**, die automatische Identifizierung des Benutzers, wurde erstmals in Rennes im Jahre 1998 von Clear Channel (amerikanische Sport- und Freizeitwerbeagentur) eingesetzt. Ein weiterer wichtiger Meilenstein war das Projekt ‚Call a Bike'. Bereits Mitte der 1990er Jahre hatte der damalige Informatikstudent Christian Hogl die Idee, es dauerte jedoch fünf Jahre bis zur Realisierung. Zum Ostersonntag des Jahres 2000 kamen 2.000 Mieträder auf Münchens Straßen. Mit einem etwas futuristischen Rad-Design, einem innovativen, handybasierten Mietkonzept und einem patentierten Radcomputer sollte es als zeitgemäßes Update die Mängel bisheriger Pfand- und Leihradsysteme überwinden. Trotz eines rasanten Wachstums auf 27.000 Kunden nach einem halben Jahr, viel öffentlichen Lobes und großer Unterstützung durch die Medien mussten die Call a Bike-Erfinder bereits im November des gleichen Jahres Insolvenz anmelden. Die Entwicklungskosten und die Finanzplanung waren außer Kontrolle geraten, die Tarife zu niedrig kalkuliert und ein Investor zog sich zurück (vgl. WZB 2009a).

Tabelle 55: Entwicklung von Call a Bike

Kurz-Historie	
April 2000	Start von Call a Bike in München
Nov 2000	Insolvenzantrag der Call a Bike AG
Juni 2001	Kauf der Assets von der Call a Bike AG in Insolvenz durch DB Fuhrpark
Juli 2001	Eingliederung in DB Fuhrpark komplementär zur Fahrradmitnahme im Fernverkehr
Okt 2001	Neustart mit 1.000 CallBikes in München
Juli 2002	Start von Call a Bike mit 2.000 Bikes in Berlin
Mai 2003	Start in Frankfurt mit ca. 700 CallBikes
Mai 2004	Start in Köln mit ca. 600 CallBikes
August 2007	Start in Stuttgart mit 400 CallBikes (stationsgebunden)
August 2008	Start in Karlsruhe mit ca. 350 CallBikes

Quelle: WZB 2009a.

Im Jahre 2000 hat die Deutsche Bahn ein neues Tochterunternehmen gegründet: Die DB Rent GmbH sollte fortan mit Vermietdienstleistungen abseits der Schiene das Kerngeschäft des Schienenanbieters erweitern. „Die Bahn machte sich damit auf den Weg zum umfassenden Mobilitätsanbieter und bot im neuen Geschäftsfeld namens Intermodale Dienste ab Dezember 2001 das Autovermietangebot DB Carsharing an. Zuvor hatte die DB Rent nach der Insolvenz der Münchener Gründergesellschaft bereits Call a Bike als Fahrradbaustein übernommen und war im Oktober 2001 mit einem neuen Fahrradvermietangebot in München an den Start gegangen. In den nächsten Jahren folgten mit Berlin, Frankfurt am Main, Köln, Stuttgart und Karlsruhe weitere Städte, in denen Call a Bike nach einer einmaligen Registrierung genutzt werden kann. 2007 wurden über 5.000 Fahrräder in sechs Städten von 75.000 Kunden für eine halbe Million Fahrten in Anspruch genommen." (WZB 2009a) In den folgenden Jahren entwickelte sich bei den Fahrradverleihsystemen ein wahrer Boom, wovon im Folgenden eine Auswahl vorgestellt wird.

9.2.3   Markt für Fahrradverleihsysteme

9.2.3.1   Anbieter von Fahrradverleihsystemen

Fahrradverleihsysteme gibt es weltweit in mehr als 100 Städten bzw. sind fest geplant (Stand Oktober 2009). Hierzu zählen z. B. Aarhus, Aiex-en-Provence, Alba, Amsterdam, Aschaffenburg, Auckland, Aveiro, Bad Kreuznach, Barcelona, Bari, Berlin, Bern, Biella, Borgomanero, Bra, Bregenzerwald, Brescia, Bristol University, Brüssel, Burgos, Cameri, Chemnitz, Chicago (geplant), Chivasco, Coburg, Cordoba, Cospudener See, Cuneo, Dijon, Dresden, Dublin, Düsseldorf, Erfurt, Erlangen, Fossano, Frankfurt am Main, Friedrichshafen, Fürth, Genf (geplant), Gijon, Göteburg, Graz (geplant), Hamburg, Hannover, Kayseri, Karlsruhe, Koblenz, Köln, Kopenhagen, Krakau, La Spezia, Leipzig, Lausanne, London, Lübeck, Luxemburg, Magdeburg, Mailand, Marseille, Melbourne (geplant), Meran, Mexiko City, Montreal, Moskau (geplant), München, Nantes, Neuchatel, Neusiedler See, New York (geplant), Novara, Novi Ligure, Nürnberg, Offenbach am Main, Orléans, Oslo, Lyon, Ottawa-Gatineau, Palma de Mallorca (geplant), Parco molentargius (Sardinien), Paris, Parma, Pamplona, Peking, Perpignan, Pinerolo, Pistoia, Portland, Prag, Prato, Rom, Reggio Emilia, Rennes, Salzburg, Sadnes, Savigliano, Settino, Sevilla, Shanghai, Stockholm, Straßburg, Stuttgart, Sydney (geplant), Torinese, Toulouse, Trondheim, Tübingen, Varese, Vevey, Wien, Washington, Zaragoza und Zürich (vgl. Comunicare s.r.l 2009, nextbike GmbH 2009).[111]

Die folgende Betrachtung erfolgt als grobe Momentaufnahme der städtischen Anbieter und hier v. a. der großen Anbieter DB Rent (Call a Bike), JCDecaux (Cyclocity®), Clear Chanel (Smartbike) und nextbike (vgl. Tabelle 56).

---

[111] Bei einem im Jahre 2009 vom Bundesverkehrsministerium ausgelobten Wettbewerb haben 44 Kommunen ihre Konzepte eingereicht, wie die Mobilität in ihrer Stadt mit einem öffentlichen Fahrradverleihsystem verbessert werden kann. Acht Modellregionen erhalten vom Verkehrsministerium insgesamt 12,7 Mio. Euro für die Umsetzung ihrer Konzepte (Mainz, Nürnberg, Saarbrücken, Dresden, Kassel, der Landkreis Ostvorpommern, die Metropolregion Ruhr und Stuttgart) (vgl. BMVBS 2009b).

Tabelle 56: Anbieter und Konzepte im Vergleich (Jahr 2008)

	JCDecaux	Clear Channel	Gewista	DB Rent	nextbike
Im Markt seit	2003	1998	2003	2001	2003
Anzahl Standorte	16	13	1	22	20
Anzahl Fahrräder	Ca. 34.000	Ca. 13.000	Ca. 1.000	Ca. 5.800	Ca. 1.000
Anzahl Kunden (gesamt)	Ca. 350.000	Ca. 260.000	Ca. 70.000	Ca. 80.000	K.A.
Größtes System:					
- Ort	Paris	Barcelona	Wien	Berlin,	Düsseldorf
- Räder	Ca. 20.600	Ca. 6.000	Ca. 1.000	Ca. 1.500	Ca. 400
- Stationen	Ca. 1.450	Ca. 400	59	0	25
Name des Systems	Cyclocity®	Smart-Bike-System	Citybike Wien	Call a Bike	nextbike
Organisation:					
- Stationsgebunden	x	x	x	x	x
- Stationsungebunden	-	-	-	x	x
Ausleihmechanismus per	Kundenkarte	Kundenkarte	Kundenkarte	Telefon	Telefon
Betriebszeiten					
- Wochentage	7	7	7	7	7
- Stunden pro Tag	24	20	24	24	24
- Tage im Jahr	365	365	365	270	365
Kosten Fahrrad (Euro)	Ca. 550	Ca. 400	Ca. 600	Ca. 800	Ca. 300
Strafgebühr (Euro)	150	150-200	600	80	75
Max. Nutzungszeit	24 h	2-3 h	120 h	Unbegrenzt	Unbegrenzt
Kostenlose Nutzungszeit	I.d.R. 30 min.	I.d.R. 30 min.	60 min.	Keine bzw. 30 min.	Keine
Mindestalter der Nutzer (Jahre)	14	14-18	12	16	16
Finanzierung ungedeckte Betriebskosten durch				Deutsche Bahn AG	
- Außenwerbung	x	x	x	-	x
- Werbung auf Leihrädern	-	-	x	-	x
Preis für Langnutzung (Euro für 12 h)	Hoch (ca. 80 Euro)	Nicht vorgesehen	Hoch (ca. 39 Euro)	Niedrig (12 Euro)	Niedrig (5 Euro)
Registrierung	Obligatorisch	Obligatorisch	Obligatorisch	Obligatorisch	Obligatorisch
Technologischer Ansatz/Level	Hightech	Hightech	Hightech	Hightech	Lowtech

Quelle: Monheim et al. 2009, S. 14 f.

9.2.3.2 Nachfrager von Fahrradverleihsystemen in Deutschland

Aussagekräftige Studien zu den Nutzern von Fahrradverleihsystemen sind nur wenige vorhanden. In Deutschland werden seitens des Wissenschaftszentrums Berlin für Sozialforschung (WZB) – in Zusammenarbeit mit der DB Rent GmbH – die Kunden von Call a Bike untersucht. Ausgewählte Ergebnisse der Forschungen werden hier beispielhaft für die Nutzergruppen von Fahrradverleihsystemen, ihre Wünsche und Verhaltensweisen usw. vorgestellt.[112] Sie gelten sicherlich nicht für die Nutzer der verschiedenen Verleihsysteme gleichermaßen, zeigen jedoch interessante Tendenzen auf.

Die Call a Bike-Kunden leben in der Regel in Großstädten, sind zwischen 25 und 45 Jahre alt, überdurchschnittlich hoch gebildet (mehr als 50 % Akademiker), als Angestellte und Selbständige gut verdienend und überwiegend männlich. „Neben den guten infrastrukturellen Voraussetzungen verfügen sie über vielseitige weitere Optionen, die weniger durch Eigentum als durch ‚Access' zu Nutzungsmöglichkeiten gesichert werden. Im Vergleich mit der durchschnittlichen erwachsenen Bevölkerung in deutschen Großstädten zeigen sie bei einer unterdurchschnittlichen Pkw-Verfügbarkeit durchweg eine hohe Affinität zu Mietwagen und Taxis. Sie haben weit überdurchschnittlich oft ÖV- und BahnCards zur Verfügung und nutzen ausgiebig Bonusprogramme wie miles&more oder auch BahnComfort. Flexibel mobil zu sein, Optionen zu haben, gehört zum Lebensstil." (WZB 2009b und Abbildung 53)

Abbildung 53: Call a Bike-Kunden und durchschnittliche Großstadtbewohner im Vergleich

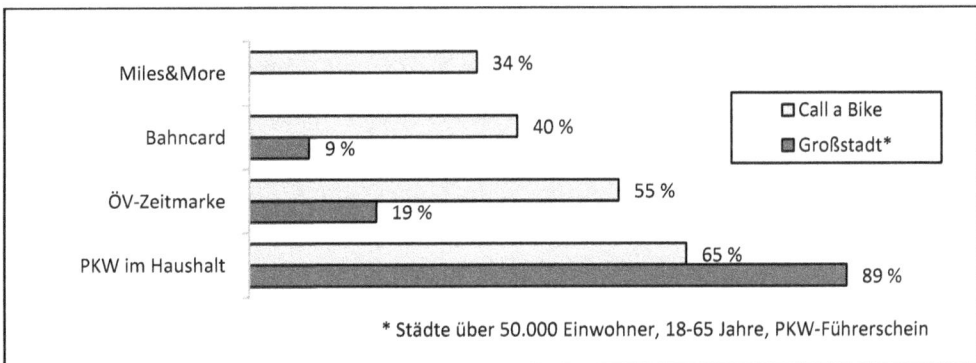

Quelle: WZB 2009b.

---

[112] Mit dem Ziel eines umfassenden Konzepttests wurden vom WZB aufbauend auf qualitativen Vorstudien v.a. quantitative Methoden eingesetzt. In vier Erhebungsrunden wurden in den Jahren 2003 und 2004 über 1.500 Kunden und Nicht-Kunden zu Call a Bike in standardisierten Telefoninterviews (CATI) befragt. Bei den Kunden standen Nutzungsmuster, Kundenbindungseffekte und Einflüsse auf das Verkehrsverhalten im Fokus. In repräsentativen Befragungen wurden alle potentiellen Nutzer in den Pilotstädten München und Berlin und ausgewählte Zielgruppen (z.B. Bahncard-Kunden) nach der allgemeinen Angebotswahrnehmung, den Akzeptanzbedingungen und -potentialen gefragt. Neben diesen subjektiven Daten wurden durch die Kooperation mit der DB Rent GmbH auch Kundendaten ausgewertet (vgl. WZB 2009c).

Fast alle Kunden haben ein eigenes Rad und nutzen es auch regelmäßig. Ein Call a Bike wird zusätzlich zu bestimmten, eher seltenen Gelegenheiten gebraucht: Der Großteil der Nachfrager (44 %) nutzt das Angebot ein bis vier Mal pro Monat, ein weiteres Drittel sind Quartalsfahrer. Jeder achte Kunde kann zu den ‚heavy-usern' gezählt werden, die wöchentlich oder täglich Call a Bike fahren (vgl. Abbildung 54). Mit knapp der Hälfte aller Fahrten sind sie für ein Drittel der Umsätze verantwortlich. Die Nutzer mit halbjährlichen oder noch selteneren Nutzungen sind insbesondere Touristen (z.B. Wochenendtrip in München, Besuch von Freunden oder Bekannten in Berlin (‚Gästerad') oder Neugierige, die es einfach einmal ausprobieren wollten.

Abbildung 54: Call a Bike-Fahrten pro Kunde

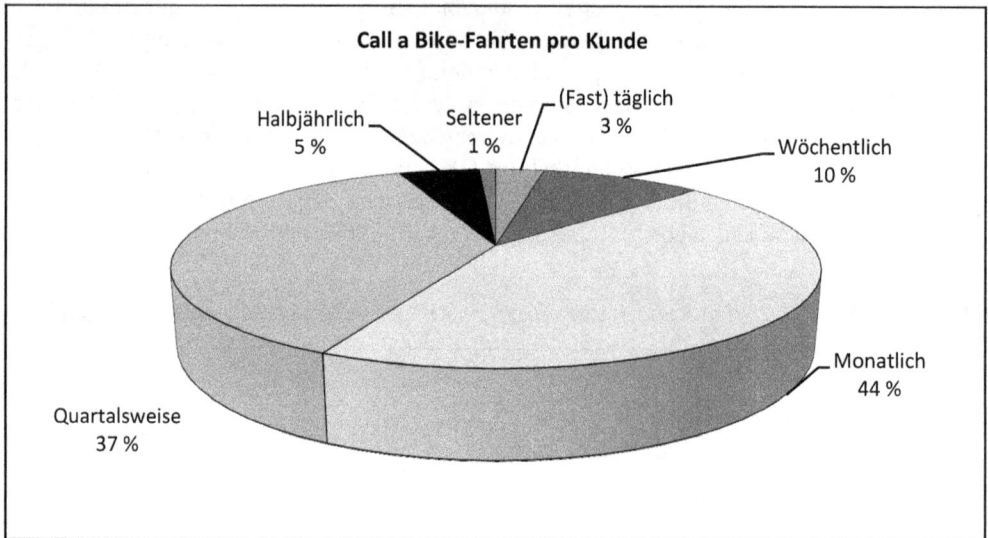

Quelle: WZB 2009d.

Im Wochenverlauf steigen die Nutzungen bei Call a Bike bis zum Wochenende an. Die Spitzentage sind Samstag (16,1 %) und Sonntag (15,2 %), wobei die Wochenendfahrten deutlich länger als an den Werktagen sind. Auch bei Betrachtung des Tagesverlaufes sind die üblichen Stoßzeiten klar zu erkennen: morgens, mittags und abends. In Frankfurt am Main, wo wesentlich mehr Berufspendler ihren Arbeitsweg zwischen Hauptbahnhof und Büro mit einem Call a Bike-Rad zurücklegen, ist die Stoßzeit wesentlich stärker ausgeprägt als in München oder Berlin, wo mehr Touristen und insgesamt eine gemischtere Klientel die Call a Bike-Räder nutzen (vgl. WZB 2009d und Abbildung 55).

Abbildung 55: Nutzungszeiten und -tage von Call a Bike

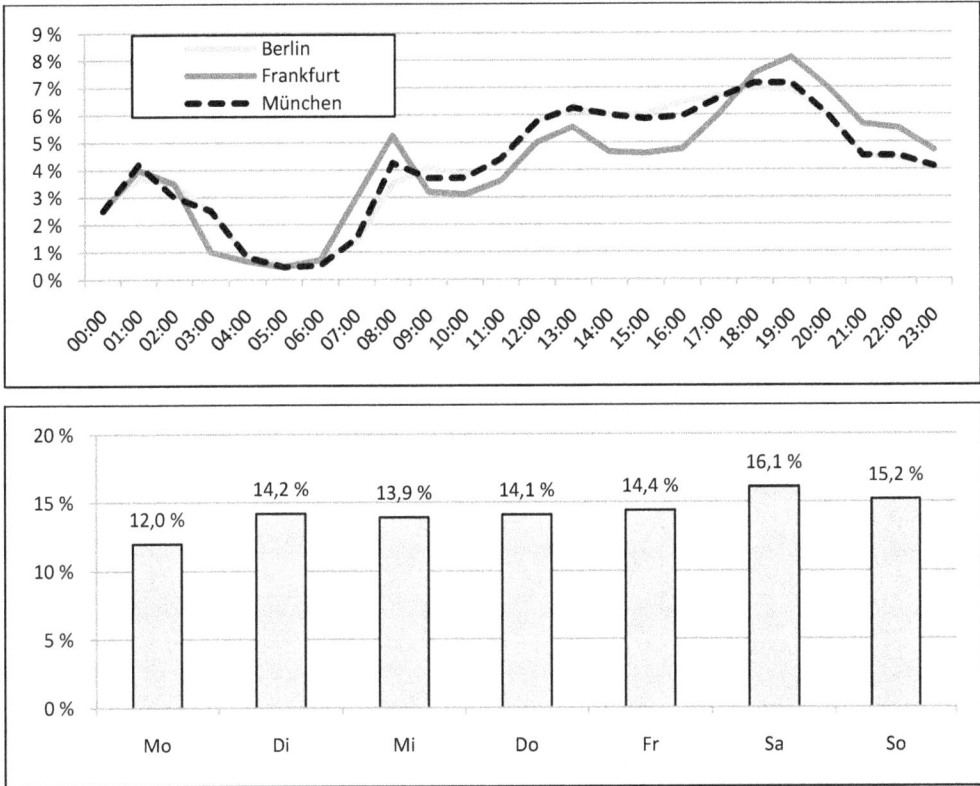

Quelle: WZB 2009d.

Insgesamt wird Call a Bike als flexibles, zuverlässiges, bequemes und schnelles Verkehrsmittel bewertet, das die alltägliche persönliche Flexibilität und Mobilität sichert und steigert. Diese Beurteilung stützt sich besonders auf gute Noten in Handling, Preissystem und Nutzerfreundlichkeit. Sowohl bei Kunden als auch bei Nicht-Kunden werden Einfachheit und leichte Verständlichkeit als wichtig erachtet. Die weiteren vom WZB untersuchten Einflussfaktoren wie Umweltschutz (Grad der Umweltfreundlichkeit und des Umweltimages von Call a Bike) und die Pkw-Nutzung (Ausmaß der Pkw-Nutzungsintensität/-gewohnheit) spielen dagegen kaum eine Rolle. Über 75 % der Kunden geben an, dass sie mit Call a Bike zufrieden oder sehr zufrieden sind. Mehr als 90 % der vom WZB Befragten gaben an, dass sie bei nächster Gelegenheit wieder ein DB-Rad nehmen würden und jeder Dritte will dies in Zukunft wesentlich häufiger tun als bisher (vgl. WZB 2009d).

9.2.4   Bestandteile des Betriebsmodells

Im Folgenden werden die in Abbildung 56 enthaltenen Bestandteile eines Betriebsmodells von Fahrradverleihsystemen kurz erläutert.

Abbildung 56: Bestandteile eines Betriebsmodells von Fahrradverleihsystemen

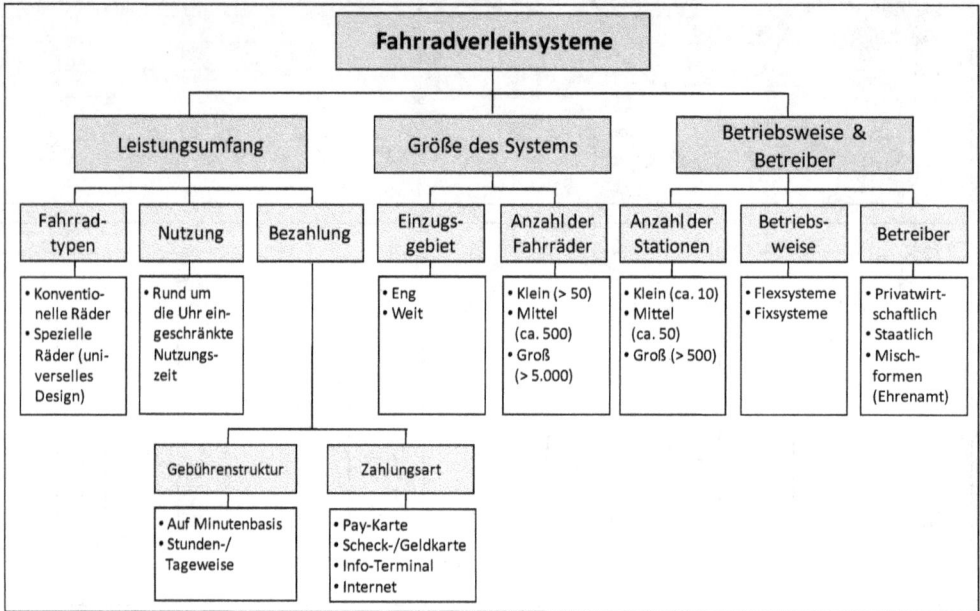

Fahrradverleihsysteme

Leistungsumfang			Größe des Systems			Betriebsweise & Betreiber	
Fahrrad-typen	Nutzung	Bezahlung	Einzugs-gebiet	Anzahl der Fahrräder	Anzahl der Stationen	Betriebs-weise	Betreiber
• Konventionelle Räder • Spezielle Räder (universelles Design)	• Rund um die Uhr eingeschränkte Nutzungszeit		• Eng • Weit	• Klein (> 50) • Mittel (ca. 500) • Groß (> 5.000)	• Klein (ca. 10) • Mittel (ca. 50) • Groß (> 500)	• Flexsysteme • Fixsysteme	• Privatwirtschaftlich • Staatlich • Mischformen (Ehrenamt)

Gebührenstruktur
• Auf Minutenbasis
• Stunden-/ Tageweise

Zahlungsart
• Pay-Karte
• Scheck-/Geldkarte
• Info-Terminal
• Internet

Quelle: eigene Darstellung.

a) Fahrradtypen, Nutzung und Bezahlung

Es werden zumeist Fahrräder eingesetzt, die mit einem geschlechtsneutralen Design versehen sind und als Einkaufsräder, als Rad zum Arbeitsplatz, zur Stadtrundfahrt, zum Weg ins Theater, in die Gaststätte usw. genutzt werden können (universelle Nutzbarkeit). Die Nutzungszeiten können auf 24 h rund um die Uhr an 365 Tagen im Jahr ausgelegt seien oder jede andere kürzere Nutzungszeit über den Tag bzw. die Woche. „Die Fahrradverleihsysteme der dritten Generation bieten meist eine 24-stündige Entleih- und Rückgabemöglichkeit ohne Personaleinsatz vor Ort. Zu- und Abgang erfolgen entweder telefonisch oder über digitalen Kontakt mit Eingabe der individuellen Nutzer- und Fahrraddaten. Ohne personalisierte Anmeldung bzw. Rückmeldung ist eine Nutzung nicht möglich. Die meisten Systeme werden ganzjährig betrieben, manche auch nur saisonal." (Monheim et al. 2009, S. 10)

Die Anbieter von Fahrradverleihsystemen haben eine vorab definierte Gebührenstruktur, wobei einige Systeme (z. B. JCDecaux, Clear Channel, Gewista) eine in der Regel 30-60-minütige kostenlose Nutzungszeit haben (vgl. Tabelle 54, S. 204). Abgerechnet wird entweder auf Minutenbasis (wie bei Call a Bike) oder nach Stunden bzw. Tagen. Als

Zahlungsmittel werden (registrierte) Scheck-/Geldkarten oder spezielle Pay-Karten akzeptiert.[113] Eine Barzahlung ist so gut wie nicht möglich. Für den Bezahlvorgang muss demnach zwischen dem Nutzer und dem Anbieter eine Datenverbindung hergestellt werden, was meist per Telefon bzw. Handy erfolgt, aber auch über Infoterminals und das Internet möglich ist (vgl. BMVBS 2009c; Monheim et al. 2009, S. 10 f.).

b) Größe des Systems

Die Größe meint zum einem die Anzahl der eingesetzten Fahrräder und Stationen und zum anderen das Einsatzgebiet. Letzteres kann eng (z. B. nur Innenstadt) oder weit (z. B. gesamtes Stadtgebiet oder Bedienungsgebiet eines Bundeslandes) abgegrenzt werden. Das vorgesehene Einsatzgebiet wird in der Regel kartographisch festgelegt und den Nutzern über Informationsmaterial, -tafeln bzw. Hinweisen auf den Fahrrädern selbst bekannt gegeben. Nach der Zahl der eingesetzten Räder können kleine Systeme mit weniger als 50 Fahrrädern, mittlere mit um die 500 Räder und große Systeme mit über 5.000 Rädern unterschieden werden. Kleine Systeme haben meist bis zehn Station (Call a Bike an Bahnhöfen jedoch auch nur eine Station), mittlere um die 50 und große Systeme über 500. Das gegenwärtig größte System in Paris hat mehr als 21.000 Fahrräder und knapp 1.500 Stationen (vgl. Monheim et al. 2009, S. 10 f.).

c) Betriebsweise und Betreiber

Bei der Betriebsweise können sog. Flex- und Fixsysteme unterschieden werden. Das Flexsystem ist dabei flexibler, da hier ein Fahrrad überall wo man es findet in den Gebrauch genommen und auch wieder abgestellt werden kann – und zwar innerhalb des festgelegten Einsatzgebietes. Bei einem Fixsystem werden die Fahrräder dagegen an Radständern vorgehalten, die in der Regel in der Nähe von ÖPNV-Haltstellen liegen und mit Infoterminals ausgestattet sind. Durch eine Verbindung von Leihrad und ÖPNV wird der Aktionsradius eines Fahrradverleihsystems erheblich ausgeweitet. Als Betreiber kommen v. a. Vereine, Verbände, Stadt-/Kreisverwaltungen, Verkehrsverbünde/-unternehmen, Tourismusorganisationen und privatwirtschaftliche Unternehmen in Frage. Die meisten großen Systeme werden von privatwirtschaftlichen Unternehmen betrieben, so bspw. von den Stadtwerbefirmen JCDecaux und Clear Channel. Insbesondere für Firmen, die in der Stadtwerbung und -möblierung aktiv sind, bietet der Aufbau eines Fahrradverleihsystems ein neues Geschäftsfeld an, um mit den Städten neue Werberechte auszuhandeln und das Portfolio an Dienstleistungen bzw. Produkten zu erweitern. Die Betreiber erhalten für ihr Investment, welches mehrere Millionen Euro pro Stadt umfasst, exklusive Werberechte auf den städtischen Plakatierungsflächen, evtl. auch auf den Parkstationen und Fahrrädern. Einen Teil ihrer Einnahmen generieren die Betreiber über Werbung auf den Leihrädern und Stationen. Nextbike sucht sich bspw. viele einzelne Vertragspartner, die sich auf den Leihrädern Werbeflächen anmieten. Während diese Art von Werbung in Deutschland nicht genehmigungspflichtig ist, werden bei Werbung auf Stationen Genehmigungen und Gebühren fällig. Nicht immer reichen die Nutzungsgebühren und Werbeeinnahmen aus, um die Investitions- und Betriebskosten

---

[113] Eine ausführliche Beschreibung des Bezahlsystems von Call a Bike findet sich bei Balzer 2005, S. 10 ff.

voll zu tragen. Bei derartigen Projekten stellen z. T. öffentliche Partner Finanzierungshilfen zur Verfügung (vgl. Monheim et al. 2009, S. 11 ff.).

d) Service

Um tausende von Fahrrädern, die bei den großen Systemen im Einsatz sind, zu pflegen, ihren Status zu erfassen, sie am richtigen Ort vorzuhalten usw., ist ein hoher logistischer Aufwand erforderlich und ein ausreichender Personalstamm notwendig. „Die Installation und der Betrieb der High Tech-Komponenten der mobilen und ortsfesten Anlagen sind teuer, auch wegen des beträchtlichen Personalaufwands. Ständig muss überwacht werden, welche Stationen zu wenige oder zu viele Fahrräder haben, und mobile Einsatzfahrzeuge müssen für den Ausgleich sorgen. Sie überwachen auch den technischen Zustand der Räder und beseitigen Mängel sofort. In dieser Qualität gibt es riesige Unterschiede. Die Bandbreiten des Personalaufwands reichen von 1 Person für 200 Fahrräder bis zu 500 Personen für 21.000 Velib Räder in Paris. Die Servicefrage ist die zentrale Stellschraube für die Akzeptanz des jeweiligen Fahrradverleihsystems. Wer nur defekte Fahrräder vorfindet oder nur leere Stationen, wird sich schnell enttäuscht abwenden. (…) Das waren auch die klaren Erkenntnisse aus der 1. und 2. Generation." (ders. 2009, S. 12)

9.3 Vermietung von Krafträdern

Krafträder sind Fortbewegungsmittel, die ihren Nutzern mehr als nur die bloße Beförderung bieten. Einerseits sind Krafträder eine wichtige Ressourcen sparende Möglichkeit zur Sicherstellung der individuellen Mobilität und Flexibilität. Andererseits sind sie häufig aber auch ein Genussmittel, mit dessen Hilfe die Fahrer der Krafträder Freiheit, Abenteuer und Action erleben können und werden. Die touristische Nutzung von Krafträdern erfolgt meist als Genussmittel auf Ausflugsfahrten im Bereich des Tagestourismus und als Mehrtagesfahrten während einer Urlaubsreise. Da bei der Nutzung von Krafträdern die Vermietung nur eine untergeordnete Rolle spielt, sind im folgendem viele Ausführungen auf die allgemeine touristische Nutzung der Krafträder bezogen. Die Ausführungen können jedoch auch auf die vermieteten Krafträder übertragen werden

9.3.1 Begriffliche Abgrenzung von Krafträdern

Der Begriff des Kraftrades ist sehr vielfältig und wird auch aus diesem Grund sehr uneinheitlich für die unterschiedlichen Arten von Krafträdern verwendet. Die in Europa maßgebliche gesetzliche Grundlage für die begriffliche Abgrenzung und Einordnung von Krafträdern ist die Richtlinie 2002/24/EG. Die Richtlinie bestimmt, das als Krafträder allgemein zwei- und dreirädrige sowie leichte vierrädrige Kraftfahrzeuge zu bezeichnen sind. Ferner sind diese Kraftfahrzeuge in Kleinkrafträder, Krafträder, Dreiradfahrzeuge und vierrädrige Kraftfahrzeuge zu unterteilen.

- Kleinkrafträder sind zwei- oder dreirädrige Kraftfahrzeuge mit einem Motorhubraum von höchstens 50 cm³ und einer bauartbedingten Höchstgeschwindigkeit von 45 km/h.
- Krafträder sind zweirädrige Kraftfahrzeuge mit oder ohne Beiwagen mit einem Motorhubraum von mehr als 50 cm³ und einer bauartbedingten Höchstgeschwindigkeit von mehr als 45 km/h. Sie sind einspurige Kraftfahrzeuge, bei denen in einer Spur zwei Räder hintereinander angebracht sind. Gespanne sind Sonderformen von Krafträdern, die aus einem Kraftrad und einem verbundenen Beiwagen bestehen.
- Dreiradfahrzeuge sind Kraftfahrzeuge, die mit drei symmetrisch angeordneten Rädern ausgestattet sind. Sei weisen einen Motorhubraum von mehr als 50 cm³ und eine bauartbedingte Höchstgeschwindigkeit von mehr als 45 km/h auf. Diese dreirädrigen Krafträder (Trikes) können je nach Modell von einer oder mehreren Personen genutzt werden.
- Vierrädrige Kraftfahrzeuge, die unter die Richtlinie 2002/24/EG fallen, werden in Leichtkraftfahrzeuge und leichte vierrädrige Kraftfahrzeuge unterschieden. Leichtkraftfahrzeuge sind vierrädrige Kraftfahrzeuge mit einer Leermasse von unter 350 kg, mit einer bauartbedingten Höchstgeschwindigkeit von 45 km/h und einen Motorhubraum bis 50 cm³ bzw. einer maximalen Nennleistung von 4 kW. Leichte vierrädrige Kraftfahrzeuge sind vierrädrige Kraftfahrzeuge mit einer Leermasse von unter 400 kg und einer maximalen Nennleistung von 15 kW. Diese vierrädrigen Kraftfahrzeuge (auch Quads bzw. All terrain vehicle (ATV) genannt) sind zweispurige Kraftfahrzeuge mit vier Rädern. Sie können je nach Modell und Konfiguration auf Straßen und im Gelände von einer oder zwei Personen genutzt werden. Der Einsatz kann als Fahrzeug zur Personenbeförderung und als Nutzfahrzeug in der Land- und Forstwirtschaft erfolgen.

Weiterhin werden Krafträder vom Statistischen Bundesamt in zulassungsfreie Krafträder mit Versicherungskennzeichen sowie in zulassungspflichtige Krafträder mit amtlichem Kennzeichen und zulassungsfreie Krafträder mit amtlichem Kennzeichen eingeteilt. Diese unterscheiden sich in Bezug auf die Anforderungen zur Straßenverkehrszulassung, der Versicherungs- und Kfz-Kennzeichenpflicht (vgl. Kapitel 9.3.3.3, S. 214 f.). Zulassungsfreie Krafträder sind Kleinkrafträder wie z. B. Mofas, Leichtmofas, Mokicks und Mopeds sowie dreirädrige Kleinkrafträder und Leichtkraftfahrzeuge. Zulassungsfreie Krafträder mit amtlichem Kennzeichen sind sogenannte Leichtkrafträder mit/ohne Beiwagen mit einem Motorhubraum bis 125 cm³ und einer Nennleistung bis 11 kW. Zulassungspflichtige Krafträder mit amtlichem Kennzeichen sind Krafträder mit/ohne Beiwagen (mit einem Motorhubraum von mehr als 50 cm³ und einer bauartbedingten Höchstgeschwindigkeit von mehr als 45 km/h), die keine Leistungsbeschränkung oder eine Leistungsbeschränkung auf 25 kW und bis zu 0,16 kW/kg haben. Zulassungspflichtige Krafträder sind außerdem die dreirädrigen und leichten vierrädrigen Kraftfahrzeuge (vgl. KBA 2009b, S. 80).

9.3.2   Historische Entwicklung der Krafträder

Die Geschichte der Krafträder beginnt mit der Erfindung des Laufrades durch Karl Drais im Jahr 1817. Patentiert wurde ein so genanntes ‚Dampfveloziped‘, ein mit einer Dampfmaschine angetriebenes Dampfmotorrad 1868, bevor 1894 ein erstes Benzinmotorrad gefertigt wurde. Damit begann in den folgenden Jahren die weitere technische und funktionelle Verbesserung der ersten Motorräder, vor allem in den USA und Europa. Das Motorrad wurde im Lauf der Zeit erst zu einem Luxusgegenstand, ehe es nach dem ersten Weltkrieg in der Massenproduktion zu einem weit verbreiteten Gebrauchsgegenstand wurde. In den 1950er Jahren war das Motorrad ein preiswertes Fortbewegungsmittel, für Menschen mit hohen Anforderungen an die Individualität, die sich jedoch kein Automobil leisten konnten. Touristisch wurde das Motorrad in den 1950er und 1960er Jahren zusammen mit dem Motorroller vor allem als preiswertes Reiseverkehrsmittel für Reisen in den Schwarzwald sowie von Deutschland aus in die Alpen und nach Italien genutzt. Allerdings setzte mit dem steigendem Wohlstand der Nachkriegsjahre eine immer weitere Automobil-Motorisierung ein, die die Nutzung des Motorrades in allen Lebenslagen immer weiter zurückgehen ließ (vgl. Schulz 2009, S. 307 f.).[114]

Ein wesentlicher Anteil am Aufleben eines Motorradkultes wird dem Film ‚Easy Rider‘ von 1969 zugesprochen. Das im Film ausgedrückte Freiheitsgefühl und der Lebensstil, welches stark mit den motorisierten Zweirädern der Protagonisten zusammenspielte und nur auf den endlosen Highways Nordamerikas gelebt werden konnte, wurde von vielen Zuschauern des Filmes aufgenommen und in den folgenden Jahren immer mehr auf das eigene Freizeitverhalten umgesetzt. Dies führte dazu, dass das Motorrad wieder stärker vor allem in Freizeit und Urlaub genutzt wurde. Heutzutage spielt das Kraftrad in all seinen Facetten sowohl im Alltags-, wie auch dem Freizeit und Urlaubserleben wieder eine wichtige, jedoch untergeordnete Rolle (vgl. ebd.).

9.3.3   Verbände und rechtliche Rahmenbedingungen

9.3.3.1   Verbraucherverbände

Verbraucherverbände setzten sich für die Interessen der Kraftradfahrer ein. In Europa ist der ADAC mit 1,6 Mio. Motorradfahrern der größte Verband. Unter anderem auf Initiative des ADAC wurde 1996 die **Union Européenne de Motocyclisme** (UEM – Europäische Motorradunion) von sieben nationalen europäischen Motorradverbänden gegründet. Inzwischen ist die UEM der Dachverband für Motorradsport und Motorräder. Die Union arbeitet an der Förderung und Durchführung des Motorsports, befasst ich aber auch mit Tourismus, Sicherheit und Transport im Zusammenhang mit Krafträdern aller Art. Im Bereich des Tourismus

---

[114] Der Bestand der Krafträder erreichte im Jahr 1955 seinen vorläufigen Höchststand mit 2.494.503 gemeldeten Fahrzeugen. Daraufhin sank der Bestand stetig und erreichte im Jahr 1970 den Tiefstand mit 228.604 gemeldeten Fahrzeugen. In der Folge stiegen die Bestandszahlen jedoch wieder rasant an und seit Ende der 1990er Jahre sind stets über drei Millionen Krafträder gemeldet. Der Spitzenwert ist im Jahr 2007 zu finden, als 3.969.103 Krafträder gemeldet waren (vgl. KBA 2009c).

setzt sich die UEM für die motorradfreundliche Gestaltung von Unterkünften (Hotels, Motels, Gasthöfe, Pensionen und Campingplätzen etc.) in Europa ein und vergibt das UEM-Unterkunftsschild für diese Unterkünfte (vgl. UEM 2009). Darüber hinaus verlegt die UEM gemeinsam mit dem ADAC auch touristische Straßenkarten, die auf die Bedürfnisse von Motorradfahrern zugeschnitten sind und sich mit Destinationen befassen, die besonders für diese Gruppe interessant sind.

Der **Bundesverband der Motorradfahrer e.V.** (BVDM) wurde 1958 gegründet. Der BDMV hatte das Ziel, das Motorrad, welches zu dieser Zeit öffentlich nicht mehr präsent und wenig angesehen war, am Leben zu erhalten und für die Rechte von Motorradfahrern zu kämpfen. Inzwischen versteht sich der BDMV als einzige reine Motorradfahrer-Vertretung und arbeitet hierzu in verschiedenen anderen Vereinen und Gremien mit Einfluss auf die Gesetzgebung mit. Darüber hinaus bietet man den Mitgliedern Motorradtrainings, Freundschaftsfahrten, Tourentrophies und Tourenzielfahrten sowie ein Forum, bspw. zum Austausch über aktuelle Gefahrenlagen für Motorradfahrer im Straßenverkehr an.

Der **MEHRSi e.V.** setzt sich besonders für die Sicherheit von Kraftradfahrern ein. Der Kern der Arbeit des MEHRSi e.V. liegt in dem Ziel, die Todesraten und Verletzungsgrade von Motorradfahrern in gefährlichen Kurven zu senken. Dafür sollen die Leitplanken aller für Motorradfahrer gefährlichen Kurven in Deutschland mit einem Unterfahrschutz ausgestattet werden. Um dies zu erreichen sammelt der Verein Spenden, betreibt eine aktive Öffentlichkeitsarbeit, pflegt Kontakte zu Prominenten und Politik und ist auf Messen und Motorradveranstaltungen präsent. Um die Streckensicherung zu realisieren, ermittelt der Verein gefährliche Kurven, nimmt Kontakt zu den zuständigen Behörden auf, versucht Geldgeber für die Umsetzung zu gewinnen, initiiert die Streckensicherung und nimmt die Streckensicherung öffentlichkeitswirksam vor. Bis Dezember 2009 waren schon in 518 Kurven Leitplanken mit Unterfahrschutz nachgerüstet worden (vgl. MEHRSi gemeinnützige GmbH 2009).

9.3.3.2   Unternehmerverbände

Der **Industrie-Verband Motorrad e.V.** (IVM) wurde 1990 gegründet. Der IVM versteht sich als Interessengemeinschaft der deutschen Motorradbranche und vertritt nach eigenen Angaben über 95% der Motorradhersteller und -importeure sowie Lieferanten von Zubehör und Komponenten (Hersteller von Bekleidung, Reifen, Zündkerzen etc.) der Motorradbranche in Deutschland. Die Aktivitätsfelder sind die Öffentlichkeitsarbeit und Interessenwahrnehmung für die Mitglieder, die Erstellung von Forschungsarbeiten, statistischem und politischem Hintergrundmaterial sowie die Einbindung in nationale und internationale politische Gremien. Wichtiges Ziel des Verbandes ist es, die Akzeptanz des motorisierten Zweirades zu erhöhen.

Auf europäischer Ebene vertritt die **Association des Constructeurs Européens de Motocycles** (ACEM) die Interessen von Kraftradherstellern und nationalen Unternehmerverbänden. Hierin sind zwölf Kraftradhersteller, 26 Motorrad- und Mopedmarken sowie 15 Unternehmerverbände aus 13 Ländern vertreten. Die ACEM ging 1994 aus einem Zusammenschluss der Motorradherstellerverbände Comité de Liaison de l'Industrie du Motocycle

(COLIMO) (gegründet 1962) und der ursprünglichen ACEM (gegründet 1990) hervor. Sitz des Verbandes ist Brüssel.

9.3.3.3 Ausgewählte rechtliche Rahmenbedingungen

Krafträder müssen wie alle anderen Kraftfahrzeuge, die auf öffentlichen Wegen oder Plätzen (gem. §1 des Straßenverkehrsgesetzes) verwendet werden, laut dem ‚Gesetz über die Pflichtversicherung für Kraftfahrzeughalter' (**Pflichtversicherungsgesetz**) haftpflichtversichert werden und eine Straßenzulassung erhalten. Zulassungsfreie Krafträder mit Versicherungskennzeichen, wie z. B. Mofas, Mopeds, dreirädrige Kleinkrafträder und Leichtkraftfahrzeuge, benötigen zur Zulassung zum Straßenverkehr lediglich ein Versicherungskennzeichen. Diese Krafträder fallen nicht unter die Fahrzeug-Zulassungsverordnung (FZV) und müssen kein Kraftfahrzeug-Kennzeichen tragen. Das Versicherungskennzeichen kann bei Kfz-Versicherungen erworben werden. Es gilt für ein Jahr und liefert den Nachweis der Kraftfahrzeughaftpflichtversicherung für das Kraftrad.

Zulassungsfreie und zulassungspflichtige Krafträder mit amtlichem Kennzeichen müssen gemäß Fahrzeug-Zulassungsverordnung ein Kraftfahrzeugkennzeichen tragen. Zusammen mit der Zulassungsbescheinigung dienen diese als Nachweis der korrekten Zulassung zum Straßenverkehr.

Die **technische Hauptuntersuchung** (HU) muss bei zulassungsfreien und -pflichtigen Krafträdern mit Versicherungskennzeichen und amtlichem Kennzeichen aller zwei Jahre durchgeführt werden. Eine Abgasuntersuchung Kraftrad ‚AUK' muss lediglich für alle zulassungspflichtigen Krafträder sowie alle drei- und leichten vierrädrigen Kraftfahrzeuge ebenfalls alle zwei Jahre gemeinsam mit der technischen Hauptuntersuchung durchgeführt werden.

Die **Besteuerung** von Krafträdern beträgt jährlich 1,84 Euro je angefangene 25 cm³ Hubraum, wobei bei zulassungsfreien Krafträdern mit Versicherungskennzeichen eine Besteuerung aufgrund der Zulassungsfreiheit und der geringen Hubraumgrößen entfällt. Für Trikes gelten die Steuersätze für Pkw, da diese von den Finanzbehörden als solche eingestuft werden.

Zum Führen von Krafträdern bedarf es in der EU einer **Fahrerlaubnis**, die in der entsprechenden Klasse erteilt wird. Die Klasse A1 kann ab einem Alter von 16 Jahren für Krafträder mit einem Hubraum bis 125 cm³ und einer Motorleistung bis 11 kW erteilt werden. Die Klasse ‚A beschränkt' (A2 bzw. AB) erlaubt ab einem Alter von 18 Jahren das Führen von Krafträdern mit einer Motorleistung bis 25 kW. Diese Klasse wird nach zwei Jahren automatisch zur Klasse A (unbeschränkt). Die Klasse A (unbeschränkt) schließlich ist die höchste Führerscheinklasse für Krafträder. Für diese Klasse ist ein Mindestalter von 25 Jahren erforderlich. Alternativ kann die Klasse A auch zwei Jahre nach Erwerb der Klasse ‚A beschränkt', frühestens im Alter von 20 Jahren erteilt werden (vgl. Richtlinie 2006/126/EG).[115]

---

[115] Richtlinie 2006/126/EG des Europäischen Parlaments und des Rates vom 20. Dezember 2006 über den Führerschein.

Drei- und leichte vierrädrige Kraftfahrzeuge (Trikes und Quads) sind nicht als Zweiräder einzustufen und unterliegen damit der EU-Fahrerlaubnisklasse B. Sind Trikes und Quads als dreirädriges Kleinkraftrad und vierrädriges Leichtkraftfahrzeug einzuordnen, ist die EU-Fahrerlaubnisklasse S ausreichend (vgl. FeV[116]).

Von den Einschränkungen in den Fahrgebieten mit **Feinstaub-Plakettenpflicht** in Deutschland sind zwei- und dreirädrige Kraftfahrzeuge ausgenommen. Gleiches gilt für leichte vierrädrige Kraftfahrzeuge, wenn sie als Krafträder oder landwirtschaftliche Zugmaschinen zugelassen sind. Sind sie als Pkw für den öffentlichen Straßenverkehr registriert, unterliegen sie der Plakettenpflicht und den damit verbundenen Einschränkungen.

Die **Verkehrsbestimmungen** für Krafträder entsprechen den Vorgaben der Straßenverkehrsordnung für Personenkraftwagen. Darüber hinaus gelten verschiedene zusätzliche Regelungen für Krafträder. So müssen Krafträder auch am Tage mit Abblendlicht fahren. Zudem gilt für alle Fahrer und Mitfahrer von zwei- und dreirädrigen Kraftfahrzeugen und leichten vierrädrigen Kraftfahrzeugen eine Helmpflicht. „Wer Krafträder oder offene drei- oder mehrrädrige Kraftfahrzeuge mit einer bauartbedingten Höchstgeschwindigkeit von über 20 km/h führt sowie auf oder in ihnen mitfährt, muss während der Fahrt einen geeigneten Schutzhelm tragen." (40. StVRÄndV[117] vom 21.12.2005) Dies gilt nicht, wenn vorgeschriebene Sicherheitsgurte angelegt sind.

9.3.3.4   Sicherheit bei Krafträdern

Die Nutzer von zweirädrigen Krafträdern sind bei der Teilnahme am Straßenverkehr einer besonderen Gefahrensituation ausgesetzt. Diese haben anders als Personen- oder Lastkraftwagen keine mit Airbags ausgestattete, sichernde Fahrgastzelle um sich herum und werden von Gefahren unmittelbar und direkt getroffen. Die besondere Gefährdung kann anhand der Zahl verunglückter Verkehrsteilnehmer ermessen werden. So sind 2008 insgesamt 22.209 Fahrer von Mofas/Mopeds verunglückt, darunter 110 getötete Verkehrsteilnehmer. Bei den Motorradfahrern gab es insgesamt 30.640 Verunglückte, darunter 656 getötete Verkehrsteilnehmer (vgl. Statistisches Bundesamt 2009c).

Dabei ist gerade das spezifische Unfallrisiko der Verkehrsteilnehmer auf Motorrädern und Mofas/Mopeds besonders hoch. Das spezifische Unfallrisiko eines Verkehrsmittels setzt sich aus der Zahl der Verunglückten und dem jeweiligen Fahrzeugbestand zusammen. Dabei ergeben sich für zweirädrige Krafträder im Vergleich zu Personenkraftwagen wesentlich stärkere Gefährdungen (vgl. Tabelle 57).

---

[116] Verordnung über die Zulassung von Personen zum Straßenverkehr (Fahrerlaubnis-Verordnung – FeV) vom 18.08.1998.

[117] StVRÄndV – Verordnung zur Änderung der straßenverkehrsrechtlichen Vorschriften.

Tabelle 57: Vergleich der Unfallrisiken von Krafträdern und Personenkraftwagen

	Verunglückte Personen 2008	Darunter Getötete 2008	Fahrzeug-bestand 2008	Unfallrisiko Verunglücke (je 1.000 Fahrzeuge)	Unfallrisiko Getötete (je 100.000 Fahrzeuge)
Mopeds/Mofas	22.209	110	1,9 Mio.	11	6
Motorräder	30.640	656	3,6 Mio.	9	18
Pkw	227.123	2.368	40,8 Mio.	6	6

Quelle: Statistisches Bundesamt 2009c.

Um diese erhöhten Gefahren für Kraftradfahrer weitgehend zu reduzieren, gibt es verschiedene Maßnahmen seitens der Motorradhersteller, Gesetzgeber, privatrechtlicher Organisationen und gemeinnütziger Vereine. Aber auch die Nutzer von Krafträdern können ihre Sicherheit durch eigene Vorsorgemaßnahmen stärken.

Der **Gesetzgeber** hat in Deutschland zur Verbesserung der Sicherheit die Helmpflicht und das Fahren mit Abblendlicht als Verbindlich erklärt. Zudem dürfen hoch motorisierte Krafträder nur mit den entsprechenden Führerscheinklassen gefahren werden. Organisationen wie der ADAC aber auch Motorradhersteller bieten Fahrsicherheitstrainings an. Hier können sich die Fahrer mit den Krafträdern vertraut machen und den Umgang mit verschiedenen Fahr- und Gefahrensituationen trainieren.

Motorradhersteller können die passive Sicherheit der Fahrer mit Hilfe eines ABS-Systems wirkungsvoll verbessern. Jedoch sind derartige Systeme noch nicht weit verbreitet, lediglich ein Fünftel aller neuen Motorräder wurden 2007 damit ausgerüstet, obwohl Unfallforscher nachgewiesen haben, dass mit Hilfe eines ABS jeder zehnte Motorradunfall vermieden oder abgemildert werden könnte (vgl. o.V. 2009h). Weiterhin wird die Sicherheit der Krafträder durch eine verbesserte Sichtbarkeit gestärkt. So wurde bereits 2001 vom ACEM beschlossen, dass ab 2002 alle Motorräder mit einer Dauerlichtschaltung ausgestattet werden sollen. Dabei wird beim Starten des Motors automatisch das gesetzlich vorgeschriebene Abblendlicht eingeschaltet (vgl. o.V. 2001). Zusätzlich bestehen für viele Krafträder vom Hersteller vorgeschriebene Reifenfabrikatsbindungen. Diese sollen sicherstellen, dass Reifen und Kraftrad optimal aufeinander abgestimmt sind und werden in den Zulassungsdokumenten der Krafträder vermerkt. Besteht keine Fabrikatsbindung werden von den Herstellern häufig Empfehlungslisten erstellt. Diese haben dann jedoch keinen verbindlichen Charakter (vgl. o.V. 2009n).

Der gemeinnützige Verein MEHRSi e.V. setzt sich für die Montage eines Unterfahrschutzes unter die Leitplanken gefährlicher Kurven ein. Hier verletzten sich Motorradfahrer immer wieder schwer oder gar tödlich, weil sie an der Leitplanke selbst oder am Stützpfosten anstoßen. Ein Unterfahrschutz soll das Durchrutschen unter der Leitplanke verhindern und zudem die Aufprallenergie wirkungsvoll absorbieren. Als kostengünstigere Alternative zum Unterfahrschutz gilt die Ummantelung der Pfosten mit Schaumstoff-Umhüllungen. Hiermit können jedoch nur die Gefahren beim Zusammenprall mit dem Pfosten verringert werden.

Die **Kraftradfahrer** können bspw. sowohl ihre aktive als auch die passive Sicherheit verbessern. Die aktive Sicherheit kann durch angemessene Geschwindigkeiten, defensives Fahren, die Vermeidung riskanter Überholmanöver und die Einhaltung der Vorschriften der Straßenverkehrsordnung verbessert werden. Die passive Sicherheit kann durch Sicherheitskleidung gestärkt werden. Hierzu gehören neben dem gesetzlich vorgeschriebenen Helm ein Schutzanzug in Form einer Lederkombination bzw. eines Textilanzuges, Handschuhe, feste Schuhe oder Stiefel, zusätzliche Protektoren und Reflektoren. Wichtigstes Element der Sicherheitskleidung ist der Helm, der Kopfverletzungen verhindern soll. Helme sollten nach der Norm ‚ECE 22/05' geprüft und zertifiziert sein. Alternativ sind auch andere Prüfnormen wie DOT oder SNELL zugelassen. Handschuhe, Stiefel bzw. Schuhe sowie Lederkombi bzw. Textilanzug sollen im Falle leichter Stürze die Fahrer z. B. vor Abschürfungen schützen. Zur Unterstützung gerade bei schweren Stürzen werden aus Kunststoff gefertigte Protektoren eingesetzt. Diese können bei Stürzen die Stoßbelastung an Rücken, Schultern, Ellenbogen, Hüfte und Knien reduzieren und schwere Verletzungen verhindern bzw. abmildern. Reflektoren wiederum verbessern die Sichtbarkeit der Fahrer.

9.3.4   Angebotsseite

9.3.4.1   Fahrzeugtypen und Fahrzeugbestand

Krafträder sind anhand der Anzahl der Räder in die Gruppen der zweirädrigen Kraftfahrzeuge, die dreirädrigen Kraftfahrzeuge (Trikes) und die leichten vierrädrigen Kraftfahrzeuge (Quads) eingeteilt. Die zweirädrigen Kraftfahrzeuge werden vom IVM weiter in Krafträder, leichte Krafträder, Kraftroller und leichte Kraftroller unterschieden. Die Bezeichnung Kraftrad und Kraftroller findet Verwendung für einen Motorhubraum mehr als 125 cm³, leichte Krafträder und leichte Kraftroller hingegen zeichnen sich durch einen Hubraum von weniger als 125 cm³ aus. Der Begriff **Motorrad** wird dabei vom IVM für Krafträder gemäß den genannten Vorgaben verwendet. Andere Arten der zweirädrigen Kraftfahrzeuge mit unterschiedlichen Grenzen bzgl. Motorhubraum und Höchstgeschwindigkeit sind Kleinkrafträder, wie z. B. Mopeds, Mokicks und Mofas (vgl. IVM 2009). Abbildung 57 stellt die verschiedenen Gruppen von Krafträdern dar.

Abbildung 57: Gruppen von Krafträdern

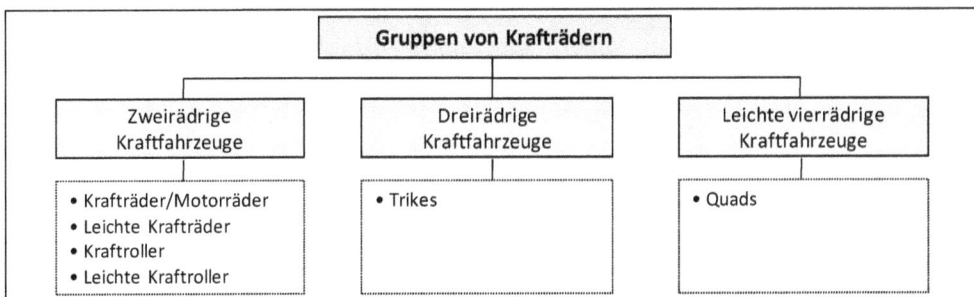

Quelle: eigene Darstellung.

Bei den Motorrädern werden noch weitere Unterscheidungen vorgenommen. Diese Unterschiede beruhen auf den Einsatzmöglichkeiten und den Charakteristika der Fahrzeuge. So unterscheiden sich die Fahrzeuge hinsichtlich Straßen- und Geländetauglichkeit, Freizeit- und Alltagsgebrauchswert, Tauglichkeit für Lang- und Kurzstrecken oder auch der Kostengünstigkeit und der Gesamtzahl der Fahrer und Mitfahrer. Abbildung 58 stellt die Typen der zweirädrigen Motorräder im Überblick dar.[118]

Abbildung 58: Typen von Motorrädern

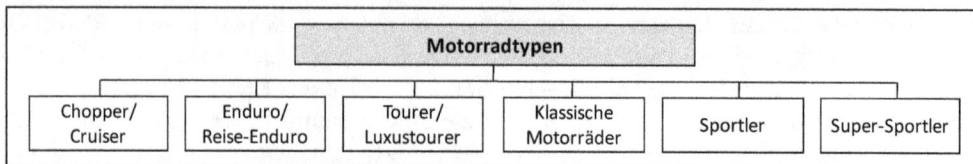

Quelle: eigene Darstellung, in Anlehnung an IVM 2009, S. 27.

Das Kraftfahrtbundesamt erfasst u. a. die Fahrzeugneuzulassungen und den Fahrzeugbestand an Krafträdern in Deutschland. Hierbei wird sowohl der Gesamtbestand als auch die Anzahl der als Mietfahrzeuge für Selbstfahrer angemeldeten Krafträder erfasst. Tabelle 58 zeigt die zum 01. Januar 2009 gemeldeten Fahrzeugbestände. Die meisten zwei- und drei- sowie leichten vierrädrigen Kraftfahrzeuge sind in Nordrhein-Westfalen (754.622), Bayern (728.882) und Baden-Württemberg (546.877) gemeldet.[119]

Tabelle 58: Gemeldete Fahrzeugbestände von Krafträdern im Gesamtbestand und Mietfahrzeuge für Selbstfahrer in Deutschland (Stand: 01.01.2009)

	Insgesamt	Zweirädrige Kraftfahrzeuge	Dreirädrige Kraftfahrzeuge	Leichte vierrädrige Kraftfahrzeuge
Gesamtbestand	3.658.590	3.560.060	9.578	88.952
Zahl der Mietfahrzeuge für Selbstfahrer	420	296	23	101

Quelle: KBA 2009b, S. 18.

---

[118] Broughton/Walter unterteilen zweirädrige Kraftfahrzeuge (sog. Powered Two-Wheelers) wie folgt: sportsbike, tourer, sports tourer/allrounder, classic/custom/cruiser, off-road/trail/adventure und moped/scooter (vgl. Broughton/Walker 2009, S. 3 ff.).

[119] Die Zahl des Gesamtbestandes und der gemeldeten Mietfahrzeuge für Selbstfahrer bezieht sich auf die am Stichtag 01.01.2009 tatsächlich angemeldeten Fahrzeuge. Hierin sind vorübergehend stillgelegte Fahrzeuge/Außerbetriebsetzungen im Unterschied zu vorherigen Jahren nicht erfasst. Dies kann dazu führen, dass Fahrzeuge, die aufgrund der für Krafträder unfreundlichen Witterungsverhältnisse gerade im Winter vorübergehend Stillgelegt werden, nicht in den Bestandszahlen des KBA auftauchen. Ebenfalls sei auf die Tatsache hingewiesen, dass von KBA nur gewerblich angemeldete Vermieter von Fahrzeugen für Selbstfahrer mit ihren Fahrzeugbeständen erfasst werden. Hierbei kann es vorkommen, dass so genannte ,Schwarzvermieter' ohne gültige Gewerbeanmeldung mit ihren Fahrzeugen statistisch nicht erfasst werden.

Die meisten zwei- und drei- sowie leichten vierrädrigen Mietfahrzeuge für Selbstfahrer sind in Bayern (91 Fahrzeuge) und Berlin (75 Fahrzeuge) zugelassen. Bei den Hubraumklassen der zweirädrigen Kraftäder dominieren große Motorleistungen. So sind 118 Kraftäder (von insgesamt 296 Kraftädern) mit 1.000 oder mehr cm^3 ausgestattet. Die Motorisierung von Quads liegt derzeit sehr weit gespannt bei einem Hubraum zwischen 50 und 1.000 cm^3 (vgl. KBA 2009b, S. 16).

Insgesamt wurden 2008 fast 104.000 Kraftäder neu zugelassen. Bei den Neuzulassungen der einzelnen Motorradtypen ergaben sich 2008 folgende Marktanteile: Sportler 30,64%, Enduro/Reise-Enduro 22,09%, Super-Sportler 14,41%, klassische Motorräder 14,34%, Chopper/Cruiser 11,17% und Tourer/Luxustourer 5,52% (vgl. KBA, zitiert in IVM 2009, S. 27). Die Verteilung des Hubraums und der Leistung der Motorrad-Neuzulassungen im Jahr 2008 gestaltet sich wie in Tabelle 59 und Tabelle 60.

Tabelle 59: Hubraum und Leistung der Motorrad-Neuzulassungen 2008

Hubraum in cm³	bis 249	250-499	500-749	750-999	ab 1000	Gesamte Neuzulassungen
Zahl der Neuzulassungen	978	4.339	33.282	27.633	37.656	**103.888**

Quelle: KBA 2009, zitiert nach IVM 2009, S. 30.

Tabelle 60: Hubraum und Leistung der Motorrad-Neuzulassungen 2008

Leitung in kW	0-13	14-20	21-25	26-37	38-57	58-72	über 72	Gesamte Neuzulassungen
Zahl der Neuzulassungen	2.652	1.207	5.583	5.168	23.324	24.015	41.939	**103.888**

Quelle: ebd.

9.3.4.2 Vermieter von Kraftädern

Vermieter von Kraftädern in Deutschland sind schon auf Grund der geringen Bestandszahlen von Mietfahrzeugen für Selbstfahrer nur relativ wenige Unternehmen. Kraftäder können häufig bei Motorradhändlern gemietet werden. Darüber hinaus gibt es zahlreiche kleine Vermieter. Diese bieten z. B. Trikes als Sightseeing-Fahrzeuge an oder haben kleine Elektroroller im Angebot, die man stunden- oder tageweise mieten kann. Ein größeres Vermietunternehmen für Kraftäder ist CC Rent a car, das neben Pkw und Lkw auch Kraftäder des Herstellers BMW vermietet.[120]

---

[120] Die Webseite www.motorradsuche.de listet Vermieter von Motorrädern, Motorrollern, Trikes und Quads. Im November 2009 sind hier 243 Vermieter von Kraftädern mit Adressen und Weblinks mit Sitz in Deutschland aufgeführt.

Zahlreiche Internetportale, die sich auf die Vermittlung von Vermietungen spezialisiert haben, vermitteln lediglich die Vermietung zwischen den Händlern/Vermietern und den Kunden. Das Unternehmen Motorent kooperiert mit mehr als 400 Motorradfachhändlern in Deutschland und vermittelt die Vermietung von Motorrädern und Motorrollern. Zu den vermittelnden Internetportalen zählen weiterhin z.B. Q-rental (www.qrental.com), nach eigenen Worten ein markenunabhängiges Vermietportal für Motorräder, motorisierte Zweiräder, Quads und Trikes. Miet24 GmbH (www.miet24.de) und erento GmbH (erento.com) sind umfassende Mietmarktplätze im Internet, die neben der Vermietung von Krafträdern noch eine große Vielzahl anderer Produkte vermitteln.

International vermittelt bspw. GS Sportreisen weltweit Mietmotorräder. In vielen Urlaubsreisedestinationen gibt es kleine Fahrzeugvermietungen, die neben Pkw auch Krafträder, vom leichten Kraftroller bis zum Motorrad, vermieten. Diese bieten Krafträder als eine kostengünstige Alternative zu Mietwagen an. Auf Grund der teilweise weniger strengen gesetzlichen Vorschriften, bspw. für den Besitz eines Motorradführerscheins, können hier häufig Motorräder mit größerem Hubraum als in Deutschland bzw. innerhalb der EU gemietet werden. Auch kann das vom Fahrer empfundene Freiheitsgefühl beim Motorradfahren als größer wahrgenommen werden, weil teilweise keine Helmpflicht besteht.

9.3.4.3   Touristische Angebote für Kraftradfahrer

a) Motorradreisen
Für Motorradreisen können verschiedene Organisationsformen gefunden werden. Sie werden zum einen von den Reisenden individuell selbst zusammengestellt. Zum anderen organisieren aber auch Motorradclubs geführte und ungeführte Einzel- oder Gruppenreisen. Nicht zuletzt gibt es auch Motorradreiseveranstalter wie z.B. Nicebike, Canusa Touristik oder Amturus, die sich als Spezialisten diesem Segment etabliert haben und häufig für ausgewählte Reiseziele Motorradreisen anbieten. Gemeinsam ist den meisten organisierten Motorradreisen, dass sie als Gruppenreisen durchgeführt werden (vgl. Schulz 2009, S. 310).

Bei der Durchführung dieser **Gruppenreisen** kommen auf den Veranstalter besondere Organisationsaufgaben zu. So kann aufgrund der eingeschränkten Möglichkeiten des Gepäcktransports auf Zweirädern ein Gepäcktransferservice, der vom Veranstalter bereitgestellt wird, notwendig sein. Hierbei kann ein Begleitfahrzeug die Gepäckstücke der Fahrer aufnehmen und vom Start zum Ziel der jeweiligen Etappe transportieren. Ferner weisen die fahrenden Reiseteilnehmer häufig unterschiedliche Fahrniveaus und -gewohnheiten auf. Auch haben die Fahrer nicht immer Erfahrung mit dem Fahren in der Gruppe, was besondere Anforderungen z.B. bei Überholvorgängen, Fahrten auf mehrspurigen Straßen und an Kreuzungen mit sich bringt. Diese individuellen Besonderheiten der Reiseteilnehmer mit der Verkehrssicherheit in Einklang zu bringen, ist vor und während der Tour Aufgabe der Veranstalter. Hierzu werden die Reisenden vor Reisebeginn entweder zu ihren Fahrniveaus und -gewohnheiten befragt und Gruppen zugeteilt oder sie können sich entsprechend dem eigenen Wunsch einem Fahrstil (z.B. sehr zügig, zügig, gemütlich) zuordnen. Während der Fahrten übernimmt häufig ein so genannter Tour-Guide, der für eine Gruppenrundreise als Gruppenführer bereitgestellt wird, die Führung der Gruppe.

b) Motorradevents

Aus touristischer Sicht sind Motorradevents besondere, arrangierte Veranstaltungen, die sich durch etwas Einmaliges und Seltenes auszeichnen. Sie weisen einen speziellen Bezug zu Motorrädern auf, der interessierte Motorradenthusiasten zusammenführt. Wie alle touristischen Events lassen sie sich hinsichtlich der drei Kriterien Anlass, natürliche oder künstliche Entstehung und Dauer unterscheiden (vgl. Freyer 2009a, S. 605 f.).

Anhand der Anlässe lassen sich Motorradevents wie folgt einteilen (vgl. ders., S. 606):

- **Kulturelle Motorradevents:** Hier sind besonders Traditions-Events zu nennen, bei denen historische Motorradthemen im Mittelpunkt stehen. Der ADAC veranstaltete z. B. 2009 ein Oldtimer-Wandern mit historischen und klassischen Motorrädern in Luxemburg und Eifel. Die Vespa World Days in Zell am See, Österreich haben 2009 rund 4.500 Vespa-Piloten besucht. Ein weiteres wichtiges Motorradtreffen ist das Elefantentreffen in Thurmansbang, das weltweit älteste und größte Wintertreffen für Motorradfahrer.
- **Sportliche Motorradevents**: Dies sind vor allem Meisterschaften und Wettkämpfe im Motorradsport. Der wichtigste Motorrad-Meisterschaftslauf in Deutschland ist der Große Preis von Deutschland auf dem Sachsenring in Hohenstein-Ernstthal, ein Grand Prix der Motorrad-Weltmeisterschaft. Darüber hinaus gibt es zahlreiche regionale, überregionale und internationale Veranstaltungen im Motorradsport, wie z. B. Speedway-Meisterschaften oder Moto-Cross-Veranstaltungen. In Dornbirn/Österreich fand 2009 vor 10.000 Zuschauern das zweite Supermoto-Event statt. Ebenfalls großen Zuspruch von den Zuschauern erfahren regelmäßig die ‚Night of the Jumps'. Diese internationale Serie von Freestyle-Motocross-Veranstaltungen findet meist in Europa statt.
- **Wirtschaftliche Motorradevents** sind vor allem Ausstellungen, Messen, Verkaufs- und Produktpräsentationen sowie Motorradhersteller-Treffen der Motorradbranche. Zu den wichtigsten Motorradmessen in Deutschland und Europa gehört z. B. die zweijährlich stattfindende Internationale Motorrad- und Rollermesse (Intermot) in Köln. Motorradhersteller-Treffen werden von vielen Herstellern bei Motorradhändlern organisiert (z. B. bei Kawasaki das ‚Drachenfest' und bei KTM der ‚Orange Day') oder als große Mehrtagesveranstaltungen mit Wettbewerben, Produktpräsentationen und Rahmenprogramm durchgeführt (‚Tridays' von Triumph, ‚XCamp' von Buell). Auch der IVM veranstaltete 2008 das 1. Fans and Family Motorradfestival am Nürburgring in Zusammenarbeit mit drei großen japanischen Motorradherstellern.

c) DB Autozug

Der Autozug der Deutschen Bahn befördert auch Motorradfahrer und deren Motorräder. Mit diesem Zug können Strecken in relativ weit entfernte und für Motorradfahrer interessante Regionen bequem, umweltfreundlich und sicher zurückgelegt werden. Verbindungen gibt es hier von Norddeutschland aus (Hamburg-Altona, Hildesheim, Berlin-Wannsee, Neu Isenburg und Düsseldorf) nach Süddeutschland (München und Lörrach), Frankreich, Italien und Österreich.[121]

d) Motorradunterkünfte

Beherbergungsbetriebe haben sich zum Teil mit speziellen Angeboten auf Motorradreisende eingestellt und bieten diesen besondere Serviceleistungen rund um Mensch und Maschine. Verschiedene Institutionen vergeben dabei Zertifikate, die die Unterkünfte als besonders motorradtauglich und -freundlich ausweisen.

Die Europäische Motorradunion (UEM) vergibt ein Unterkunftsschild, das auf besonders für Motorradfahrer geeignete Unterkünfte hinweist (vgl. Abbildung 59). Im Jahr 2009 gibt es in Deutschland 50 gekennzeichnete Unterkünfte und in ganz Europa sind es insgesamt 146 Unterkünfte.[122] Anforderungen, die als UEM-freundlich gekennzeichnete Unterkünfte erfüllen müssen, sind die Folgenden (vgl. Union Européenne de Motocyclisme 2009a):

- Eine leicht zugängliche, gesicherte und idealer Weise überdachte Unterstellmöglichkeit für Motorräder,
- Einen abschließbaren Trockenraum für Motorradbekleidung, sofern im Zimmer keine ausreichende Trockenmöglichkeit vorhanden ist,
- Eine Wasch- und Wartungsmöglichkeit für Motorräder in der näheren Umgebung,
- Adressen/Telefonnummern von den nächstgelegenen Motorradwerkstätten, Zubehörhändlern und Pannenhilfsdiensten,
- Empfehlungen für Motorradtouren in der Umgebung (wenn vorhanden auch Off Road),
- Informationen zu Wettervorhersage und Straßenverhältnissen.

Werden diese Ansprüche erfüllt, kann die Unterkunft das offizielle UEM-Unterkunftsschild erhalten.

---

[121] Eine weitere Möglichkeit, um mit dem Motorrad in weiter entfernte Fahrgebiete zu gelangen, ist der Transport des Fahrzeugs ‚Huckepack' bei Wohnmobilen. Dazu wird das Motorrad meist am Heck des Wohnmobils auf einer entsprechenden Vorrichtung festgeschnallt. Außerdem kann der Transport auf einem dafür ausgerüsteten Fahrzeuganhänger erfolgen. Diese Transportweise findet gerade bei den Teilnehmern von Sportevents Anwendung, weil deren Fahrzeuge selten für den Straßenverkehr zugelassen sind.

[122] Die Unterkünfte in Europa sind in den folgenden Ländern zur finden: Belgien (3 Unterkünfte), Frankreich (20), Italien (16), Kroatien (15), Luxemburg (11), Österreich (21), Russland (1), Schweiz (7), Slowenien (1) und Tschechien (1) (vgl. www.uem-moto.eu).

,MoHo – Motorrad Hotels' vom Verein für Motorrad und Tourismus (MTS Austria GmbH) bieten in den Alpen Österreichs und Italiens ein Label für motorradgerechte Unterkünfte in drei Kategorien. Dabei bieten die Häuser, die den Stufen ,MoHo friends', ,MoHo classic' und ,MoHo select' zugeordnet werden, eine aufsteigende Kompetenz für Motorräder, Motorradtouren und dazugehörige Beratungs- und Serviceleistungen an, sind für Zwischenstopps oder den kompletten Motorradurlaub geeignet und bieten speziell zugeschnittene Pauschalen und Arrangements. Die Prädikate (vgl. Abbildung 60) werden nach einer Prüfung an die Häuser vergeben. Ende 2009 sind 36 Unterkünfte als MoHo zertifiziert (vgl. www.moho.info).

Abbildung 59: UEM-Unterkunftsschild

Quelle: Union Européenne de Motocyclisme 2009b.

Abbildung 60: Logos der drei Kategorien der MoHo – Motorrad Hotels

Quelle: MoHo 2009a; 2009b; 2009c.

Darüber hinaus bieten verschiedene Verlage und Internetportale Übersichten zu motorradfreundlichen Beherbergungsunternehmen. Verlage kombinieren die Unterkunftsempfehlungen häufig mit den dazugehörigen Straßenkarten in Form von Motorrad-Reiseführern.

Internetportale wie z. B. die Webseite http://www.mein-tourenhotel.de bieten eine Übersicht über 800 Hotels in Deutschland und Europa, die sich als Motorrad freundliche Hotels bezeichnen. Um auf der Webseite gelistet zu werden, sind keine gesonderten Aufnahmekriterien zu erfüllen. Jedoch sollte sich die Unterkunft durch eine gute Bikerfreundlichkeit auszeichnen. Die Webseiten http://www.bikerbetten.de und http://www.motorradreisen datenbank.de bieten neben Tourenvorschlägen ebenfalls eine Auswahl von Unterkünften, die besonders gerne Motorradfahrer aufnehmen, spezielle Dienstleistungen bereitstellen oder durch ihre Lage für einen Zwischenstopp auf einer Motorradtour besonders geeignet sind.

9.3.5   Nachfrageseite

9.3.5.1   Soziodemographie

Die Halter der zweirädrigen Krafträder in der Hand von Privatpersonen sind gemäß KBA zu 86% männlich. Ein Großteil der mehr als 3,56 Mio. am 01.01.2009 in Deutschland angemeldeten zweirädrigen Krafträder war auf die Altersgruppe der 40- bis 49-jährigen angemeldet. Auf diese Halter entfielen mit mehr als 1,3 Mio. Motorrädern mehr als 38% aller angemeldeten Fahrzeuge (vgl. KBA 2009b, S. 14). Schulz beschreibt den typischen Motorradfahrer als männlichen Akademiker im Alter von ca. 40 Jahren. Dieser verfügt über ein gutes bis sehr gutes Einkommen. Bezogen auf die Gesamtbevölkerung befinden sich unter den Motorradfahrern überdurchschnittlich viele Führungskräfte mit einem deutlich überdurchschnittlichen Haushaltsnettoeinkommen (vgl. Schulz 2009, S. 309). Für die Nutzer von Mitfahrzeugen für Selbstfahrer im Bereich der zwei-, drei- und leichten vierrädrigen Kraftfahrzeuge steht zu vermuten, dass für diese ein ähnliches Bild in Bezug auf Geschlecht, Alter, Beruf und Einkommen gezeichnet werden kann, genauere Zahlen sind jedoch nicht bekannt.

9.3.5.2   Reiseziele

Motorradurlauber sind meist während des ganzen Urlaubs mit ihrem Fahrzeug unterwegs und absolvieren dabei Rundreisen durch ein oder mehrere reizvolle Fahrgebiete. Bei der Entscheidung für ein Reiseziel ist deshalb die landschaftliche Attraktivität des Weges zum Ziel, aber des Zielgebietes entscheidend. Ebenso ist eine interessante und anspruchsvolle Straßenführung für die Fahrer wichtig, was Bergstrecken und kurvenreiche Panoramastraßen besonders interessant macht. Die gefahrenen Streckenabschnitte und Gesamtrouten können nach unterschiedlichen Schwierigkeitsgraden unterteilt werden. Beliebtestes Fahrgebiet deutscher Motorradreisender ist Norditalien, gefolgt von Frankreich und Deutschland. Darüber hinaus folgen Skandinavien und Österreich (vgl. ders., S. 310).[123]

Innerhalb Deutschlands sind verschiedene Fahrgebiete für Ein- oder Mehrtagestouren geeignet. Gerade die Mittelgebirge wie z. B. Harz, Eifel, Westerwald, Bergisches Land und auch das Sauerland eigenen sich für vielfältige Tagestouren auf den bergigen und kurvenreichen Strecken. Hier haben sich z. B. in der Motorradhochburg Harz Infrastrukturen gebildet, die das Fahrgebiet für Motorradfahrer erlebnisreicher und bequemer machen. So kann man auf der Webseite http://www.harzpoint.de geeignete Ausflugslokale und Motorradtouren durch den Harz abrufen und die empfohlenen Strecken teilweise als Videos abfahren.

Für Mehrtagestouren eignen sich in Deutschland die gut ausgebauten und beschilderten Ferien- oder Themenstraßen in Deutschland. Beispielhaft für viele Weitere seien die folgenden Straßen genannt:

---

[123] Ein ganz besonderes Reiseziel für viele Motorradfahrer dürfte das 2008 eröffnete Museum des Motorradherstellers Harley-Davidson in Milwaukee in den USA sein.

- Deutsche Alleenstraße: Sie führt durch ganz Deutschland, von der Ostsee bis zum Bodensee, auf mehreren Teilstücken und insgesamt rund 2.900 km.
- Deutsche Alpenstraße: Eine Ferienstraße, auch Queralpenstraße genannt, die auf rund 450 km durch die Bayrischen Alpen führt.
- Deutsche Ferienroute Alpen-Ostsee: Eine Ferienstraße von Berchtesgaden (Königssee) nach Puttgarden (Fehmarn) mit einer Länge von 1.738 km.

9.3.5.3   Reiseverhalten von Kraftradreisenden

In der touristischen Nutzung sind die Mietkrafträder ein Verkehrsmittel, das gleichzeitig auch Urlaubsinhalt ist. Für die Fahrer ist also der Weg gleichzeitig das Ziel der Reise und die Fahrt in den Urlaub sowie das Fahren im Urlaubsgebiet sind wichtiger als ein Aufenthalt an einem bestimmten Urlaubsort. Dabei legen die Fahrer durchschnittliche Tagesentfernungen von 220 km bis über 500 km zurück (vgl. Schulz 2009, S. 309 f.). Die Touren werden als Ein- oder Mehrtagestouren gefahren. Dieses touristische Segment macht dabei nur einen geringen Teil der Reiseformen aus und ist statistisch nur schwer erfassbar (vgl. F.U.R. 2009, S. 141).

9.3.5.4   Anmietungen und Mietpreise von Krafträdern

Detaillierte Zahlen zu Mietanfragen, getätigten Buchungen, Tagesmietpreisen oder dem Zeitpunkt von Anfrage und Reise liegen aufgrund der geringen Größe des Vermietmarktes von Krafträdern nicht vor. Jedoch werden die Mietpreise häufig je nach Fahrzeugtyp, Mietdauer und Anmietzeitpunkt gestaffelt. Ebenfalls gibt es meist Inklusivkilometer für jede Anmietung und weiter gefahrene Strecken sind pro km extra zu bezahlen bzw. werden auch unbegrenzte Fahrstrecken für eine Tages- oder Wochenpauschale angeboten. Für Einwegmieten sind Aufschläge zu bezahlen.

Das Vermietportal Erento.com hat auf seiner Webseite Beispiele für Mietpreise von Motorrädern und Trikes aufgeführt (vgl. Tabelle 61). Diese können einen Anhaltspunkt für die Tagesmietpreise von Krafträdern liefern.[124]

Tabelle 61: Beispiel für Mirtpreise von Motorrädern und Trikes

Motorräder		Trikes	
Typ	Ab-Preis pro Tag	Typ	Ab-Preis pro Tag
BMW R 1200 GS	ab 95,00 Euro/Tag	Rewaco Trike HS5 Family	ab 59,90 Euro/Tag
Harley Davidson FXDB Dyna Street Bob	ab 109,00 Euro/Tag	Boom Trike Chopper	ab 90,00 Euro/Tag
Suzuki RMZ	ab 99,00 Euro/Tag		
Honda Transalp XL700VA	ab 79,00 Euro/Tag		

Quelle: Preise auf www.erento.com, Stand: 25.04.2009, vgl. Wulff 2009.

---

[124] Weitere Preisbeispiele für verschiedene Miettarife sind in Anlage 8 zu finden.

Wiederholungsfragen

1. Was wird unter Caravaning verstanden?

2. Kennzeichnen Sie die historische Entwicklung des Caravaning und gehen Sie v. a. auf die Entwicklung des Wohnmobiltourismus ein.

3. Nennen und erläutern Sie kurz im einzelnen einen Verbraucher- und Unternehmer-verband des Caravan-Tourismus.

4. Stellen Sie drei ausgewählte rechtliche Rahmenbedingungen für den Caravan-Tourismus dar.

5. Wie lassen sich Wohnmobile unterscheiden?

6. Kennzeichnen Sie kurz den deutschen/europäischen Markt für den Caravan-Tourismus.

7. Welche Vermieter von Caravans und Wohnmobilen gibt es?

8. Charakterisieren Sie kurz den typischen Caravan-/Reisemobilreisenden und dessen Reiseverhalten.

9. Welche Fahrradvermieter können unterschieden werden?

10. Kennzeichnen Sie kurz die Konzepte von Fahrradverleihsystemen anhand fünf selbst gewählter Merkmale.

11. Erläutern Sie den Unterschied zwischen einem sogenannten Flex- und Fixsystem.

12. Welche Unternehmen treten als Vermieter von Krafträdern auf?

13. Welches sind die wichtigsten touristischen Angebote für Krafträder?

14. Wie setzen sich die Mietpreise von Krafträdern zusammen?

10   Aktuelle Trends

Die Mietwagenbranche ist eine dynamische Branche, deren Unternehmen sich in einem wechselhaften Wettbewerbsumfeld mit sich verändernden Rahmenbedingungen befinden. Autovermieter erschließen beständig neue Märkte und müssen sich einem gestiegenen Umweltbewusstsein im politischen und gesellschaftlichen Umfeld stellen. Im Folgenden soll eine Auswahl von Trends vorgestellt werden, die die Mietwagenunternehmen derzeit und in Zukunft prägen werden.

a) Zusammenarbeit von Mietwagenunternehmen und Low Cost-Airlines

Die Entwicklung von Billigflugangeboten ist zentral für das Wachstum und die weitere Entwicklung der Mietwagenbranche. Die Low Cost-Airlines befinden sich noch immer in einer starken Wachstumsphase, wovon die Mietwagenbranche in zweifacher Hinsicht profitiert:

- Ein beträchtlicher Anteil der Touristen nutzt inzwischen die Angebote der Low Cost-Airlines für die Reise und steigt dazu vom Auto auf das Flugzeug um. Dadurch entsteht eine neue Nachfrage nach Mietwagen, denn diese Kundschaft möchte dann im Aufenthaltsort häufig nicht auf ein Fahrzeug verzichten. Noch wichtiger ist jedoch der enorme Anteil an Kunden, welche erst durch die Billigflieger überhaupt an weiter entfernte Destinationen fahren und damit eine neue Nachfrage nach Mietwagen generieren (vgl. Pompeo 2005).
- Bei der Flughafenwahl setzen die Low Cost-Airlines meist auf preisgünstige Flughäfen. Diese sind häufig kleinere, weit von den großen Zentren entfernt gelegene, Regional- oder Kontinentalflughäfen (London-Stansted, Barcelona-Gerona etc.). Die Anbindung dieser Flughäfen an den öffentlichen Verkehr ist oftmals eher schlecht ausgebaut, und ein neues Bedürfnis nach Mietwagen entsteht. Hinzu kommt, dass Billigflieger oft auch zu ungünstigen Zeiten fliegen (früh morgens oder spät abends), was zusätzliche Kunden für Mietwagen am Zielort generiert, weil zu diesen ungünstigen Zeiten eine Anbindung durch öffentliche Verkehrsmittel häufig noch nicht oder nicht mehr gegeben ist.

Der Kampf unter den Mietwagenunternehmen um die Gewinnung dieser Kunden ist in vollem Gange. Hier tragen der steigende Auslastungsdruck, Nachfrageschwankungen und der starke Konkurrenzdruck unter den Mietwagenanbietern dazu bei, dass sie verstärkt mit Low Cost-Airlines kooperieren. Dabei dienen die Airlines als neuer Vertriebskanal, der die Angebote eines Mietwagenunternehmens z. B. auf seiner Webseite mit bewirbt oder als exklusiver Partner auch mit exklusiven Preisen aufwarten kann. Europcar arbeitet beispielsweise eng mit easyJet zusammen, von deren Homepage nach der Flugbuchung direkt ein Mietwagen angeboten wird (vgl. Groß/Sonderegger/Grotian 2007a; Schwamberger 2004b, S. 86 ff.).

b) Wachstumsmarkt Osteuropa

Durch die EU-Osterweiterungen in den Jahren 2004 und 2007 wurden insgesamt zwölf Staaten, darunter acht ehemals kommunistische mittel- und osteuropäische Staaten, in die Europäische Union aufgenommen. Durch die damit einhergehende stärkere gesellschaftliche, politische und wirtschaftliche Verflechtung mit diesen Ländern, der aufgrund vereinfachter Reisebestimmungen verbesserten touristischen Attraktivität und nicht zuletzt der teilweise erfolgten Einführung des Euro als Währung reisen immer mehr Menschen geschäftlich und privat in diese Länder. Damit sind diese ein interessanter Wachstumsmarkt für die Mietwagenunternehmen, da die Reisenden dort entweder eine Anschlussmobilität benötigen oder bereits aus Deutschland mit dem Mietwagen anreisen. Besonders durch die verbesserte Sicherheitslage bzgl. Fahrzeugdiebstählen in diesen Ländern werden immer mehr Tabuzonen für Mietfahrzeuge gelockert, indem sie generell bzw. für einzelne Fahrzeugklassen aufgehoben werden (vgl. Kapitel 3, S. 37 ff.).

c) Verstärktes Umweltbewusstsein – ‚Grüne Autovermietungen'

Der Umweltschutz wird für die Mietwagenunternehmen immer wichtiger, schließlich interessieren sich immer mehr Menschen und Mietwagennutzer für die Umweltaspekte von Fahrzeugen. So ist die Umweltfreundlichkeit der Mietwagen für 71 % der Geschäftsreisenden in Deutschland ein wichtiges Kriterium bei der Wahl des Fahrzeugs (vgl. Schneider 2008, S. 63). Die Mietwagenunternehmen haben auf das verstärkte Umweltbewusstsein der Kunden umfassend reagiert. So haben sie sog. ‚Grüne Flotten' in ihr Angebot aufgenommen, gestalten Geschäftsprozesse umweltfreundlicher und sensibilisieren ihre Kunden für das Thema Umweltschutz. Darüber hinaus arbeiten Mietwagenunternehmen auch mit Klimaschutzprojekten zusammen und lassen sich ihr Umweltmanagement zertifizieren.

Grüne Flotten

Der Begriff ‚Grüne Flotten' umfasst Fahrzeuge, die besonders umweltschonend fahren. Dabei kann sich die Umweltschonung auf zwei Kriterien beziehen:

- Geringer Treibstoffverbrauch und niedriger CO_2- und Schadstoffausstoß. Dies können kleinere Fahrzeuge oder Dieselfahrzeuge mit geringerem Treibstoffverbrauch und damit verbunden weniger CO_2- und Schadstoffemissionen sein. Dazu zählen auch Fahrzeuge deren Motoren mit Start&Stop-Technologie ausgerüstet sowie Dieselfahrzeuge, die mit einem Rußpartikelfilter ausgestattet sind. Die europäische Schadstoffnorm Euro 5 dokumentiert diese Umweltschonung der Fahrzeuge.
- Einsatz innovativer Antriebstechnologien wie Erdgas- und Flüssiggasantrieb, Elektromotoren, Hybridfahrzeuge (Kombination von Verbrennungs- und Elektromotor) und bivalente Antriebe (Kombination von zwei Kraftstoffen, bspw. Benzin und Autogas).

Nachteilig an den Grünen Flotten aus Sicht der Autovermieter sind insbesondere die Bedenken der Kunden, die häufig Berührungsängste und unberechtigte Vorurteile gegenüber den neuen Technologien haben. Diese richten sich meist auf die Reichweite der Fahrzeuge, das Tankstellennetz, die Fahrzeugleistung und den Fahrkomfort sowie mögliche Risiken beim Betanken der Fahrzeuge.

Geschäftsprozesse
Buchung, Vermietprozesse und Rechnungsstellung beim Mietwagenverleih können papierlos durchgeführt werden. Bei der Flottenreinigung können ressourcenschonende Verfahren zur Reinigung der Fahrzeuge eingesetzt werden. So kann das Reinigungswasser sparsam eingesetzt und zudem vor Ort recycled und wieder verwendet werden, oder es erfolgt wie in einigen Stationen von Europcar eine wasserlose Trockenreinigung.

Sensibilisierung der Kunden
Bereits bei der Buchung der Mietwagen können die Kunden für Umweltfreundlichkeit sensibilisiert werden. So stellt Europcar bei der Fahrzeugauswahl bereits die CO_2-Emissionen der Fahrzeuge mit dar. Dazu werden die CO_2-Emissionen einer Anmietung, je nach Fahrzeugtyp und gefahrener Strecke, ebenfalls auf den Rechnungen ausgewiesen.

Klimaschutzprojekte
Häufig bieten Mietwagenunternehmen ihren Kunden die Kompensation der verursachten CO_2-Emissionen in Umweltschutzprojekten an. Dies geschieht mittels eines Emissionsrechners, der den verursachten CO_2-Ausstoß und einen dafür zu spendenden Betrag errechnet.

Dies bieten bspw. Europcar in Zusammenarbeit mit Climate Care, einem Anbieter von CO_2-Ausgleichsprojekten, oder Holiday Autos, die mit Atmosfair kooperieren, an.[125] Avis arbeitet seit 1999 mit The Carbon Neutral Company zusammen. Im Rahmen dieser Zusammenarbeit wurden bereits mehr als 200.000 Bäume gepflanzt, die die Emissionen der Flotte ausgleichen sollen. Durch die Zusammenarbeit wurden lt. Avis bereits so viele CO_2-Emmissionen neutralisiert, dass sich Avis auch deshalb „(…) als erste klimaneutrale Autovermietung der Welt (…)" bezeichnet (Avis Autovermietung GmbH & Co. KG 2009d). Die Kunden von Avis können sich bei jeder Buchung durch Spende von 1,50 Euro an dieser Umweltschutzmaßnahme beteiligen (vgl. ebd.).

Umweltmanagementsysteme: Zertifizierungen & Auszeichnungen
Die Umweltmanagementnorm ISO 14001 legt weltweit verbindlich die Anforderungen an Unternehmen und deren Umweltmanagementsystem fest. Damit Unternehmen diese Zertifizierung erhalten können, müssen sie eine betriebliche Umweltpolitik, Umweltziele und ein Umweltprogramm definieren und ein Managementsystem installieren, welches die kontinuierliche Verbesserung des Umweltmanagementsystems dokumentiert. Europcar hat für sein Umweltmanagementsystem die Zertifizierung nach der internationalen Umweltmanagementnorm ISO 14001 im Jahr 2008 erhalten. Die Zertifizierung wurde vom Bureau Veritas vergeben und wird jährlich überprüft. Europcar verpflichtet sich damit, die Geschäftsprozesse aus ökologischer Sicht kontinuierlich zu verbessern. Für seine Bemühungen im Umweltschutz wurde Europcar 2008 außerdem als erster Preisträger mit dem World Travel Award als ‚World's Leading Green Transport Solution Company' ausgezeichnet (vgl. EUROPCAR Autovermietung GmbH 2009i).

---

[125] Weltweit gibt es inzwischen ca. 40 Anbieter von Kompensationsprojekten (vgl. Färber/Groß 2009, S. 76 ff.).

Über die Autoren

Prof. Dr. Sven Groß, Hochschule Harz (FH), Wernigerode

Sven Groß hat Fremdenverkehrsgeographie/Angewandte Geographie an der Universität Trier und Raumplanung an der Universität Dortmund studiert. Nach seinem Abschluss als Diplom-Ingenieur im Jahr 1998 hat er, nach einer mehrjährigen Tätigkeit als Unternehmens- und Kommunalberater, als persönlicher Referent des Bürgermeisters von Bad Dürkheim und als wissenschaftlicher Mitarbeiter am Lehrstuhl für Tourismuswirtschaft an der Technischen Universität Dresden gearbeitet. 2004 hat er an der Fakultät Verkehrswissenschaften ‚Friedrich List' der TU Dresden promoviert und seit 2005 ist er Professor für Management von Verkehrsträgern der Hochschule Harz. Dort ist er u. a. Koordinator des Bachelor-Studiengangs ‚Tourismusmanagement' und seit Mitte 2008 gemeinsam mit Prof. Dr. Axel Dreyer Leiter des Arbeitsbereichs Tourismus im Kompetenzzentrums für Informations- und Kommunikationstechnologien, Tourismus und Dienstleistungen. Ende 2007 wurde Prof. Dr. Groß zum Mitglied im New Zealand Tourism Research Institute (NZTRI) ernannt, welches der Auckland University of Technology angegliedert ist. Seine Forschungsschwerpunkte sind Tourismus und Verkehr (z. B. Mobilitätsmanagement im Tourismus, Airline-Management, Verkehrserhebungen, Verkehrskonzepte für Destinationen), Business Travel Management, Event-/Sport-Tourismus sowie touristische Marktforschung. In diesen Themenfeldern hat er nahezu 50 Beiträge publiziert.

Nico Stengel, Hochschule Harz (FH), Wernigerode

Nico Stengel studierte Verkehrswirtschaft mit dem Schwerpunkt Tourismuswirtschaft an der Technischen Universität Dresden und der UIB Palma de Mallorca. Er arbeitete im Bereich Pricing & Steuerung Flug der TUI Deutschland GmbH und war als freier Mitarbeiter für Unternehmen der Touristik tätig. Seit September 2007 ist er wissenschaftlicher Mitarbeiter an der Hochschule Harz, Fachbereich Wirtschaftswissenschaften, in Wernigerode. Seine Forschungsschwerpunkte liegen im E-Commerce im Tourismus, insbesondere Distribution im eTourismus, sowie im Informations- und Kommunikationsmanagement und dem Verkehrsträgermanagement im Tourismus.

Anhang

Anlage 1: Preisvergleich

Im Rahmen eines Preisvergleichs sollen die unterschiedlichen Preise und Leistungen der Mietwagenunternehmen aufgedeckt werden. Der Vergleich wurde am 30.09.2009 durchgeführt. Mietfahrzeug war ein Fahrzeug der Kompakt Mittelklasse (z. B. VW Golf, Ford Focus). Das Fahrzeug wurde am Flughafen Berlin-Tegel für den Zeitraum 30.09.2009 bis 02.10.2009 angemietet. Die Preise für Vermietfahrzeuge und die wichtigsten Zusatzleistungen stellt die Tabelle 62 dar.

Folgende Preisunterschiede konnten festgestellt werden:

- Unterschiede zwischen den Vermietern: Im Kernprodukt Mietfahrzeug sind die Preise der Vermieter sehr nahe beieinander. Insgesamt liegen die Vermieter bei den Preisen für die Buchung am selben Tag nur ca. 14,00 Euro auseinander.
- Abhängigkeit vom Zeitpunkt der Anmietung: Die Buchung sieben Tage im Voraus war nur bei einem Anbieter günstiger als die Buchung am Tag direkt.
- Die Rate beinhaltet bei allen Anbietern die Mehrwertsteuer, einen Standortzuschlag und eine Haftpflichtversicherung.
- Die Vollkaskoversicherung ist bei drei Vermietern im Preis inkludiert. Die Selbstbeteiligung liegt zwischen 750,00 und 950,00 Euro. Bei Sixt konnte der Vollkaskoversicherungsschutz als Extraleistung zusätzlich für 24,02 Euro abgeschlossen werden.
- Zusatzleistungen wie Navigationsgeräte, Baby- und Kindersitz, Winterreifen, Insassenunfallversicherung und Zusatzfahrer wurden von allen vier Autovermietern angeboten. Auch hier wurden erhebliche Preisdifferenzen gefunden.

Tabelle 62: Preisbeispiel für eine Anfrage am 30.09.2009

Merkmale	Avis	Europcar	Hertz	Sixt
Anmietung vom 30.09.-02.10.2009 Flughafen TXL, Kompakt, Mittelklasse				
Preis bei Buchung sieben Tage vor Anmietung (in Euro)	232,98	218,00	226,00	204,00
Preis bei Buchung am selben Tag (in Euro)	212,18	218,00	226,00	224,96
Rate beinhaltet:				
Mehrwertsteuer	Ja	Ja	Ja	Ja
Kilometer	Unbegrenzt	400 km inkl.	Unbegrenzt	Unbegrenzt
Haftpflichtversicherung	Ja	Ja	Ja	Ja
Vollkaskoversicherung (bei Beschädigung und Diebstahl)	Ja	Ja	Ja	24,03
Selbstbeteiligung (in Euro)	800,00	850,00	750,00	750,00
Standortzuschlag	Ja	Ja	Ja	Ja
Zusatzleistungen				
Alterszuschlag (in Euro)	Unter 25 Jahre 23,80	Nein	Unter 23 Jahre 39,26	Unter 23 Jahre 20,00
Babysitz (in Euro)	21,60	17,99	26,00	20,38
Insassenunfall-versicherung (in Euro)	12,00	16,00	K.A.	16,78
Kindersitz (in Euro)	21,60	17,99	26,00	20,38
Navigationsgerät (in Euro)	9,60	13,78	16,00	26,04
Winterreifen (in Euro)	K.A.	29,56	K.A.	38,42
1 Zusatzfahrer (in Euro)	34,00	11,97	13,44	10,00

Quelle: eigene Zusammenstellung.

Anlage 2: WZ-Code-Klassifizierung

Tabelle 63: WZ-Code-Klassifizierung (WZ 2008)

WZ-Code	Wirtschaftsgliederung
49	Landverkehr und Transport in Rohrfernleitungen
49.3	Sonstige Personenbeförderung im Landverkehr
49.32	Betrieb von Taxis
49.32.0	Betrieb von Taxis Diese Unterklasse umfasst: • Personenbeförderung mit Taxis • Pkw-Vermietung mit Fahrer
49.39	Sonstige Personenbeförderung im Landverkehr anderweitig nicht genannt (a. n. g.)
49.39.1	Personenbeförderung im Omnibus-Linienfernverkehr Diese Unterklasse umfasst: • Linienmäßigen Omnibusfernverkehr • Flughafen-Shuttles
77	Vermietung von beweglichen Sachen
77.1	Vermietung von Kraftwagen
77.11	Vermietung von Kraftwagen mit einem Gesamtgewicht von 3,5 t oder weniger
77.11.0	Vermietung von Kraftwagen mit einem Gesamtgewicht von 3,5 t oder weniger Diese Unterklasse umfasst: • Vermietung und Operating-Leasing von Personenkraftwagen und anderen Kraftwagen mit einem Gesamtgewicht von 3,5 t oder weniger ohne Fahrer
77.12	Vermietung von Kraftwagen mit einem Gesamtgewicht von mehr als 3,5 t
77.12.0	Vermietung von Kraftwagen mit einem Gesamtgewicht von mehr als 3,5 t Diese Unterklasse umfasst: • Vermietung und Operating-Leasing der folgenden Fahrzeugarten: - Lastkraftwagen, Nutzanhänger und andere Kraftwagen mit einem Gesamtgewicht von mehr als 3,5 t ohne Fahrer - Campingbusse
77.2	Vermietung von Gebrauchsgütern Diese Gruppe umfasst die Vermietung von Gebrauchsgütern sowie die Vermietung von Sport- und Freizeitgeräten und Videofilmen. Die Tätigkeiten umfassen die kurzfristige Vermietung von Gütern, wenngleich in einigen Fällen auch eine längerfristige Vermietung vorkommen kann.
77.21.	Vermietung von Sport- und Freizeitgeräten
77.21.0	Vermietung von Sport- und Freizeitgeräten Diese Unterklasse umfasst die Vermietung von Sport- und Freizeitgeräten: • Kanus, Segelboote und andere Vergnügungsboote • Sonstige Ausrüstungen für den Wassersport (z. B. Surfbretter, Wasserskier) • Segelflugzeuge, Hanggleiter • Skier für den Wintersport, Schlittschuhe • Fahrräder • Liegestühle und Sonnenschirme • Sonstige Sportausrüstung (z. B. Golfausrüstungen, Ausrüstungen für Feldsportarten, Ballschlägerspiele, usw.) • Campingausrüstungen

Tabelle 63: WZ-Code-Klassifizierung (WZ 2008) (Fortsetzung)

WZ-Code	Wirtschaftsgliederung
77.39	Vermietung von sonstigen Maschinen, Geräten und beweglichen Sachen a. n. g.
77.39.0	Vermietung von sonstigen Maschinen, Geräten und beweglichen Sachen a. n. g. Diese Unterklasse umfasst: • Vermietung und Operating-Leasing von sonstigen, im Allgemeinen als Investitionsgüter genutzten Maschinen und Geräten ohne Bedienungspersonal: - Verbrennungsmotoren und Turbinen - Werkzeugmaschinen - Maschinen und Geräte für den Bergbau und die Erdölförderung - Hörfunk-, Fernseh- und Nachrichtenübermittlungsgeräte (ohne Amateurbedarf) - Geräte für die Herstellung von Filmen - Mess- und Kontrollgeräte - Sonstige Maschinen für wissenschaftliche oder kommerzielle Zwecke • Vermietung und Operating-Leasing von Landfahrzeugen (außer Kraftfahrzeuge) ohne Fahrer: - Krafträder, Wohnwagen, Wohnmobile usw. - Schienenfahrzeuge • Vermietung von Wohn- oder Bürocontainern • Vermietung von Transportcontainern • Vermietung von Tieren (z. B. Herden, Rennpferden) • Vermietung von Paletten

Quelle: Statistisches Bundesamt 2008a, S. 404 f., S. 481 f., S. 485.

Anlage 3: Mitglieder des Bundesverbandes der Autovermieter Deutschlands e.V. (BAV)

Tabelle 64: Mitglieder des Bundesverbandes der Autovermieter Deutschlands e.V. (BAV), (Stand August 2009)

Autovermietung	Unternehmenssitz
1000 Service GmbH	Merzig
A. Buschmann GmbH Trier	Trier
A.B. Dienstleistungs GmbH	Grünwald
A.B.C. Autovermietung	Bielefeld
Albatros Autovermietung GmbH	Flensburg
ALLROUND Autovermietung	Berlin
Alpha Autovermietung	Euskirchen
AMC Krüll GmbH	Hamburg
AMD Autovermietung GmbH	Dortmund
AS Autohof Scheuber	Hamburg
as autovermietung saar winter gmbh	Saarlouis
ASS Ehreshoven	Engelskirchen
Auer GmbH	Radolfzell
Aumer & Neumaier oHG	Stallwang
Auto Bart GmbH	Mettlach
Auto Gerb GmbH	Wolfratshausen
Auto Greif	Memmingen
Auto Hilbert GmbH	Remscheid
Auto Stoll	Crailsheim
Auto-Bauer	Nohfelden
Auto-TP-Vermietung Pummer KG	München
Autocenter Koch GmbH	Berlin
Autocenter Schön	Bautzen
Autogalerie Limburg	Limburg Offheim
Autohandel Gebr. van Eupen GmbH	Essen
Autohaus Am Ring GmbH	Heide
Autohaus Andreas Schall GmbH	Dornstadt
Autohaus Deeken	Ramsloh
Autohaus Ellers GmbH & Co.KG	Vechta
Autohaus Freidrich Benz	Nagold
Autohaus Göttgens GmbH	Soest
Autohaus Habfast & Co.KG	Balingen
Autohaus Heisel	Merzig

Tabelle 64: Mitglieder des Bundesverbandes der Autovermieter Deutschlands e.V. (BAV),
(Stand August 2009) (Forsetzung)

Autovermietung	Unternehmenssitz
Autohaus Hesse & Waldner GmbH	Erfurt
Autohaus Kocks GmbH	Mülheim
Autohaus Kraft GmbH & Co.KG	Seeheim-Jugenheim
Autohaus Krämer GmbH	Schwaikheim
Autohaus Kühn GmbH	Elmenhorst
Autohaus Ladendorff GmbH	Neubrandenburg
Autohaus Lange	Hameln
Autohaus May & Olde GmbH	Itzehoe
Autohaus Möller & Boullier	Löhne
Autohaus Nord	Rheine
Autohaus Pülm GmbH & Co. KG	Laubach
Autohaus Riemann GmbH	Cloppenburg
Autohaus Rödiger OHG	Ettlingen
Autohaus Schmalz AG	Paderborn
Autohaus Schmitz GmbH	Düren
Autohaus Schrafft GmbH & Co.KG	Wurmberg
Autohaus Schulze-Elberg GmbH	Hamm
Autohaus Weishaupt GmbH & Co.KG	Meckenbeuren-Liebenau
Autohaus Wonnegau GmbH	Worms
Automobile & Serrvice Mai GmbH	Berlin
Automobile Böntgen GmbH	Münster
Automobile Roland Binder	Brackenheim
Autoport Hoppe TDS GmbH	Neumünster
autorent GmbH	Minden
Auto-Rent Systems	Wülfrath
Autoverleih Nardin GmbH	Aachen
Auto-Verleih U W I Josef Winzen GbR	Velbert
Autoverleih Wand GmbH	Castrop-Rauxel
Autovermietung Harms GmbH	Braunschweig
Autovermietung Thomas Augé GmbH	Kist
Autovermietung Egyed	Fürstenstein
Autovermietung A. Ansorge	Stuttgart
Autovermietung Auto Service GmbH	Düsseldorf
Autovermietung AVIS-Krohn Gmb	Lensahn
Autovermietung Bauereiß	Neustadt
Autovermietung Baumann	Dorsten
Autovermietung Benno Ipsen	Eckernförde
Autovermietung Bickel GmbH	Herxheim

Tabelle 64: Mitglieder des Bundesverbandes der Autovermieter Deutschlands e.V. (BAV), (Stand August 2009) (Forsetzung)

Autovermietung	Unternehmenssitz
Autovermietung Brendtner & Söhne GbR	Rostock
Autovermietung Carl Ach	Weiden
Autovermietung Daniel	Ulm
Autovermietung Dornseifer GmbH	Solingen
Autovermietung Eich GmbH	Frankfurt
Autovermietung Enning	Dorsten
Autovermietung Fischer GmbH	Schweinfurt
Autovermietung Geers	Kierspe
Autovermietung GmbH Ingenhaag	Augustdorf
Autovermietung Gordon Matthes	Köln
Autovermietung Gravenhorst	Lübeck
Autovermietung Grezius GmbH & Co.KG	Remscheid
Autovermietung Günter Schmitt	Würzburg
Autovermietung Happy Car Rent	Hövelhof
Autovermietung Heck	Frankenthal
Autovermietung Hennig	Walldürn
Autovermietung Hermesmeyer	Paderborn
Autovermietung Herrmann	Salzgitter-Lebenstedt
Autovermietung Hipp	Mötzingen
Autovermietung Hoffmann	Ehingen
Autovermietung Huber GmbH	Köln
Autovermietung Kindler	Neu-Isenburg
Autovermietung Klein GmbH & Co.KG	Tuningen
Autovermietung Krämer GmbH	Trier
Autovermietung Kuckartz	Aachen
Autovermietung Landwehr GmbH & Co.KG	Holdorf
Autovermietung Lang	Rodgau
Autovermietung Limberg	Plettenberg
Autovermietung Lux	Gladbeck
Autovermietung Maatje	Rheine
Autovermietung Mand	Ahrensburg
Autovermietung Mattern GmbH	Neustadt
Autovermietung Matthes	Köln
Autovermietung Miethke GmbH	Bietigheim-Bissingen
Autovermietung Moll GmbH & Co.KG	Waldbröl
Autovermietung Mühlenhort GmbH	Weyhe
Autovermietung Muhr	Ansbach
Autovermietung Müller GmbH	Quirnbach

Tabelle 64: Mitglieder des Bundesverbandes der Autovermieter Deutschlands e.V. (BAV), (Stand August 2009) (Forsetzung)

Autovermietung	Unternehmenssitz
Autovermietung Neumann e.K.	Hamm
Autovermietung NIKI GmbH	Lübbecke
Autovermietung Repp	Überlingen
Autovermietung Schaller	Leonberg
Autovermietung Scherf GmbH	Aschaffenburg
Autovermietung Schneider	Moers
Autovermietung Schweizer	Speyer
Autovermietung Speckmann KG	Rheda-Wiedenbrück
Autovermietung Stock	Fulda
Autovermietung Stolte GmbH	Bad Salzuflen
Autovermietung Sturany	Ludwigsburg
Autovermietung v.d. Gracht	Jülich
Autovermietung Walder	Düren
Autovermietung Warlich	Castrop-Rauxel
Autovermietung Weber	Mechernich
Autovermietung Wehrle GmbH	Offenburg
Autovermietung Weishaupt	Kerpen
Autovermietung Wirth	Diebach
Autovermietung Wolfgang Fischer GmbH	Wuppertal
AUTOZENTRUM 2000 GmbH	Homburg
AVIS Autovermietung GmbH & Co. KG	Oberursel
AVIS Zienterra Autovermietung GmbH	Trier
AVM Autovermietung Meier e.K.	Deggendorf
AVS GmbH & Co.	Wiesbaden
AVT Autovermietung topcar	Stuttgart
AVUS GmbH	Viersen
AVZ Auto-Vermietung GmbH	Hamburg
AWI GmbH & Co.KG	Kempen
B & S Automobile GmbH	Wesseling
B + B Autovermietung GmbH	Düsseldorf
Bargstädt GmbH	Dassendorf
Bäumer GmbH	Ibbenbüren
BAVARIA Autovermietung	München
bayernmobile GmbH	Regensburg
Behr OHG	Schweinfurt
Berger GmbH	Mönchengladbach
Besch Autovermietung	Berlin
Beumer	Düsseldorf

Tabelle 64: Mitglieder des Bundesverbandes der Autovermieter Deutschlands e.V. (BAV), (Stand August 2009) (Forsetzung)

Autovermietung	Unternehmenssitz
Bleuel GmbH	Kerpen-Sindorf
BoCars GmbH & Co.KG	Berlin
Bonsels + Weitz	Erkelenz
Bortenlänger GmbH & Co.KG	Wesel
British Off Road Cars Pütter GmbH	Iserlohn
Büdenbender	Siegen
Budget Autovermietung Robert Straub GmbH	Biberach
Car Concept GmbH	Siegen
Car rent Autovermietungen	Dillenburg
CarGo Autovermietung GmbH	Hamburg
CC Rent a car Lindenmeyer GmbH	Crailsheim
CCUniRent System GmbH	Nürnberg
City-Car Autovermietung GmbH	Neubrandenburg
Comet	Herten
Condor GmbH & Co.KG	Recklinghausen
Czernig Autovermietung GmbH	Chemnitz
Diplomat Cars Sales & Rental GmbH	Berlin
distinto e.K.	Magdeburg
DS Autovermietung GmbH	Koblenz
DW-Automobile GmbH	Diebach
E&F Car Rental Travel Consulting GmbH	Rodgau
ECP GmbH	Pforzheim
EG Autovermietung GmbH	Bruchsal
Elmer GmbH	Dachau
ES Autovermietung Rupp	Pforzheim
EURO 2000	Bonn
Euromobil Autovermietung GmbH	Isernhagen
Europa Service AG	Solingen
Europa Service AV Gunkel	Arnsberg
Europcar Autovermietung GmbH	Hamburg
Fa. Brigitte Geisser Autovermietung	Karlsruhe
Fa. Erich Mayer Lkw-Verleih GmbH	Heilbronn
Fa. Jürgen Paasch GmbH	Hamburg-Stapelfeld
Fa. Thomas Desch	Bockholt/Süsel
Fa. WMV	Kobern-Gandorf
Fahrzeug Jäppche OHG	Burbach
FAIR RENT Autovermietung KG	Mainz
Finck & Claus GmbH	Pinneberg

Tabelle 64: Mitglieder des Bundesverbandes der Autovermieter Deutschlands e.V. (BAV), (Stand August 2009) (Forsetzung)

Autovermietung	Unternehmenssitz
Firma Bernd Klein Vermietungs mbH	Eislingen
First Class Autovermietung GmbH	Hamburg
Fleuth CC Autovermietung	Oberhausen
Frank Rieger Mietservice	Gaggenau
FRIGO-RENT Services GmbH	München
Füllemann GmbH	Landshut
Galvagno GmbH	Lampertheim
GB Autovermietung	Aschaffenburg
Geide	Quedlinburg
GMB Getränke-Marketing	Köln
GRAF Automobile	Neumarkt
Grünberger e.K.	Hutthurm
Haaner Autoverleih	Haan
Hagenauer GmbH	Würzburg
Hahn Automobile GmbH & Co.KG	Schorndorf
Hanauer GmbH	München
Hanse Rent Autovermietung GmbH	Neu Wulmstorf
HDG Handels- u. Dienstleistungsgesellschaft mbH	Krefeld
Heisel GmbH & Co.KG	Perl
Hellweg Auto Service oHG	Unna
Hertel	Eppstein/Ts.
Hertz Autovermietung GmbH	Eschborn
Hesse & Waldner GmbH	Erfurt
Hetzler-Automobile	Kassel
Hintelmann Mietwagen GmbH	Rellingen
Hofmann	Amberg
HVM Honrath	Bingen
Ihre preiswerte Autovermietung	Limbach-Oberfrohna
Irion GmbH	Deißlingen
JOHELA Autovermietung GmbH	Lahr
Just Autovermietung	Neuss
JVG GmbH, Gesellschaft für Nutzfahrzeugvermietung	Euskirchen
K.S.C. Autovermietung	Germersheim
Karosseriebau Kronenberg	Langerwehe
Kiehl GbR	Berlin
Kiso Automobile GmbH	Büdelsdorf
Kiso GmbH	Schleswig
Klumb & Müller GmbH	Koblenz

Tabelle 64: Mitglieder des Bundesverbandes der Autovermieter Deutschlands e.V. (BAV), (Stand August 2009) (Forsetzung)

Autovermietung	Unternehmenssitz
Koch e.K.	Bad Berleburg
Kölner Flitzer Service GmbH & Co.KG	Köln
Kroymans Autohaus München GmbH	München
LEAN Autovermietung GmbH	Neuss
Leifkes GmbH & Co.KG	Coesfeld
Leihwagen Hild GmbH	Vöhringen
LEIKO Autoverleih	Aachen
Lermer & Partner Kfz-Vermietungs GmbH	Straubing
Lochner GmbH	Berlin
Lösch Autovermietung GmbH	Nürnberg
LTM Bögl GmbH	Neumarkt /Opf.
M & L Jürgensen GmbH	Westerland/Sylt
Mappes GmbH	Sulzbach/Taunus
Maschinen-Service GmbH & Co.KG	Dreieich
Matschoß	Strausberg
Meise GmbH	Lage
MENDASSET GmbH	München
Mentzel Autovermietung GmbH	Nürnberg
Meurer GmbH	Leipzig
MIERA Kraftfahrzeuge GmbH	Lübeck
MietMe GmbH	Berlin
MKG Leasing GmbH	Flörsheim
MM Autovermietung GmbH	Hamburg
Mobil Autovermietung GmbH	Wiesbaden
Motor-Nützel PKW-Vertriebs GmbH	Bayreuth
Mouffak Salameh	Augsburg
MS Mietservice GmbH	Eschborn
MT Fahrzeugtechnik GmbH	Freiberg
MVZ Autovermietung	Bad Reichenhall
Nagel	Berlin
Neuffer GmbH Karosserie	Herrenberg
OHLA-AUTOMOBILE GmbH	Lütjenburg
Opel Händler Vermiet GmbH	Norderstedt
Ortner	Passau
Ott GbR	Deining
P & P Mietwagen GmbH	Redwitz
Paschke	Darmstadt
PENNY CAR GMBH	Offenburg

Tabelle 64: Mitglieder des Bundesverbandes der Autovermieter Deutschlands e.V. (BAV), (Stand August 2009) (Forsetzung)

Autovermietung	Unternehmenssitz
Peter Schürer GmbH	Würzburg
Petra Autovermietung e.K.	Kerpen
Plechinger GmbH	Passau
Plein GmbH	Röhl
Pöttig-Lauf	Idstein/Taunus
PTL GmbH Vermietung von Kraftfahrzeugen	Hildesheim
Pusch	Heide
Quickrent	Bruchköbel
RCS Langzeit Autovermietungs GmbH	Engelstadt
rehberg24mobil e.K.	Schweinfurt
Robben & Wientjes oHG	Berlin
Route 57 GmbH	Wegberg
RS-Autovermietung Siegfried Roth	Herrenberg
Sachsengarage GmbH	Dresden
Sammüller GmbH	Bamberg
scanAutomobile GmbH	Kolbermoor
Schefter GmbH	Forst/Lausitz
Schell Ruwertal Mietservice	Kasel
Schmitt Autovermietung	Siegen
Schön	Bautzen
Schönauen Autohaus GmbH	Solingen
Select Automotive GmbH	Trier
Simon & Cooper GmbH	Ingolstadt
Six Stars	Pößneck
Sixt GmbH & Co. Autovermietung KG	Pullach
SMILE Autovermietung GmbH	Aachen
Sparmobile Autovermietung	Coburg
Sport Car Rent	Oberursel
Star Car Autovermietung GmbH	Hamburg
Ströbl Autovermietung	Altenthann
SVG Assekuranz - Service	Berlin
Swing Autovermietung und Leasing GmbH	Passau
PacLease	Dieburg
Thomas Krause GbR	Massbach
Transporterverleih Trudering GmbH	München
TURTLE RENT Autovermietung GmbH	Frankfurt
united rentalsystem GmbH	Pullach
Volvo Centrum Duisburg	Duisburg

Tabelle 64: Mitglieder des Bundesverbandes der Autovermieter Deutschlands e.V. (BAV), (Stand August 2009) (Forsetzung)

Autovermietung	Unternehmenssitz
VTAG GmbH	Heidgraben
Walch GmbH	Ruhpolding
Walch GmbH	Ruhpolding
Welde GmbH	Dippoldiswalde/Elend
Westfehling	Berlin
Wolf GmbH	Regensburg
Wucherpfennig GmbH	Hamburg
Zumbült Auto Arena	Beckum

Quelle: BAV 2009d

Anlage 4: Anlass der Mietwagennutzung

Tabelle 65: Zu welchen Anlässen würden Sie einen Mietwagen anmieten? (in %)

Anlass	Dt.	Eu-ropa	Geschlecht		Alter			Größe des Wohnortes	
			M	W	18-29	30-49	> 50	Stadt > 20.000 EW	Ländl. Region
Würde nie Wagen mieten	13	14	13	14	8	11	17	12	16
Für Umzug (Lkw)	54	42	53	56	65	61	46	56	50
Unfall-/Reparatur-ersatzwagen	48	44	46	51	59	53	41	46	56
Urlaub oder 'a long trip abroad'	23	29	21	25	41	22	17	24	20
Geschäftsreise	14	14	19	9	16	20	9	14	13
Wochenend-/Kurzreise im Ausland	18	28	18	18	29	21	11	20	9
Wochenend-/Kurzreise im eigenen Land	19	27	21	17	26	23	14	22	10
Urlaub oder 'long trip in your own country'	8	19	9	8	17	10	3	9	6
Sonstige	2	2	2	2	1	2	2	2	1

Quelle: EUROPCAR Autovermietung GmbH 2008a, S. 37 f.

Anlage 5: Kunden von Mietwagenunternehmen

Tabelle 66: Kunden von Mietwagenunternehmen (in den letzten 12 Monaten und in %)

	Gesamt in Mio.	Insgesamt	Mehrmals	Privat-kunde	Geschäfts-kunde
Bevölkerung ab 14 Jahre	64,88	7,8	2,3	6,1	1,7
Geschlecht					
- Männer	31,47	10,6	3,5	7,8	2,9
- Frauen	33,41	5,2	1,1	4,5	0,6
Alter					
- 14 bis 19 Jahre	5,14	1,4	0,3	1,3	0
- 20 bis 29 Jahre	8,48	10,1	2,9	8,4	1,5
- 30 bis 39 Jahre	9,66	12,4	3,2	9,4	2,9
- 40 bis 49 Jahre	12,33	11,8	4,1	8,6	3,5
- 50 bis 59 Jahre	9,85	8,5	2,4	6,4	2,1
- 60 bis 69 Jahre	9,45	5,0	1,2	4,3	0,8
- 70 Jahre und älter	9,97	1,7	0,3	1,7	0
Berufskreis des Hauptverdieners					
- Selbständig (groß), Ge-schäftsführer, Freie Berufe	7,23	13,4	4,9	7,6	6,9
- Leitende Angestellte und Beamte	12,31	9,3	2,9	7,8	1,8
- Sonstige Angestellte und Beamte	23,50	7,9	1,9	6,5	1,2
- Facharbeiter	13,52	5,1	1,4	4,3	0,7
- Sonstige Arbeiter	5,71	4,1	1,3	3,4	0,2
- Landwirt	0,89	4,2	0,2	3,9	0,2
Haushaltsnettoeinkommen					
- unter 1.000 Euro	6,25	5,4	1,7	4,4	0,5
- 1.000 bis unter 1.500 Euro	10,61	5,0	1,0	4,2	0,7
- 1.500 bis unter 2.000 Euro	11,77	6,2	1,6	4,9	1,1
- 2.000 bis unter 2.500 Euro	9,83	7,6	2,0	6,0	1,4
- 2.500 bis unter 3.500 Euro	14,91	8,5	2,4	6,7	2,2
- 3.500 Euro und mehr	11,52	12,6	4,3	9,2	3,7

Quelle: AWA 2008, zitiert nach G&J 2009, S. 5.

Anlage 6: Auswahl gebräuchlicher Abkürzungen im Zusammenhang mit Mietwagen/-unternehmen

Tabelle 67: Auswahl gebräuchlicher Abkürzungen im Zusammenhang mit Mietwagen/-unternehmen

Abkürzung	Erläuterung
AAD	Zweitfahrer, Additional Authorised Driver
ALI	Erhöhung der Haftpflichtdeckungssumme, additional liability insurance
ASC	Airportcharge, Airport service charge
BBS	Kinderwagen, Baby Stroller
BST	Kindersitz, wird unterschieden nach Gewicht und Alter des Kindes (weitere Abk.: CSI, CSB)
BYC	Fahrradträger, Bicycle Rack
CDW	Collision Damage Waiver= Haftungsausschluss bei Verlust/Beschädigung. Entspricht einer Kaskoversicherung für Kraftfahrzeuge.
CI	Check-in bezeichnet in der Autovermietung den Vorgang der Fahrzeugrückgabe nach Beendigung der Miete. Anders als beim Fliegen, wo der Check-in ja der Beginn des Fluges ist.
CO	Check-out bezeichnet in der Autovermietung den Vorgang der Fahrzeugübernahme, also den Beginn der Miete. Anders als z. B. in der Hotellerie, wo der Check-out für die Abreise steht und der Check-in für die Anreise.
CSB	Babyschale, Child seat baby
CSI	Kindersitz, wird unterschieden nach Gewicht und Alter des Kindes, child seat infant
CST	Kindersitz, wird unterschieden nach Gewicht und Alter des Kindes, child seat toddler
D/L	Stadtbüro, Downtown location
DL	Führerschein, drivers licence
DSG	Direktschaltgetriebe (englisch direct shift gearbox) oder auch Doppelkupplungsgetriebe. Wurde vom Autohersteller Volkswagen erstmals 2003 in Serie eingeführt. Das DSG ermöglicht einen Gangwechsel ohne Zugkraftunterbrechung, indem gleichzeitig eine Kupplung schließt, während die andere öffnet.
ESP	Medizinische Notfallversicherung, Personal Sickness Protection
FFP	Vielfliegerprogramm, Frequent flyer programme
FT	Vielfliegernummer, Frequent traveller number
GRA	Abkürzung für Geschwindigkeitsregelanlage
IDP	Internationaler Führerschein, international drivers permit
LBW	Ladebordwand, auch Hebebühne genannt
LKW	Kraftwagen zur Beförderung von Gütern
LSC	Gebühr bei Anmietung an Premium Standorten
LUG	Dachgepäckträger, Luggage Rack
MFA	Multifunktionsanzeige
NVS	Navigationssystem, Navigational system
OW	Eine Oneway-Miete, zu deutsch Einwegmiete, bezeichnet eine Miete, bei der die Check-out-Station nicht identisch mit der Check-in-Station ist, oder anders ausgedrückt: der Ort der Fahrzeugübernahme ist nicht gleich dem Ort der Fahrzeugrückgabe. Innerhalb Deutschlands sind diese Einwegmieten im Pkw-Bereich kostenfrei, im Lkw-Bereich kostenpflichtig. Internationale Einwegmieten sind auch kostenpflichtig, wobei sich die Höhe der sogenannten One Way Fee (Einweggebühr) nach der jeweiligen Rückgabestation richtig und durchaus vierstellige Dimensionen annehmen kann.

*Tabelle 67: Sammlung von gebräuchlichen Abkürzungen im Zusammenhang mit Mietwagen/
-unternehmen (Fortsetzung)*

Abkürzung	Erläuterung
PAE	Personal Accident & Effects Insurance, Kombination aus Insassenunfallversicherung und Gepäckversicherung
PAI	Personal Accident Insurance, steht für die Insassenunfallversicherung, die Versicherungsschutz für Unfälle, welche die versicherten Personen beim rechtmäßigen Gebrauch eines versicherten Kraftfahrzeugs erleiden, bietet.
PC	Promotion Code
PEC	Personal effects coverage, Gepäckversicherung
PEP	Personal effects protection, Gepäckversicherung
PHN	Mobil phone, Mobiltelefon
PKW	Kraftfahrzeug zur Personenbeförderung
RA	RA oder eigentlich richtig RSA, steht für Rental Agent oder richtig Rental Sales Agent, denn RA ist eigentlich die Abkürzung für Rechtsanwalt in Deutschland. Der Rental Sales Agent ist ein Mitarbeiter der Vermietfirma oder im Auftrag der Vermietfirma und steht im direkten Kundenkontakt.
REQ	Request, auf Anfrage, unbestätigte Buchung
RFL	Road fund license, Straßenbenutzungsgebühr
RFT	Runflat, platter Reifen
RQ	Require/Request, Anfrage
RRS	Railway station, Bahnhofstation
RSA	Rental Sales Agent, Kurzform Rental Agent (RA). Der Rental Sales Agent ist ein Mitarbeiter der Vermietfirma oder im Auftrag der Vermietfirma und steht im direkten Kundenkontakt. Er erstellt die Mietverträge, rechnet diese auch ab, tätigt Reservierungen und macht die Fahrzeugdisposition für das Tagesgeschäft.
SB	Selbstbehalt bei einer Versicherung. Bei einem Schaden haftet man dann maximal bis zur Höhe der SB/Eigenbeteiligung.
SKR	Ski Rack, Skiträger
SLDW	Die Vollkaskoversicherung deckt nur Schäden ab, die am eigenen Kraftfahrzeug entstehen und schließt die Teilkaskoversicherung mit ein.
SNO	Snow chain, Schneeketten
STP	Theft Protection, Diebstahlversicherung
STR	Winter tyres, Winterreifen
T/A	Travel agent, Reisebürokaufmann
TEL	Car phone, Autotelefon
THW	Theft Waiver, siehe Teilkaskoversicherung
TP	Theft Protection, Diebstahlversicherung
TRH	Trailer hitch (RTC = removable Trailer Hitch), Anhängerkupplung
UMP	Zusatzversicherung bei Verletzung oder Tod durch unterversicherte / flüchtige Unfallgegner
UNL	unlimited mileage, Freie Kilometer
VLF	Vehicle license fee, Zulassungsgebühr
YDS	Young driver surcharge, Aufschlag für junge Fahrer

Quelle: eigene Zusammenstellung, in Anlehnung an CHECK24 2009; IhrMietwagen.de (2009).

Anlage 7: Übersicht über Wohnmobile und -wagen

a) Wohnmobile

Zu den Wohnmobilen mit abnehmbarem Aufbau zählen die sog. **Pick-Up-Wohnmobile** oder **Allrad-Mobile**. Als Basis für diese Gruppe dienen Allrad-Fahrzeuge, v.a. von Mitsubishi, Nissan, Toyota, Ford oder Land Rover. Auf der Ladefläche dieser Fahrzeuge werden Wechselaufbauten bzw. Wohnkabinen befestigt, die mit dem Basisfahrzeug eine Einheit bilden. Sofern sie nicht genutzt werden, können sie zu Hause oder am Zielort abgeladen werden und z.T. auf integrierten Stelzen ruhen. Die Ausstattung ist bei dieser Gruppe aus Platzgründen in der Regel sehr begrenzt. Minibadezimmer und kompakte Küchen sind in dieser Kategorie die Norm und als Schlafgelegenheit dient meist ein Doppelbett über dem Fahrerhaus (vgl. o.V. 2008a, S. 47; Widmann 2006, S. 70).

Bei der zweiten Gruppe von Wohnmobilen werden Aufbau- und Ausbaufahrzeuge unterschieden. Zu den Ausbaufahrzeugen zählen die sog. Campingbusse oder Kastenwagen. Bei dieser Kategorie werden Transport- oder Nutzfahrzeuge von Fahrzeugproduzenten eingekauft und in der Regel von den Wohnmobilherstellern zu Wohnmobilen ausgebaut. Als Basis dienen Transporter wie VW T5, Mercedes Viano, Renault Traffic oder Ford Transit. Diese Fahrzeuge sind oft kaum größer als eine Großraumlimousine und besitzen dennoch Annehmlichkeiten wie Kompaktküche, Schränke, Sitzbank und Schlafgelegenheit für bis zu vier Personen (vgl. Widmann 2006, S. 72 f.). „Selbst wenn der Campingbus mit einem Aufstelldach ausgestattet ist, kommt er im Fahrbetrieb unter die kritische Höhenmarke von zwei Metern und passt damit auch noch in ein Parkhaus, in fast jede Garage oder unter den Carport." (o.V. 2008a, S. 45)

Das charakteristische Merkmal für die **Alkoven**[126]**-Mobile** – als eine Art der Aufbaufahrzeuge – ist ein Aufsatz über dem Fahrerhaus, der als Schlafmöglichkeit dient, wobei dieser Aufsatz dem Fahrzeug seinen Namen gibt (vgl. Abbildung 61). Auf dem deutschen Markt gibt es diese Fahrzeuge seit Anfang der 1970er Jahre. Hiermit gab es eine Alternative zu den damals marktführenden Campingbussen sowie den geräumigen Wohnmobilen amerikanischer Hersteller. Seit Beginn der 1980er Jahre hat es sich als kompaktes, aber komfortables Wohnmobil europäischen Zuschnitts etabliert und wird von Laien oft als das Reisemobil schlechthin angesehen. Alkovenmobile werden auf Piktogrammen, Verkehrsschildern und dergleichen als Symbol für ein Wohnmobil im Allgemeinen verwendet und haben sogar als Zusatzzeichen 1048-17 Eingang in die Straßenverkehrs-Ordnung (StVO) gefunden. Besonders beliebt sind diese Fahrzeuge bei Familien mit Kindern, da sie relativ geräumig sind, Schlafmöglichkeiten für bis zu sechs Personen bieten und zum Standardgrundriss gehört auch eine Dinette (Sitzgruppe, bestehend aus Sitzbänken und einem Tisch dazwischen, die sich zur Nacht in ein Doppelbett umbauen lässt) gehört. Sie sind aus diesem Grund auch die wichtigste Gruppe bei Mietmobilen (vgl. o.V. 2008a, S. 47; Widmann 2006, S. 75 f.).

---

[126] Der Begriff ‚Alkoven' stammt aus dem Arabischen und bedeutet ‚Bettnische' oder ‚Nebenraum' (vgl. Schulz 2007, S. 13).

Abbildung 61: Dethleffs Advantage Alkoven A6971 – Alkoven Mobil, Zusatzzeichen 1048-17 der StVO und Grundriss

Quelle: Dethleffs.

Unter **teilintegrierten Wohnmobilen** versteht man Fahrzeuge bei denen das Fahrerhaus durch eine Kunststoffschale mit dem Wohnausbau verbunden ist (vgl. Abbildung 62). Das Fahrerhaus des Basisfahrzeugs bleibt dabei weitestgehend unverändert und hat auch keinen Schlafaufbau- wie es beim Alkoven-Reisemobil der Fall ist (vgl. Widmann 2006, S. 77 f.). Die Bezeichnung ‚teilintegriert' haben sie daher, weil sich Fahrer- und Beifahrersitz meist drehen lassen und somit in den Wohnraum integriert werden können. Als Schlafstätte ist meist ein französisches Bett eingebaut, das längs oder quer im Heck zu finden ist. Teilintegrierte Wohnmobile haben in den letzten Jahren die größten Zuwachsraten auf dem deutschen Markt verzeichnet (vgl. o.V. 2008a, S. 44 f.).

Abbildung 62: Dethleffs Advantage Teilintegriert T5841 – Teilintegriertes Wohnmobil und Grundriss

Quelle: Dethleffs.

Die letzte Kategorie unter den Wohnmobilen mit festem Aufbau sind die **vollintegrierten Wohnmobile** – auch Königsklasse genannt. Sie tragen ihren Namen, weil es keine eigenständige Fahrerkabine gibt, sondern das Fahrerhaus vollständig in den Rest des Fahrzeugs integriert ist. Diese Art von Wohnmobil wird auf Fahrgestellen ohne Fahrerhaus aufgebaut, den sog. Windlauffahrgestellen und es fehlt die Außenhaut des Fahrerhauses. Nur die Spritzwand mit dem Armaturenbrett und den Radhäusern bildet eine Einheit zur Aufnahme aller zum Fahren notwendiger Aggregate wie Motor, Getriebe, Lenkung, Fahrersitz usw. Vom Wohnmobilhersteller muss dadurch in Kleinserie eine komplette isolierte Frontmaske mit Windschutz-scheibe, Scheinwerfern, Scheibengebläse, Scheibenwischer etc. hergestellt werden. Dafür bieten die Vollintegrierten einen vollwertigen Wohnraum ‚aus einem Guss' (vgl. o.V. 2008a, S. 44 ff., Widmann 2006, S. 79 f.). Diese Mobile sind oft groß und luxuriös ausgestattet und aus diesem Grund meist teurer als Fahrzeuge anderer Kategorien. Vorzüge wie großflächige Windschutzscheiben, großräumige Badezimmer und feste Doppel- oder Einzelbetten im Heck machen das Reisen in diesen Fahrzeugen sehr angenehm (vgl. o.V. 2008a, S. 46).

Abbildung 63: Dethleffs Globebus I 5 – Vollintegriertes Wohnmobil

Quelle: Dethleffs.

b) Wohnwagen

Zu den Wohnwagen mit nicht-festem Aufbau zählen die sog. **Falt- und Klappcaravans**, die im fahrbereiten Zustand in Größe und Form etwa einem mittleren Gepäckanhänger entsprechen. Diese Anhänger können am Zielort durch einige Handgriffe zu einer Unterkunft umgebaut werden. Der Marktanteil dieser Kategorie ist jedoch verschwindend gering und das Angebot beschränkt sich auf wenige kleine Nischenanbieter. Zu den Caravans mit festem Aufbau zählen als erste Untergruppe die **Touring-Caravans** bzw. **Kompakt-Klasse**. Diese Caravans sind v. a. für allein reisende Paare gedacht, weil sie auf Grund ihrer Größe oft nur Platz für zwei Personen bieten. Sie haben ein Leergewicht von 750 bis 1.000 kg und aufgrund der geringen Anschaffungskosten sehen die Hersteller in dieser Kategorie den Zugang zur Zielgruppe der jungen und aktiven Campingeinsteiger. Etwas komfortabler sind die Caravans der **Mittelklasse**, die ein Leergewicht von 1.000 bis 1.400 kg haben und etwa fünf bis sieben Meter lang sind. Das Angebot in dieser Kategorie richtet sich v. a. an Familien mit Kindern und es existieren viele verschiedene Grundrissvarianten. Je nach Ausstattung gibt es bis zu sechs Betten. Eine Küche, eine Sitzgruppe und ein Badezimmer sorgen für eine komfortable Alltagstauglichkeit. Die Caravans der **Oberklasse** unterscheiden sich in Größe und Ausstattung geringfügig von denen der Mittelklasse, sind mit einem Leergewicht von 1.400-2.000 kg etwas schwerer und sind meist sechs bis acht Meter lang. Die Caravans der Oberklasse besitzen meist bessere Elektrizitätssysteme, größere Frisch- und Brauchwassertanks, komplette Kinderzimmer, gemütliche Sitzecken und geräumige Badezimmer. Eine insgesamt gehobene Ausstattung macht das Reisen um einiges komfortabler. Die komfortabelste Klasse bei den Caravans mit festem Aufbau bilden die **Luxus-Caravans**. Die Anhänger mit meist doppelachsiger Bauweise bedürfen aufgrund ihres Gewichtes von mehr als 2.000 kg stark motorisierte Limousinen oder Geländewagen mit Allradantrieb. Ein separater Essplatz, eine Fernseh- bzw. Leseecke und eine separate Dusche im großräumigen Bad sorgen für einen sehr gehobenen Komfort (vgl. o.V. 2008a, S. 48 f.; Widmann 2006, S. 65).

Abbildung 64: Dethleffs Camper 560 SK – Mittelklasse Caravan

Quelle: Dethleffs.

Abbildung 65: Dethleffs Exklusiv VIP 765 DB – Oberklasse Caravan

Quelle: Dethleffs.

Abbildung 66: Dethleffs CaraLiner – Luxus-Caravan

Quelle: Dethleffs.

Anlage 8: Miettarife für BMW-Motorräder

Tabelle 68: Miettarife für BMW-Motorräder – Preisabfrage am 09.11.2009 bei Motorrad-sport Feil GmbH

Typ BMW-Motorräder	Tagestarif	Wochenende	Sparwoche	Woche/ 7 Tage	Extra km
	10:00 - 10:00 Uhr	Fr. 16:00 - Mo 10:00 Uhr	Mo 16:00 - Fr. 13:00 Uhr		
Inkl. km	300 km	600 km	900 km	1.500 km	
in Euro:					
F 650 GS F 800 GS F 800 R	75,00 Euro	185,00 Euro	195,00 Euro	329,00 Euro	0,30 Euro
R 1200 GS R 1200 R	125,00 Euro	299,00 Euro	299,00 Euro	499,00 Euro	0,45 Euro
R 1200 RT K 1300GT K 1300 S	139,00 Euro	329,00 Euro	329,00 Euro	549,00 Euro	0,45 Euro

Quelle: Motorradsport Feil GmbH: 2009.

Literaturverzeichnis

8x8 Aktiengesellschaft (2009): Unternehmenshomepage, Internet, URL: www.8mal8.de/ index.html, Download vom 22.01.2009.

ACRISS – Association of Car Rental Industry Systems Standards (2009): Need for Change, Internet, URL: http://www.acriss.org/car-codes/new-car-code-matrix/, Download vom 14.12.2009.

ADAC e.V. (2007): Fahrverbote für Wohnmobile in Umweltzonen. Auswirkung auf die Caravaning- und Campingbranche, Internet, URL: http://www1.adac.de/images/ Positionspapier_unterschrieben_tcm8-202086.pdf, Download vom 21.08.2009.

ADAC e.V. (2009a): Vom Motorradfahrer-Verein zum Garanten für Mobilität, Internet, URL: http://www1.adac.de/adac-im-einsatz/motorwelt/adac_100/default.asp?ComponentID= 43505&SourcePageID=7384, Download vom 17.09.2009.

ADAC e.V. (2009b): Richtzeichen (Auswahl), Internet, URL: http://www.adac.de/ Recht_und_Rat/verkehrsrecht/Verkehrsszeichen/Richtzeichen/slideshow01.asp?ComponentI D=75977&SourcePageID=74865, Download vom 16. Januar 2009.

ADAC e.V. (2009c): ADAC-Test 2009: 60 Mietwagen-Anbieter, Internet, URL: http://www.adac.de/Tests/Mobilitaet_und_Reise/mietwagentest/mietwagentest_2009/default. asp, Download vom 28.07.2009.

ADAC Verlag GmbH (2009a): ADAC Camping-Caravaning-Führer 2008 Deutsch- land/Nordeuropa (Buch und CD-ROM). Der Marktführer, Internet, URL: http://www.adac- verlag-gmbh.de/cds/produkt.php?pg=1&isbn=3899056078, Download vom 07.12.2009.

ADAC Verlag GmbH (2009b): Verkehrsbestimmungen für Pkw, Wohnmobile, Anhänger und Gespanne, Internet, URL: http://campingfuehrer.adac.de/ratgeber/files/cam_ 25_tabelle_7_09.pdf, Download vom 27.08.2009.

Al-Balbissi, A. H. (2001): Unique Accident Trend of Rental Cars, in: Journal of Transporta- tion Engineering, Volume 127, Issue 2, March/April 2001 S. 175-177.

Auto Europe Deutschland GmbH (2009): Unternehmenshomepage, Internet, URL: http:// www.autoeurope.de, Download vom 02.02.2009.

Autocommunications (2009): Mietwagen, Internet, URL: http://wunschauto24.com/ mietwagen.html, Download vom 04.08.2009.

Avis Autovermietung GmbH & Co. KG (2009a): Avis Bonus Plus, Internet, URL: http://www.avis.de/Geschaeftskunden/Firmenkunden/Avis-Bonus-Plus, Download vom 25.11.2009.

Avis Autovermietung GmbH & Co. KG (2009b): Wichtige Kunden-Information, gültig ab 01. März 2009 (Nr. 26), Internet, URL: http://www.avis.de/Mietinformationen/ Kunden-Informationen, Download vom 31.07.2009.

Avis Autovermietung GmbH & Co. KG (2009c): News. World Travel Awards Avis wins Best Car Rental Company, Internet, URL: http://www.avis.co.za/main.aspx?ID=1398, Download vom 29.07.2009.

Avis Autovermietung GmbH & Co. KG (2009d): The CarbonNeutral Company - Klima-neutrale Autovermietung, Internet, URL: http://www.avis.de/UeberAvis/Avis-und-die-Umwelt/Klimaneutrale-Anmietung, Download vom 12.11.2009.

Avis Euope plc (2008): Annual Report 2008, Internet, URL: http://www.investis.com/avisplc/reports/2008/ar2008/ar2008.pdf, Download vom 12.08.2009.

Avis Europe plc (2009): History, Internet, URL: http://www.avis-europe.com/content-41, Download vom 26.01.2009.

Axthelm, A. (2009): Geschäftsmodellanalyse Autovermietung – Prozessanalyse klassische Autovermietung und Mietwagenbroker im Vergleich, Wernigerode (unveröffentlichte Ba-chelorarbeit).

Balzer, M. (2005): Mobiles Bezahlen, München 2005, Internet, URL: http://www.hcilab.org/events/mobileinteraction/reports/10_MobilesBezahlen_MaraBalzer.pd f, Download vom 25.09.2009.

Bastian, H./Dreyer, A./Groß, S. (2009) (Hg.): Tourismus 3.0 – Fakten und Perspektiven, Hamburg.

Bastian, H./Kauley, A./Wilmsmeyer, D. (2009): Web 2.0 und Social Software, in: Bastian, H./Dreyer, A./Groß, S. (Hg.): Tourismus 3.0 – Fakten und Perspektiven, Hamburg, S. 79-110.

BAV – Bundessverband der Autovermieter Deutschlands e.V. (2005): Kalkulation von Mietwagenpreisen, Berlin.

BAV – Bundesverband der Autovermieter Deutschlands e.V. (2007): Satzung, Düssel-dorf 2007, Internet, URL: http://www.bav.de/profil/satzung.html, Download vom 11.08.2009.

BAV – Bundesverband der Autovermieter Deutschlands e.V. (2008): Mietwagen gren-zenlos, in: Der Autovermieter 04/2008, S. 16.

BAV – Bundesverband der Autovermieter Deutschlands e.V. (2009a): ohne Titel, Internet, URL: http://www.germanrent.de/presse/2001/20072001_bav.htm, Download vom 04.08.2009.

BAV – Bundesverband der Autovermieter Deutschlands e.V. (2009b): ohne Titel, Internet, URL: www.bav.de/web/webe355.html?c=infoservice/data/123.htm, Download vom 23.01.2009.

BAV – Bundesverband der Autovermieter Deutschlands e.V. (2009c): Marktdaten bis 2008, Internet, URL: http://www.bav.de/service/marktdaten.html, Download vom 30.07.2009.

BAV – Bundesverband der Autovermieter Deutschlands e.V. (2009d): Mitglieder im BAV, Internet, URL: http://www.bav.de/mitglieder.html, Download vom 11.08.2009.

Bayerisches Staatsministerium der Finanzen (2007): Die Kraftfahrzeugsteuer für Pkw und Wohnmobile – Steuersätze und Steuerbefreiungen, München.

bcs – Bundesverband CarSharing e.V. (2009a): Der bcs stellt sich vor, Internet, URL: http://www.carsharing.de/index.php?option=com_content&task=view&id=29&Itemid=58, Download vom 23.02.2009.

bcs – Bundesverband CarSharing e.V. (2009b): Jahresbericht 2008/2009 – Die Offensive CarSharing gestalten, Hannover.

Berg, W. (2006): Tourismusmanagement, Ludwigshafen.

BerlinOnline Stadtportal GmbH & Co. KG (2009): ohne Titel, Internet, URL: www.berlin.de/labo/kfz/dienstleistungen/selbst-fahrervermiet.html, Download vom 22.01.2009.

Bidinger, R. (2007): Personenbeförderungsrecht, Kommentar zum Personenbeförderungsgesetz nebst sonstigen einschlägigen Vorschriften, Band 1 und 2, 2. Ergänzungslieferung 2007, Berlin.

Bidlingmaier, J. (1983): Marketing 1 und 2, 10. Auflage, Reinbek.

Bieger, T./Laesser, C./Maggi, R. (2007) (Hg.): Jahrbuch 2007 – Schweizerische Verkehrswirtschaft, St. Gallen.

Bizminer (2008a): Passenger car leasing: State Industry Market Evaluator, o.O.

Bizminer (2008b): Passenger car leasing: State Market Index, o.O.

Bizminer (2008c): Passenger car rental: Industry Cluster Report, o.O.

Bizminer (2008d): Passenger car rental: Metro Industry Market Evaluator, o.O.

Bizminer (2008e): Passenger car rental: State Market Index, o.O.

BME – Bundesverband Materialwirtschaft, Einkauf und Logistik e.V. (Hg.) (2009): BMEnet Guide Mobilität 2009, Frankfurt am Main.

BMVBS – Bundesministerium für Verkehr, Bau und Stadtentwicklung, Referat SW 24 Stadtentwicklung und Verkehr, Radverkehr Fahrradverleihsystem (2009a): Chemnitzer Stadtfahrrad, Internet, URL: http://www.nationaler-radverkehrsplan.de/praxisbeispiele/ anzeige.phtml?id=2086#handlungsfeld, Download vom 23.09.2009.

BMVBS – Bundesministerium für Verkehr, Bau und Stadtentwicklung, Referat SW 24 Stadtentwicklung und Verkehr, Radverkehr Fahrradverleihsystem (2009b): Neuigkeiten. Deutschland: Gewinner des Wettbewerbs „Innovative öffentliche Fahrradverleihsysteme" ausgezeichnet, Berlin, Pressemitteilung Nr.: 207/2009, 10.08.2009, Internet, URL: http://www.nationaler-radverkehrsplan.de/neuigkeiten/news.php?id=2666, Download vom 25.09.2009.

BMVBS – Bundesministerium für Verkehr, Bau und Stadtentwicklung, Referat SW 24 Stadtentwicklung und Verkehr, Radverkehr Fahrradverleihsystem (2009c): Neuigkeiten. Schweiz: Fahrradverleiher nextbike kooperiert mit größtem Schweizer Velovermieter Rent a Bike, erlin, 09.07.2009, Internet, URL: http://www.nationaler-radverkehrsplan.de/neuigkeiten/news.php?id=2646, Download vom 25.09.2009.

Boyd, L. (2008): Brief History of Buses and Rental Cars in the U.S., Internet, URL: http://library.duke.edu/digitalcollections/adaccess/carandbus.html, Download vom 30.07.2009.

Brabec, M. (2009a): Endlich ab mit den alten Zöpfen, in: Kraftstoff 02/2009, S. 8.

Brabec, M. (2009b): Schriftliche Auskunft vom 20.01.2009 per E-Mail von Herrn Michael Brabec, Geschäftsführer vom BAV.

Brabec, M. (2009c): Schriftliche Auskunft vom 23.09.2009 per E-Mail von Herrn Michael Brabec, Geschäftsführer vom BAV.

Braun, J. (2009): Schätzgrundlage für die Bestimmung der erstattungsfähigen Mietwagenkosten – Schwacke-Automietpreisspiegel oder Fraunhofer-Erhebung? in: Zeitschrift für Schadensrecht (zfs), Heft 04/2009 S. 183-187.

Broughton, P./Walker, L. (2009): Motorcycling and leisure: understanding the recreational PTW rider, farnham, Surrey.

Buber, R./Holzmüller, H. (2009) (Hg.): Qualitative Marktforschung, 2. Aufl., Wiesbaden.

Bues, C.-D./Schwarz, H. F./Semper, S. (2008): Das große Caravan-Handbuch, Stuttgart.

Burgdorf, M. (1993): Autovermietung in Deutschland – Ein Branchenbild mit praktischen Hinweisen, Landsberg/Lech.

BVCD – Bundesverband der Campingwirtschaft e.V. (2009): Bundesverband der Campingwirtschaft in Deutschland e.V. - BVCD - , Internet, URL: http://www.bvcd.de/bvcd/de/ verband.php, Download vom 27.08.2009.

BZP – Deutscher Taxi- und Mietwagenverband e.V. (2008): Geschäftsbericht 2007/2008, Frankfurt am Main.

BZP – Deutscher Taxi- und Mietwagenverband e.V. (2009): Informationen des BZP. Wesentliche Strukturdaten des Gewerbes in der Bundesrepublik Deutschland, Internet, URL: http://www.bzp.org/information/info_strukturdaten.htm, Download vom 10.12.2009.

Câmara Municipal de Aveiro (2009): Gabinete de Mobilidade, Internet, URL: http://www.cm-aveiro.pt/www//Templates/TabbedContainer.aspx?id_class=1923&divName =138s1923, Download vom 08.12.2009.

CC-Bank AG (2000): Grundlagenstudie Caravaning, Mönchengladbach.

CCUniRent System GmbH (2009a): CC Rent a car. Über die Marke CC Rent a car, Internet, URL: http://www.cc-raule.com/content_fra-me.php?cc-rentacar_intern, Download vom 02.02.2009.

CCUniRent System GmbH (2009b): PKW mieten mit CC Rent a car, Internet, URL: http://cc-rentacar.com/content_frame.php?fahrzeuge, Download vom 02.08.2009.

Celerity Club GmbH (2009a): Die Kategorien und Preise, Internet, URL: http://www.celerity-club.de/mitglied.php, Download vom 30.07.2009.

Celerity Club GmbH (2009b): Je mehr Punkte, desto besser, Internet, URL: http:// www.celerity-club.de/punktesystem.php, Download vom 30.07.2009.

CHECK24 Vergleichsportal GmbH (2009): Abkürzungen: Internet, URL: http:// mietwagen.check24.de/dictionary/abbreviations, Download vom 10.08.2009.

City of Helsinki (2009): Wheel free in Helsinki, Internet, URL: http://www.hel.fi/wps/ portal/HKL_en/Artikkeli?WCM_GLOBAL_CONTEXT=/HKL/en/Services/Citybikes, Download vom 08.12.2009.

City-Motion GmbH (2009): Unternehmenshomepage, Internet, URL: www.laudamotion. com, Download vom 23.01.2009.

CitytoCity (2009): Über uns, Internet, URL: http://www.citytocity.de/content.php?cont=51, Download vom 23.02.2009.

CIVD – Caravaning Industrie Verband e. V. (2009a): Jahresbericht 2008/2009, Frankfurt am Main.

CIVD – Caravaning Industrie Verband e.V. (2009b): CIVD, der Caravaning-Verband, Internet, URL: http://www.civd.de/fileadmin/civd/pdf/hintergrundinformationen/CIVD-der_Caravaning_Verband_2009.pdf, Download vom 27.08.2009.

CIVD – Caravaning Industrie Verband e.V. (2009c): ohne Titel, o.O., Internet, URL: http://www.civd.de/caravaning/marktzahlen/touristik/soziodemo-grafische-daten/, Download vom 18.09.2009.

CIVD – Caravaning Industrie Verband e.V. (2009d): Der deutsche Markt, o.O. 2009, Internet, URL: http://www.civd.de/caravaning/marktzahlen/freizeitfahrzeuge/der-deutsche-markt/, Download vom 17.09.2009.

CIVD – Caravaning Industrie Verband e.V. (2009e): Wohnwagendichte: Schweden hängen Holländer ab, o.O. 2009, Internet, URL: http://www.civd.de/caravaning/presse/pressemeldungen/2009/26-oktober-2009/, Download vom 18.11.2009.

Clancy, D. (2009): Schriftliche Auskunft vom 27.01.2009 per E-Mail von Diane Clancy, Mitarbeiterin von ACRISS.

COMMUNITOR Internetservice GmbH (2009): Kosten für Vignette, Maut & Co bei Fahrten im Ausland, Internet, URL: http://www.webheimat.at/aktiv/Urlaub/Tipps/Vignette-Maut-Kosten-Ausland.html, Download vom 25.09.2009.

Comunicare s.r.l. (2009): Cities, o.O., Internet, URL: http://bicincitta.com/comuni.asp, Download vom 23.09.2009.

Dambacher, C. (2006): Nachhaltiger Campingtourismus in Europa – Ergebnisse der ECO-CAMPING-Gästebefragung, Konstanz.

Dargel, S. (2009): Europcar Buchungsstatistik zeigt: Zu wenige Fahrer in der kalten Jahreszeit mit Winterreifen unterwegs, Hamburg, 17.11.2009, Internet, URL: http://www.presseportal.de/print.htx?nr=1513330, Download vom 18.11.2009.

Datamonitor (2001a): European Car Rental 2001, o.O.

Datamonitor (2001b): European Car Leasing 2001 (ebenfalls: Car Leasing in Belgium, France, Germany, Italy, the Netherlands, Spain and UK).

Datamonitor (2002): Europe Car Rental Industry Guide, o.O.

Datamonitor (2003): European Car Rental, o.O.

Datamonitor (2004a): Car Leasing in Europe, o.O.

Datamonitor (2004b): Car Leasing in Germany, o.O.

Datamonitor (2004c): European Car Leasing, o.O.

Datamonitor (2004d): Leasing Market in Italy, o.O.

Datamonitor (2005): European Fleet Leasing – Competitive Landscape, o.O.

Datamonitor (2006): Evolution of Short-Term Leasing in Europe, o.O.

Datamonitor (2007a): Car Rental in Europe, o.O.

Datamonitor (2007b): Car Rental in Germany, o.O. (ebenfalls: Car Rental in Netherlands, Belgium, Italy, France, Spain).

Datamonitor (2007c): Car Rental: Global Industry Guide, o.O.

Datamonitor (2007d): Daimler Chrysler European Competitor Profile, o.O.

Datamonitor (2007e): Global Car Rental, o.O.

Datamonitor (2007f): Hertz Lease European Competitor Profile, o.O.

Datamonitor (2007g): Sixt Leasing European Competitor Profile, o.O.

Datamonitor (2007h): Global Car Rental in Europe (ebenfalls: Car Rental in Belgium, Czech Republic, Denmark, France, Germany, Hungary, Italy, the Netherlands, Norway, Poland, Spain, Sweden and UK), o.O.

Datamonitor (2008a): Challenges and Growth Prospects for the Operational Leasing Market in Russia, o.O.

Datamonitor (2008b): Enterprise Rent-A-Car Company – SWOT Analysis, o.O.

Datamonitor (2008c): European Fleet Lessor Profiler, o.O.

Datamonitor (2008d): European Fleet Market Profiler – Top 7 Markets, o.O.

Datamonitor (2009a): European Fleet Lessors Database 2008, o.O.

Datamonitor (2009b): Used Cars in Europe, o.O.

Datamonitor (2009c): Used Cars in Germany, o.O. (ebenfalls: Used Cars in UK, Netherlands, Belgium, Italy, France, Spain, US).

Datamonitor (2009d): European Fleet Database 2009 (ebenfalls: Fleet Databas in Belgium, France, Germany, Italy, Netherlands, Spain, UK), o.O.

DCHV – Deutscher Caravaning Handels-Verband e.V. (2009): Deutscher Caravaning Handels-Verband e.V., Internet, URL: http://www.dchv.de/index.html, Download vom 27.08.2009.

Denali Intelligence (2009): Rental Cars, o.O.

Deutscher Camping-Club e.V. (2009): Deutschlands Camping-Fachverband. Der Deutsche Camping-Club e.V., o.O., Internet, URL: http://www.camping-club.de/geschichte.0.html, Download vom 17.09.2009.

Deutscher Sparkassen- und Giroverband e.V. (Hg.) (2009): BranchenReport Kfz-Vermietung, Stuttgart 2008 (pdf-Ausgabe), Internet, URL: https://b2cshop.sparkassenverlag.de/verlag/shop/branchenreports-online,268/?showpage=9, Download vom 17.09.2009.

DFV – Deutscher Fremdenverkehrsverband e.V. (1985): Campingtourismus – Naturschutz und Landschaftspflege, Bonn.

Dielemann, O./Rosskopf, I./Trausch, Z. (2009): Mietwagenunternehmen an europäischen Flughäfen, in: Internationales Verkehrswesen 04/2009, S. 122-124.

Dietz, W. (2006): Automobil-Marketing, 5. Auflage, Landsberg am Lech.

Dietzschold, G./Kutza, H. (1964): Straßenkreuzer oder Straßenbahn – Grundsätzliches zur Entwicklung des städtischen Verkehrs, in: Motor-Jahr 1964, S. 31-45.

Diller, H./Herrmann, A. (2003) (Hg.): Handbuch Preispolitik, Wiesbaden.

DISQ – Deutsches Institut für Service-Qualität (2008): Bester Autovermieter 2008.

Dresdner Bank AG (2005): Branchen-Report – Vermietung von Kraftwagen bis 3,5 t Gesamtgewicht (71.1), Frankfurt am Main.

DSGV – Deutsches Sparkassen- und Giroverband (2009): Tabellen zur Umsatzsteuerstatistik nach Wirtschaftszweigen, Berlin (unveröffentlichte Datenzusammenstellung des DSGV nach dem Statistischen Bundesamt).

DTV – Deutscher Tourismusverband e.V. (2004): Wirtschaftsfaktor Campingtourismus in Deutschland, Bonn.

DTV – Deutscher Tourismusverband e.V. (2009): Aktuelles und Allgemeines, o.O., Internet, URL: http://www.deutschertourismusverband.de/index.php?pageId=74, Download vom 28.08.2009.

DTV – Deutscher Tourismusverband e.V. (o.J.): Planungshilfe Wohnmobilstellplätze, Bonn.

DWIF – Deutsches Wirtschaftswissenschaftliches Institut für Fremdenverkehr (Hg.): Campingurlaub in der Bundesrepublik Deutschland, München 1990.

DWIF – Deutsches Wirtschaftswissenschaftliches Institut für Fremdenverkehr (Hg.) (1997): Campingtourismus in Deutschland – Aktualisierung der Grundlagenuntersuchung von 1990 unter besonderer Berücksichtigung der neuen Bundesländer, München.

eba Pressebüro & Verlag (2009): Von der „Campingbox" zum Komfort-Reisemobil, Internet, URL: http://www.vw-bulli.de/de/bulli-people/traveller/reisemobil-historie.html, Download vom 27.08.2009.

EFCO & HPA – European Federation of Campingsite Organisation and Holiday Park Associations (2009): Welcome to the European Federation of Campingsite Organisations and Holiday Park Associations (EFCO&HPA) website, Internet, URL: http://www.campingeurope.com/, Download vom 27.08.2009.

Egger, R./Buhalis, D. (2008) (Hg.): eTourism Case Studies: Management and Marketing Issues, Amsterdam usw.

Enterprise Rent-A-Car Company (2008): Corporate fact sheet, Internet, URL: http://aboutus.enterprise.com/files/2008_corporatefact_sheet.pdf, Download vom 30.01.2009.

Enterprise Rent-A-Car Company (2009): Our history, Internet, URL: http://www.enterprisealive.com/en/about_us/our_history.html, Download vom 26.01.2009a.

erento GmbH (2009): erento Wohnmobilstudie Saison 2008, Berlin.

Eric Britton & Associates (2008): World City Bike Implementation Strategies – A New Mobility Advisory Brief; Paris.

EuBuCo Verlag GmbH (2009): Avis führt No-Show-Gebühr ein, touristik aktuell, o.O. 07.04.2009, Internet, URL: http://www.touristik-aktuell.de/nachrichten/rail-amp-road/news/datum/2009/04/07/avis-fuehrt-no-show-gebuehr-ein.html, Download vom 19.08.2009.

EUROPA SERVICE Autovermietung AG (2009): ohne Titel, Internet, URL: http://www.europa-service.de/public/in-dex.php?aktiv=2, Download vom 02.02.2009.

EUROPCAR Autovermietung GmbH (2005): Schriftliche Auskunft vom 20.04.2005 per E-Mail von einer Mitarbeiterin von Europcar.

EUROPCAR Autovermietung GmbH (2007a): Geplante Reisen zur Weihnachtszeit, Internet, URL: http://www.europcar.de/EBE/module/render/studien, Download vom 31.07.2009.

EUROPCAR Autovermietung GmbH (2007b): Activity and Financial Report 2007, Internet, URL: http://microsite.europcar.com/pdf/europcar_groupe_2007_activity_report_eng.pdf, Download vom 20.07.2009.

EUROPCAR Autovermietung GmbH (2008a): Observatoy of livestyles trends in travel and transports – Focus on Germany, o.O.

EUROPCAR Autovermietung GmbH (2008b): Autovermieter und Flughäfen – eine Win-Win-Partnerschaft, Vortrag am 14.02.2008 während der Hamburg Aviation Conference 2008, Hamburg.

EUROPCAR Autovermietung GmbH (2008c): Fact Sheet – Autos und Mietautos in Deutschland, Hamburg.

EUROPCAR Autovermietung GmbH (2008d): Europcar und Enterprise Rent-A-Car beschließen strategische Allianz, Hamburg, 04.09.2008, Internet, URL: http://.europcar.de/EBE/module/render/http://www.europcar.de/pressemitteilungen-detail?link=6c130a15-3d45-3262-0d18-35795375744b:ContentPressReleaseDetail&locale=de-DE, Download vom 20.08.2009.

EUROPCAR Autovermietung GmbH (2008e): Mobilitätsbedürfnisse der Europäer im Wandel, Internet, URL: http://www.europcar.de/EBE/module/render/studien, Download vom 31.07.2009.

EUROPCAR Autovermietung GmbH (2008f): Sexy Cars – Diese Autos machen attraktiv, Internet, URL: http://www.europcar.de/EBE/module/render/studien, Download vom 31.07.2009.

EUROPCAR Autovermietung GmbH (2008g): Umfrage zum Thema Auto, Internet, URL: http://germany.europcar.de/eci_pdfs/studienergebnisse_sexycars.pdf, Download vom 20.07.2009.

EUROPCAR Autovermietung GmbH (2008h): Autovermieter und Flughäfen – Eine Win-Win-Partnerschaft, Internet, URL: www.hamburg-aviation-conference.de/pdf/present2008/01_Session_II_Dieter_Neuhaeusser_Europcar_Autovermietung.pdf, Download vom 20.07.2009.

EUROPCAR Autovermietung GmbH (2009a): Unsere Geschichte, Internet, URL: http://www.europcar.de/EBE/module/render/unsere-geschichte, Download vom 26.01.2009.

EUROPCAR Autovermietung GmbH (2009b): Anmietvoraussetzungen, Internet, URL: http://www.europcar.de/EBE/module/render/anmietvoraussetzungen?concrgDsp=4, Download vom 30.07.2009.

EUROPCAR Autovermietung GmbH (2009c): Auszeichnungen, Internet, URL: http://www.europcar.de/EBE/module/render/auszeichnungen, Download vom 29.07.2009.

EUROPCAR Autovermietung GmbH (2009d): Europcar und Nissan starten Partnerschaft für emissionsfreie Fahrzeuge, Paris, 27.05.2009, Internet, URL: http://www.europcar.de/EBE/module/render/http://www.europcar.de/pressemitteilungen-detail?link=7f745160-5204-0f4f-1409-206a5445265a:ContentPressReleaseDetail&locale=de-DE#, Download vom 20.08.2009.

EUROPCAR Autovermietung GmbH (2009e): Kooperation mit Max Bahr, Hamburg, 15.07.2009, Internet, URL: http://www.europcar.de/EBE/module/render/http://www.europcar.de/pressemitteilungen-detail?link=2f741e5b-6737-1646-605d-1d7b2e2f4445:ContentPressReleaseDetail&locale=de-DE; Download vom 22.09.2009.

EUROPCAR Autovermietung GmbH (2009f): Europcar neuer Partner vom HSV, Hamburg, 14.08.2009, Internet, URL: http://www.europcar.de/EBE/module/render/http://www.europcar.de/pressemitteilungen-detail?link=7e002f21-637b-672e-6c05-745e75194960:ContentPressReleaseDetail&locale=de-DE, Download vom 22.09.2009.

EUROPCAR Autovermietung GmbH (2009g): Activity Report for 2008, Internet, URL: http://microsite.europcar.com/pdf/raeuropcar-2008.pdf, Download vom 12.08.2009.

EUROPCAR Autovermietung GmbH (2009h): Europcar präsentiert sich mit neuer Corporate Identity, Hamburg, 05.03.2009, Internet, URL: http://www.europcar.de/EBE/module/render/http://www.europcar.de/pressemitteilungen-detail?link=57471141-0b15-0642-6904-7210026b0f00:ContentPressReleaseDetail&locale=de-DE, Download vom 10.08.2009.

EUROPCAR Autovermietung GmbH (2009i): Umweltengagement bei Europcar Deutschland, Internet, URL: http://www.europcar.de/EBE/docfile/dyn/720f7e5c723d006339 12292f6a6e666b:1949070b30163c696807027342260f30:4f6f2140643448352c6031503b636 f41, Download vom 13.08.2009

EuropeAlive Medien GmbH (2009): Mitfahrzentrale.de Nutzungsverhalten, Bonn.

F.I.C.C. – Ferderation Internationale de Camping et de Caravaning (2009): ohne Titel, Internet, URL: http://www.ficc.org/novo/txt.php?t=3, Download vom 27.08.2009.

F.U.R. – Forschungsgemeinschaft Urlaub und Reisen e.V. (2004): Reiseanalyse 2004, Kiel/Hamburg.

F.U.R. – Forschungsgemeinschaft Urlaub und Reisen e.V. (2009): Urlaubsreisetrends 2020. – Die RA-Trendstudie – Entwicklung der touristischen Nachfrage der Deutschen, Kiel.

Färber, N./Groß, S. (2009): Das Angebot der Umweltagenturen, Klimaschutzprojekte und Geschäftsreisen, in: Otto-Rieke, G. (Hg.): Modernes Geschäftsreisemanagement 2010, S. 76-82.

Fassnacht, M. (2003): Preisdifferenzierung, in: Diller, H./Herrmann, A. (Hg.): Handbuch Preispolitik, Wiesbaden, S. 483-502.

Fielitz, K.-H./Grätz, T. (2008): Personenbeförderungsgesetz, Kommentar zum Personenbeförderungsrecht (PBefG, BOKraft, BOStrab, FreistellungsV, PBZuGV, EU-Vorschriften), Band 1 und 2, 56. Aktualisierungslieferung, Luchterhand Verlag, Neuwied.

Finaccord Ltd. (2007a): Leasing Services in Northern and Central Europe (ebenfalls: Leasing-Services in Austria, Czech Republic, Denmark, Germany, Hungary, Norway, Poland, Slovakia, Sweden and Switzerland), o.O.

Finaccord Ltd. (2007b): Leasing Services in Southern and Western Europe (ebenfalls: Leasing Services in Belgium, France, Ireland, Italy, the Netherlands, Portugal, Spain and UK), o.O.

First Research Inc. (2009): Automobile Rental and Leasing, o.O.

Focus (2008): Der Markt der Mobilität, Daten, Fakten, Trends, München.

FOCUS Magazin Verlag GmbH (2007): Winterreifen. Profil-Check beim Mietwagen, o.O., 13.11.2007, Internet, URL: www.focus.de/auto/unterwegs/winterreifen_aid_138996.html, Download vom 23.01.2009.

Franz Wucherpfennig GmbH (2009): Unternehmenshomepage, Internet, URL: http://www.wucherpfennig.de/, Download vom 26.01.2009.

Fraunhofer-Institut für Arbeitswirtschaft und Organisation (2008): Marktpreisspiegel Mietwagen Deutschland 2008, Stuttgart.

Freyer, W. (2009a): Tourismus-Marketing, 6. Auflage, München/Wien.

Freyer, W. (2009b): Tourismus – Einführung in die Fremdenverkehrsökonomie, 9. Auflage, München/Wien.

Freyer, W./Molina, M.: Multi-Channel-Vertrieb (2008): Innovatives Distributionsmanagement für Destinationen, in: Freyer, W./Pompl, W. (Hg.): Reisebüro-Management, 2. Auflage, München/Wien, S. 123-133.

Freyer, W./Naumann, M./Schröder, A. (2004) (Hg.): Geschäftsreise-Tourismus, Dresden.

Freyer, W./Pompl, W. (2008) (Hg.): Reisebüro-Management, 2. Auflage, München/Wien.

Frosch Touristik GmbH (2009): driveFTI, Internet, URL: http://www.fti.de/unternehmen/ markengesellschaften/drivefti.html, Download vom 02.02.2009.

Fuchs, E./Pramer, J. (2007): Mietwagenkosten beim Fahrzeugschaden – Grundlagen, Rechtssprechung, Muster, Köln.

Fuchs, W./Mundt, J.W./Zollondz, H.-D. (2008) (Hg.): Lexikon Tourismus – Destinationen, Gastronomie, Hotellerie, Reisemittler, Reiseveranstalter, Verkehrsträger, München.

Gelbrich, K. (2009): Blueprinting, sequentielle Ereignismethode und Critical Incident Technique, in: Buber, R./Holzmüller, H. (Hg.): Qualitative Marktforschung, 2. Aufl., Wiesbaden, S. 617-633.

Gelbrich, K./Wünschmann, S./Müller, S. (2008): Erfolgsfaktoren des Marketing, München.

GEWISTA Werbegesellschaft mbH (2009): Citybike Wien. Citybike Wien weiterhin auf Erfolgskurs, in: Urbannews digital, Ausgabe 01/09, Internet, URL: http://www.flipmag.com/swf/ljtVtE7Ngr/12, Download vom 08.12.2009, S. 12.

Global Industry Analysts (2008a): Car Rental Business, o.O.

Global Industry Analysts (2008b): Car Rental Industry, o.O.

Global Industry Analysts (2008c): Car Rental Industry (ebenfalls: Car Rental Industry in France, Germany, UK, Italy, Spain), o.O.

Global Markets Direct (2009): Enterprise Rent-A-Car Company – Strategic Analysis Review, o.O.

Goeldner, C. R./Brent Richie, J. R. (2006): Tourism: Principles, Practises, Philosophies, 10. Auflage, Hoboken.

Gorham, G./Rice, S. (2007): Travel Perspectives: A Guide to Becoming a Travel Professional, 4. Auflage, Clifton Park.

Grätz, T. (2005): Fachkunde & Prüfung für den Taxi- und Mietwagenunternehmer, 3. Auflage, Verlag Heinrich Vogel GmbH, München.

Grätz, T./Meißner, H. (2008): Taxi und Mietwagen – Handbuch zur Rechts- und Betriebspraxis, 2. Auflage, Verlag Heinrich Vogel GmbH, München.

Groß, S./Schröder, A. (2007) (Hg.): Handbook of Low Cost Airlines – Strategies, Business Processes and Market Environment, Berlin.

Groß, S./Sonderegger, R./Grotrian, J. (2007a): Low Cost als strategische Option für Schiffs-, Bus- und Mietwagenunternehmen, in: Bieger, T./Laesser, C./Maggi, R. (Hg.): Jahrbuch 2007 – Schweizerische Verkehrswirtschaft, St. Gallen, S. 115-143.

Groß, S./Sonderegger, R./Grotrian, J. (2007b): Transferring the Low Cost Strategy to Ship, Bus and Rental Car Companies, in: Groß, S./Schröder, A.: (Hg.): Handbook of Low Cost Airlines – Strategies, Business Processes and Market Environment, Berlin, S. 293-314.

Gruner+Jahr AG & Co KG (2007): G+J Branchenbild Autovermietung, Hamburg.

Gruner+Jahr AG & Co KG (2008): G+J Branchenbild Autovermietung, Hamburg.

Gruner+Jahr AG & Co KG (2009): G+J Branchenbild Autovermietung, Hamburg.

Hahn, W. (2006): Anpassung der Ausrüstung von Kfz an die Wetterverhältnisse, schriftliche Stellungnahme an den Bundesverband der Deutschen Autovermieter vom 24.01.2006, Internet, URL: www.bav.de/web/web3a0c.html?c=infoservice/data/107.htm, Download vom 23.01.2009.

Hammer, M./Naumann, M. (2004): Der Markt für Geschäftsreisen – Nachfrage- und Angebotsstrukturen, in: Freyer, W./Naumann, M./Schröder, A. (Hg.): Geschäftsreise-Tourismus, Dresden, S. 12-85.

Hanske, S. (2009a): Mündliche Auskunft von Frau Susan Hanske, Mitarbeiterin beim Kraftfahrtbundesamt am 13.10.2009.

Hanske, S. (2009b): Schriftliche Auskunft vom 08.12.2009 per E-Mail von Frau Susan Hanske, Mitarbeiterin beim Kraftfahrtbundesamt.

Hedde, B. (2009): Autovermieter: Europcar schlägt Sixt, o.O., 11.08.2009, Internet, URL: http://www.wiwo.de/unternehmer-maerkte/autovermieter-europcar-schlaegt-sixt-405490/, Download vom 08.09.2009.

Hertz Corporation (2009): Where do you want to connect?, Internet, URL: http://www.connectbyhertz.com, Download vom 30.01.2009.

Hertz Autovermietung GmbH (2005a): Mietbedingungen, Alterseinschränkungen und Ausnahmen, Internet, URL: https://www.hertz.de/rentacar/reservation/reviewmodifycancel/deDE/rentalTerms.jsp?KEYWORD=AGE&EOAG=FRAT50, Download vom 31.07.2009.

Hertz Autovermietung GmbH (2005b): Mietbedingungen, Zahlungsart, Internet, URL: https://www.hertz.de/rentacar/reservation/reviewmodifycancel/deDE/rentalTerms.jsp?KEYWORD=MOP&EOAG=FRAT50, Download vom 31.07.2009.

Hertz Autovermietung GmbH (2009a): Hertz History, Internet, URL: https://www.hertz.com/rentacar/abouthertz/index.jsp?targetPage=CorporateProfile.jsp&c=aboutHertzHistoryView, Download vom 14.12.2009.

Hertz Autovermietung GmbH (2009b): Hertz 369 – 3, 6 oder 9 Stunden mieten, Internet, URL: https://www.hertz.de/rentacar/byr/index.jsp?targetPage=hertz369.jsp?leftNavUserSelection=globNav_3_5_1&selectedRegion=Europa, Download 30.01.2009.

Hertz Autovermietung GmbH (2009c): Annual Report 2008, Internet, URL: http://phx.corporate-ir.net/External.File?item=UGFyZW50SUQ9MzM1NzQyfENoaWxkSUQ9MzE5NDc5fFR5cGU9MQ==&t=1, Download vom 25.07.2009.

Hierhammer, A. (1996): Die Caravan- und Motorcaravanbranche in Deutschland – Phasen der langfristigen Entwicklung, Situation heute, Tendenzen der Zukunft, Stuttgart.

Holle, G. (2008): BOKraft Kommentar, 21. Auflage, Verlag Heinrich Vogel GmbH, München.

Hummel, F. H. (2008b): Mietwagen, in: Fuchs, W./Mundt, J.W./Zollondz, H.-D. (Hg.). Lexikon Tourismus – Destinationen, Gastronomie, Hotellerie, Reisemittler, Reiseveranstalter, Verkehrsträger, München, S. 464-466.

Hummel, F.H. (2008a): Enterprise Rent-A-Car: mainstreaming distribution, in: Egger, R./Buhalis, D. (Hg.): eTourism Case Studies: Management and Marketing Issues, Amsterdam usw., S. 304-309.

Ibisworld (2008a): Auto Leasing, Loans & Sales Financing in the US – Industry Market Research Report, o.O.

Ibisworld (2008b): Rental Car Services & Leasing in the US – Industry Market Research Report, o.O.

Ibisworld (2009): Auto Leasing, Loans & Sales Financing in the US – Industry Risk Rating Report, o.O.

Icon Group International Inc. (2004): The 2005-2010 World Outlook for Passenger Car Rental and Leasing, o.O.

Icon Group International Inc. (2006): The 2007-2012 World Outlook for Passenger Car Rental and Leasing, o.O.

Icon Group International Inc. (2008a): The 2009-2014 World Outlook for Passenger Car Rental and Leasing, o.O.

Icon Group International Inc. (2008b): The 2009-2014 World Outlook for Non-Airport Car Rentals, o.O.

Icon Group International Inc. (2008c): The 2009-2014 World Outlook for Automotive Rental and Leasing without Drivers, o.O.

Icon Group International Inc. (2008d): The 2009-2014 World Outlook for Airport Car Rentals, o.O. 2008d.

Icon Group International Inc. (2009a): The 2009 Report on Airport Car Rentals: World Market Segmentation by City, o.O.

Icon Group International Inc. (2009b): The 2009-2014 Outlook for Passenger Car Rental and Leasing in the United States, o.O.

Icon Group International Inc. (2009c): The 2009-2014 Outlook for Non-Airport Car Rentals in the United States, o.O.

Icon Group International Inc. (2009d): The 2009-2014 Outlook for Automotive Rental and Leasing without Drivers in the United States, o.O.

Icon Group International Inc. (2009e): The 2009-2014 Outlook for Airport Car Rentals in the United States, o.O.

Icon Group International Inc. (2009f): The 2009-2014 Outlook for Airport Car Rentals in Greater China, o.O.

Icon Group International Inc. (2009g): The 2009-2014 Outlook for Passenger Car Rental and Leasing in Greater China, o.O.

Icon Group International Inc. (2009h): The 2009-2014 Outlook for Automotive Rental and Leasing without Drivers in Greater China.

Icon Group International Inc. (2009i): The 2009-2014 Outlook for Non-Airport Car Rentals in Greater China, o.O.

ifD – Institut für Demoskopie Allensbach (2008): AWA 2008 – Allensbacher Marktanalyse Werbeträgeranalye. Codebuch, Allensbach.

ifo – Institut für Wirtschaftsforschung an der Universität München (2008): Deutliche Bremsspuren bei Investitionen und Leasing – 2009 droht rezessive Investitionsentwicklung, München 2008 (Sonderdruck aus ifo Schnelldienst Nr. 24/2008).

IhrMietwagen.de (2009): Abkürzungen und Begriffe, Internet, URL: http://www.ihrmietwagen.de/abkuerzungen.html, Download vom 10.08.2009.

interRent Immobilien GmbH (2009): Unternehmenshomepage, Internet, URL: http://www.interrent.com/pkw-autovermietung/de, Download vom 23.01.2009.

IVM – Industrieverband Motorrad e.V. (2009): Jahresbericht 2008, Internet, URL: http://www.ivm-ev.de/db/docs/ivm_jb_2008_low.pdf, Download vom 09.11.2009.

Jegimat, G. (2009a): Sixt bleibt gut gelaunt, Internet, URL: http://www.fvw.de/index.cfm?objectid=2CEBC4B1-CD07-F934-E9E176CD2A9FAA84, Download vom 18.08.2009a.

Jegimat, G. (2009b): Mietwagen bei Aldi, Internet, URL: http://www.fvw.de/index.cfm?objectid=825F5798-EA2B-BEAF-1F48F4AA62401C93&navID=B417E1F7-A18C-922C-1F4AEED0B13DAE8C, Download vom 18.08.2009b.

Juchner, J. (2009): Schriftliche Auskunft vom 23.01.2009 per E-Mail von Herrn Jürgen Juchner, Geschäftsführer von Buchbinder.

Jürs, M. (2008): Vorfahrt für mehr Service, in: fvw 22/2008, S. 66.

Kazanjian, K. (2007): Exceeding Customer Expectations – What Enterprise, America's #1car rental company, can teach us about creating lifetime customers, New York.

KBA – Kraftfahrt-Bundesamt (2008): Fahrzeugzulassungen, Flensburg.

KBA – Kraftfahrt-Bundesamt (2009a): Fahrzeugneuzulassungen – Neuzulassungen, Hersteller, Flensburg.

KBA – Kraftfahrt-Bundesamt (2009b): Fahrzeugzulassungen, Bestand, Halter 01. Januar 2009.

KBA – Kraftfahrt-Bundesamt (2009c): Fahrzeugklassen und Aufbauarten: Bestand an Kraftfahrzeugen und Kraftfahrzeuganhängern in den Jahren 1950 bis 2009 nach Fahrzeugklassen, Internet, URL: http://www.kba.de/cln_015/nn_191172/DE/Statistik/Fahrzeuge/ Bestand/FahrzeugklassenAufbauarten/b__fzkl__zeitreihe.html, Download vom 18.11.2009.

Key Note Publications Ltd. (1998): Vehicle Leasing and Hire, o.O.

Kleinjohann, M. (1992): Reisemobil-Land Deutschland, Daten – Strukturen – Hintergründe von Deutschlands größtem Reisemobil-Magazin, Stuttgart.

Koch, A./Zeiner, M./Feige, S./Harrer, B. (1990): Campingurlaub in der Bundesrepublik Deutschland, München.

Kollar, H. W./Pieper, K. (2008): Taxi-Handbuch – Leitfaden für zukünftige und praktizierende Taxi- und Mietwagenunternehmer, 18. Auflage, Huss-Verlag GmbH, München.

Koncept AnalyticsGlobal Car Rental Market (2008): Opportunities and Challenges, o.O.

konsumo GmbH (2008): Mietwagen: kein zusätzlicher Aufschlag für Winterreifen, o.O., 22.01.2008, Internet, URL: http://www.konsumo.de/news/1110-Mietwagen:-kein-zus%C3%A4tzlicher-Aufschlag-f%C3%BCr-Winterreifen, Download vom 23.01.2009.

Kotler, P./Bowen, J. T./Makens, J. C. (2006): Marketing for Hospitality and Tourism, 4. Auflage, New Jersey.

Kreuzpointner, M. (2003): Allianz versichert Rentmycar, o.O., 20.06.2003, Internet, URL: http://www.all4finance.de/index.php;do=show/site=vm/sid=14753707114a76adc248960008 070104/alloc=195/id=1221, Download vom 03.08.2009.

Krüger, R. (2002): Spur der Freiheit – Menschen im Wohnmobil, Stuttgart.

Küter, C. (2009): Rent a Car in Deutschland: Die Top 10 der Autovermieter auf dem deutschen Markt, o.O., 19.02.2009, Internet, URL: http://news.erento.com/news/00330--rent-a-car-in-deutschland-die-top-ten-der-autovermieter-auf-dem-deutschen-markt.html, Download vom 03.08.2009.

L.A.S.-GmbH (2009): SANI-STATION, Internet, URL: http://www.sani-station.de/ sani_station.php, Download vom 05.01.2009.

Lammenett, E. (2009): Praxiswissen Online-Marketing, 2. Auflage, Wiesbaden.

Langner, S. (2007): Viral-Marketing – wie Sie Mundpropaganda gezielt auslösen und Gewinn bringend nutzen, 2. Auflage, Wiesbaden.

Leaseurope – European Federation of Leasing and Automotive Rental Associations (2009a): Leaseurope is the voice of leasing and automotive rental in Europe, Internet, URL: http://www.leaseurope.org, Download vom 16.01.2009.

Leaseurope – European Federation of Leasing and Automotive Rental Associations (2009b): Key Facts and Figures 2008, Internet, URL: http://www.leaseurope.org/ uploads/Leaseurope_FactsFigures_2008.pdf, Download vom 14.12.2009.

Lempp, V. (2009): Der Streit um die Miete, in: ACE-Verkehrsjurist, Heft 02/2009, S. 1-4.

Leser, H./Haas, H.-D./Mosimann, T./Paesler, R. (1993): DIERCKE Wörterbuch der allgemeinen Geographie, 7. Auflage, München.

Lines, L./Kuby, M./Schultz, R./Clancy, J./Xie, Z. (2008): A rental car strategy for commercialization of hydrogen in Florida, in: International Journal of hydrogen energy 33 (2008), S. 5312-5325.

Löbach, M. (2007): Betriebswirtschaftliche Aspekte von Leasing, Hamburg.

Lüthe, E. (2009): Die Erstattungsfähigkeit von Mietwagenkosten, in: Zeitschrift für Schadensrecht (zfs), Heft 01/2009, S. 2-5.

Mathy, F. A. (2000): Rechtsschutz-Alphabet: Definitionen, Erläuterungen, Abgrenzungen, 2. Auflage, Karlsruhe.

Meffert, H./Bruhn, M. (1997): Dienstleistungsmarketing, 2. Auflage, Wiesbaden.

Meffert, H./Bruhn, M. (2009): Dienstleistungsmarketing, 6. Auflage, Wiesbaden.

Meffert, H./Burmann, C./Kirchgeorg, M. (2008): Marketing, 10. Auflage, Wiesbaden.

MEHRSi gemeinnützige GmbH (2009): Streckensicherung (alphabetisch sortiert nach Bundesländern), Internet, URL: http://www.mehrsi.org/streckensicherung,strecken sicherung.html, Download vom 09.12.2009.

Meißner, H./Mattern, C. (2008): Das Taxi-Unternehmen in der Praxis – Leitfaden zur Betriebsführung mit Sonderteil Kalkulation und Auszügen aus Gesetzestexten, 18. Auflage, Verlag Heinrich Vogel GmbH, München.

Metz, J. (2009): Ausgewählte Probleme der Mietwagenrechtsprechung, in: Neue Zeitschrift für Verkehrsrecht (NZV), Heft 02/2009, S. 57-62.

Mihlan, W. (2009): Schriftliche Auskunft vom 05.02.2009 per E-Mail von Herrn Wolfgang Mihlan, Abteilung Raumordnung/Verkehr/Tourismus Referat Verkehrswirtschaft der IHK Magdeburg, Magdeburg.

Miklauz, S. (2007): Niki Lauda setzt mit LaudaMotion Limousines ab sofort neue Maßstäbe im Limousinen-Service, in: pressemeldungen.at, Wien, 04. 06. 2007, Internet, URL: http://www.pressemeldungen.at/10868/niki-lauda-setzt-mit-laudamotion-limousines-ab-sofort-neue-masstabe-im-limousinen-service/, Download 23.01.2009.

Minelli, B. (2008): How To Save Big Money on Car Rentals – Uncovering the Secrets They Don't Want You To Know, Bloomington.

Mintel International Group Ltd. (2008): Car Rental – US, o.O. Mintel International Group Ltd.

MoHo – Verein für Motorrad und Tourismus (2009a): Abbildung „category_1.gif", Internet, URL: http://www.moho.at/_res/category_1.gif, Download vom 10.12.2009.

MoHo – Verein für Motorrad und Tourismus (2009b): Abbildung „category_2.gif", Internet, URL: http://www.moho.at/_res/category_2.gif, Download vom 10.12.2009.

MoHo – Verein für Motorrad und Tourismus (2009c): Abbildung „category_3.gif", Internet, URL: http://www.moho.at/_res/category_3.gif, Download vom 10.12.2009.

Monheim, H./Muschwitz, C./Sassen, W. von, Streng, M. (2009): Intelligent mobil – aktuelle Trends bei Fahrradverleihsystemen, in: Verkehrszeichen 02/2009, S. 9-15.

Motorradsport Feil GmbH (2009): Miettarife BMW-Motorräder, Internet, URL: http://motorradsport-feil.de/index.php/mietmotorraeder/bmw-motorraeder.html, Download vom 15.12.2009.

MOVECO GmbH (2009): Unternehmenshomepage, Internet, URL: www.mitfahrzentrale. de, Download vom 30.07.2009.

MSI Marketing Research for Industry Ltd. (2001): Car Leasing & Rental: UK, o.O.

Münck, R. (2006): Angepasste Verhältnisse, in: fvw 26/2006, S. 96.

Münck, R. (2007a): Sixt setzt auf Reisebüros, in: fvw 02/2007, S. 86.

Münck, R. (2007b): Auf Du und Du mit dem Counter, in: fvw 13/2007, S. 80-82.

Münck, R. (2007c): Mehr fürs Geld, in: fvw 16/2007, S. 91.

Münck, R. (2008a): Willkommen im Club, in: fvw 25/2008, S. 91.

Münck, R. (2008b): Das große Rennen der Broker, in: fvw 15/2008, S. 74-76.

Münck, R. (2009a): Bis hierher und nicht weiter, in: BizTravel 02/2009, S. 50-51.

Münck, R. (2009b): Ein rollender Mietwagen-Counter, in: fvw 04/2009, S. 80.

Münck, R. (2009c): Gang zurückschalten, in: fvw 14/2009, S. 80-82.

Münck, R. (2009d): Vorsicht Engpass! in: fvw 16/2009, S. 63.

Münck, R. (2009e): „Gleichauf mit Sixt", in: fvw 16/2009, S. 60-62.

Münck, R. (2009f): Budget Deutschland ist insolvent, Internet, URL: http://www.fvw.de/ index.cfm?objectid=14E86E9B-C9CF-BB17-A1FBBCD8E2B85295&navID=B417E1F7-A18C-922C-1F4AEED0B13DAE8C, Download vom 11.05.2009.

Münck, R. (2009g): Billigmarke Interrent in Auflösung, in: fvw.de vom 20.05.2009.

Münck, R. (2009h): Schriftliche Auskunft vom 11.08.2009 per E-Mail von Frau Rita Münck, Redakteurin Team Verkehr + Travel Technology der FVW Mediengruppe, Hamburg.

Münck, R./Stirm, P. (2006a): Auf dem Gipfel immer der Erste, in: fvw 13/2006, S. 78-83.

Münck, R./Stirm, R. (2006b): Der Sonne entgegen, in: fvw 14/2006, S. 80-83.

Mundt, J. (2006): Tourismus, 3. Auflage, München/Wien.

Mundt, J. W. (2008): Camping, in: Fuchs, W./Mundt, J.W./Zollondz, H.-D. (Hg.). Lexikon Tourismus – Destinationen, Gastronomie, Hotellerie, Reisemittler, Reiseveranstalter, Verkehrsträger, München, S. 136.

Neidhardt, C./Kremer, J. (2008): Schätzgrundlage des Mietwagen-Normaltarifs, in: Schadenspraxis (SP) 12/2008, S. 437-439.

Neumann, W. (2010): „Grüne" Mietwagenflotten – Kundenbefürdnis oder Marketing-Gag? in: Otto-Rieke, G. (Hg.): Modernes Geschäftsreisemanagement 2010, München, S. 84-89.

nextbike GmbH (2009): Standortkarte, Internet, URL: http://nextbike.de/#standortkarte, Download vom 23.09.2009.

Nieschlag, R./Dichtl, E./Hörschgen, H. (2002): Marketing, 19. Auflage, Berlin.

o.V. (2001): Es werde Licht, Essen, 26.01.2001, Internet, URL: http://www.motorradonline. de/de/zubehoer/sonstiges/beschluss-motorraeder-mit-dauerlichtschaltung/99843, Download vom 15.11.2009.

o.V. (2003): Holiday Autos: Bonusprogramm kehrt 2004 zurück, o.O., 26.11.2003, Internet, URL: http://www.touristik-aktuell.de/serviceseiten/suche/nachrichtenuebersicht/datum/2003/ 11/26/holiday-autos-bonusprogramm-kehrt-2004-zurueck.html, Download vom 05.08.2009.

o.V. (2006a): Von Umschlagplätzen und Gebrauchtwagenauktionen, in: Kraftstoff, Nr. 04, Juli 2006, S. 23-24.

o.V. (2006b): Flughafen München verlegt Mietwagenzentrum, in: Kraftstoff, Nr. 04, Juli 2006, S. 14.

o.V. (2007): Mobil am Urlaubsort, in: Kraftstoff, Nr. 3, Juli 2007, S. 16-18.

o.V. (2008a): Maßanzug, in: Caravaning Welt, Ausgabe 2008, S. 44-47.

o.V. (2008b): Sixt: Besserer Service auf Mallorca, o.O., 25.06.2008, Internet, URL: http://www.touristik-aktuell.de/serviceseiten/suche/nachrichtenuebersicht/datum/2008/06/25/ sixt-besserer-service-auf-mallorca.html, Download vom 07.08.2009.

o.V. (2008c): Servicestudie: Bester Autovermieter 2008, Hamburg, 26.05.2008, Internet, URL: www.presseportal.de/meldung/1197811/, Download vom 29.07.2009.

o.V. (2008d): Broker stockt All-Inclusive-Paket auf, o.O., 19.09.2008, Internet, URL: http://www.fvw.de/index.cfm?objectid=7AD9EE2F-EA1B-952A-7DA9858A2AABFEB5, Download vom 25.09.2008.

o.V. (2008e): Ohne Titel, o.O., 16.01.2008, Internet, URL: http://blog.rechtsanwalt.com/ 2008/01/16/olg-mietwagen-muss-winterreifen-haben, Download vom 23.01.2009.

o.V. (2008f): Gemeinsame Sache mit Avis, o.O., 28.10.2008, Internet, URL: http://biztravel.fvw.de/index.cfm?cid=4070&pk=5812, Download vom 25.09.2009.

o.V. (2008g): Wettlauf ums beste Produkt, Internet, URL: http://www.fvw.de/index.cfm? =99233E44-F435-CA06-8656C1CE843CAA07&navID=B417E1F7-A18C-922C-1F4AEED0B13DAE8C, Download vom 25.09.2008c.

o.V. (2008h): Motorräder haben wieder Konjunktur, Stuttgart, 27.02.2008, Internet, URL: http://www.einrad-racing.ch/index.php?page=1152&printview=1,   Download   vom 15.11.2009.

o.V. (2009a): Avis bietet auch Hotels, in: BizTravel, 2/2009, S.9, Internet, URL: http://biztravel.fvw.de/, Download vom 20.09.2009.

o.V. (2009b): Sommertipps: Mit Avis Zeit und Geld sparen, Oberursel, 23.06. 2009, Internet,   URL: http://www.touristikpresse.net/news/25302/Sommertipps-Mit-Avis-Zeit-und-Geld-sparen.html, Download vom 23.06.2009.

o.V. (2009c): Unterschlagungsschutz in der Autovermietung, Internet, URL: http:// vermieterservice.rent-a.de/index.php/news/branchen-news/210-unterschlagungsschutz-in-der-autovermietung, Download vom 29.07.2009.

o.V. (2009d): Sommerrückblick 2008: Auch in der Hochsaison finden Kunden bei billiger-mietwagen.de sehr günstige Angebote, Internet, URL: www.Presseportal.de/meldung/ 1303787, Download vom 18.06.2009.

o.V. (2009e): Terstappen zieht im Airport Frankfurt ein, Freiburg, 18.11.2008, Internet, URL: http://www.fvw.de/index.cfm?objectid=5F5A8650-0EBF-F14C-BBA2189D821A653 1&navID=B417E1F7-A18C-922C-1F4AEED0B13DAE8C, Download vom 20.07.2009.

o.V. (2009f): Sixt nimmt BMW M3 in die Flotte, o.O., 23.06.2009, Internet, URL: http://www.fvw.de/index.cfm?objectid=0D2121E7-D9BB-0053-6D2AC45BE9B93731& navID=B417E1F7-A18C-922C-1F4AEED0B13DAE8C, Download vom 23.06.2009.

o.V. (2009g): Fliegender Fahrzeugwechsel: Flughafen Düsseldorf hat neues Mietwa-genzentrum in Betrieb genommen, o.O., 18.05.2009, Internet, URL: http://www.duesseldorf-international.de/dus/medieninfo_detail/?limit=0&recherche=1&thema=40&id=728,   Down-load vom 18.06.2009.

o.V. (2009h): Drive FTI: Gewinnspiel zum Jubiläum, o.O., 30.06.2009, Internet, URL: http://www.touristik-aktuell.de/nachrichten/rail-amp-road/news/datum/2009/06/30/drive-fti-gewinnspiel-zum-jubilaeum.html, Download vom 06.08.2009.

o.V. (2009i): Gratis-Sprit für ADAC-Mitglieder, o.O., 30.01.2008, Internet, URL: http://www.fvw.de/index.cfm?objectid=CA60BEDB-EEED-83D1-6309B22139003E4C& navID=B417E1F7-A18C-922C-1F4AEED0B13DAE8C, Download vom 06.08.2009.

o.V. (2009j): Sunny Cars: 30 Prozent Rabatt in Italien, o.O., 28.01.2009, Internet, URL: http://www.touristik-aktuell.de/nachrichten/rail-amp-road/news/datum/2009/01/28/sunny-cars-30-prozent-rabatt-in-italien.html, Download vom 06.08.2009.

o.V. (2009k): Sunny Cars und L'Tur verteilen 25 Motorroller, o.O., 20.02.2009, Internet, URL: http://www.touristik-aktuell.de/cocktail/news/datum/2009/02/20/sunny-cars-und-ltur-verteilen-25-motorroller.html, Download vom 06.08.2009.

o.V. (2009l): Avis vermietet Porsche Panamera, o.O., 17.09.2009, Internet, URL: http://www.fvw.de/index.cfm?objectid=C7B95583-DE80-F063-B2E968566F6C0A1F, Download vom 20.09.2009.

o.V. (2009m): Servicestudie: Bester Autovermieter, Hamburg, 18.06.2009, Internet, URL: www.presseportal.de/meldung/1425272/, Download vom 29.06.2009.

o.V. (2009n): Institut für Zweiradsicherheit e.V.: Reifenfabrikatsbindung bei motorisierten Zweirädern, Internet, URL: http://www.ifz.de/tipps%20und%20Tricks/Reifenfabrikats bindung.pdf, Download vom 18.11.2009.

o.V. (2009o): Geschäftsreisende wählen Europcar erneut zum "Besten Autovermieter in Deutschland", Hamburg, 20.01.2009, Internet, URL: http://www.presseportal.de/ pm/43591/1338002/europcar?search=europcar, Download vom 29.07.2009.

O'Reilly, T. (2005): What is Web 2.0 – Design Patterns and Business Models for the next Generation of Software, Internet, URL: www.oreilly.de/artikel/web20.html, Download vom 07.07.2009.

Obier, C./Peters, G. (2003): Reisemobiltourismus in Deutschland – Eine Empirische Grundlagenstudie, Stuttgart.

OPM Media GmbH (2009): Unternehmenshomepage, Internet, URL: http:// www.drive2u.de/, Download vom 11.12.2009.

Otting, J. (2009): Der Mietwagen, die Kreditkarte und das Internet, in: Straßenverkehrs-recht – Zeitschrift für die Praxis des Verkehrsjuristen (SVR), Heft 08/2009, S. 290-293.

Otto-Rieke, G. (2010) (Hg.): Modernes Geschäftsreisemanagement 2010, München.

P*A*S GmbH (2009): Die P*A*S-GmbH, Internet, URL: http://european-carsharingclub.com/sharingclub/de/de_pasgmbh.html, Download vom 30.07.2009.

P1 World LLP (2009): P1 – the first and leading supercar club in the world, Internet, URL: http://www.p1international.com/homepage.php, Download vom 30.07.2009.

Palmer-Tous, T./Riera-Font, A./Rosselló-Nadal, J. (2007): Taxing tourism: The case of rental cars in Mallorca, in: Tourism Management 28, S. 271-279.

Peitsmeier, H. (2006): Branchen (49): Autovermieter – Neue Quellen, o.O. 26.06.2006, Internet, URL: http://www.faz.net/s/Rub39D62EB10953443EB82D694D50AE0845/ Doc~E8E758E0764B64057A677A351C1BC0DF6~ATpl~Ecommon~Scontent.html, Down-load vom 03.08.2009.

Peitsmeier, H. (2008): Branchen und Märkte (150): Autovermieter – Die Konzentrations-welle rollt, o.O. 20.06.2008, Internet, URL: http://www.faz.net/s/ Rub39D62EB10953443EB82D694D50AE0845/Doc~E70B7F603FF704BA79AA4AE466D B2C625~ATpl~Ecommon~Scontent.html, Download vom 03.08.2009.

Petersen, O. (2001): Weltpremiere – rentmycar geht live, Konstanz, 19.06.2001, Internet, URL: http://www.presseportal.de/pm/39323/258208/rentmycar_gmbh_co_kg, Download vom 03.08.2009.

Plimsoll Publishing Ltd. (2008a): Plimsoll Analysis- Car & Van Rental (UK), o.O.

Plimsoll Publishing Ltd. (2008b): Plimsoll Portfolio Analysis – Automobile Rental (Japan), o.O.

Pompeo, L. (2005): Billigflieger vor dem Wendepunkt, Vortrag am 23.06.2005 anlässlich des Business Breakfast in Frankfurt, Frankfurt.

Pompl, W. (2007): Luftverkehr – Eine ökonomische und politische Einführung, 5. Auflage, Berlin.

Porter, M. E. (1999): Wettbewerbsstrategie, 10. Auflage, Frankfurt.

PROJECT M GmbH (2009): Reisemobiltourismus in Deutschland, Internet, URL: http://www.projectm.de/www_mb/de/studies/de_studies_reisemobil.php, Download vom 28.08.2009.

Ramm, T. (2003): Landgericht stoppt Bonusprogramme der Autovermieter, o.O., 16.01.2009, Internet, URL: http://www.touristikreport.de/rd/archiv/6802.php, Download vom 05.08.2009.

Reinicke, M. (2009): mitfahrgelegenheit.de kooperiert mit dem ADAC – neue Mitfahrplatt-form im Internet, München 04.08.2009, Internet, URL: http://www.presseportal.de/pm/ 54010/1451293/mail, Download vom 05.08.2009.

Renatus, G. (2009): Schriftliche Auskunft vom 28.01.2009 per E-Mail von Frau Gerda Renatus, Referat Bürgerservice, Besucherdienst, IFG beim Bundesministerium für Verkehr, Bau und Stadtentwicklung, Berlin.

Reuter, H. (2009): Online aus der Krise, touristik aktuell 12/2009, S. 14.

Reuter, J./Uniewski, H. (2003): Autovermietung: Geiz auf Rädern, o.O., 13.09. 2003, In-ternet, URL: http://www.stern.de/wirtschaft/geld/:Autovermietung-Geiz-R%E4dern/ 512903.html, Download vom 23.01.2009.

Richter, M. (2007): Car-Sharing: Nachhaltig Mobil – eine rechtliche Einordnung, Marburg.

Riebesehl, T. (2009a): TUI Cars mit Rabatten für Expedienten und Kunden, in: touristik aktuell 07/2009, S. 30.

Riebesehl, T. (2009b): Links liegen gelassen, in: touristik aktuell 39/2009, S. 14.

Römer, C. (2007a): Die Geschichte des Mietwagens I – Von den Anfängen bis 1920, o.O., 17.09.2007, Internet, URL: http://www.mietwagen-blog.com/50226711/die_geschichte_des_mietwagens_i_von_den_anfangen_bis_1920.php, Download vom 30.07.2009.

Römer, C. (2007b): Die Geschichte des Mietwagens II – von 1920 bis 1945, o.O., 19.09. 2007, Internet, URL: http://www.mietwagen-blog.com/50226711/die_geschichte_des_mietwagens_ii_von_1920_bis_1945.php, Download vom 30.07.2009.

Roth, P. (2003): Grundlagen des Touristikmarketings, in: Roth, P./Schrand, A. (Hg.): Touristikmarketing, 4. Auflage, München, S. 31-147.

Roth, P./Schrand, A. (2003) (Hg.): Touristikmarketing, 4. Auflage, München.

s.a.d – Systemanalyse und –Design GmbH (2009): MobiCar V1, Internet, URL: http://www.sad-net.de/neu/pdf/mobicar_prodinfo_120.pdf, Download vom 10.08.2009.

Sakhdari, F. (2006): Vermarktung von CarSharing-Konzepten, Berlin.

Schinagl, D. (2009): Umfrage-Ergebnisse von holiday autos, München, 11.02.2009, Internet, URL: http://www.presseportal.de/pm/52336/1350941/mail, Download vom 12.02.2009.

Schneider, J. (2008): Geschäftsreisende 2008: Strukturen, Einstellungen, Verhalten, Bad Honnef.

Schroeder, G. (2007): Das Tourismus-Lexikon, 5. Auflage, Hamburg.

Schukking, E. J. (1990): WohnwagenRatgeber, München.

Schulte, T. (2007): Guerilla Marketing für Unternehmertypen – Das Kompendium, 3. Auflage, Berlin.

Schulz, A. (2009): Management von Verkehrsträgern, München/Wien.

Schulz, R. (2007): Allgemeines Wohnmobilhandbuch: Die Anleitung fürs wohnmobile Leben, 5. Auflage, Mittelsdorf/Rhön.

Schwamberger, A. (2004a): Freie Fahrt zwischen Baltikum und Balkan, in: fvw 04/2004, S. 98.

Schwamberger, A. (2004b): Jagd auf Neukunden, in: fvw 17/2004, S. 86 ff.

SilverTours GmbH (2009): Sommerferien-Statistik. Mittelmeer ist Lieblingsziel für Mietwagenurlaub, o.O. 28.07.2009, Internet, URL: http://www.billiger-mietwagen.de/presse/pressemittlungen/mittelmeer-ist-lieblingsziel-fuer-mietwagenurlaub.htm, Download vom 04.08.2009.

Sixt AG (2007): Sixt moves – Die Sixt AG im Business Travel Umfeld, Vortrag am 21.11.2007 beim Themenforum der Hochschule Harz, Wernigerode 2007.

Sixt AG (2009a): Geschäftsbericht 2008, Pullach.

Sixt AG (2009b): Lagebericht und Jahresabschluss zum 31.12.2008, http://ag.sixt.de/fileadmin/downloads/finanzen/geschaeftsberichte/sixt_jahresabschluss_2008 _DE.pdf, Download vom 01.07.2009.

Sixt AG (2009c): Die Entwicklung der Firma Sixt von 1912 bis heute, Internet, URL: http://ag.sixt.de/unternehmen/unternehmensgeschichte/, Download vom 14. Dezember 2009.

Sixt AG (2009d): Topangebote zu Knallerpreisen! Internet, URL: http://ag.sixt.de/sixt-autovermietung/produkte/sixt-autoland, Download vom 30.01.2009.

Sixt AG (2009e): Sixt Cards. Der Schlüssel zu mehr Mietwagen Mobilität, Internet, URL: http://www.sixt.de/mietservice/sixt-cards/, Download vom 15.11.2009.

Sixt GmbH & Co. Autovermietung AG (2008a): Sixt erneut als „Bester Autovermieter in Europa" ausgezeichnet, München, 22.01.2008, Internet, URL: http://ag.sixt.de/ presse/pressemitteilungen/news/article/sixt-erneut-als-bester-autovermieter-in-europa-ausgezeichnet/, Download vom 28.07.2009.

Sixt GmbH & Co. Autovermietung AG (2008b): Sixt mit dem „Autoflotte Flotten-Award 2008" ausgezeichnet, München, 09.04.2008, Internet, URL: http://ag.sixt.de/ presse/pressemitteilungen/news/article/-3afd4b7038/, Download vom 17.06.2009.

Sixt GmbH & Co. Autovermietung AG (2009a): Sixt zum dritten Mal in Folge mit dem Business Traveller Award ausgezeichnet, München, 27.01.2009, Internet, URL: http://ag.sixt.de/presse/pressemitteilungen/news/article/sixt-zum-dritten-mal-in-folge-mit-dem-business-traveller-award-ausgezeichnet/, Download vom 29.07.2009.

Sixt GmbH & Co. Autovermietung AG (2009b): Sixt zur besten Autovermietung der Welt gewählt, München, 13.07.2009, Internet, URL: http://ag.sixt.de/presse/pressemitteilungen/ news/article/sixt-zur-besten-autovermietung-der-welt-gewaehlt/, Download vom 28.07.2009.

Sixt GmbH & Co. Autovermietung AG (2009c): Regine Sixt Kinderhilfe e.V., Internet, URL: http://www.sixt.de/informationen/csr/, Download vom 20.08.2009.

Sixt GmbH & Co. Autovermietung AG (2009d): Landesspezifische Mietinformationen für Sixt Mietfahrzeuge, Internet, URL: http://www.sixt.de/mietservice/mietinformationen/, Download vom 28.09.2009.

Sixt GmbH & Co. Autovermietung AG (2009e): Sixt FAQ. Die häufigsten Fragen und Antworten, Internet, URL: http://www.sixt.de/mietservice/faq/, Download vom 28.09.2009.

SIXTI GmbH (2009a): Unternehmenshomepage, Internet, URL: http://www. sixticarclub.com, Download vom 30.01.2009.

SIXTI GmbH (2009b): Mietbedingungen, Internet, URL: http://www.sixti.com/de/ car_rental_conditions/index_DE.html, Download vom 28.09.2009.

SIXTI GmbH (2009c): SIXTI Fahrzeuge – europaweit individuell für Sie da!, Internet, URL: http://www.sixti.com/de/car_rental_vehicles/, Download vom 28.09.2009.

SIXTI GmbH (2009d): SIXTI Stationen – europaweit für Sie da!, Internet, URL: http://www.sixti.com/de/car_rental_stations/, Download vom 28.09.2009.

Sixt Leasing AG (2009): Unternehmenshomepage, Internet, URL: http://www.sixt-leasing.de, 11.08.2009.

Snapdata International Group (2003a): Germany Short-Term Car Rental 2003, o.O.

Snapdata International Group (2003b): Short-term Car Rental Italy, o.O.

Snapdata International Group (2005): Germany Short-Term Car Rental 2005, o.O.

Snapdata International Group (2006): Short-term Car Rental Italy, o.O.

Snapdata International Group (2007): Snapshots Germany Short-Term Car Rental 2007, o.O.

Snapdata International Group (2008a): Snapshots Germany Short-Term Car Rental 2008, o.O.

Snapdata International Group (2008b): Snapshots UK Short-Term Car Rental 2008, o.O.

Snapdata International Group (2008c): Snapshots US Short-Term Car Rental 2008, o.O.

Stadt Wien (2009): Citybike Wien: URL: http://www.wien.gv.at/umwelt/klimaschutz/klip/umsetzung/citybike.htm, Download vom 08.12.2009.

Statistisches Bundesamt (2003): Klassifikation der Wirtschaftszweige mit Erläuterungen, Ausgabe 2003, Wiesbaden.

Statistisches Bundesamt (2008a): Klassifikation der Wirtschaftszweige mit Erläuterungen, Wiesbaden.

Statistisches Bundesamt (2008b): Strukturerhebung im Dienstleistungsbereich – Vermietung beweglicher Sachen ohne Bedienungspersonal, Wiesbaden.

Statistisches Bundesamt (2009a): Umsatzsteuerstatistik 2002-2007, Wiesbaden.

Statistisches Bundesamt (2009b): Strukturerhebung im Dienstleistungsbereich 2007: Grundstücks- und Wohnungswesen, Vermietung beweglicher Sachen, Erbringung von wirtschaftlichen Dienstleistungen, a.n.g., Wiesbaden.

Statistisches Bundesamt (2009c): Statistisches Bundesamt: Unfallentwicklung auf deutschen Straßen 2008.

Steger, J. (2006): Kosten- und Leistungsrechnung, 4. Auflage, München.

Stelzer, J. (2008): Autovermieter auf der Überholspur, in: Profits – Das Unternehmermagazin der Sparkassen-Finanzgruppe, Januar/Februar 2008, S. 27.

Sterzenbach, R./Conrady, R./Fichert, F. (2009): Luftverkehr – Betriebswirtschaftliches Lehr- und Handbuch, 4. Auflage, München.

Stirm, R./Münck, R. (2008): Kurz vor der Zeitenwende, in: fvw 21/2008, S. 84-86.

Thurn, S. (2006): Zusammenfassung der ADAC Grundlagenstudie Camping – Vortrag im Rahmen des 11. ADAC/CIVD-Forums am 28.08.2006, Düsseldorf.

Timpe, W. (2009): Offensivgeist, in: Go Sixt, 02/2009, S. 8-9.

trendmile GmbH (2009): Selbstfahrervermietfahrzeuge, Internet, URL: http://www.versicherung-online24.com/private-rechtsschutzversicherung/s/selbstfahrerver-mietfahrzeuge.php, Download vom 22.01.2009.

TUI Deutschland GmbH (2009): Unternehmenshomepage, Internet, URL: http://www.tuicars.com, Download vom 02.02.2009.

Union Européenne de Motocyclisme (2009a): Motorcycle friendly hotels, Internet, URL: http://www.uem-moto.eu/Tourism/HotelsCampings/tabid/233/Default.aspx, Download vom 16.11.2009.

Union Européenne de Motocyclisme (2009b): Abbildung „hotel-sign01.jpg", Internet, URL: http://www.uem-moto.eu/LinkClick.aspx?fileticket=qESDR2u5dIQ%3d&tabid=60, Download vom 16.11.2009b.

united rentalsystem GmbH (2009): Wer wir sind ..., Internet, URL: http://www.unitedrentalsystem.de/content/content2.php?CatID=195&NewsID=976&lang=de, Download vom 02.02.2009.

VDR – Verband Deutsches Reisemanagement (Hg.): VDR-Geschäftsreiseanalyse, laufender Jahrgang.

VDV – Verband Deutscher Verkehrsunternehmen (1993): Taxi-Einsatz im öffentlichen Personennahverkehr, Düsseldorf.

Velten, C. (2009): Teilen und profitieren, in: Der Mobilitätsmanager 03/2009, S. 42-43.

VMAD – Verband mittelständischer Autovermieter Deutschland e.V. (2009): Unternehmenshomepage, Internet, URL: http://www.landesverband-der-autovermieter.org, Download vom 22.01.2009.

Vogel, H.L. (2006): Travel industry economics: A Guide for Financial Analysis, Cambridge.

Völksen, G. (1974): Beurteilung des Dauercampingwesens aus landespflegerischer Sicht und Folgerungen für die künftige Entwicklung, Göttingen/Hannover.

VR Leasing AG/Deloitte & Touche GmbH/Dataforce GmbH/F.A.Z. (Hg.) (2008): Ratgeber Dienstwagenmanagement 2008, Frankfurt am Main.

WANDA – Warndatei für Handel und Gewerbe Elektronische Informationssysteme GmbH (2009): Die rechtlichen Bestimmungen, Internet, URL: http://www.wanda.de/index.php?class=rights, Download vom 11.08.2009.

Wengenroth, D. (2006): Ein Hertz für Heuschrecken, o.O., 21.11.2006, Internet, URL: http://www.ecolot.de/2006/11/01/ein-hertz-fur-heuschrecken, Download vom 30.07.2009.

Wenning, U. (2009): Prüfungsschema für Mietwagenkosten nach einem Verkehrsunfall unter Berücksichtigung der BGH- und Instanzrechtsprechung, in: Neue Zeitschrift für Verkehrsrecht (NZV), Heft 02/2009, S. 62-64.

Widmann, T. (2006): Wohnmobiltourismus in Deutschland am Beispiel der Destination Mosel, Trier.

Wöhe, G. (2008): Einführung in die Allgemeine Betriebswirtschaftslehre, 23. Auflage, München.

WTO – Welttourismusorganisation (1993): Empfehlungen zur Tourismusstatistik (deutsche Fassung herausgegeben vom Bundesamt für Statistik der Schweiz, Österreichischen Statistischem Zentralamt und Statistischen Bundesamt der Bundesrepublik Deutschland), Wiesbaden.

Wulff, E. (2009): Onlinetrend: Edle Cabrios, tolle Bikes und Fun-Trikes mieten. Die Mietpreise in der Übersicht, o.O., 05.05.2009, Internet, URL: http://news.erento.com/news/00590-onlinetrend-edle-cabrios-tolle-bikes-und-fun-trikes-mieten.html, Download vom 03.11.2009.

Wuschik, D. (2003): Was macht eigentlich die MVS Miete Vertrieb Service AG, in: Performance – das Kundenmagazin der Berliner Effektenbank, 09/2003, S. 8-9.

WZB – Wissenschaftszentrum Berlin für Sozialforschung gGmbH (2009a): Forschungsergebnisse Call a Bike. 1 Was ist Call a Bike? Internet, URL: http://www.wzb.eu/callabike/1_callabike.html#historie, Download vom 23.09.2009.

WZB – Wissenschaftszentrum Berlin für Sozialforschung gGmbH (2009b): Forschungsergebnisse Call a Bike. 4 Wer ist mit dem Radl da: Profile und Potentiale, Internet, URL: http://www.wzb.eu/callabike/4_profile.html, Download vom 24.09.2009.

WZB – Wissenschaftszentrum Berlin für Sozialforschung gGmbH (2009c): Forschungsergebnisse Call a Bike. 2 Was interessiert das WZB an Call a Bike? Internet, URL: http://www.wzb.eu/callabike/2_wzb_callabike.html, Download vom 24.09.2009.

WZB – Wissenschaftszentrum Berlin für Sozialforschung gGmbH (2009d): Forschungsergebnisse Call a Bike. 3 Unterwegs: Wie und warum Call a Bike genutzt wird, Internet, URL: http://www.wzb.eu/callabike/3_underway.html, Download vom 24.09.2009d.

Zenk, H./Knieper, T. (2005): Ungefragte „Testimonials" sind gefragt, in: Marketing Journal 8-9/2005, S. 8-11.

Zinn, H. (2007): Der Stand der Mietwagenpreise in Deutschland im Sommer 2007, Norderstedt.

Gesetzestexte

AO – Abgabenverordnung.

BDSG – Bundesdatenschutzgesetz.

PBefG – Personenbeförderungsgesetz.

MietPkwUbwV – Verordnung über die Überwachung von gewerbsmäßig an Selbstfahrer zu vermietenden Kraftfahrzeugen und Anhängern.

FEV – Verordnung über die Zulassung von Personen im Straßenverkehr (Fahrerlaubnis-Verordnung).

FZV – Verordnung über die Zulassung von Fahrzeugen zum Straßenverkehr (Fahrzeugzulassungs-Verordnung).

KraftStG – Kraftfahrzeugsteuergesetz.

Pkw-EnVKV – Verordnung über Verbraucherinformationen zu Kraftstoffverbrauch und CO_2-Emissionen neuer Personenkraftwagen (Pkw-Energieverbrauchskennzeichnungsverordnung).

PflVG – Gesetz über die Pflichtversicherung für Kraftfahrzeughalter (Pflichtversicherungsgesetz).

StVG – Straßenverkehrsgesetz.

StVO – Straßenverkehrsordnung.

StVZO – Straßenverkehrszulassungsordnung.

StVRÄndV – Verodrnung zur Änderung der straßenverkehrsrechtlichen Vorschriften.

TrinkwV – Trinkwasserverordnung.

Abbildungsverzeichnis

Tabellenverzeichnis

Stichwortverzeichnis

www.ingramcontent.com/pod-product-compliance
Lightning Source LLC
Chambersburg PA
CBHW081531190326
41458CB00015B/5518